岱下史学文库

国家社科基金重大项目「中国传统礼仪文化通史研究」（18ZDA021）阶段性成果
山东省高校人文社科项目「商周秦汉燕飨礼研究」（J15WA12）阶段性成果
泰山学院学术著作出版基金资助出版

礼可以观：早期中国古礼论稿

李志刚 著

武汉大学出版社
WUHAN UNIVERSITY PRESS

图书在版编目(CIP)数据

礼可以观:早期中国古礼论稿/李志刚著.—武汉:武汉大学出版社,2021.4
岱下史学文库
ISBN 978-7-307-21765-2

Ⅰ.礼… Ⅱ.李… Ⅲ.礼仪—研究—中国—古代—文集 Ⅳ.K892.9-53

中国版本图书馆 CIP 数据核字(2020)第 165356 号

责任编辑:李 程 黄河清　　责任校对:汪欣怡　　版式设计:马 佳

出版发行:武汉大学出版社　(430072　武昌　珞珈山)
（电子邮箱:cbs22@whu.edu.cn　网址:www.wdp.com.cn）
印刷:武汉中科兴业印务有限公司
开本:720×1000　1/16　印张:21.5　字数:297 千字　插页:2
版次:2021 年 4 月第 1 版　　2021 年 4 月第 1 次印刷
ISBN 978-7-307-21765-2　　定价:88.00 元

版权所有,不得翻印;凡购我社的图书,如有质量问题,请与当地图书销售部门联系调换。

《岱下史学文库》编委会

学术顾问：陈　锋　虞和平　范金民　常建华　郭　华

主　　编：李志刚

编　　委：（按姓氏笔画排序）

　　　　　王庆帅　亓民帅　公维章　刘　静　孙月华

　　　　　李志刚　李晓筠　张日元　张　凯　张春慧

　　　　　张淑华　张　媛　金　坡　周绍华　周晓冀

　　　　　赵兴彬　倪翠兰　郭　华　唐　论　姬秀丽

　　　　　曹建刚　崔　缨　阚琉声

总　　序

"岱下史学文库"是泰山学院历史学院为提升师生的科研创新能力而设立的学术专著和教学成果出版项目，出版内容集结了老师们高质量的学术专著、学生优秀的专业论文与实践报告。

泰山学院位于泰山脚下的泰安市，是同城九所高校中唯一设置历史学类专业的学校，创办历史学院已满 40 载。几十年的风雨历程，几代人的辛勤付出，今天的历史学院已经具有了较强的教学和科研实力。目前开设历史学和文物与博物馆学两个专业；有"区域社会与文化研究中心"一个研究机构，"泰山民俗博物馆"和"文物保护与修复实验室"两个实习实训基地；拥有一支职称、学历、年龄结构合理的优秀教师队伍，专任教师 23 名，高级职称占比 50%，博士占比 80%。

适应高等教育发展的新形势，历史学院立足区域社会经济文化的发展，在科研方面坚持本省、同城的"错位发展"，突出区域化研究特色，提高社会的认同度和影响力，以实现为地方社会发展服务；教育教学方面以培养高质量人才为目标，积极探索"应用文科"的教育模式，有效构建教学实践、科研实践、社会实践"三位一体"的实践教学体系，适应社会发展对人才培养的要求。

历史学院办学思路清晰，学术气氛浓厚，在全体老师们的共同努力下，近五年取得了显著成绩。专业建设方面，2017 年入选山东省首批"黄大年式教师团队"，2019 年历史学专业获批国家一流专业建设点。科研立项和获奖方面，实现了人人有研究项目，人均研究经费达 30 余万元。目前主持国家社科基金项目7项，教育部人文社科规划项目3项，山东省社科规划项目15项；服务社会的横向课题15项，获得研究经费700余万元。2019年获评山东省社科成果一等奖。学术交流方面，2016年主办"第二届海丝文化国际青年学者联盟论坛"，2018年主办"第四届全国区域文化研究会年会暨泰山文化研讨会"，2019年10月主办"教育部社会科学委员会历史学学部工作会议暨七十年来中国历史学发展研讨会"，11月主办"第三届全国财税史论坛"。在自身不断提高的基础上，历史学院也为学校的发展贡献了智慧和力量。从2017年至2020年，先后提交了四个建设方案：虚拟仿真实验室建设方案、学校发展口述历史方案、泰山石刻研究重大项目方案、区域文化保护与研究协同创新中心建设方案。

设立"岱下史学文库"这一出版项目，目的是搭建一个高品质的交流平台，营造一种潜心教学科研的良好氛围，推出一批高质量的研究成果，凝练一支高水平的研究队伍，以扩大学术和社会影响，推动历史学院的发展再上一个新的台阶。

"路漫漫其修远兮，吾将上下而求索。"历史学院的发展充满了坎坷曲折，艰难的环境磨砺出团队顽强的品格，大家凝心聚力，务实努力，积极进取。惟愿历史学院今后能够继续立足"区域社会与文化"的研究支点，探索"应用文科"的教育模式，发挥学科团队整体优势，实现服务社会新的突破，打造出一支教学和科研"双优"的教师团队。为教育事业和地方社会的发展做出应有的贡献。

历史学院　郭华
2020年5月25日

凡　　例

1. 为行文方便，本书涉甲骨、金文与简牍文字，若无法释读，则保存原简字形，否则均引自通行释文，字从宽式。

2. 引用甲骨文、金文、简文时，《甲骨文合集》简称"《合集》"并加编号；《殷周金文集成》简称"《集成》"加编号；其他顺此类推，均为"简称+编号"。完整版本信息见所附参考文献。

3. 文中引用古籍，多据常见版本。首次引用详细标注版本信息，再次引用只标作者、书名、卷数与页码。"十三经"文献，除特别标注外，均引自"阮元校核《十三经注疏》中华书局1980年影印本"。"二十四史"文献，若无特别说明，均引自中华书局标点本。

4. 多人编著、校注文献，页下注引用，仅标首位作者名加"等"。

5. 临文不讳。称引诸位学者意见或有直呼其名处，尚祈谅之。

目　　录

周代礼仪制度中的"宾道"观念 …………………………… 1
　　一、宾主的面向 …………………………………………… 1
　　二、宾主的位次 …………………………………………… 4
　　三、尊宾与尚贤观念 ……………………………………… 10

祭飨宾飨异同考：兼及周代礼制中的"以神为宾"问题 …… 19
　　一、祭飨与宾飨的相同点 ………………………………… 20
　　二、祭飨与宾飨的不同点 ………………………………… 31
　　三、《飨礼》存废问题 …………………………………… 39
　　余论：以神为宾 …………………………………………… 41

以神为宾：商周丧祭礼制中人神关系的新考察 …………… 44
　　一、殡礼 …………………………………………………… 45
　　二、宾祭 …………………………………………………… 51
　　三、宾尸、延尸、祊祭 …………………………………… 61
　　四、傧尸礼 ………………………………………………… 66
　　结语 ………………………………………………………… 72

论肆献祼礼 …………………………………………………… 75
　　一、祼礼 …………………………………………………… 76

二、献礼 ………………………………………………… 82
　　三、肄礼 ………………………………………………… 85

论周代授受礼 ……………………………………………… 88
　　一、堂上的授受礼 ……………………………………… 88
　　二、授受礼的礼容 ……………………………………… 90
　　三、授受礼的方式 ……………………………………… 93
　　余论：授受礼与尊卑观念 …………………………… 100

孺慕之孝：上古中国礼俗中的"亲前不称老"与代际交替 ……… 102
　　一、"永远的幼儿" …………………………………… 103
　　二、"沉郁的婴啼" …………………………………… 109
　　三、"无声的交替" …………………………………… 115
　　结语 …………………………………………………… 123

礼制的困境：汉昌邑王废立事件新论 ………………… 125
　　一、立嗣君：广陵王与昌邑王的继承权问题 ……… 126
　　二、未成君：昌邑王即位后的礼制困境 …………… 129
　　三、举大事：权力的胁迫与名分的加持 …………… 143
　　结语 …………………………………………………… 151

中国上古礼制中衣服所具功能与灵魂附归问题 ……… 154
　　一、复礼的属性与所用之衣 ………………………… 155
　　二、迁庙礼与立尸礼所用之衣 ……………………… 165
　　三、"非衣"与"玉衣" ……………………………… 171
　　结语 …………………………………………………… 180

礼"创造"了神：神灵形象与商周尸礼研究·················· 182
　一、祭必有尸与立尸以象神·································· 184
　二、父子一体与依孙以象神·································· 192
　三、无形之像与依物以凭神·································· 201
　余论·· 206

殇逝：论上古中国礼俗中的殇与年龄观念······················ 209
　一、礼典中的"夭而不为殇"···································· 209
　二、殇君：非夭而成殇······································ 217
　三、殇鬼：名称与祭祷······································ 222
　结语·· 230

礼可以观：上古中国礼仪实践中的观者与观看之道·············· 232
　一、神灵之观·· 234
　二、子孙之观·· 238
　三、宾客之观·· 242
　四、儒者之观·· 248
　余论："观看"的神奇力量···································· 253

中国上古时期的"生子不举"·································· 259
　一、甲骨文中的"生子不举"·································· 260
　二、先秦时期的几个著名弃婴································ 263
　三、食首子·· 266
　四、不举异常婴儿·· 268
　五、《日书》所见的禁忌日生子不举·························· 273
　六、不举女婴·· 277
　七、"生子不举"的原因分析·································· 279

社会变迁与身份变异：先秦"余子"问题考辨 … 284
  一、关于余子身份的诸家异说 … 284
  二、余子身份再辨析 … 288
  三、社会结构变化与余子地位的升降 … 293

孝子伯奇故事演变考 … 298
  一、汉代孝子伯奇的形象 … 298
  二、魏晋南北朝时孝子伯奇的形象 … 304
  三、孝子伯奇与食梦神 … 308

参考文献 … 311

后记　遥远的老辈林 … 327

周代礼仪制度中的"宾道"观念

众所周知,自西周以来,礼乐制度已渗透两周社会的各个层面。考诸文献,常能发现先秦时期"分庭抗礼"式的活动中,君臣、父子、夫妇等人伦关系被主宾关系替代。主宾间的觥筹交错、周旋揖让,使森严的尊卑等级受到冲击。换言之,"以臣为宾"的大量出现,体现出前中央集权时代,尚存在着一种被学界所忽略的"宾道"观念。对礼仪制度所蕴藏"宾道"观念的揭示,有利于学界重新检视中国古代的君臣关系。

一、宾主的面向

礼仪中主人与宾客所处空间,无不与其身份相称。所谓"礼仪空间",有学者指出主要分为"向"与"位"两大类。① "向"指人与物在礼仪过程中的朝向,主要指东向、西向、南向、北向。"位"指人与物所处或经过的位置、场所。② 礼书中常见的东阶、西阶、牖下、户西、堂中、庭中等,既是宫室的物质构成,又是礼仪现场中人与物所形

---

① 妹尾达彦:《唐长安的礼仪空间——以皇帝礼仪的舞台为中心》,见沟口熊三、小岛毅主编:《中国的思维空间》,黄正建译,江苏人民出版社,2006年,第467~498页;沈睿文:《唐陵的布局:空间与秩序》,北京大学出版社,2009年。

② 童强:《先秦礼仪的空间代码及其功能》,《南京大学学报》2008年第4期,第80页。

成的相对位次。"宾"的身份，可通过"向"与"位"得到体现。那么，礼仪中宾主的面向如何？

"宾"的面向与君及卿大夫不同，主宾必须分庭才能完成行礼。《仪礼》中常见主人迎宾仪节，正好可以体现出宾的面向。《士冠礼》："主人迎，出门左，西面再拜。宾答拜。……主人升，立于序端，西面。宾西序，东面。"《士昏礼》："主人以宾升，西面。宾升西阶，当阿，东面致命。主人阼阶上，北面，再拜。"《聘礼》："宾升，西楹西，东面。"郑注："与主君相向。"《特牲馈食礼》："宾及众宾即位于门西，东面北上。"宾主入门、升堂仪节，宾由门左，经左堂途，升自西阶，必东面；主人由门右，经右堂途，升自阼阶，必西面。可见宾东面，主人西面，是宾主面向的一般通则。

宾东向，主西向，为礼之通例，但根据具体情况，亦有变例存在。如上引《士昏礼》"主人阼阶上，北面，再拜"，即主人阼阶上拜时，变为北面。《士冠礼》记孤子行冠礼时云："凡拜，北面于阼阶上。宾亦北面于西阶上答拜。"孤子自为主人，北面于阼阶上拜宾，宾于西阶上亦北面答拜。宾主答拜，不是相向而是同北面。同样的例子很多，如《士昏礼》"纳采"时"宾致命，主人阼阶上北面，再拜"；"醴宾"时"主人北面，再拜。宾西阶上北面，答拜"。《乡饮酒礼》"拜宾至"时，"主人阼阶上当楣北面再拜，宾西阶上当楣北面答拜"等。清凌廷堪把这种现象总结为"凡门外之拜，皆东西面；堂上之拜，皆北面"。[①] 可见宾主门外行拜礼时，皆东西面，即宾东面，主西面（庭中拜亦如此）；但堂上行拜礼，宾主皆北面而拜。其缘由，叶国良解释为，因古代房屋皆坐北朝南，堂上北面拜，意指向全家族行礼，故隆重其事；[②] 杨天宇解释为，堂上之拜皆北面，实际上是尊对方于北面上位

[①] 凌廷堪：《礼经释例》，黄山书社，2009年，第34页。
[②] 叶国良：《论凌廷堪的〈礼经释例〉》，《台大中文学报》2008年第28期，第177~196页。

而拜之①。北面向全家族行礼，于礼经文献无确切证据，不大可信。"尊对方于上位"与堂上有以南为上者相违。② 可见杨氏之说亦不可信。众所周知，北面为室所在方位，而室为祖先神灵所在地。北面拜之，实有尊敬神灵的缘故。

宾亦有南面的情况。《仪礼·士昏礼》醴使者："主人彻几改筵，东上。"郑注："彻几改筵者，向为神，今为人。"贾疏："为神则西上，为人则东上。"神席以西为上、人席以东为上，则俱南面无疑。此使者为宾，则宾可以南面。《乡射礼》："乃席宾，南面东上，众宾之席继而西。"此所记为乡射前的饮酒礼，宾及众宾之席均南面。《燕礼》："司宫筵宾于户西，东上。"《公食大夫礼》："宰夫设筵，加席几。"郑注："设筵于户西，南面而左几。"户西，即户牖之间。③《士昏礼》："赞醴妇，席于户牖间。"郑注："室户西牖东，南面位。"贾疏："礼子、礼妇、礼宾客皆于此，尊之故也。"堂上户牖之间为尊位，席宾于此，为尊宾之故。《大射仪》："小臣设公席于阼阶上，西向。司宫设宾席于户西，南面。"宾位户牖间南面时，主人位阼阶，则西面。

另宾主堂上授受礼物时，同为南面。《仪礼·士昏礼》："授于楹间，南面。"郑注："授于楹间，明为合好，其节同也。南面，并授也。"此言使者与主人在堂上楹间，俱南面而授受。《仪礼·聘礼》："宾自碑内听命，升自西阶，自左南面受圭，退负右房而立。"郑注：

---

① 杨天宇：《释〈仪礼〉"凡堂上之拜皆北面"之义》，《史学月刊》2009年第11期，第127页。
② 钱玄：《三礼通论》，南京师范大学出版社，1996年，第521页。
③ 清孙星衍据《大戴礼记·明堂》"凡九室，一室而有四户八牖"，认为每室皆有二牖夹户，用设黼扆，而所谓"牖间"，指两牖之间，正中设屏风处。这种解释，与历代注家释"户牖间"，指指户与牖之中间，明显不同。实际上，明堂的形制问题，千年聚讼，未有确解，但《大戴礼记》言明堂有九室，与寝、庙二房夹室，或东房西室，还是有明显区别的。王氏以明堂户牖构成，附会寝、庙户牖形制，不甚确当。今不从。参见孙星衍：《尚书今古文注疏》，中华书局，1986年，第489页。

"听命于下，敬也。自左南面，右大夫且并受也。必并受者，若向君前耳。"此乃主国国君派大夫还玉于聘宾仪节。聘宾与大夫在堂上，俱南面。必为南面者，郑玄认为是"若向君前耳"，宋李如圭亦云"并受者，若在主国君前受也"。① 郑玄注《礼记·曲礼》"向与客并，然后受"时云"于堂上则俱南面"。据此，则在堂上时授受俱朝南，以南为尊。

堂下授受则宾主均北面。《仪礼·聘礼》："宰执书，告备具于君，授使者。使者受书，授上介。"郑注："其授受皆北面。"《聘礼》："使者受圭，同面，垂缫以受命。"郑注："同面者，宰就使者，北面并授之。凡授受者，授由其右，受由其左。"此两处是聘宾受己国君书与圭的仪节，国君在户牖间，同北面授受意是向君，与堂上南面授受向君同。

综合而言，宾主行礼面向存在着三种情况：一是宾主相向行礼，宾东面、主西面，此为礼的一般通例。二是宾主同向行礼，如堂上拜俱北面，授受俱南面，堂下授受俱北面。三是宾南面，主西面，这种情况主要存于主人醴宾仪节中，尊宾色彩更浓厚。就面向而言，宾主之间基本遵循了同等的相向或同向原则，与君臣间臣以君的面向为标准存在显著的差异。

二、宾主的位次

以上在讨论宾主面向时，已涉及位次问题，现再详加讨论。古人宫室之内，有东西二阶。《尚书·顾命》："大辂在宾阶面，缀辂在阼阶面。"《礼记·檀弓上》："周人殡于西阶之上，则犹宾之也。"丧礼大殓过后，于西阶埋棺停殡，表达丧主以死去的父祖为宾客之意。那么，西

---

① 李如圭：《仪礼集释》，景印文渊阁《四库全书》第 103 册，台湾"商务印书馆"，1986 年，第 249 页。

阶即为宾阶；东阶或阼阶即主阶。宾主行礼，宾由门左入，升自西阶，主由门右入，升自阼阶。《仪礼·士冠礼》载：

> 主人迎，出门左，西面再拜。宾答拜。主人揖赞者，与宾揖，先入。每曲揖；至于庙门，揖入；三揖，至于阶，三让。主人升，立于序端，西面；宾西序，东面。①

主人立于序端，西面，则其所升，必为东阶；同理，宾立于西序东面，所升必为西阶。凌廷堪曰："凡宾主，礼盛者专阶，不盛者不专阶。"②意思是说，宾主以敌体行盛礼，则各自登阶，分庭抗礼；若不为盛礼，则不能独专一阶。在政治实践中，位向往往与权力结构有关。鸿门宴中，项羽东向坐，范增南向坐，刘邦北向坐，张良西向侍。余英时据此座次，认为刘邦实际上接受了把项羽当作上级，甚是。项羽东向坐为主人与君，范增南向坐犹如乡饮酒礼之宾，刘邦北向为臣。君臣关系，通过座次已展露无疑。假如刘邦西向坐的话，则属主宾分庭抗礼，君臣关系或未确立。与之相对，汉惠帝与齐悼王燕饮时，却是变君臣为宾主或兄弟。"孝惠二年入朝，帝与齐王燕饮太后前，置齐王上坐，如家人礼。"颜师古注："以兄弟齿列，不从君臣之礼，故曰家人也。"③齐王年长于惠帝，惠帝置之上座。"上座"即"东向座"。惠帝敬齐悼王为兄，故以之为主，自己为宾。

东阶、西阶，在区别行礼身份具有的特别功能，于《仪礼》可以得到证实。

《燕礼》在"命宾"前，"小臣纳卿大夫。卿大夫皆入门右，北面，东上。……公降立于阼阶之东南，南向，尔卿。卿西面，北上。尔大

---

① 贾公彦：《仪礼注疏》卷2，阮元校刻：《十三经注疏》影印本，中华书局，1980年，第951页下。
② 凌廷堪：《礼经释例》，黄山书社，2009年，第73页。
③ 班固：《汉书》卷38《齐悼惠王传》，中华书局，1962年，第1987页。

夫,大夫皆少进"。卿大夫从门右而入,西面北上,可见是以臣的身份行礼如仪的;君立阼阶下南面,作出靠近卿大夫的姿态,体现的不是以主人身份,而是以君的身份对卿大夫加以慰问。但在公"命宾"后,"宾出,立于门外,东面","宾入,及庭。公降一等揖之","宾升自西阶"。从这些仪节来看,与前卿大夫入门、及庭,宾者在进门方位、升阶方式上,有了显著的不同,即北面、西面变为东面,门右入变为门左入,立在阼阶下变为升自西阶。细微变化已暗示,作为卿大夫中的一员时,宾首次入门是臣的身份;在被公命为宾后,再次入门升堂时,则已不是臣,而是与主人能分庭抗礼的"宾",身份有了质的变化。

与《燕礼》类似的记载,同样见于《聘礼》。正聘之时,聘宾因代表本国君行礼,故"宾入门左",郑注"由宾位也""公事自闑西"。闑为门中所树短木,闑西即门左。《礼记·曲礼》:"大夫、士出入君门,由闑右。"贾疏引卢值注:"门以向堂为正,主人位在门东,客位在门西。今此大夫士是臣,臣皆统于君,不敢由宾,故出入君门恒从闑东也。"所以"闑西""闑东"区分宾主身份的功能与"门左""门右"是同样的,即闑西进者为宾,闑东进者为臣。正聘之时,聘宾代表本国君行礼是公事,所以径自由门左闑西而入,升自西阶,以宾的身份与主国君分庭抗礼。但正聘之后,盛礼已毕,聘宾行觌见主君之礼,"宾觌,奉束锦,总乘马。二人赞,入门右,北面奠币,再拜稽首",郑注"入门而右,私事自闑右,奠币再拜,以臣礼见也"。觌为聘宾面见主君之礼是私事,较轻。① 宾入门右,郑注以为聘宾想以臣礼面见主国君。有趣的是,主国君不愿受聘宾的臣见之礼,使赞礼之摈者辞。于是摈者把聘宾所奠之币,所牵之马,请出庭外,重新还给聘宾;并让聘宾

---

① 这里所谓"私事",并非完全是聘宾个人之事,实指此时聘宾不再代表本国君身份行礼,而是以自己的名义与主国君行礼,只是相对于"致命授圭"礼较轻而已;本质上,仍是国与国交聘的公事。真正的"私事",要到聘礼快结束时,主国之君或卿大夫为感谢聘宾为两国交好而作出的贡献,以行燕饮之礼。所以,觌见之礼,主国君为尊敬聘宾,不敢以臣礼接待。

再次以宾的身份觐见主君,"宾奉币,入门左。介皆入门左,西上"。这一次,聘宾改为"入门左",其副手介亦入门左,以宾礼见,与前以臣礼见,判然可别。聘宾觐见主君先以臣礼,被辞后用宾礼,与燕礼时宾未命前用臣礼,受命后用宾礼,入门方位、升堂方式,如出一辙。可见宾主之礼,相对于君臣之礼,自有其固定程式。

东阶、西阶能暗喻主宾身份,通过上文的讨论,已较清晰。那么升堂之后,主宾所处位次,是否亦有明确的界定?通检礼书,可以得出堂上宾主位次存在着两种情况:一是宾主分庭抗礼,而又略重于敬主人时,宾西序下东面,主人东序下西面;二是同样宾主分庭抗礼,但尊宾稍强于敬主时,常席宾于堂上户牖之间,南面,主人位东序下,西面。①

先说宾位西序下,主人位东序下,相向行礼的情况。《聘礼》聘宾为卿,主人为诸侯,身份悬殊,宾应敬主人。但因公事,聘宾代理本国国君行礼,所以在正聘"致命"礼盛之时,"宾升,西楹西,东面……宾致命。公左还,北向。摈者进。公当楣再拜。宾三退,负序"。此处"致命",指聘宾把行聘信物圭,授给主国之君,说明两国交聘之意,是聘礼中最隆重的仪节。宾西楹西,东面,则必立于西序下。授圭礼毕,主国君北面拜后,"宾三退负序",所负之序即西序。"公左还北面",即自东向西地旋转。那么在"左还"前,公必西面。② 两国国君行此礼时,体现的亦是这种情况。《左传·成公六年》载:

---

① 宋朝张载云:"坐位,宾主不相对,礼不主于敬主,欲以尊贤也。若相对,则主于敬主矣。"换言之,主宾相向行礼,一东序下,一西序下,主宾虽分庭抗礼,在敬主的成分更浓些;若主宾不相对,即宾户牖下,主阼阶上,则尊宾的重于敬主。张载的这种说法得到清万斯大的高度赞许,亦可信。参看万斯大:《学礼质疑》卷2《乡饮酒礼席次》,《清经解》第1册,上海书店出版社,1988年,第325页。
② 段玉裁:《左旋右旋说》,《经韵楼集》,上海古籍出版社,2008年,第361页。

六年春，郑伯如晋拜成，子游相，授玉于东楹之东。士贞伯曰："郑伯其死乎！自弃也已。视流而行速，不安其位，宜不能久。"①

此处虽是以西楹、东楹为界定礼仪空间的标的物，但本质上与东西序无二致。郑悼公与晋景公皆为一国之君，地位相当。宾主地位若相当，授玉时进位到两楹之间，即中堂；若宾客身份低于主人，授受在中堂与东楹之间，即东楹之西。②郑伯虽可尊晋侯为霸主，授玉也只应到东楹之西，却授玉在东楹之东，远离其所应在之位，且"视流行速"无谦和雍容之态，所以士贞伯讥其自弃其位，预测其必死。郑悼公过于自卑，远离其所站位次，被认为是弃位弃礼的行为，受到了批评与讥讽。然则在先秦时期，古人行礼所站立的位次，要以身份尊卑的差异而定，是确定无疑的事情。

再说主人为尊宾，席宾于户牖之间，已位于阼阶的情况。这种情况，《仪礼》中习见。如《士昏礼》主人醴使者、舅姑飨新妇，《乡饮酒礼》《乡射礼》《大射仪》《燕礼》主人饮宾，《公食大夫礼》公食大夫，《聘礼》主人飨宾、介，《特牲馈食礼》《有司彻》主人饮尸，均是主、宾酬酢而尊宾之礼，宾位于户牖之间，主人位在阼阶。因《乡饮酒礼》所记宾主饮酒较全面，现据之略加论述。

《乡饮酒礼》所记乃三年大比之时，乡大夫为选贤能之才输送给国

---

① 孔颖达：《春秋左传正义》卷26，阮元校刻：《十三经注书疏》影印本，中华书局，1980年，第1902页中。

② 堂上的授受之礼，胡培翚《仪礼正义》分四种情况，作了清晰的总结，他说："一为宾主敌体，在两楹间，宾面卿，是也。一为宾主虽敌体，而所趋者君命，则在堂中西向，归饔饩于聘宾，受币堂中西，宾问卿堂中西，是也。一为宾臣主君，则直趋君位，当东楹。宾觌，进授币，当东楹。公礼宾，受币当东楹，是也。一为宾主虽君臣，而所执者君之器，则在中堂与东楹之间。聘宾致命，公侧袭受玉于中堂与东楹之间，是也。"见胡培翚：《仪礼正义》，江苏古籍出版社，1993年，第155页。

二、宾主的位次

君,于乡中以贤才为宾,饮之以酒之礼。可见乡饮酒的目的在于尊宾重贤。这决定了行礼双方虽同是主宾关系,但与《聘礼》类主宾关系,仍有稍许的差异,且主要体现在宾所处的位次上。《乡饮酒礼》:"乃席宾、主人、介。"郑注:"宾席牖前,南面。主人席阼阶上,西面。介席西阶上,东面。"郑注非常清晰地展示了宾主及介,在乡饮酒礼中的位次。《礼记·乡饮酒义》"宾必南向,介必东向,主人必居东方",亦证明郑说不误。尊宾为何要席宾于户牖之间,南面。《乡饮酒义》对此有作解释:

> 宾主,象天地也。介、僎,象阴阳也。三宾,象三光也。让之三也,象月之三日而成魄也。四面之坐,象四时也。天地严凝之气,始于西南而盛于西北,此天地之尊严气也,此天地之义气也。天地温厚之气,始于东北而盛于东南,此天地之盛德气也,此天地之仁气也。主人者尊宾,故坐宾于西北,而坐介于西南以辅宾。宾者,接人以义者也,故坐于西北。主人者,接人以仁以德厚者也,故坐于东南,而坐僎于东北以辅主人也。仁义接,宾主有事,俎豆有数,曰圣。①

介为副宾,三宾为众宾。郑注"贤者为宾,其次为介,又其次为众宾",所言即此。僎,亦可写作僔,为乡中致仕之卿大夫。宾位西北,即户牖之间;主位东南,即阼阶之上;介位西南,即西阶上;僎位东北,即宾之东方。这样正好形成了一个"四面之坐"。堂上宾、主、介、僎四者形成的饮酒位次,象征天地宇宙;而他们饮酒酬酢蕴含的道义及各方的关系,象征着天地间流行的各式之"气"。通过这种比附,《乡饮酒义》构筑了一个完整的"天人相应"模式,使饮酒礼的位次具

---

① 孔颖达:《礼记正义》卷61,阮元校刻:《十三经注疏》影印本,中华书局,1980年,第1683页上。

有了神圣性。这当然有孔门后学过度发挥的成分存在。但主宾饮酒礼仪背后隐喻的礼义,却更为形象地展露在世人眼前。宾象天,主象地,天尊地卑,宾的地位在此得到了最大程度的尊重。

综上言之,礼仪现场中,宾主的面向与位次,现在可以勾勒出一个大致的图线:门外之时,宾位于门左阒西,主位于门右阒东,相向行礼,即宾东面,主西面;入门后,宾左转由左边堂途升自宾阶,主右转由右边堂途升自阼阶,揖让周旋,亦相向行礼;升堂后,宾立西序下,主立东序下,以分庭抗礼。不过,堂上正式交酬行礼时,仪式渐趋复杂,根据不同的情况而有所变化。简言之,他们的面向有三种,一是宾主相向行礼,二是宾主同向行礼,三是宾南向,主西向。位次有两种,主宾之间,略敬主人时,宾位西序下,西楹西,主位东序下,东楹东;略重宾时,宾位户牖间,南面,主位阼阶,东面。可以说,在礼仪过程中,"面向"与"位次"勾勒出宾主间的"分庭抗礼"局面。这种"分庭抗礼"虽然不能完全抹去尊卑色彩,但是与君臣间的等级森严相比,更多地体现出了一种平等关系。先秦时代,宾主关系在礼仪中大量存在,可以说在一定程度上冲淡了尊卑间的森严等级。

三、尊宾与尚贤观念

宾主关系相对于君臣关系而言较为平等,故而古人常借燕飨宾客,以表达尊贤之意。西周金文中就常见"飨宾"类记载。《甲盉》:"甲作宝尊彝,其万年用飨宾。"(《集成》9431)《欸簋》:"欸作厥簋两,其万年用飨宾。"(《集成》3745)《鲜钟》:"用作皇考林钟,用侃喜上下,用乐好宾,用祈多福于孙永宝。"(《集成》143)可以看出在西周时期,飨宾乐宾与向祖先祈求福佑,具有同等重要的地位。到春秋时期,同类的金文更是常见。兹略举几例:

  用自作醴壶,用作飨宾客,为德无瑕。(曾伯陭壶《集成》

三、尊宾与尚贤观念

9712)

用征以迮,以御宾客,子孙是若。（簠大史申鼎《集成》2732)

以宴以喜,以乐嘉宾及我父兄、庶士。（沈儿鎛《集成》203）

自作商句鑃,以乐嘉宾及我父兄。（姑冯昏之句鑃《集成》424)

用乐我嘉宾及我正卿,扬君灵,君以万年。（郘公釛钟《集成》102)

用宴用喜,用乐嘉宾及我朋友。（齐鲍氏钟《集成》142）

从上揭金文来看,"飨"、"御"或"乐",在铭文中的含义,均表示制器者欲用此器在燕飨礼中,致欢乐于宾客。特别是将"宾"与"父兄""庶士""朋友",甚至"正卿"相提并论,更体现古人对宾客之道的重视。郭店简《语丛一》："宾客,清庙之文也。"① 以宾客文饰宗庙,主人广纳贵宾贵客参与祭祖并燕飨之,以文饰宗庙,荣耀先祖。② 金文"以乐嘉宾"之所以常见于宗庙重器,想必正是此意。古人通过觥筹交错、声歌并作等礼仪,以安宾致欢。

诚然,上述飨宾还不能完全与尚贤观念对等起来,但作为其中之义,问题不大。《乡饮酒礼》所载为择贤之礼,主人"戒宾"时"宾拜辱",清盛世佐曰："主人,乡大夫也。宾,处士也。主人戒宾,当如先生异爵者请见礼。先生异爵者请见,先见之,不敢拜迎。而此乃云拜辱者,当宾兴大典,主人好善忘势,而宾亦以道自重,故以处士而俨然与大夫抗礼,不为骄也。"③ 主人作为乡大夫,地位崇高；宾作为处士无权无势但有"道",故主人至宾家邀请自己时,拜其自屈辱至己门。

---

① 刘钊：《郭店楚简校释》,福建人民出版社,2005 年,第 194 页。
② 《仪礼·少牢馈食礼》"宗人遣宾就主人",李如圭云："此臣也而曰宾者,祭以得宾客之助为荣也。"
③ 黄淦：《仪礼精义》,清嘉庆慈溪养正堂刻本。

主人"放弃"自己的权势亲自登门，宾"以道自重"与大夫抗礼，不仅相互为礼，而且有位势颠倒之嫌。之所以如此，正是因宾为贤能之士，主人亲自登门有尚贤观念存焉。故胡培翚云："以君临臣，则君为尊，臣为卑，谓之辱。以宾临主，则宾为尊，主为卑，谓之辱。此主人，乡大夫也。宾，处士也。主人至宾家戒之，则主人为宾，宾为主人，故为以卑称尊之词，而拜其子屈辱也。"① 乡大夫到宾家邀请宾客来参与饮酒礼，自己反而变成了宾，自屈曲是为了尊重贤能之士。

《乡饮酒礼》在"正歌备"后，将举行旅酬之礼，主人立司正以留宾。其仪节为：

> 主人升，复席。司正洗觯，升自西阶，阼阶上北面受命于主人。主人曰："请安于宾。"司马告于宾，宾礼辞，许。……主人曰："请坐于宾。"

"安宾"即盛礼过后留宾以参加旅酬、无算爵、无算乐等礼。主人请宾坐下燕饮，宾请主人彻去俎。郑注："请坐者，将以宾燕也。俎者，肴之贵者。辞之者，不敢以礼杀当贵者。"②清代俞正燮云："请安者，俱欲宾安坐尽欢。"③ 是则，安宾仪节已没有举行正礼时的肃敬、威严，主宾之间在轻松的氛围中饮酒奏乐，甚至以醉为尚。与《乡饮酒礼》类似的记载，还见于《仪礼》的其他篇章。如《燕礼》《大射仪》正礼后的安宾之仪，君命"无不醉"，宾及卿大夫答曰"敢不醉"。《诗经》中的《宾之初筵》《鹿鸣》《南有嘉鱼》《湛露》《楚茨》《既醉》等篇中，均有主宾之间，应爵无算、乐无算，不醉无归的记载。要求宾"不醉无归"的缘由，乃是留下宾客以尽欢愉，具有亲厚宾客

---

① 胡培翚：《仪礼正义》，江苏古籍出版社，1993年，第284页。
② 贾公彦：《仪礼注疏》卷10，第988页下。
③ 俞正燮：《仪礼行于春秋时义》，《俞正燮全集（一）》，黄山书社，2005年，第90页。

之意，并达到融洽主宾关系的目的。

西周晚期《郑邢叔钟》载："郑邢叔作灵龢钟用妥宾。"（《集成》21）《说文》无"妥"字，段玉裁补"安也，从爪女，与安同意"。①杨树达驳阮元、方睿益"妥宾为律吕之蕤宾"说，认为妥古训安坐，引申训为安，妥宾即《周礼·春官·大司乐》之"以安宾客"。②《诗·小雅·南有嘉鱼》："嘉宾式燕绥之。"绥，即安宾之意。邢叔作钟以妥宾，想必是在燕飨礼仪中，用此钟奏乐，以安宾尽欢。传世礼典文献正可与此相印证。《诗·小雅·鹿鸣》载：

呦呦鹿鸣，食野之苹。我有嘉宾，鼓瑟吹笙。吹笙鼓簧，承筐是将。人之好我，示我周行。

呦呦鹿鸣，食野之蒿。我有嘉宾，德音孔昭。视民不恌，君子是则是效。我有旨酒，嘉宾式燕以敖。

呦呦鹿鸣，食野之芩。我有嘉宾，鼓瑟鼓琴。鼓瑟鼓琴，和乐且湛。我有旨酒，以燕乐嘉宾之心。

毛序认为《鹿鸣》所载为燕群臣嘉宾，孔颖达则认为其是飨食群臣，两说大同小异。燕饮礼中，群臣即君之嘉宾。"燕乐嘉宾之心"，正是对贤能嘉宾的重视。君臣关系被主宾关系代替，宾受到主人的重视。

《诗·小雅·彤弓》载："彤弓弨兮，受言藏之。我有嘉宾，中心贶之。钟鼓既设，一朝飨之。"《彤弓》所载为飨还是为燕，历来有二说。郑笺："诸侯敌王所忾而献其功，王飨礼之。"清代孙诒让云："首章飨，即主人献宾，次章右，即谓宾酢主人，三章酬，即谓主人酬

---

① 段玉裁：《说文解字注》，上海古籍出版社，1988年，第626页。
② 杨树达：《郑井叔钟跋》，《积微居金文说》，上海古籍出版社，2007年，第153～154页。

宾。"即在孙氏看来，《彤弓》所载正好是"一献之礼"。① 杜预则认为是燕礼。② 朱子曰："此天子燕有功诸侯，而锡以弓矢之乐歌也。"《左传·文公四年》卫国宁武子来聘，鲁文公设宴招待，并赋诗《湛露》与《彤弓》。宁武子不辞又不答，认为此属天子待诸侯之礼，自己乃陪臣不配"以觉报宴"。则春秋时代，宁武子认为《彤弓》所载属燕礼。无论属飨还是燕，"我有嘉宾"而"贶之""喜之""好之"，并"飨之""右之""酬之"，尊宾之意，非常明显。

《说苑》载楚庄王宴会上"绝缨"的故事，同样可见庄王尊重贤能。所谓"赐人酒，使醉失礼，奈何欲显妇人之节而辱士乎"③，正是这种观念的真切展现。与之相反，若飨食礼中，主人不尊宾重贤，有可能导致燕饮不顺利甚至主宾交恶的事情发生。《左传·襄公十四年》载，卫献公邀请孙文子、宁惠子参加饮食之礼。因献公"不释皮冠而与之言"的失礼行为，孙文子、宁惠子认为受到侮辱，合谋以弑卫献公。《左传·哀公二十五年》哀公在宴饮中讥讽三桓食言，以致君臣交恶。

春秋以降，诸侯争霸到列国兼并，各国诸侯均希望得到贤能之士辅助自己建立不朽功业，招贤纳士成为其时风尚。《史记·孟子荀卿列传》载邹子身重天下，各国诸侯无不愿意纳归己有，"是以驺子重于齐。适梁，惠王郊迎，执宾主之礼。适赵，平原君侧行襒席。如燕，昭王拥彗先驱，请列弟子之座而受业，筑碣石宫，身亲往师之"④。虽然这里并未言及国君设燕飨之礼以待邹子，但国君或与邹子执"宾主之礼"，或"侧行襒席"自屈尊位，⑤或执弟子礼尊之为师，可以看作先

---

① 孙诒让：《籀庼述林》，中华书局，2010年，第70页。
② 《左传·文公四年》杜注："歌《彤弓》者，以明报功宴乐，非谓赐时设飨礼。"
③ 向宗鲁：《说苑校证》，中华书局，1987年，第125页。
④ 司马迁：《史记》卷七四《孟子荀卿列传》，第2345页。
⑤ 《史记索隐》引张揖《三苍训诂》云："襒，拂也。谓侧而行，以衣襒席为敬，不敢正坐当宾主之礼也。"可见，平原君尊重邹子，已达到自己不敢为主的地步。

三、尊宾与尚贤观念

秦时代尊贤的最佳表率。

与贤者执宾主之礼而非君臣之礼，史非孤例。《吕氏春秋·举难》载，战国初期的魏文侯"师子夏，友田子方，敬段干木"①，敬贤均非以臣视之。燕昭王求贤于郭隗。郭隗云："帝者与师处，王者与友处，霸者与臣处，亡国者与役处。"② 待贤如师会取得帝业；待贤如友取得王业；待贤如臣仅能取得霸业；若仅是役使贤才，则会亡国。对待贤才的态度，决定君侯功业的大小。尊贤重才已被郭隗推到登峰造极的地步。燕昭王听从郭隗建议，筑黄金台以待贤才，结果乐毅、邹衍、剧辛等往之。《孟子·公孙丑下》载孟子"称病"拒绝朝齐王，赵岐注："孟子虽仕于齐，处宾师之位，以道见敬。"③ 可见孟子有非常浓厚的以道自重的意识。《史记·范雎传》载范雎入秦，昭王与之执"宾主之礼"。④ 更有意思的是，《战国策·齐策四》载，高士颜斶在朝廷上大声对齐宣王说："王，前来。"宣王不满道："王者贵乎？士贵乎？"颜斶却理直气壮地答："士贵耳！王者不贵。"最后宣王还得"愿请受为弟子"。⑤ 魏国信陵君为尊重隐士侯嬴，登门拜访，且亲自驾车，并让出车上左边的尊位，在酒席上对侯嬴也甚为尊敬，"侯嬴遂为上客"。⑥ 侯嬴以一介守门隐士，竟然能成为信陵君的座上贵宾。《汉书·货殖传》载子贡"结驷连骑，束帛之币享诸侯，所至，国君无不分庭与之抗礼"。颜师古注："为宾主之礼。"⑦ 子贡以一介士的身份周游列国，与国君分庭抗礼，一方面显示子贡的外交才能与财富势力，另一方面表明列国诸侯对子贡的尊重。

---

① 许维遹：《吕氏春秋集释》，中华书局，2009年，第541页。
② 范祥雍：《战国策笺证》，上海古籍出版社，2006年，第1685页。
③ 焦循：《孟子正义》，中华书局，1987年，第255页。
④ 司马迁：《史记》卷79《范雎蔡泽列传》，第2406页。
⑤ 范祥雍：《战国策笺证》，上海古籍出版社，2006年，第639页。
⑥ 司马迁：《史记》卷77《魏公子列传》，第2378~2379页。
⑦ 班固：《汉书》卷91《货殖传》，第3684页。

以"宾主之礼"代替"君臣之礼",国君的"自委屈"换来的是贤士环绕。可以说,这是在时代潮流的影响下,贤士与国君相互利用、需求的结果。大批游士成为自由职业者,他们怀才求货,售于尊贵之家;而各国国君正需要贤士的辅助。相互的需要,使贤士与国君的结合具有更多自由选择的色彩。后汉时期,陈元上疏言:"师臣者帝,宾臣者霸。"意思是以臣为师者能成就帝业,以臣为宾者能成就霸业,尚是郭隗思想的继承发展。①

总而言之,先秦时期的尊宾与尚贤,具有如下两个特点。

第一,在位者的尊宾重道。天子、诸侯及乡大夫,甚至族长,在燕飨礼中暂时"放弃"其尊贵身份,以等级色彩不浓的"主人"身份,参与其中,表达亲贤尚能之意。当子、臣、族人,被父、君、族长以宾相待时,严格的尊卑上下秩序,被温情平等的主宾所代替,人与人之间显得更加亲密,感情交流更加容易。特别是战国时代,各国诸侯为招纳贤才,往往对贤能之士,不以为臣,而以为宾。这正是"宾道"意识在战国时代的反映与发展。

第二,在下者暂时性突破等级制度,以宾自处,与高位者分庭抗礼,酬酢劝酒,展示出较独立的身份意识。值得注意的是,"宾道"在秦汉后社会仅有稍许的遗存,② 兴盛却在秦汉专制主义建立之前的社会中,这反映出君臣、官民等级尊卑明显的关系,可被"主宾"关系暂

---

① 《左传·昭公五年》定公问:"君使臣,臣事君,如之何?"孔子曰:"君使臣以礼,臣事君以忠。"

② 王安石《虔州学记》云:"若夫道隆而德骏者,又不止此,虽天子,北面而问焉,而与之迭为宾主。"(《王文公文集》卷34,唐武标校点,上海人民出版社,1974年,第402页)臣下依据其所拥有的道德,使天子北面以礼事之,与天子迭为宾主。这正是宋代士大夫与天子共治天下,有较强政治主体意识的体现。正如余英时所言,宋代士大夫的政治主动性,较前之汉唐,后之元明清,更为突出。这也从反面说明了,就秦汉以后的中国而言,士大夫在君权的控驭下,主动性总体上并不突出。宋代士大夫的与天子"共治天下",及与天子"迭为宾主",正是在追寻"三代之治"的政治文化诉求下,对先秦"宾道"意识的袭承与发挥。

时性代替，并非一种偶然存在的现象。相反，宗周礼乐制度中所蕴含的这种"宾道"意识，反映的是其时社会权力结构并没有后世想象的那么森严与不可逾越；其时不是皇权专制形态下的皇帝独断一切，高高在上，臣子也非唯唯诺诺，仅能奉命行事。

"尊宾"观念反映了秦汉专制君主制建立之前，君臣关系并非仅是垂直式的臣对君之绝对服从。《左传·宣公四年》在总结"书法"时谈到"凡弑君，称君，君无道也；称臣，臣之罪也"。君非"绝对正确"，臣亦非完全"臣罪当诛"。君以臣为宾，并尊宾，臣以"道"自重，与君分庭抗礼，正是春秋时代甚至更早之时君臣关系的一面镜子。正因如此，朱子在批评叔孙通用朝仪使群臣屈服，使刘邦知"为皇帝之贵"时，认为"叔孙通为棉蕝之仪，其效至于群臣震恐，无敢喧哗失礼者。比之三代燕享群臣气象，便大有不同，盖只是秦人尊君卑臣之法"。① 可见，在朱子看来"三代燕享"与"秦人尊君卑臣"有绝大的差异。

如上所论，"宾道"观念在先秦礼仪制度甚至具体的政治实践中存在，是毫无疑问的事实。君臣间以宾主身份分庭以抗礼，无论面向还是位次，均体现出双方具有某种意义上的"对等"地位。与后世皇权笼罩一切相比，先秦时代的"宾"能够保持一定的超脱。

正是因为"宾道"体现了一定程度上的平等，所以在上位的王者，为了尊贤重道，往往设礼以宾客的身份对待贤能之事，礼仪过程中变君臣关系为主宾关系。特别是春秋战国时代，贤者能者在争霸战争中的作用越来越重要，王侯待之以宾师，更为普遍。而作为宾的贤能之士，同样表现出独立的身份意识，能够以道自重，甚至借助宾的身份，更加巧妙地对君王进行"宾谏"，争取得到君王的相对尊重。令人遗憾的是，战国秦汉以降，礼乐制度走向衰微，思想观念在时代的激荡博弈下，

---

① 黎靖德编：《朱子语类》，中华书局，1986年，第3222页。

"尊宾"逐渐不受一般人重视,"尊尊"却借助皇权,在此后的帝制时代,不断强化。在这种情况下,"宾道"意识逐渐淡出多数人的眼界,只有少许大儒高德如王安石者,尚能意识到以宾道抗衡君权。① 可以说,揭示先秦礼仪制度中的"宾道"观念,为思考中国古代的君臣关系提供了一种新的视角。

---

① 郑玄《六艺论·论诗》:"自书契之兴,朴略尚质,面称不为谄,目谏不为谤,君臣之接如朋友然,在恳诚而已。斯道稍衰,奸伪以生,上下相犯。及其制礼,尊君卑臣,君道刚严,臣道柔顺,于是箴谏者希,情志不通,故作诗者以诵其美而讥其过。"

祭飨宾飨异同考：兼及
周代礼制中的"以神为宾"问题

飨礼是周代重要的礼仪类型。"飨"字在殷墟卜辞中多作🔲、🔲、🔲，金文中作🔲、🔲等形。罗振玉认为其义"象飨食时宾主相向之状"。① 但核诸出土及传世礼典文献，飨并不限于宾主之间的饮食，人神间某些礼仪活动亦可称为"飨"。《礼记·祭义》："唯圣人为能飨帝，孝子为能飨亲。飨者向也，向之然后能飨焉。"郑注："言中心向之，乃能使其祭见飨也。"② 飨帝与飨亲并举。《礼记·礼器》："大飨，其王事与？"郑注："盛其馔与贡，谓祫祭先王。"③ 所飨对象属祖先神灵。《礼记·郊特牲》："大飨，尚腶脩而已。"郑注："此大飨，飨诸侯也。"④ 所飨对象为人。

类似记载，经典文献中常见。甲骨、金文中"人""尸"二字，均象人弯倾，区别是"尸"的腿部稍曲折，象曲膝貌。"飨"字两旁所从部首或蕴含更为丰富的意思，简单地认为其仅象征作为"人"的宾主或作为"尸"的神均不全面。较为可取的理解是"飨"的对象既包括人又包括神。飨神为祭飨，飨人则为宾飨。若宾飨时，则是宾主两人相向而对；若祭飨时，则是人神相向而对。清代著名礼学家黄以周把飨礼

---

① 于省吾主编：《甲骨文字诂林》第3册，中华书局，1996年，第2017页。
② 孔颖达：《礼记正义》卷47，第1593页上。
③ 孔颖达：《礼记正义》卷24，第1442页上。
④ 孔颖达：《礼记正义》卷25，第1444页下。

分为祭礼、宾礼两大类①，台湾地区学者周聪俊认为"飨有宾礼亦有祭礼"②，与甲文、金文及传世礼典文献所载正相符合。这样看来，若要全面讨论飨礼，必得兼顾祭飨与宾飨。

一、祭飨与宾飨的相同点

《周礼·春官·大司乐》载："大飨不入牲，其他皆如祭祀。"此大飨属宾飨之礼。郑注："大飨，飨宾客也。不入牲，牲不入，亦不奏《昭夏》也。其他，谓王出入、宾客出入亦奏《王夏》《肆夏》。"③ 所谓"牲不入"，指宾飨时杀牲、烹煮均在庙门外，升鼎后乃入庙门。祭飨则牵牲入庭，杀之在庙门内。祭祀与宾飨用乐除无《昭夏》节入牲外，其他均相同。《大司乐》所载揭示祭飨与宾飨之异同。仔细考究后，发现在具体仪节上，仍然有继续探析的必要。先说两者的相同点。

1. 均用祼

祭飨之祼主要功能在于降神。《尚书·洛诰》："王宾、杀、禋，咸格，王入太室祼。"伪孔传："祼鬯告神。"孔疏："祼者，灌也。王以圭瓒酌郁鬯之酒以献尸。尸受祭而灌于地。因奠不饮，谓之祼。"④ 祭祀时只有尸神合一，祭神大典才能通过主人与尸的酬酢交际得以实现。易言之，祭飨中通过以尸为宾，从而达到以神为宾的祭祀目的。宾飨同有祼宾之礼。《礼记·礼器》："诸侯相朝，灌用郁鬯，无笾豆之荐。"郑注："灌，献也。"⑤ 灌祼通假。此献，乃属祼中之献。诸侯朝聘正礼毕行飨礼，乃用郁鬯祼宾，且无笾豆之食。《礼器》孔疏："义在少

---

① 黄以周：《礼书通故》，中华书局，2007 年，第 1066 页。
② 周聪俊：《飨礼考辨》，台湾文史哲出版社，2011 年，第 23 页。
③ 贾公彦：《周礼注疏》卷 22，第 791 页上。
④ 孔颖达：《尚书正义》卷 15，第 217 页中。
⑤ 孔颖达：《礼记正义》卷 23，第 1432 页下。

而不在味，故唯有郁鬯而无殽也。"① 元代陈澔云："诸侯相朝，享礼毕，主君酌郁鬯之酒以献宾，不用笾、豆之荐者，以其主于相接芬芳之德，不在殽味也。"② 清代孙希旦又云："凡献酒必荐笾豆，惟郁鬯之灌则无之。盖至敬不飨味而贵气臭，不敢以此亵之也。"③ 宾飨祼宾，不主味而主"芬芳之德"与"至敬"之意，与祭飨祼尸，酒香达于渊泉以降神，有异曲同工之妙。

《周礼·春官·小宗伯》："凡祭祀、宾客，以时将瓒果。"④ "将"有奉送义；"瓒"即圭瓒、璋瓒，为行祼礼器；"果"即祼。经文大意为，在祭祀或宾客大礼中，小宗伯负责按时奉送行祼礼的圭瓒、璋瓒。则祭飨与宾飨均有祼礼。《周礼·天官·内宰》："大祭祀，后祼献，则赞瑶爵，亦如之。……凡宾客之祼献，瑶爵，皆赞。"⑤ 瑶爵，指用瑶爵酢尸或宾客。祭飨与宾飨之祼献中，内宰均有协助之事。再如，《周礼·春官·郁人》："掌祼器。凡祭祀、宾客之祼事，和郁鬯以实彝而陈之。凡祼玉，濯之陈之，以赞祼事。诏祼将之仪与其节。凡祼事沃盥。"⑥ 所载比《小宗伯》更详细具体。《国语·周语上》："王即斋宫，百官御事各即其斋三日。王乃淳濯飨醴。郁人荐鬯，牺人荐醴。王祼鬯，飨醴乃行。"韦昭注："祼，灌也。灌鬯，饮醴，皆所以自香洁也。"⑦ 此为西周籍田后，天子飨群臣之礼，其中明言有祼礼。且宾飨有斋戒之事，与祭飨亦同。宾飨之祼，虽非降神，但仍有敬宾之意。

此外，宾飨之祼，因等级不同，有一定的差别。《周礼·秋官·大行人》记载天子招待来朝公、侯、伯、子、男五等诸侯之礼仪。其中祼礼部分：上公"再祼而酢"；诸侯"一祼而酢"；诸伯与诸侯同为

---

① 孔颖达：《礼记正义》卷23，第1432页下。
② 陈澔：《礼记集说》，凤凰出版社，2010年，第188页。
③ 孙希旦：《礼记集解》，中华书局，1989年，第634页。
④ 贾公彦：《周礼注疏》卷19，第767页上。
⑤ 贾公彦：《周礼注疏》卷7，第684页下~685页上。
⑥ 贾公彦：《周礼注疏》卷19，第770页中。
⑦ 徐元诰：《国语集解（修订本）》，中华书局，2002年，第18页。

"一祼而酢"；诸子"一祼不酢"；诸男与诸子又同。"再祼"指王一祼，后亚祼，与祭飨相同；"一祼"则仅有王祼而无后祼。公尚有回酢之礼。到子爵、男爵时，只受祼而不得回酢。子、男与天子爵位相差太远，两者不能分庭抗礼。与礼制上尊者赐卑者礼物，卑者只得接受不能表示谦让，是同一道理。所谓"礼尚往来"，只存在于两者地位相差不大的情况下。因天子地位太尊，又无亲自酌臣之礼，故祼礼均由大宗伯代替行之，自己仅负责拜送而已。① 这已与祭飨中王必亲祼，王后有故则可不亲自参与而让宗伯代之不同。与之相对，大宗伯代王行祼，却与燕礼时天子以膳夫为献主，诸侯以宰夫为献主，代替自己献臣子，非常相似。祼礼中的大宗伯，相当于燕礼中的献主。据此可看出，宾飨之祼具有介于祭飨与燕礼之间的某些礼仪属性。从祭飨的完全主敬，到燕礼的主欢，宾飨的祼礼居其中间，具有"过渡"色彩。

至于黄以周认为，祭飨之祼，祼入献中；宾飨之祼，祼献分列，为两者的差异。② 表面看来似乎有理，实际上属强生分别。《礼记·祭统》"献之属，莫重于祼"③，祼仅是献中最重要者而已。故祭飨九献，首祼、亚祼占其中之二。④ 宾飨上公九献，同样包括王祼与后祼。诸侯七献，则包括王祼。

2. 均馈食

祭飨馈食，可通过《仪礼》之《特牲馈食礼》《少牢馈食礼》得知。《周礼·地官·舂人》："掌共米物。祭祀共其粢盛之米。宾客共其牢礼之米。凡飨食共其食米。"⑤《饎人》："掌凡祭祀共盛。共王及后

---

① 《周礼·春官·大宗伯》："大宾客则摄而载果。"郑注："载，为也。果读为祼。代王祼宾客以鬯，君无酌臣之礼。言为者，摄酌献耳，拜送则王也。"
② 黄以周：《礼书通故》，中华书局，2007年，第1066页。
③ 孔颖达：《礼记正义》卷49，第1604页上。
④ 大飨九献：王祼一、后祼二；朝践王献三、后献四；馈食王献五、后献六；酳尸王献七、后献八；宾献九。
⑤ 贾公彦：《周礼注疏》卷16，第750页上。

之六食。凡宾客共其簠簋之食。飨食亦如之。"① 由此看出，舂人、饎人均职掌祭飨与宾飨之食事。笾人、醢人职掌荐笾豆之实，亦是祭飨、宾飨同。再如，西周晚期《弭仲簠》载："用盛秫稻糯粱，用飨大正，歆王宾。"（《集成》4627）大正泛指官长，亦见于《梁其钟》，位在"邦君"下。王宾则是王派遣出的使者。《曾伯䬡簠》："用盛稻粱，用孝用享于我皇祖文考。"（《集成》4621）两相对校，前者为宾飨，后者为祭飨，均用稻粱之属。

3. 礼终均燕

周代贵族在祭祖后，常与诸父兄弟及一般族人，举行燕饮活动，在既欢庆又雍和的气氛中结束祭祖典礼，以收取收宗统族之效。《诗·小雅·楚茨》正是一首描写贵族献祭祖先及祭后燕饮的乐歌。第四章"君妇莫莫，为豆孔庶，为宾为客。献酬交错，礼仪卒度，笑语卒获"②，描写了宾客间燕饮的旅酬。主妇恭敬地端上一道道佳肴，宾客间举杯称欢，觥筹交错间，言笑有度。祭祀后行燕礼于金文中常见：

> 舍武于戎功，灵闻用乐嘉宾、父兄、大夫、朋友。（嘉宾钟《集成》51）
>
> 以追孝先祖，乐我父兄，饮饮歌舞。（余赎遞儿钟《集成》183）
>
> 用宴以喜，用乐嘉宾、父兄及我朋友。（王孙遗者钟《集成》261）
>
> 子璋择吉舍自作龢钟，用宴以喜，用乐父兄诸士。（子璋钟《集成》113）

---

① 贾公彦：《周礼注疏》卷16，第750页中。
② 孔颖达：《毛诗正义》卷13，第468页下。

自作商句镰，以乐嘉宾及我父兄。（姑冯昏之句镰《集成》424）

以宴宾客，以乐我诸父兄□宝用之先人，是语。（配儿句镰《集成》427）

据"饮饮歌舞""以宴以喜""以乐父兄"等辞例，可知贵族制作礼器，常用来以宴乐待父兄等人。此六件青铜器，均属于春秋晚期的乐器。同类性质的乐器大量产生，表明春秋晚期，贵族制作礼器以待父兄，仍然非常盛行。更值得注意的是《余贎逐儿钟》先载"追孝先祖"，后言"乐我父兄"，明显体现出此件乐器的两项功能，即用来祭祖与燕乐父兄。两项功能的合二为一，正是祭祖典礼中，献祭与燕饮作为一种礼仪组合在祭祖礼中的反映。

宾飨后的燕礼，《左传》记载最为丰富。《左传·昭公元年》："夏四月，赵孟、叔孙豹、曹大夫入于郑，郑伯兼享之。……乃用一献，赵孟为客，礼终乃宴。"①郑伯先以飨礼招待赵孟、叔孙豹、曹大夫等，飨礼毕后又举行燕礼，即所谓"礼终乃宴"。《左传·昭公二十五年》叔孙昭子聘宋，"明日宴，饮酒乐，宋公使昭子右坐"②。《国语·晋语四》："秦伯享公子如享国君之礼，子余相如宾……明日宴。"③所谓"礼终乃宴"，既可指祭飨又可指宾飨之后再举行燕饮。

4. 均用腥

《礼记·郊特牲》："郊血大飨腥。"④《礼器》："大庙之内敬矣，君亲牵牲，大夫赞币而从。君亲制祭，夫人荐盎。君亲割牲，夫人荐酒。卿大夫从君。命妇从夫人。洞洞乎其敬业，属属乎其忠也，勿勿乎其欲

---

① 孔颖达：《春秋左传正义》卷41，第2021页中。
② 孔颖达：《春秋左传正义》卷51，第2106页下~2107页上。
③ 徐元诰：《国语集解（修订本）》，中华书局，2002年，第338页。
④ 孔颖达：《礼记正义》卷25，第1444页下。

其飨之也。纳牲诏于庭，血毛诏于室，羹定诏于堂。"① 均是祭飨用腥的例证。宾飨同样用到腥。《周礼·秋官·掌客》："遭主国之丧，不受飨食，受牲礼。"郑注："牲亦当为腥，声之误也。有丧不忍煎烹，正礼飨饔饩当熟者，腥致之也。"② 近人许维遹《飨礼考》曰："飨，嘉礼也。丧，凶礼也。吉凶不相干，故遭主国之丧，不受飨礼。因飨有腥俎，虽未受飨而受其腥俎，其礼未废，由是言之则飨用腥俎明矣。"③ 主国国君、夫人、世子之丧，不能废朝聘之礼；但亦得因时从变，即至行飨时仅有其腥而已，无熟食。受腥则不尚味，体现来聘使者的哀悼之心。再如，《左传·宣公十六年》："王飨有体荐。"④《国语·周语中》："郊祀之事，则有全烝。王公立饫，则有房烝。亲戚宴飨，则有肴烝。"全烝是完整的牺牲，房烝是半解的牺牲。肴烝是肢解了的牺牲。韦昭注："凡禘郊皆血腥。"⑤"体荐"与"房烝"均是腥俎。

《周礼·夏官·大司马》："大祭祀飨食，羞牲鱼。"⑥ 大祭祀至祭天地宗庙，飨食指招待来朝诸侯。羞牲鱼正是用腥证据。不过郑玄、贾公彦均读"牲鱼"为"鱼牲"，则羞俎即仅生鱼而已。此说影响甚巨，至清代始遭到学界质疑。方苞曰："大司马宜奉羊牲，羞其肆，而变文曰羞牲鱼者，牲与鱼递进而以次羞之。羞牲则奉牲不待言矣。常祀牲不用马，且于下丧祭特见之，则所羞之牲为羊明矣。"⑦ 则"牲鱼"并非"鱼牲"之倒文，两者为并列关系，可从中间断读。孔广林曰："牲，

---

① 孔颖达：《礼记正义》卷24，第1441页下。
② 贾公彦：《周礼注疏》卷38，第902页中。
③ 许维遹：《飨礼考》，《清华学报》1947年第14卷第1期，第137页。
④ 孔颖达：《春秋左传正义》卷24，第1889页上。
⑤ 徐元诰：《国语集解（修订本）》，中华书局，2002年，第58页。
⑥ 贾公彦：《周礼注疏》卷29，第839页下。
⑦ 方苞：《周官析疑》卷27，《续修四库全书本》第79册，上海古籍出版社，2002年，第277页。

羊牲、马牲与鱼为三。故先言牲，后言鱼。不言正羊、马者，文省。"①孔氏之说与方苞说近似，只是认为祭飨、飨食亦用马牲，不确。孙诒让云："大祭祀飨食虽不用马牲，而羊则宜此官奉之，经文不具也。"②综合来看，祭飨与宾飨，均会用到羊牲与鱼牲，已无疑问。两者用牲的主要区别，可能在于祭飨杀牲于庭，宾飨杀牲于庙门外。为何如此，乃是祭飨有告神之举，而宾飨无之。

5. 均用明水

明水又名玄酒、玄尊，是用铜镜取月之露水。③《周礼·秋官·司烜氏》："掌以夫遂取明火于日，以鉴取明水于月，以共祭祀之明粢、明烛，共明水。"郑注："明水以为玄酒。"④《礼记·礼运》"玄酒在堂"，孔颖达疏："玄酒，谓水也。以其色黑，谓之玄。而太古无酒，此水当酒所用，故谓之玄酒。"⑤《礼记·郊特牲》："酒醴之美，玄酒明水之尚，贵五味之尚也。"郑注："明水，司烜氏用阴鉴所取于月之水也。"⑥具体取用方法，《淮南子·天文训》"方诸见月则津而为水"下，高诱注记载比较明确，即"方诸阴燧，大蛤也。熟摩令热，月盛时以向月下，则水生，以铜盘受之，下水数滴"。⑦祭飨用明水，《司烜氏》所载已较明确。再如《周礼·秋官·大司寇》祭祀时"奉其明水火"；⑧《大戴礼记·礼三本》"大飨尚玄尊，俎牲鱼，先大羹，贵饮

---

① 孔广林：《周官臆测》卷4，《续修四库全书》第80册，上海古籍出版社，2002年，第402页。
② 孙诒让：《周礼正义》，中华书局，1987年，第2361页。
③ 贾公彦认为是井水，玄酒与明水有别。
④ 贾公彦：《周礼注疏》卷6，第885页中。
⑤ 孔颖达：《礼记正义》卷21，第1416页中。
⑥ 孔颖达：《礼记正义》卷26，第1455页上。
⑦ 何宁：《淮南子集解》，中华书局，1998年，第172页。
⑧ 贾公彦：《周礼注疏》卷34，第871页下。

食之本也";①《礼运》"玄酒在室,醴盏在户,粢醍在堂,澄酒在下";②《乐记》"大飨之礼,尚玄酒而俎腥鱼,大羹不和,有遗味也"等,③ 均提到用玄酒。《仪礼》一书中,冠、婚、射、聘、祭、乡饮酒、燕等均有玄酒之设。《荀子·礼论》:"大飨尚玄酒,俎生鱼,先大羹,贵饮食之本也。飨尚玄尊而用酒醴,先黍稷而饭稻粱。"④ 此处前"大飨"指祫祭祖先,后"飨"指飨食。两者共用玄尊至为明显。祭飨与宾飨用明水或玄尊,犹如古人饮酒饭食前之"祭先",乃为缅怀造物主的功绩而设,故不尚味而尚质,有不忘本之意。⑤

6. 用器同

《周礼·春官·小宗伯》载小宗伯之职掌云:"辨六彝之名物,以待果将。辨六尊之名物,以待祭祀、宾客。"又曰:"凡祭祀、宾客,以时璪果。"⑥ 六彝,指鸡彝、鸟彝、斝彝、黄彝、虎彝、蜼彝;六尊,指献尊、象尊、壶尊、著尊、大尊、山尊。祭祀与宾客同举,均会用到则毫无疑问。《礼记·坊记》:"敬则用祭器。"郑注:"祭器,笾、豆、簋、铏之属也。有敬事于宾客则用之,谓飨食也。"⑦ 与盘盂仅为燕器不同,六尊六彝,祭与飨同用之。《礼记·曲礼下》:"凡家造,祭器为先,牺赋为次,养器为后。"⑧ 祭器与养器相对而无飨器,可能因与祭

---

① 王聘珍:《大戴礼记解诂》,中华书局,1983年,第18页。
② 孔颖达:《礼记正义》卷21,第1416页中。
③ 孔颖达:《礼记正义》卷37,第1528页下。
④ 王先谦:《荀子集解》,中华书局,1988年,第351页。
⑤ 王国维认为古代嘉礼、宾礼、吉礼无不有玄酒,至确。但王氏认为,古人设玄酒并非尚质不尚味,而是有实用目的,即为防止饮酒过多,醉倒后,导致废礼之事发生。此说虽新颖,但臆测成分过多,今不从。参见王国维《说盉》,《观堂集林》,中华书局,1959年,第152页。
⑥ 贾公彦:《周礼注疏》卷19,第776页下~767页上。
⑦ 孔颖达:《礼记正义》卷51,第1620页下。
⑧ 孔颖达:《礼记正义》卷4,第1258页中。

器本属一体之故。《国语·周语中》周定王飨士会"奉其牺象,出其尊彝。"① 正说明飨用尊彝。两者备物为何相同,许维遹解释最为精彩:"祭礼所以交于神明,非同于所安乐者也。在飨礼所以敬于宾客,非同于所饮食之亵器也。笾豆之荐,牲俎之羞,不敢用亵味,而贵备物。"② 通过备物的相同,飨神与飨宾所共同体现出的神圣含义,昭露无遗。神与贵宾在礼仪上具有相似地位。《左传·僖公三十年》:"冬,王使周公阅来聘,飨有昌歜、白黑、形盐。辞曰:'国君,文足昭也,武可畏也,则有备物之飨,以象其德。荐五味,羞嘉谷,盐虎形,以献其功。'吾何以堪之?"③ 器以象德,是古人惯常做法。

7. 用乐同

《周礼·大司乐》已提示宾飨与祭飨用乐虽有小差别,但主体部分相同。《周礼·春官》中常见同类记载。例如:

> 凡祭祀、飨、射,共其钟笙之乐。(《笙师》)
> 凡祭祀,帅其属而设筍虡,陈庸器。飨、食、宾射亦如之。(《典庸器》)
> 大祭祀,登歌,击拊;下管,击应鼓;彻,歌。大飨亦如之。(《小师》)
> 凡祭祀、飨食,奏燕乐。(《钟师》)
> 掌金奏之鼓。凡祭祀,鼓其金奏之乐。飨、食、宾射亦如之。(《镈师》)
> 飨食诸侯,序其乐事,令奏钟鼓,令相,如祭之仪。(《大司乐》)

---

① 徐元诰:《国语集解(修订本)》,中华书局,2002年,第59页。
② 许维遹:《飨礼考》,《清华学报》1947年第14卷第1期,第137页。
③ 孔颖达:《春秋左传正义》卷17,第1831页上。

> 祭祀则鼓羽籥之舞。宾客飨、食，则亦如之。（《籥师》）

上揭经文证明，宾飨与祭飨用乐同。具体的用乐仪节见于《礼记》。《祭统》："内祭则大尝禘是也。夫大尝禘，升歌《清庙》，下而管象。"①《仲尼燕居》："两君相见……升歌《清庙》，示德也。下管象，示事也。"② 大尝禘为祭飨，两君相见为宾飨，两者均是歌《清庙》而管象。《礼记·郊特牲》："宾入大门而奏《肆夏》，示易以敬也。卒爵而乐阕，孔子屡叹之，奠酬而工升歌，发德也。"③ 所载为宾飨中奏《肆夏》之乐。汉杜子春曾指出："王出入奏《王夏》，尸出入奏《肆夏》，牲出入奏《昭夏》，四方宾来奏《纳夏》，臣有功奏《章夏》，夫人祭奏《齐夏》，族人侍奏《族夏》，客醉而出奏《陔夏》，公出入奏《骜夏》。"④ 可见宾飨与祭飨均用"夏"节礼，区别仅在于用其中某篇而已。⑤

8. 主敬同

《论语·八佾》："祭如在。祭神如神在。子曰：'吾不与祭，如不祭。'"⑥ 众所周知，孔子重视祭祀者内在情感，反对过于重视外在之礼器、礼仪。祭而无诚敬之心，犹如不祭。宾飨与祭飨一样，主敬而不主味，要求所有与礼者具有诚敬之心。《礼记·坊记》载，散斋七日，致斋三日，目的在于摒除人之杂念，以培育诚敬之心，好参与行礼，宾飨、祭飨均有之。⑦《礼记·郊特牲》："诸侯为宾，灌用郁鬯，灌用臭

---

① 孔颖达：《礼记正义》卷49，第1607页下。
② 孔颖达：《礼记正义》卷50，第1614页上。
③ 孔颖达：《礼记正义》卷25，第1446页下。
④ 贾公彦：《周礼注疏》卷24，第800页中。
⑤ 王子初：《先秦〈大夏〉〈九夏〉乐辨》，《音乐研究》1986年第1期，第69~72页；许兆昌：《"九夏"考述》，《古代文明》2008年第4期，第47~54页。
⑥ 邢昺：《论语注疏》卷3，第2467页上。
⑦ 孔颖达：《礼记正义》卷51，第1621页上。

也。大飨尚腶修而已。"此段话之前，所言正为祭飨之事，祭飨乃"至敬不飨味而贵气臭也"。祭飨之后，接着讲宾飨，显示出《郊特牲》的编撰者完全知晓两者的亲密关系。郑注："亦不飨味也。此大飨，飨诸侯也。"①祭飨、宾飨之祼，均贵气而不飨味，一目了然。干肉加姜桂捶打而成腶修，属笾豆之食。所谓"大飨尚腶修而已"，指宾飨虽有太牢之馈，但在陈设时，先设腶修于筵前，后乃设余馔。"尚"指陈设顺序，而非指大飨以腶修为贵。与祼礼"无笾豆之荐"，并不矛盾。孔颖达至孙希旦、朱彬等，均认定此因宾飨"不尚味"的缘故。②殊为允当。宾飨备物陈设所体现出的诚敬之意，文献所载多见。《国语·周语中》载飨士会时，周定王大谈飨宴备物所展示的礼仪功能：

  今我王室之一二兄弟，以时相见，将和协典礼，以示民训则，无亦择其柔嘉，选其馨香，洁其酒醴，品其百笾，修其簠簋，奉其牺象，出其樽彝，陈其鼎俎，静其巾羃，敬其祓除，体解节折而共饮食之。于是乎有折俎加豆，酬币宴货，以示容合好。③

诸侯即所谓"一二兄弟"来朝，天子设飨以招待之，备物无不择其最美好，内心无不具备诚敬。正因如此，天子与诸侯方能和协典礼，示民训则。《左传·成公十二年》郤至云："享以训恭俭，宴以示慈惠。"④《左传·宣公十六年》杜预注："享有体荐，设几而不倚，爵盈而不饮，肴干而不食，所以训恭俭。"⑤飨重礼容，虽有体荐，但不食用；虽有几，但须站立，不能依靠；虽酒爵满盈，但不能饮用。与朝聘正礼饥不能食，渴不能饮，倦不能坐，属同一道理。之所以故，在于宾

---

① 孔颖达：《礼记正义》卷25，第1444页下。
② 朱彬：《礼记训纂》，中华书局，1996年，第382页。
③ 徐元诰：《国语集解（修订本）》，中华书局，2002年，第59页。
④ 孔颖达：《春秋左传正义》卷27，第1910页中。
⑤ 孔颖达：《春秋左传正义》卷27，第1910页下。

飨同样要使人有恭俭之心。杜注与《礼记》所载，正可相互发明。

正因宾飨与祭飨均主诚敬，故行礼中若稍有差错，即为失礼行为。《礼记·曲礼上》："临祭不惰。"郑注："为无神也。"① 祭祀时表露懈惰之情，乃有渎神之嫌。与之相对，宾飨时若懈惰，亦会遭到士君夫子门的嘲笑。《左传·襄公二十八年》载，郑简公设飨招待自晋国归的蔡景公。飨礼过程中，蔡景公表露不敬之情。子产讥讽曰："蔡侯其不免乎！日其过此也，君使子展往劳于东门之外，而傲。吾曰犹将更之。今还，受享而惰，乃其心也。君小国，事大国，而惰傲以为己心，将得死乎？"② 蔡小而郑大。蔡景公作为小国之君，大国之卿劳之而有骄傲之情，大国之君飨之而有懈惰之心，故子产认为必不得善终，并预测"恒有子祸"。两年后，蔡景公被世子班所弑，正好验证子产的预言。《左传·成公十四年》卫定公飨苦成叔，苦成叔傲慢无礼。宁惠子曰："苦成叔家其亡乎！古之为享食也，以观威仪、省祸福也。故《诗》曰'兕觥其觩，旨酒思柔。彼交匪傲，万福来求'。今夫子傲，取祸之道也。"③ 宁惠子所引《诗》来自《大雅·丝衣》。《丝衣》为周王祭神的歌舞诗，刘向《五经通义》认为丝衣即是尸所穿的衣服。④ 现在宁惠子引祭飨歌诗来引证宾飨，可见春秋时代之人无祭飨、宾飨决然不同的偏见。所以"观威仪、省祸福"，正是宾、祭二飨的共同特点。由此可以看出，无论是宾飨还是祭飨，均应持一颗诚敬之心，傲慢无礼者必遭世人讥讽。

二、祭飨与宾飨的不同点

《礼记·礼器》："一献之礼，不足以大飨；大飨之礼，不足以大

---

① 孔颖达：《礼记正义》卷3，第1250页下。
② 孔颖达：《春秋左传正义》卷38，第1999页上。
③ 孔颖达：《春秋左传正义》卷27，第1913页中。
④ 杜佑：《通典》引《五经通义》，中华书局，1988年，第1240页。

旅；大旅具矣，不足以飨帝。"① 一献指宾主之间的一轮献酢酬。大飨上公以九为节，有九献。大旅、飨帝均为飨神之礼。《礼器》所载已隐含出祭飨与宾飨在仪节上的某些差别。《淮南子·说山训》："先祭而后飨则可，先飨而后祭则不可。"高诱注："礼，食必祭，示有所先。飨，犹食也；为不敬，故曰不可也。"② 虽为汉代说法，但已揭示宾飨与祭飨并非完全等同。两者的差异亦是显而易见的。具体而言，有如下几条。

1. 对象有异

祭飨的对象包括天神、地祇与人鬼。直接对象则是为这些神灵所立之尸，尸是神的"代理人"③，故最终对象是神；宾飨的对象就是人。一飨神一飨人，是两者最为本质的区别。正是有此差异，决定了祭飨多有告神之举，而宾飨无之。例如，前者祼在室，后者祼在堂；前者入牲告杀，后者杀之庙门外；前者告血荐毛升首，后者仅用腥而已，等等。不过，虽有神人不同，却均是主人之宾。孙诒让曰："祭祀主于事尸，大飨主于事宾，故以宾如尸礼。"④ 洵为定论。"以神为宾"是中国古代礼制的常见观念，但历代以来不受学者重视。再举丧礼中的例子，以证成之。《礼记·坊记》："宾礼每进以让，丧礼每加以远。浴于中霤，饭于牖下，小敛于户内，大敛于阼，殡于客位，祖于庭，葬于墓，所以示远也。"⑤ 从浴到葬，从中霤到墓，举行的地点由内到外，愈来愈远。大殓于阼阶，属主位，殡已到西阶，属客位。死者的身份，有从"主"到"宾"的明显演变。《仪礼·既夕礼》："大敛于阼。"郑注："未忍

---

① 孔颖达：《礼记正义》卷24，第1442页下。
② 刘文典：《淮南鸿烈集解》，中华书局，1989年，第551页。
③ 中国古代礼制中常用"代理人"，如《尚书·顾命》中之太保；《燕礼》中之献主；《士昏礼》之使者。缘由虽各异，却均是代理主人以与对方行礼。
④ 孙诒让：《周礼正义》，中华书局，1987年，第1782页。
⑤ 孔颖达：《礼记正义》卷51，第1621页上。

二、祭飨与宾飨的不同点

便离主人之位也。主人奉尸敛于棺，则西阶上宾之。"① 周人殡棺于西阶，实是以"宾"待已亡之父祖。《礼记·坊记》："升自客阶，受吊于宾位，教民追孝也。"②《礼记·檀弓上》："周人殡于西阶之上，犹宾之也。"③《礼记·杂记下》："吾子不见大飨乎？夫大飨既飨，卷三牲之俎，归于宾馆。父母而宾客之，所以为哀也。"④《说文·歺部》："死在棺，将迁葬柩，宾遇之。"⑤《释名·释丧制》："于西壁下涂之曰殡。殡，宾也。宾客遇之，言稍远也。"⑥ 沈文倬云："嗣子继为主人，亡亲处于宾位，与又祭的宾尸正相连贯，都是'父母而宾客之'的意思。"⑦ 所言甚是。可见，无论祭飨中之"尸"，还是丧礼之或父或祖，均是主人之宾。"宾"的身份得到揭示，古人神灵信仰与宴飨饮食之间的亲密关系，得到进一步的确证。

宾飨的对象非常广泛，从殷墟卜辞、两周金文及传世礼典文献的记载来看，上可自诸侯，下可至一般士卒。《仪礼·觐礼》："飨礼，乃归。"《周礼·秋官·掌客》："上公三飨三食三燕，侯伯再飨再食再燕，子男一飨一食一燕。"⑧《礼记·郊特牲》："大飨，君三重席而酢焉。"郑注："言诸侯相飨，献酢礼敌也。"⑨ 此为飨诸侯之礼。再如《左传》中记载飨礼最为丰富，可分为王飨诸侯、王飨卿、诸侯飨王、诸侯相飨、诸侯飨卿大夫、卿大夫飨诸侯、卿大夫相飨、夫人飨诸侯、亡国贵

---

① 贾公彦：《仪礼注疏》卷41，第1161页中。
② 孔颖达：《礼记正义》卷51，第1621页中。
③ 孔颖达：《礼记正义》卷7，第1283页下。
④ 孔颖达：《礼记正义》卷42，第1562页下。
⑤ 段玉裁：《说文解字注》，上海古籍出版社，1988年，第163页。
⑥ 刘熙撰，毕沅疏证，王先谦补：《释名疏证补》，中华书局，2008年，第290页。
⑦ 沈文倬：《又祭的宾尸与不宾尸》，《菿闇文存》，商务印书馆，2006年，第371页。
⑧ 贾公彦：《周礼注疏》卷38，第900页中。
⑨ 孔颖达：《礼记正义》卷25，第1446页上。

族飨士卒九大类,① 多为聘、觐、朝中之飨。

2. 地点有异

除去特殊神灵（如山川）外，祭飨——特别是飨先祖于庙中行礼，历代无异议。宋代李如圭《仪礼集释》："飨食在庙，燕在寝。"台湾地区学者周聪俊指出："飨在野当是权宜，在庙是礼常。"② 但甲骨、金文，甚至《左传》所载均与此冲突。宾飨的行礼地点，并非必于庙中，而是呈现出多样化的特点。

殷墟卜辞所载飨礼地点，宋镇豪已有很好的研究。殷商飨礼地点包括太室、北宗、宗、阑宗、阑太室、庭、召庭、召大庭、召宫、祊西、竁，甚至"野宴或在外地设宴"。③ 除太室、宗类外，其他地点很难说必位于太庙内。《墨子·非乐上》载夏启"野于饮食"，与历史事实基本相符合。可以断言，自殷商时期祭飨与宾飨地点多样化趋势已经非常明显。

金文载行飨地点，同样多样。《穆公簋》"王夕飨醴于太室"，《师遽父方彝》"王在康宫飨醴"。宫与太室，虽有广狭之别，④ 但具体行礼时可能均在其内的庙中。《公羊传·文公十三年》："世室者何？鲁公之庙也。周公称大庙，鲁公称世室，群公称宫。"⑤ 到目前为止，记载周天子参与飨礼的金文有14篇之多。其中早期器4件，中期器9件，晚期器1件，虽远非其时飨礼的全部，但明显能看出行礼频率的高低与王权草创、兴盛及衰微的过程大致吻合。西周时代行飨礼地点宗庙虽占有重要地位，但并非唯一。莽京、蕰侲宫、周康寝、周康宫、周庙宣

---

① 周聪俊：《飨礼考辨》，文史哲出版社，2011年，第33~50页。
② 周聪俊：《飨礼考辨》，文史哲出版社，2011年，第87页。
③ 宋镇豪：《商代社会生活与礼俗》，中国社会科学出版社2010年，第234~239页。
④ 唐兰：《西周铜器断代中的康宫问题》，《考古学报》1962年第1期。
⑤ 徐彦：《春秋公羊传注疏》卷14，第2272页中。

窜,或周王宫室,或周王宗庙;而斤、社、郑、句陵、宣窜,则很难与宗庙联系起来。

春秋时代,行飨地点多样化并没有减少。《左传·庄公四年》夫人姜氏享(飨)齐侯于"祝丘";庄公二十一年,郑厉公飨周惠王于"阙西辟";襄公十九年,鲁襄公飨晋六卿于"蒲田";襄公二十五年,齐侯飨莒子于"北郭";襄公二十六年,宋太子飨楚客于"野";襄公二十七年,郑简公飨赵武于"垂陇";昭公七年,楚灵王飨鲁昭公于"新台";昭公二十七年,公子光飨吴王僚于"堀室";定公八年,阳虎飨季氏于"蒲圃"。诚然,其中有不少阴谋违礼行为,但出现如此之多非宗庙中飨礼,说明宗庙并非飨礼地点的唯一选择。

3. 问卜有异

祭飨问卜,主要包括卜日与卜牲。《周礼·天官·太宰》:"祀五帝,则掌百官之誓戒,与其具修。前期十日,帅执事而卜日,遂戒。"①《周礼·春官·大宗伯》:"凡祀大神,享大鬼,祭大示,帅执事而卜日。"②《仪礼·特牲馈食礼》:"不诹日。及筮日,主人冠端玄,即位于门外,西面。"郑注:"诹,谋也。士贱职亵,时至事暇,可以祭,则筮其日矣。"③《礼记·郊特牲》:"卜郊,受命于祖庙,作龟于祢宫。"④ 所言即南郊卜日。筮日与卜日意义相同,只是利用工具不同而已,目的均在于求得鬼神降格之期。

至于卜牲,甲骨文所载甚为明显:

丁丑卜,妣庚叀黑牛,其用隹。(《屯南》2363)
叀黑牛。(《合集》29508)

---

① 贾公彦:《周礼注疏》卷2,第649页下。
② 贾公彦:《周礼注疏》卷18,第763页中。
③ 贾公彦:《仪礼注疏》卷44,第1178页下。
④ 孔颖达:《礼记正义》卷26,第1453页上。

叀幽牛,吉。(《合集》33606)

凷黄牛,叀黑牛。(《合集》14951 正)

辛卯卜,姚辛枣,叀骍。(合集) 27441)

庚戌卜,其有岁于二祖辛,叀牡。《合集》27469)

壬申卜,母戊岁,叀牡。(《合集》27583)

上揭卜辞,可从两个方面看出是卜牲。

第一,直接称牛,而不称牲。《左传·僖公三十一年》:"牛卜曰曰牲。"杜预注:"既得吉日,则改牛名曰牲。"① 易言之,未卜前称作牛,既卜且吉后,才改称牛为牲。卜辞直接称牛,则应该是未成卜之时。而且正是因未经占卜,所以得卜其吉利与否。甲骨文中有"牢""窜"等字,姚孝遂认为是指经过特殊程序圈养的牲畜,规格高于牛羊。② 这样看来,"牢""窜"大概指经过占卜确定用作牺牲的牲畜。牛、羊与牢、窜的区分,正体现出牛、羊尚未经过占卜仪式的"洗礼"。从"牛"到"牢"的具体过程,传世礼典文献有详细的记载。《周礼·地官·牧人》:"凡祭祀,共其牺牲,以授充人系之。"贾疏:"牧人养牲,临祭前三月授与充人系养。"③《牛人》:"凡祭祀共其享牛,求牛,以授职人而刍之。"④《充人》:"掌系祭祀之牲牷,祀五帝,则系于牢,刍之三月。享先王亦如之。"⑤《礼记·郊特牲》:"帝牛必在涤三月。"⑥《国语·楚语下》载楚平王问观射父祭祀养牲之事,观射父曰:"远不过三月,近不过浃日。"⑦ 浃日,即十日。《曲礼下》孔

---

① 孔颖达:《春秋左传正义》卷 17,第 1831 页。
② 姚孝遂:《"牢""窜"考辨》,《古文字研究》第 9 辑,中华书局,1984 年,第 25~35 页。
③ 贾公彦:《周礼注疏》卷 13,第 723 页下。
④ 贾公彦:《周礼注疏》卷 13,第 723 页下。
⑤ 贾公彦:《周礼注疏》卷 13,第 724 页中。
⑥ 孔颖达:《礼记正义》卷 26,第 1453 页下。
⑦ 徐元诰:《国语集解(修订本)》,中华书局,2002 年,第 518 页。

颖达疏引观射父此语作"大者牛羊,必在涤三月,小者犬豕,不过十日"。① 则卜牲吉后,所选大牲牛羊,得经过三个月的特殊圈养,小牲犬豕亦得用十日,以保持其健康、洁净。

第二,特别强调只有某些特定毛色、性别的牲畜才吉利。黑、幽、骍均提示了所用牲的颜色。"幽"通"黝",指黑色。《诗·小雅·隰桑》:"隰桑有阿,其叶有幽。"毛传:"幽,黑色也。"② 《礼记·玉藻》:"一命缊韨幽衡,再命赤韨幽衡,三命赤韨葱衡。"郑注:"幽读为黝,黑谓之幽。"③ 骍指赤黄色的马或牛。如《诗·鲁颂·駉》"有骍有骐",毛传"赤黄曰骍";④《尚书·洛诰》"文王骍牛一,武王骍牛一"⑤。至于所用牺牲的性别,《合集》27469、27583 特别强调用"牡类"。有可能只有牡类牲畜,在祭祖中才是吉利的。

周人祭飨卜牲是常制。《礼记·祭义》:"古者天子、诸侯必有养兽之官。及岁时,斋戒沐浴而躬朝之。牺牷祭牲,必于是取之,敬之至也。君召牛,纳而视之,择其毛而卜之,吉,然后养之。"⑥此所谓"古者"如前所论,既符合殷制,又是周制的真实反映,且把从"牛"到"牢"的演变过程表达得更为明确。《春秋·宣公三年》:"三年春王正月,郊牛之口伤,改卜牛。牛死,乃不郊。"⑦ 为郊天而准备的牛受伤后,改卜牛;结果改卜的牛又死,只得放弃郊天。《春秋·僖公三十一年》鲁人四次占卜是否可行郊天礼,均不吉利后只能免牲,放弃郊天。此为鲁人占卜失礼的例证。《左传》论道:"礼不卜常祀,而卜其

---

① 孔颖达:《礼记正义》卷5,第1269页上。
② 孔颖达:《毛诗正义》卷15,第495页下。
③ 孔颖达:《礼记正义》卷30,第1481页上。
④ 孔颖达:《毛诗正义》卷20,第609页下。
⑤ 孔颖达:《尚书正义》卷15,第217页上。
⑥ 孔颖达:《礼记正义》卷48,第1597页下。
⑦ 孔颖达:《春秋左传正义》卷21,第1868页上。

牲、日。"①《公羊传》何休注："礼，天子不卜郊。"② 鲁虽非天子，但因属周公之后，故被特许可以郊天。郊为鲁人常祀，当卜者为何时郊及郊用何牲，不当卜其可行与否。鲁人卜所非卜，最终导致废礼而严重怠慢神灵，从而受到世人的讥讽。此两则故事正好反映春秋时代，尚有卜牲的习俗。

宾飨问卜，则无严格规定。殷商时期虽凡事必卜，但宾飨卜后可因特殊情况临时取消。例如：《合集》6095"贞，舌［方］出，王勿飨，十一月。王飨"。辞意是，因邛方出侵的缘故，商王停止行飨礼；到十一月，才重新行飨礼。飨因邛方的出侵而中断。因祭飨"卜日"，即通过贞问神灵，而求得具体日子；日子确定后，不太可能随便更改，否则有渎神嫌疑。那么，此条卜辞所载飨礼，应属宾飨而非祭飨。此条卜辞还可与《英藏》543"贞，舌方出，王自飨，受有佑。五月"对照来看。后者谈到"受有佑"，即受到祖先的护佑。那么，前所谓"飨"应为祭飨。虽同为"邛方出"，祭飨则"王自飨"，正是祭飨不能被中断的最佳例证。如此来看，卜辞中宾飨之礼，即使通过了贞问，仍然有随时更改的可能，其严肃性明显低于祭飨。那么所谓宾飨问卜，在殷商时代，机动性较强，并无严格限制。

西周金文中不见宾飨问卜的记载。《左传·哀公十四年》载宋景公与桓魋之间的矛盾已不可调和，双方均欲借飨对方以"行谋"。于是约定"以日中为期"，即把行飨礼的时间定在正午。"定期"一定程度上，与祭飨"卜日"存在相似性。但此为阴谋之事，是否符合礼制有待考证。西周以迄春秋所载飨礼举行的时间，多在朝礼、聘礼、婚礼、射礼等之后，所谓独立的"定期"仪式，并无依托。例如，婚礼中"舅姑共飨妇""舅飨送者""姑飨妇人送者"及"婿飨送者丈夫、夫人"的时间，已被婚礼的举行时间卡定，无需另外卜日。

---

① 孔颖达：《春秋左传正义》卷17，第1831页下。
② 徐彦：《春秋公羊传注疏》卷12，第2263页中。

最明显的例证，来源于《礼记·曲礼下》"大飨不问卜"。此"大飨"，郑玄、孔颖达，认为是祭飨五帝于明堂之礼。郑注："莫适卜也。"孔疏："若卜其牲日，五帝总卜而已，不得每帝问卜。若其一一问卜，神有多种，恐吉凶不同。"① 在孔颖达看来，祭飨五帝，若每帝卜，有可能出现吉凶不同的情况，到时何去何从成为问题，导致废礼情况出现。但此种说法，自贾公彦起，已遭学界质疑。贾公彦认为，此"大飨"与"大飨不入牲"同，均是宾飨。宋代陈祥道云："然则不问卜者，特飨宾之礼也。考之《大射》《燕》《觐》之礼，前期有戒而已。则飨不问卜可知。"② 严陵方悫指出此大飨乃"天子飨诸侯之大飨而已"。③ 至清代，万斯大、孙希旦主之。万氏指出："此言不问卜，乃之两君相见及凡宾客之礼也。宾客既行朝聘当飨即飨，牲、日皆不卜。"④ 孙氏据《周礼·太宰》祀五帝、祀大神、享先王，皆前期十日而卜日，《大宗伯》"凡祀大神、享大鬼，祭大示，率执事而卜日"等为证，认为凡祭祀必卜，而此大飨不卜，则必为宾飨而非祭飨。⑤ 综合而言，祭飨必问卜，而宾飨因多与其他礼制组成一个"组合"，无时间亦无必要再行问卜。

三、《飨礼》存废问题

飨礼既然包括祭飨与宾飨两种，这似又引出礼学上争论的一大问题，即《仪礼》中有无《飨礼》篇什。历代以来分成两派意见。

第一，《仪礼》十七篇乃古礼残余，《飨礼》乃其中已亡之篇。此

---

① 孔颖达：《礼记正义》卷5，第1270页上。
② 卫湜：《礼记集说》卷14，清通志堂经解本。
③ 卫湜：《礼记集说》卷14，清通志堂经解本。
④ 万斯大：《礼记偶笺》卷1，《续修四库全书》第98册，上海古籍出版社，2002年，第610页。
⑤ 孙希旦：《礼记集解》，中华书局，1989年，第159页。

说自郑玄以来，孔颖达、朱熹、王应麟、黄以周、孙诒让、诸锦等均从之，乃学界主流意见。现代学者沈文倬认为，古代用文字记录下各种礼书，其中《仪礼》十七篇，乃其残存部分。礼书中若干篇目在秦火中亡佚，其中包括郊礼、社礼、禘礼、殷礼、烝礼、朝礼、飨礼等。①

第二，《仪礼》篇目首尾完备，并无《飨礼》。明郝敬认为《仪礼》所载虽止大夫士礼，但天子诸侯及庶人礼可据义加减之，"《仪礼》十七篇大较备矣"②。清惠士奇认为《燕礼》《大射》中"以我安"前所行为飨礼，"以我安"后彻俎乃行燕礼，得出"《飨礼》不亡，尽在《燕礼》矣"的结论。③朱大韶撰《燕飨通名说》发挥惠氏之说，认为"饮射之礼，皆飨礼也，故燕亦通名飨"。④

实质上，通过前文对祭飨、宾飨以及两者异同的讨论，可以得出古代有飨礼，但未必有《飨礼》。飨礼存在于《仪礼》一书中，但《仪礼》中并无《飨礼》篇。

第一，以上第一种说法，实误解礼制为礼书。礼制乃礼仪制度，有此制度未必有此书；礼书则指具体的某篇文章或某部书。《仪礼·公食大夫礼》："设洗如飨。"⑤ 具体的意思指行食礼时，洗的摆设同于飨礼。"飨"乃礼制而非礼书。《仪礼》中飨礼常见。如《士昏礼》舅姑飨新妇、使者，《聘礼》中"大夫来使，无罪，飨之""有大客后至，则先客不飨、食，致之"等。可见"《飨礼》已亡"的观念，未能在《仪礼》中找到内证；相反飨礼却尚存于其中。

第二，宾飨见于《士昏礼》《聘礼》等篇；祭飨之馈食部分见于

---

① 沈文倬：《略论礼典的实行和〈仪礼〉书本的撰作》，《菿闇文存》，商务印书馆，2006年，第7~15页。
② 郝敬：《仪礼节解》卷12，明九部经解本。
③ 惠士奇：《礼说》卷5，景印文渊阁《四库全书》第101册，台湾"商务印书馆"，1986年，第495页。
④ 朱大韶：《实事求是斋经说》卷2《燕飨通名说》，《续清经解》第3册，上海书店出版社，1988年，第850页。
⑤ 贾公彦：《仪礼注疏》卷25，第1079页下。

《特牲馈食礼》《少牢馈食礼》两篇。如上所论，宾飨乃飨宾客之礼，《士昏礼》之新妇、使者，《聘礼》之使者正是被飨之宾客；祭飨乃飨神尸之礼，《特牲馈食礼》《少牢馈食礼》所载正是待尸之礼。只是因《仪礼》为士礼，故只有馈食而无天子、诸侯之"肆献祼"。

第三，宾飨礼尚存于《燕礼》中。惠士奇首发《大射仪》"以我安"前为飨礼部分。飨主敬必以立成，燕主欢必以坐成。《国语·周语中》："王公立饫，则有房烝。"立饫即飨礼。《燕礼》"脱屦升坐"站立行礼，且有俎食。《礼记·聘义》："酒清人渴而不敢饮，肉干人饥而不敢食也，日暮人倦，齐庄整齐，而不敢懈惰，以成礼节。"①《左传·昭公五年》："设机而不依，爵盈而不饮；宴有好货，飨有陪鼎。"② 聘中之飨同样以立成，不饮不食。仅祭先时略微尝一下，告旨后或奠于地，或放回俎上。《燕礼》所载先飨后燕，于《左传》中之"礼终乃宴"正好吻合。

概括言之，因飨既可飨神又可飨人，若以一篇文献言之，则难于区隔，故古代并不存在统一的《飨礼》。所谓"《飨礼》已亡"的说法，并不可从。《仪礼》中虽无《飨礼》，却有飨礼。作为礼仪制度，飨礼之宾、祭两个部分列在《仪礼》各篇中。宾飨的部分仪节，见于《燕礼》之前部，《士昏礼》《聘礼》之一部；祭飨之馈食部分见于《特牲馈食礼》《少牢馈食礼》两篇。至于祭飨之馈食前仪节，因《仪礼》所载为士礼，故未有明言。

余论：以神为宾

如上所论，祭飨与宾飨均是飨礼。"飨"字"象飨食时宾主相向之状"，询为卓识。只不过，"宾主"不仅包括人，而且还包括神灵在其

---

① 孔颖达：《礼记正义》卷63，第1693页下。
② 孔颖达：《春秋左传正义》卷43，第2042页上。

内。古人飨食与祭祀，均带有一定的神圣性，这与其时整个社会被神灵信仰笼罩，理性意识不发达有关。所谓"原始社会人们祀天祭地享祖先，氏族首领把祭食分给族人共食，大概可视为筵宴的滥觞"①，虽已道出部分真实；但分祭祀为先飨食在后，得出前者产生后者的结论，稍显武断。②《礼记·礼运》："夫礼之初，始诸饮食。其燔黍捭豚，污尊而抔饮，蕢桴而土鼓，犹若可以致其敬于鬼神。"③礼始于饮食，非始于飨祭鬼神。郭沫若说："礼之起，起于祀神。其后扩展而为对人，更扩展而为吉、凶、军、宾、嘉等仪制。"④不符合历史事实。远古蒙昧，理性未兴，人神未有必然区隔。"绝地天通"之前的"民神杂糅"时代，正是这种现象的真实反映。飨神包括帝、天、万物及祖先，飨人包括诸侯、臣属、使者、戚属、朋友、邑子、士庶子等，是社会发展、礼制兴盛后区分的结果。

"飨"的对象包括神灵，自战国后逐渐淡出世人的眼界，甚至归于湮灭，致使后人仅以宾飨指称"飨礼"，这造成了礼学研究上的一大误会。究其缘由，一是与整个燕飨礼在战国后衰落的历史命运息息相关。当飨礼与日常生活渐行渐远后，误会与陌生感必然应运而生。二是某些礼学家并未回到殷商、西周的具体历史语境和用习惯下讨论问题，而是以后代的偏义代替真实的历史。故飨礼失去飨神之义，成了必然的宿命。三是片面理解《周礼·春官·大宗伯》"以飨燕之礼，亲四方之宾客"，把飨礼限制在嘉礼内。这造成的后果之一，乃是后人失去了得知

---

① 宋镇豪：《夏商社会生活史（上）》，中国社会科学出版社，1994年，第479页。

② 原始人多是"万物有灵论"的信徒，这决定了他们并不会特意分别出哪些是神灵，而另一些不是神灵。弗雷泽在《金枝》一书中指出，"在未开化的原始人看来，一饮一食都带有特别危险；因为饮食之际灵魂可能从口中逃逸，或者被在场的敌人以巫术摄走"。参见[英]J.G.弗雷泽：《金枝》，徐育新等译，新世界出版社，2006年，第199页。

③ 孔颖达：《礼记正义》卷21，第1415页中。

④ 郭沫若：《十批判书·孔墨的批判》，东方出版社，1996年，第96页。

祭祀神灵与燕飨宾客之间真实关系的机会。揭开重重迷雾后，可以得知"𩜹"所象飨食的宾主，真实的身份既可指人，又可指神。换言之，祭飨时是人神相向行礼，宾飨时是人人相向行礼，神与人均可作为主人之宾而参与行礼。所有的这一切都在暗示，古人对待神灵与宾客均持一颗诚敬之心。事神如事宾，事宾如事神。

以神为宾：商周丧祭礼制中
人神关系的新考察

商周神灵信仰中的人神关系，曾是学术界讨论的热点之一。检阅已有的成果，发现讨论的着力点主要集中在帝、天、祖先神、自然神的祭祀及神权与王权等问题上。① 概括而言，主要形成了三种类型的观点。一是强调对神与神权的崇拜，"帝"作为至上神在人世处于主宰与统

---

① 王国维：《释天》，《观堂集林（上）》，中华书局，1959年，第282页；刘复：《帝与天》，《北京大学研究所国学门月刊》1926年第1卷第3号，第310~315页；顾立雅：《释天》，《燕京学报》1935年第18期，第80~92页；陈梦家：《古文字中之商周祭祀》，《国学学报》1936年第19期，第92~156页；胡厚宣：《殷代的天神崇拜》，《甲骨学商史论丛初集上》，河北教育出版社，2002年，第206~241页；严一萍：《释天》，《中国文字》第5册，1961年；夏渌：《卜辞中的天、神、命》，《武汉大学学报（哲社版）》1980年第2期，第105~108页；陈复澄：《文字的发生与分化释例之一——释大、天、夫、太》，《古文字研究论文集》，《四川大学学报丛刊》第10辑，四川人民出版社，1982年，第183~193页；高明：《从甲骨文中所见王与帝的实质看商代社会》，《古文字研究》1989年第16辑，第21~28页；朱凤瀚：《商代诸神之权能与其类型》，《尽心集——张政烺先生八十庆寿论文集》，中国社会科学出版社，1996年，第57~79页。张荣明：《商周时期的祖、帝、天观念》，《南开大学历史研究所纪念文集》，1999年；曹胜高：《先秦诸子天论的形成及演变》，《古代文明》2007年第1期，第64~73页。

制地位，其他神则相对次要。① 二是强调上帝、祖先神各自独立，且在历史变迁中，伴随着神权的逐渐衰落与王权的逐渐兴起。② 三是强调上帝既是至上神，又是祖先宗神，帝与祖先神具有血缘关系。③ 可以说，这三类观点在丰富认识商周时期的宗教信仰、政治文化方面，起了重要作用。但"惟殷先人，有册有典"④，通过复原丧典、祭典，观照礼仪中人神之间的动态交流，以揭示两者间关系的成果，较为少见。

现结合礼典文献与出土资料，讨论的神灵以祖先神为主，稍涉及帝和自然神。在具体讨论中遵循两条内在线索：一是从时间概念上，讨论不同礼典表现生死之际，亡者的身份由主变为宾的过程；二是从空间角度上，讨论在礼典举行过程中，行礼人所处空间、站立面向等，揭示行礼双方的身份及与神交际时的态度。

一、殡　礼

五礼中吉、凶二礼紧密相连。祭属吉礼，丧属凶礼，且丧礼自

---

① 胡厚宣：《殷卜辞中的上帝和王帝（上）》，《历史研究》1959年第9期，第23页；张桂光：《殷周"帝""天"观念考索》，《华南师范大学学报》（社科版）1984年第2期，第105~108页；冯时：《中国古代的天文与人文》，中国社会科学出版社，2006年，第68~73页；常玉芝：《商代宗教祭祀》，中国社会科学出版社，2011年，第37页；徐义华：《商代的帝与一神教的起源》，《南方文物》2012年第2期，第126页。

② 晁福林：《试论殷代的王权与神权》，《社会科学战线》1984年第4期，第96~102页；晁福林：《论殷代神权》，《中国社会科学》1990年第1期，第96~112页；朱凤瀚：《商周时期的天神崇拜》，《中国社会科学》1993年第4期，第191~211页；李小光：《商代人神关系论略》，《宗教学研究》2005年第4期，第112~117页。

③ 郭沫若：《先秦天道观的进展》，《青铜时代》，中国人民大学出版社，2005年，第7页；侯外庐：《我对中国社会史的研究》，《历史研究》1984年第1期，第3~26页；裘锡圭：《关于商代的宗族组织与贵族和平民两个阶级的初步研究》，《古代文史研究新探》，江苏古籍出版社，1992年，第298~300页；王晖：《商周文化比较研究》，人民出版社，2000年，第20页。

④ 孔颖达：《尚书正义》卷16《多士》，第220页中。

"卒哭"后逐渐转吉,即孝子对待亡亲,始丧以凶礼待之,除服后祭之以吉礼,两者之间有个漫长的过渡阶段。在此过程中,父祖由生者变为死者,由死者变为神灵,子孙应对之礼明显不同。而殡礼是其中的关键点。

《仪礼·士丧礼》:"主人奉尸敛于棺。"郑注:"棺在肂中敛尸焉,所谓殡也。"① 殡礼乃大殓之后,纳尸在棺,并置棺于西阶所掘坎中之礼。下棺的深浅以能见到封住棺、盖间的衽为度,且停殡之位为西阶。

古人行礼,宾升降自西阶,主人升降自阼阶,故西阶又称宾阶,阼阶称主阶。②《礼记·檀弓上》载孔子将死时与子贡说:"夏后氏殡于东阶之上,则犹在阼也;殷人殡于两楹之间,则与宾主夹之也;周人殡于西阶之上,则犹宾之也。"③ 所言夏商制度是否符合事实,史料缺乏,未能断定。至于周代殡于西阶,则属礼仪常制。《礼记·杂记上》:"至于庙门,不毁墙,遂入,适所殡。"郑注:

> 凡柩自外来者,正棺于两楹之间,尸亦俟之于此,皆因殡焉。异者柩入自阙,升自西阶,尸入自门,升自阼阶。其殡必于两楹之间者,以其死不于室,而自外来,留之于中,不忍远也。④

据郑玄之说,若未死于室,而是死于外,运柩归与运尸归升阶明显不同。前者升自西阶,后者升自阼阶。之所以如此,因运柩归必已行殡敛礼,运尸归则否。于此可见殡礼对死者身份认定的关键作用。至于殡在两楹之间,乃"留之于中,不忍远也",即孝子不忍遽然置棺于西阶,

---

① 贾公彦:《仪礼注疏》卷37,第1140页中。
② 殷墟已能见到成熟的东西阶形制。石璋如:《殷墟地上建筑复原第四例——甲六基址与三报二示》,《"中央研究院"第二届国际汉学会议论文集——历史与考古组(上)》,台湾"中央研究院",1989年,第1~30页。
③ 孔颖达:《礼记正义》卷7,第1283页下。
④ 孔颖达:《礼记正义》卷40,第1549页上。

以远至亲。殡的位置体现了生者对于死者的情感与态度。①《公羊传·定公元年》载鲁昭公棺柩自外运回："癸亥，公之丧至自乾侯……正棺于两楹之间，然后即位。"② 昭公死于乾侯，其棺停在两楹之间，与郑注相合。《淮南子·要略训》："殡文王于两楹之间。"③ 此时商未灭，周初又多承商制，④ 殡文王于两楹之间，或为殷商殡礼遗制。

　　就周人殡于西阶来说，乃"远之"的结果。《礼记·坊记》："丧礼每加以远，浴于中霤，饭于牖下，小殓于户内，大敛于阼，殡于客位，祖于庭，葬于墓，所以示远也。"⑤ 从浴到葬，从中霤到墓，举行的地点，由内到外，愈来愈远。大殓于阼阶，属主位，殡已到西阶，属客位。⑥《仪礼·既夕礼》："小殓辟奠不出室……大殓于阼。"郑注于"小殓"注曰："未忍神远之也"，于"大殓"曰："未忍便离主人之位也。主人奉尸殓于棺，则西阶上宾之。"⑦ 小殓、大殓亲逝世未久，既

---

① 礼制的"加以远"，与人的应对情感完全相符。《礼记·檀弓上》提到孝子对于双亲"始死"时，情感乃"充充而有穷"，"既殡"则"有求而弗得"，"既葬，皇皇如有望而弗至"，"既练而慨然而廓然"。礼仪程序越推越"远"后，孝子的心情也从沉痛渐变为廓然开朗。

② 徐彦：《春秋公羊传注疏》卷25，第2335页上。

③ 刘文典：《淮南鸿烈集解》，中华书局，1989年，第709页。

④ 自王国维《殷周制度论》以来，学者多认为商周之际是一大变局，郭沫若、邹衡、许倬云等学者从之。就整个商周文化来说，"大变革"说不可易。但就商末、周初几十年的时间内，则需要更详尽的研究考证。随着更多考古资料的发现、研究，商周文化相因说，渐浮出水面，徐中舒、严一萍、张光直等学者主之。愚以为，前说从长时段来说不误；但后说从商周之际短时段看，更符合实情。

⑤ 孔颖达：《礼记正义》卷51，第1621页上。

⑥ 古代丧葬祭祀礼仪制度中，生者到死者，死者变为神灵，从而或升入天堂，或下入黄泉，往往设置了明确的出行路线，至亲之人死后，以出行远离的方式，逐渐与在世亲人离别。参见来国龙：《战国秦汉"冥界之旅"新探：以墓葬文书、随葬行器及出行礼仪为中心》，《人文论丛》2009年卷，第151~186页；巫鸿：《从哪里来，到哪里去？——汉代丧葬艺术中的"柩车"与"魂车"》，《礼仪中的美术：巫鸿中国古代美术史文编》，郑岩等译，生活·读书·新知三联书店，2005年，第260~273页；巫鸿：《旅行》，《黄泉下的美术：宏观中国古代墓葬》，生活·读书·新知三联书店，2010年，第199~224页。

⑦ 贾公彦：《仪礼注疏》卷41，第1161页中。

未能成为神，也尚未卸下生前的主人之位。

周人殡棺于西阶，则已有实质性的变化，已亡父祖被以"宾客"相待。《礼记·坊记》："升自客阶，受吊于宾位，教民追孝也。"①《礼记·檀弓上》："周人殡于西阶之上，犹宾之也。"②《礼记·杂记下》："父母而宾客之，所以为哀也。"③《礼记·礼运》："是故礼者，君之大柄也，所以别嫌明微，傧鬼神，考制度。"孔疏："接宾以礼曰傧。"《说文·歹部》："死在棺，将迁葬柩，宾遇之。"④《释名·释丧制》："于西壁下涂之曰殡。殡，宾也。宾客遇之言稍远也。"⑤ 类似史料常见。可以清楚地看出殡死者于西阶，有待死者为宾客之意。

殡礼的地点，已表现出孝子以亡亲为宾的意思。实质上，殡礼举行前后，及伴随殡礼举行的各项礼仪，同样能体现死者由主变为宾，死者之子由宾变为主的礼意。

第一，父死，孝子刚生或生才三日，行礼时升自西阶。据《仪礼》记载，周代士级贵族死去当日有沐浴、饭含、复、袭尸之礼；次日小殓，第三日大殓，然后才进入漫长的停殡之期。⑥ 更高级别的贵族殡前之日只会更长。所以孝子刚生三日就去见死者，必为未殡之时。《礼记·曾子问》："曾子问：'君薨而世子生，如之何？'孔子曰：'卿大夫士从摄主，北面于西阶南。大祝裨冕，执束帛，升自西阶，尽等不升堂。"⑦ 子生三日，《曾子问》亦云"子升自西阶"。世子升自西阶，则其父虽已死，但因处未殡之时，在礼仪上亡父仍然为主。世代交替尚未完成。

---

① 孔颖达：《礼记正义》卷51，第1621页中。
② 孔颖达：《礼记正义》卷7，第1283页下。
③ 孔颖达：《礼记正义》卷42，第1562页下。
④ 段玉裁：《说文解字注》，上海古籍出版社，1988年，第163页。
⑤ 王先谦：《释名疏证补》，中华书局，2008年，第290页。
⑥ 胡新生：《周代殡礼考》，《中国史研究》1992年第3期，第65~73页。
⑦ 孔颖达：《礼记正义》卷18，第1388页下。

一、殡　礼

第二，始死之日，孝子所处之地在西阶下。《礼记·士丧礼》载，士级贵族始死之日，孝子虽被称为"主人"，但派人向主君讣告时，位于西阶东，南面之位；君派使者来襚及拜宾送宾之时，君"即位于西阶下"，郑注云"未忍在主人之位也"。①故亲始死之日，孝子虽有主人之名，却无主人之实。礼仪上，亡亲仍是家族之主。

第三，为殡之时，若有人来吊，孝子降自西阶。《礼记·丧大记》："凡主人之出也，徒跣，扱衽，拊心，降自西阶。"孔颖达疏："不忍当主位，降自西阶。"②可见孝子虽已接受吊问之礼，但仍不能径直以主人自居。

第四，奔亲丧，孝子升自西阶，行礼后即主人位。《礼记·奔丧》载奔亲丧"至于家，入门左，升自西阶"③。《礼记·聘礼》载外出使者家有丧，"归，执圭复命于殡，升自西阶，不升堂"④。此等均是殡礼后之事，但因属奔丧，孝子未亲与殡礼，故仍以亡亲为主，自己升自西阶为宾。《礼记·奔丧》又云："殡东，西面坐，哭尽哀。括发、袒，降，堂东即位，西乡哭，成踊。袭绖于序东，绞带，反位，拜宾成踊。送宾，反位。"⑤奔丧孝子，通过哭、括发、袒等礼仪动作，可"堂东即位，西乡哭"。堂东之位即主人之位；西乡哭，即主人哭位面向。通过成套的礼仪，子从宾到主的变化过程清晰可见。反之，亡亲由主到宾的过程亦可得而知。

第五，殡后，嗣子为丧主，即位为君。《白虎通·爵》："王者既殡而即继体之位何？缘臣民之心不可一日无君也。故先君不可得见，则后君继体矣。"⑥ 殡礼使先君彻底"不可得见"，所谓"求而弗得也"，新

---

① 贾公彦：《仪礼注疏》卷35，第1130页上。
② 孔颖达：《礼记正义》卷44，第1573页中。
③ 孔颖达：《礼记正义》卷56，第1653页中。
④ 贾公彦：《仪礼注疏》卷23，第1069页下。
⑤ 孔颖达：《礼记正义》卷56，第1653页下。
⑥ 陈立：《白虎通疏证》，中华书局，1994年，第35页。

君于是才能即位。① 典籍中详细的记载是成王殡后，康王即位之事。《尚书·顾命》载：

> 越七日癸酉，伯相命士须材。狄设黼扆、缀衣……王麻冕黼裳，由宾阶隮。卿士、邦君麻冕蚁裳，入即位。太保、太史、太宗皆麻冕彤裳。太保承介圭，上宗奉同、瑁，由阼阶隮。太史秉书，由宾阶隮，御王册命……②

成王乙丑崩，癸酉为死之九日。郑玄以为大夫以上，殡、殓皆以来日数，天子七日殡加上死日为八日，殡之明日顾命，故为九日。顾命之时，康王由宾阶升。伪孔传："用西阶升，不敢当主。"③ 太保、上宗由阼阶升。伪孔传："用阼阶升，由便不嫌。"④此处升阶之法，伪孔传区分甚为明白：康王为不敢，太保为方便。顾命之时，康王立在西阶稍东之处，太史东面于殡，西南而读策书，以命康王即位。通过此项仪节，表明太史实是承成王之遗意，命康王即位。继承王位者，于丧事为丧主。康王由宾阶升，立在殡稍东处，这与《曾子问》"升，奠币于殡东几上，哭降"，及郑注"几筵于殡东，明继体也"具有相同含义。⑤殡后即位，是主宾地位递变的转折点。子升自西阶为宾，受命后为丧主。亡亲由殡礼及授命之仪，卸下主人之位、祖宗之重，安处于西阶宾位。自此以后，亡亲为神为宾，已成不可改变之势。著名礼学专家沈文倬说："嗣子继为主人，亡亲处于宾位，与又祭的宾尸正相连贯，都是

---

① 《白虎通·爵》载，天子虽然在大殓后称王，理由同样是臣民不可一日无君；但"事毕反凶服"。可见大殓称王只是便宜行事而已，候任天子的身份仍然是守丧太子。陈立：《白虎通疏证》，中华书局，1994年，第33页。
② 孔颖达：《尚书正义》卷18，第238页下~240页中。
③ 孔颖达：《尚书正义》卷18，第240页中。
④ 孔颖达：《尚书正义》卷18，第240页中。
⑤ 孔颖达：《礼记正义》卷18，第1388页下。

'父母而宾客之'的意思。"① 所言至确。

第六，停殡期间，朝夕哭之位，丧主及众兄弟均在东方。《仪礼·士丧礼》："丈夫即位于门外，西面北上。外兄弟在其南，南上。宾继之，北上。"② 西面北上，表明位在东方。外兄弟继之，亦在东方。处在东方之位，哭西方殡棺，人神之际，主宾之分，已经非常明白。

通过对殡礼地点、礼仪的讨论，可以得出殡礼是亲子之间、生死之际主宾地位变换的关键礼仪。行殡礼之后，子变为丧主，主持亡亲丧事，继承亡亲之位，传亡亲之重，而亡亲则被丧主以宾礼相待于宾阶之上。在丧期的迁移过程中，行礼空间的变化，表现出亡者由主到宾的礼仪过程。

二、宾　　祭

丧礼中以殡礼为分界点，殡礼前亡亲仍为礼仪上的家族之主，殡礼后被孝子以宾客之礼相待，安置在殡宫的宾阶之上；而孝子升任为丧主，承家族之重。那么，葬后祭礼中是否同样存在着这样的"以神为宾"呢？检阅文献，发现甲骨文中"宾某"或"宾于某"类卜辞，正是此观念的真实体现，例如：

癸丑卜，争贞：我宅兹邑，大宾帝。若。三月。（《合集》14206 正）

癸未卜，㱿贞：翌甲申王宾上甲日。王占曰：吉，宾。允宾。

贞：翌日甲申，王勿宾上甲日。（《合集》1248 正）

---

① 沈文倬：《又祭的宾尸与不宾尸》，《菿闇文存》，商务印书馆，2006 年，第 371 页。
② 孔颖达：《礼记正义》卷 37，第 1141 页。

对于"宾"字,学者有不同的理解。胡厚宣认为"宾之义为配";郭沫若认为"宾"乃"傧"的本字;李孝定认为"宾"有"傧敬"义;日本学者岛邦男提出,宾是王至祭场之意,赵诚、刘源从之。① 显然若要辨析诸说正误,找到最能符合字义、仪典的说法,梳理甲骨文中"宾祭"材料是必要的。② 现根据"宾祭"主体与对象的不同,把卜辞中的宾祭分为先王宾于帝、先王宾于更早的先王、王宾帝、时王宾先王、王宾先妣、王宾兄、王宾自然神、王宾尸八类。

1. 先王宾于帝

贞:咸宾于帝?

贞:咸不宾于帝?

贞:大甲宾于咸?

贞:大甲不宾于[咸]?

甲辰卜,彀贞:下乙宾[咸]?

贞:下乙不宾于咸?

贞:大[甲]宾于帝?

贞:大甲不宾于帝?

贞:下乙宾于帝?

贞:下乙不宾于帝?(《合集》1402 正)

---

① 胡厚宣:《殷卜辞中的上帝和王帝(下)》,《历史研究》1959 年第 10 期,第 89 页;郭沫若:《卜辞通纂》,科学出版社,1983 年,第 15~16 页;李孝定:《甲骨文字集释》,台湾"中央研究院"历史语言研究所,1982 年,第 2143~2153 页;岛邦男:《殷墟卜辞研究》,濮茅左等译,上海古籍出版社,2006 年,第 590 页;赵诚:《甲骨文简明词典》,中华书局,1988 年,第 232 页;刘源:《商周祭祖礼研究》,商务印书馆,2007 年,第 40 页。

② 于省吾主编:《甲骨文字诂林》第 3 册,中华书局,1996 年,第 2017~2027 页。

咸为成汤，下乙为祖乙。① 卜辞贞问先王成汤、大甲、下乙能否"宾于帝"，帝为主体，汤等为宾的对象，即先王被帝所宾。《孟子·万章》："舜尚见帝……迭为宾主，是天子而友匹夫也。"② 《穆天子传》卷三说："天子宾于西王母。"③ 所言均为人间君主被神灵待之以宾，或互为宾主。马王堆汉墓帛书《二三子问》述孔子论龙之德时谈道："龙大已，龙形迁，假宾于帝。"④ 龙宾于帝与先王宾于帝，性质类似。

2. 先王宾于更早的先王

上引《合集》1402正卜辞，已涉及先王宾于更早先王类。成汤是商开国之君，在贞问能否宾于帝的同时，亦贞问先王能否宾于咸。张秉权说："下乙宾于咸的意思，就是'祖乙为大乙之宾'而享受祭祀。"⑤ 殷商之时，时代早、地位尊的先王，较早进入天庭，与帝的关系更为密切，故具有与帝类似的权力，能够成为后入天庭先王之主。同类的卜辞，还见：

丙寅卜……贞：父［乙宾］于祖乙？

［父乙］不［宾于祖］乙？

贞：父乙［宾］于祖乙？

---

① 胡厚宣：《殷卜辞中的上帝和王帝（下）》，《历史研究》1959年第10期，第89页；胡厚宣：《卜辞下乙说》，《甲骨学商史论丛初集》，河北教育出版社，2002年，第282~301页；陈复澄：《咸为成汤说》，《辽宁文物》1983年第5期，第6~9页；陈絜：《重论"咸为成汤说"》，《历史研究》2002年第2期，第145~149页。

② 杨伯峻：《孟子译注》，中华书局，1960年，第237页。

③ 王贻梁、陈建敏：《穆天子传汇校集释》，华东师范出版社，1994年，第161页。

④ 陈松长、廖名春：《帛书〈二三子问〉〈易之义〉〈要〉释文》，陈鼓应主编：《道家文化研究》第3辑，上海古籍出版社，1993年，第424页。

⑤ 张秉权：《殷代的祭祀与巫术》，台湾《"中央研究院"》历史语言研究所集刊》第49本第3分，1978年，第448页。

> 父乙不宾于祖乙?
> [贞父乙宾于祖乙]?
> 父乙不宾于祖乙?
> [父乙]宾于祖乙?
> 父乙不宾于祖乙?
> 父乙宾于祖乙?
> 父乙不宾于祖乙?(《合集》1657正)
> 王固[曰]：宾惟易日。
> 王固曰：父乙宾于[祖乙](《合集》1657反)

父乙能否宾于祖乙，竟被反复贞问五次之多，最后商王根据占卜结果，判断改日父乙才能宾于祖乙。这类先王均已成为神灵，"宾"的动作必然发生在天庭。

3. 王宾帝

此类卜辞较少见，目前见三例：

> 癸丑卜，争贞：我宅兹邑，大宾帝。若。三月。(《合集》14206正)
> 癸巳卜，宾帝……其既入邑敔 二告。(《合集》9733正)
> □□卜，敦贞，我其已宾乍，帝降若?
> □□[卜]，敦贞，我勿已宾乍，帝降不若?(《合集》6498)

"我"为第一人称代词，此处指商王。① 兹邑，胡厚宣认为"凡是

---

① 张秉权认为甲骨文中的"我"有两种意义，其一为方国之名或人名；其二为第一人称代词，用于王及诸贞人所贞之辞。详见于省吾主编：《甲骨文字诂林》第3册，中华书局，1996年，第2429页。

只称兹邑,而没有举出地名的,皆疑指殷的首都即商邑而言"①。《尚书·盘庚中》:"我乃劓殄灭之,无遗育,无俾易种于兹新邑。"② 新邑,孔颖达解释为新都。《左传·哀公十一年》引《盘庚之诰》"兹新邑"作"兹邑"③。祭祀地点与宾祭同时出现,可证明"宾"意为进入祭祀场地参与祭祀不确。至于"我其已宾乍,帝降若",据学者研究"已宾乍"为三个连续的祭祀名称,"已"即"祀","乍"即"酢"。④祭祀的对象均应该是帝,故能询问帝能否降福。

4. 时王宾先王

此类卜辞在甲骨文中所见最多。如:

癸未卜,殷贞:翌甲申王宾上甲日。王占曰:吉,宾。允宾。
贞翌日甲申,王勿宾上甲。(《合集》1248正)
……翌乙丑㞢于祖乙
……宾贞:王勿宾夕,不左。(《合集》1540)
弗宾于父乙,二告。(《合集》2203)
辛亥卜,涿贞:王宾翌劦自上甲衣至于毓亡尤。(《合集》22621)
癸卯卜……贞:王宾劦自上甲至于多毓衣亡尤。(《合集》22622)
甲午卜,尹贞:王宾上甲亡𡆥。
贞亡尤。

---

① 胡厚宣:《殷卜辞中的上帝和王帝(上)》,《历史研究》1959年第9期,第33页。
② 孔颖达:《尚书正义》卷9,第171页下。
③ 杨伯峻:《春秋左传注》,中华书局,1993年,第1664页。
④ 唐钰明:《卜辞"我其已宾乍帝降若"解》,《中山大学学报(哲社版)》1986年第1期,收入《著名中年语言学家自选集·唐钰明卷》,安徽教育出版社,2002年,第77~81页。

甲戌卜，尹贞：王宾夕福亡囚，在六月。
　　贞亡尤。
　　乙亥卜，尹贞：王宾大乙，祭。亡尤。（《合集》22630）
　　癸亥卜，大贞：王宾示癸日亡尤。（《合集》22716）
　　……巳卜，行贞：王宾大丁祝福亡囚。（《合集》22761）
　　己巳卜，行贞：王宾雍己亡尤。（《合集》22819）
　　丁巳卜，行贞：王宾父丁祟十牛亡尤。（《合集》23180）

从上揭卜辞来看，宾祭先王的日子，与先王的干支是相配的。如，《合集》1248 正甲申宾上甲，《合集》1540 乙丑宾祖乙，《合集》22630 甲午宾上甲，乙亥宾大乙，《合集》22716 癸亥宾示癸，《合集》22819 己巳宾雍己，《合集》23180 丁巳宾父丁。当然，如果同时宾多位先王、先妣，因干支混杂难以实现完全的匹配，如《合集》22621、22622 等。

5. 王宾先妣

　　□寅卜，韦贞：宾妇好。贞，弗其宾妇好。（《合集》2638）
　　贞，有来宾妇好，不惟母庚。（《合集》2639）
　　戊戌卜，其示于妣己，王宾。
　　弜宾。（《合集》27518）
　　戊戌卜，其征示王宾妣己。
　　王宾妣己示。（《合集》27520）
　　……王宾妣辛日又正。（《合集》27561）
　　王宾母戊□又正。吉。（《合集》27591）
　　……用危方囚于妣庚，王宾。（《合集》28092）

显然，在王宾卜辞中，除了"宾"祭外，还见有日、㞢、告、衣、示、囚等祭名。在连续的祭祀礼典中，宾是前导性的动作，郭沫若释读为"傧导",屈万里释读为"迎接"①,均有未尽之处。正如礼典所记,无论被傧导者,还是被迎接者,身份均是主人的宾客。此处神灵被"宾之",显示神的身份同样应该是主祭者之宾。

6. 王宾兄

贞,御子宾于兄丁🈳羊卌小宰,今日酚。(《合集》3169 正)
庚午卜,即贞:王宾兄庚登祖乙暨□□登。(《合集》27211)

王宾兄卜辞,目前较少见。在"兄终弟及"的殷商制度中,兄亦可能属先王。

7. 王宾自然神

乙巳卜,王宾日。弗宾日。(《合集》32181)
丁巳卜,贞:王宾日不雨。(《合集》11439)
壬子卜,旅贞:王宾日不雨。(《合集》22539)
贞:岳宾。(《英藏》152)
贞:岳宾我燎。(《合集》14421)
辛巳卜,贞:王宾河,燎。(《屯南》1116)
甲子卜,大贞:王宾月亡祸。(《合集》25466)

"宾日"在传世文献中亦能见到。《尚书·尧典》:"分命羲仲,宅嵎夷,曰旸谷。寅宾出日……分命和仲,宅西,曰昧谷。寅饯纳日。"②卜辞中的"宾日",应是言王宾迎日出之事。日神被迎送以为宾。《古

---

① 屈万里:《殷墟文字甲编考释》,台湾"中央研究院"历史语言研究所,1961 年,第 5 页。
② 孔颖达:《尚书正义》卷 2,第 119 页中。

本竹书纪年》："后荒即位，元年，以玄珪宾于河。"雷学淇认为是"以玄珪沉祭"，方诗铭引《左传》昭公二十四年王子朝用成周之宝珪沉祭于河等，以证成雷氏之说①。可见"宾河"同样见于传世文献。

8. 王宾尸

后文将有详细讨论，此不赘言。

以上能清楚确定在宾祭主体与对象的卜辞中，可以发现商王为宾的主体，其中以宾祖先神最为常见，这与殷人重视祖先崇拜是一致的。其次是宾自然神，宾帝较为少见，似暗示王与帝沟通时多以祖先神为中介，直接交流较少。②除此之外，还存在另外两个主体，帝与尊贵的先王，即先王被帝所宾，与较晚先王被更早较尊的先王所宾。何以合理地解释这种情况？

殷人观念中认为与人间存在王庭相对应，天上亦存在一个以帝或上帝为主要神灵的天庭，且帝有帝使、帝臣。风雨雷电及祖先神均是天庭中的神灵，常作为帝的使者往来于天地之间。③卜辞中所见宾日、月、岳、河以及使者，④乃言王以宾客之礼迎接天庭之使者与各种神灵。例如，"王宾上甲"，乃言王以上甲为宾，行候迎之礼，请降临受祭；"王宾帝"，指王以帝为宾，请帝降临受祭、赐福。《合集》9733正"宾

---

① 方诗铭、王修龄：《古本竹书纪年辑证》，上海古籍出版社，2005年，第11页。

② 秦照芬：《从卜辞看商代祖先在商人心目中之形象》，王宇信等主编：《纪念王懿荣发现甲骨文110周年国际学术研讨会论文集》，社会科学文献出版社，2009年，第380页。

③ 陈梦家：《殷墟卜辞综述》，中华书局，1998年，第372页；冯时：《中国古代的天文与人文》，中国社会科学出版社，2009年，第66~86页；常玉芝：《"帝五臣""帝五丰臣""帝五丰"的所指》，王宇信等主编：《纪念王懿荣发现甲骨文110周年国际学术研讨会文集》，社会科学文献出版社，2009年，第365~378页。

④ 岁星亦是宾的对象。温少锋、袁庭栋：《殷墟卜辞研究——科学技术篇》，四川省社会科学院出版社，1983年，第59~62页。

二、宾　　祭

帝"后，接着言"入邑"，正是讲帝接受祭祀降临人间。"大甲宾于帝"，指大甲被帝以宾礼相待，以在帝之左右。陈梦家认为，与人间王庭相应的帝廷"先公可以上宾之，或宾于上帝，或先公先王互宾"，所言极是。① 王晖指出，这种"宾"是"下位的或晚辈到上位的或长辈处去作宾配享"，② 同样具有合理性。

在宾祭中，地位最低者为在世殷王，地位最高者为帝，他们一个代表人间王朝，一个代表天庭。但如何沟通王庭与天庭成为一个重要的问题。祖先神与某些自然神灵，作为往来天地间的使者，正好解决此天人交流问题。作为使者的祖先神，因有时间的早晚，功绩的大小，血缘的亲疏，与地位的尊卑等问题，在帝廷中地位必有差异。地位最尊、时间最早的先王，先进入天庭，地位较尊贵，在帝左右，故能宾迎后到先王，而不是相反。这与卜辞中严格区分"宾某"与"宾于某"是一致的。似乎可以说，天庭与殷商王庭的这种交流，在某种意义上与后世方国与商周中央王朝间行朝聘之礼类似，只是一为人神交流，使者为神，一为人人交流，使者为君、卿大夫。使者均称作宾，是二者的共同点。

卜辞中还有"宾"为名词者，如《合集》15179"贞我勿为宾"、《合集》15180"贞我惟宾为"、《合集》32正"庚申卜，㱿贞作宾"、《合集》15191"贞我勿作宾"，均是贞问能否为宾客。王国维分析"宾"字结构时谈到，"宾上从屋，下从人从止，象人至屋下"，③ 会人来为宾客之意。罗振玉指出"宾"字"象足迹在室外，主人跽而迎宾，与客字构造法同"。④ 西周《胡簋》："用康惠朕皇文剌祖考，其格前文

---

① 陈梦家：《殷墟卜辞综述》，中华书局，1998年，第573页。
② 王晖：《商周文化比较研究》，人民出版社，2000年，第37页。
③ 王国维：《与林浩卿博士论〈洛诰〉书》，《观堂集林（上）》，中华书局，1959年，第43页。
④ 于省吾主编：《甲骨文字诂林》第3册，中华书局，1996年，第2017页。

人,其濒在帝庭,陟降。"① 濒即频,通为"宾",② 即是言"前文人"被以宾客身份安置在帝庭。《逸周书·太子晋》:"吾后三年上宾于帝所。"孔晁注:"言死必为宾于天帝之所,鬼神之。""宾"作为宾客之意,与《胡簋》所载语义近同。③《礼记·礼运》:"是故礼者,君之大柄也,所以别嫌明微,傧鬼神。"孔疏:"傧鬼神者,以接宾以礼曰傧。"④ 孔氏所言透露出鬼神可以"接宾以礼",以神为宾的意思非常明显。当然,因祖先神的神格低于帝,故宾在后世亦有臣服之义。段玉裁云:"君为主,臣为宾。"⑤ "为宾"引申为"为臣",应是后起之义。至于"傧导""傧迎"应是在"宾客"义的基础上申而有之。

"宾"之义为宾客,还有一些例证。《楚辞·天问》:"启棘宾商,《九辩》《九歌》。"洪兴祖曰:"此言宾商者,疑谓待商以宾客之礼。棘,急也。急于宾商也。《九辩》《九歌》者,享宾之乐也。"⑥ 商,朱熹以为当作"天",清朱骏声认为"商为帝字之误",金开诚从之,并认为"宾帝即宾于天帝"。⑦ 闻一多更是简单明了地说"启享天神,本是启请客"。⑧《山海经·大荒西经》:"开上三嫔于天,得《九辩》与《九歌》以下。"此"嫔"即"宾"。⑨《论衡·祀义》:"谓死人有知,

---

① 张政烺:《周厉王胡簋释文》,《甲骨金文与商周史研究》,中华书局,2012年,第246页。
② "频"与"宾"通假。王引之云:"《书》'频物',频即宾之借字。《汉书·司马相如传》:'仁频并闾。'颜注曰:'仁频,宾根也。'频字或作宾。《说文》曰:'频水厓人所宾附。'是频与宾同声而通用也。"参见《经义述闻》卷8,江苏古籍出版社,2000年,第186页上。
③ 陈逢衡以"上宾"连读,意为登遐,今不从。黄怀信等:《逸周书汇校集注》,上海古籍出版社,2007年,第1032页。
④ 孔颖达:《礼记正义》卷21,第1418页下。
⑤ 段玉裁:《说文解字注》,上海古籍出版社,1988年,第281页。
⑥ 洪兴祖:《楚辞补注》,中华书局,1983年,第99页。
⑦ 金开诚等:《屈原集校注》,中华书局,1996年,第340页。
⑧ 闻一多:《什么是九歌》,袁謇正整理:《闻一多全集》第5卷《楚辞编·乐府诗编》,湖北人民出版社,1993年,第338页。
⑨ 袁珂:《山海经校注》,上海古籍出版社,1980年,第414页。

鬼神饮食，犹相宾客，宾客悦喜，报主人恩矣。"① 王充所言，已示汉代时尚有"以神为宾"的观念存焉。刘师培《舞法起于祀神考》亦认为古代乐舞合一以降神，"嫔亦当作宾，宾天者即以天神为宾"。② 所有这些"以神为宾"例证，在《左传》中得到更为明确的证明。桓公六年，楚随之争中，季梁劝说随候云："夫民，神之主也。……今民各有心，而鬼神乏主。"③ 民人之间的纷争，导致神灵不得祭祀而失去主人。民能够成为神的主人，理所当然神是民的宾客。

甲骨文的宾祭，反映了古人以神为宾的观念。在神权与王权均未达于一尊的情况下，人神关系并没有后世想象的那么森严或疏远。殷人在祭祀时，先以宾客之礼，降神于人间，受人祭祀、祈祷。而作为人间王朝与天庭沟通使者的祖先神，因特殊的身份（曾是人间王朝的统治者），亦能常陪伴在帝之左右，被帝以宾客相待。人神之间以宾客相遇，透露出商代神灵信仰中的新鲜、活泼之态。

三、宾尸、延尸、祊祭

上文主要论述殷墟卜辞中的宾祭现象，现在再结合传世礼典文献，进一步讨论祭礼中的"以神为宾"。

《礼记·礼器》："周坐尸，诏侑武方，其礼亦然，其道一也。夏立尸而卒祭，殷坐尸，周旅酬六尸。"④ 此言三代立尸之礼。《礼记·曾子问》亦曰："祭成丧者必有尸。"⑤《白虎通·宗庙》："祭所以有尸者何？鬼神听之无声，视之无形，降自阼阶，仰视榱桷，俯视几筵，其器存，其人亡，虚无寂寞，思慕哀伤，无可写泄，故坐尸而食之，毁损其

---

① 黄晖：《论衡校释》，中华书局，1990年，第1047页。
② 刘师培：《舞法起于祀神考》，《清儒得失论》，中国人民大学出版社，2004年，第282页。
③ 杨伯峻：《春秋左传注》，中华书局，1993年，第111页。
④ 孔颖达：《礼记正义》卷24，第1439页上。
⑤ 孔颖达：《礼记正义》卷19，第1399页下。

馔，欣然若亲之饱，尸醉若神之醉矣。"① 古代祭祀时，以孙之伦为尸以象祖先。尸即是祖先神的凭依与象征。

中国古代的这种立尸礼，于殷墟卜辞中已有发现。首次发现卜辞中立尸受祭现象为郭沫若，后饶宗颐、连劭名、曹锦炎、方述鑫、葛英会、沈建华等均有讨论。② 因尸是祖先神的凭依，故亦是神。③ "以神为宾"式的人神关系，于尸祭礼仪中表现为"以尸为宾"。

1. 王宾尸

前在讨论宾祭时，曾论到王宾先王之例。卜辞中亦有王宾尸的例证，如：

> 癸巳卜，大贞：王宾尸，岁，亡尤。
> 甲午卜，大贞：王宾阳甲，岁，亡尤。（《合集》25152）
> 丁巳卜，即贞：王宾尸，岁，亡尤。（《合集》22583）
> 庚寅卜，旅贞：王宾尸，岁，亡尤。（《合集》41131）

在《合集》25152中，第一天贞问王宾尸，④ 第二天接着贞问王宾阳甲，且宾后之祭"岁"一样，可以确定前一天所贞之尸，即阳甲之

---

① 陈立：《白虎通疏证》，中华书局，1994年，第580页。
② 饶宗颐：《殷代贞卜人物通考》，《饶宗颐二十世纪学术文集》第2册第2卷《甲骨上》，新丰出版股份有限公司，2003年，第294页；连劭名：《殷墟卜辞所见商代祭祀中的"尸"与"祝"》，四川联合大学历史系主编：《徐中舒先生百年诞辰纪念文集》，巴蜀书社，1998年，第61~65页；曹锦炎：《说卜辞中的延尸》，四川联合大学历史系主编：《徐中舒先生百年诞辰纪念文集》，巴蜀书社，1998年，54~55页；方述鑫：《殷墟卜辞所见的"尸"》，《考古与文物》2000年第5期，第21~24页；葛英会：《说祭祀立尸卜辞》，《殷都学刊》2000年第1期，第4~8页；沈建华：《卜辞所见宾祭中的尸和侑》，《初学集——沈建华甲骨文论文选》，文物出版社，2008年，第27~34页。
③ 《礼记·郊特牲》："古者尸无事则立，有事而后坐也。尸，神象也。"
④ "王宾"后"尸"字，从葛英会释，《合集》作"妣"。葛英会：《说祭祀立尸卜辞》，《殷都学刊》2000年第1期。

尸。同样例证多见，此不赘举。王宾尸，应理解为商王以尸为宾，迎而祭之。故在"宾"之后，多有祭名出现。

2. 祝延尸

《仪礼·特牲馈食礼》："尸至于阶，祝延尸。尸升，入。"郑注："延，进，在后诏侑曰延。"① 《仪礼·少牢馈食礼》："尸升自西阶，入，祝从，主人升自阼阶。"② 此为士、大夫祭祖，祝迎尸入门时的礼节。祝在后引导尸登堂入室接受祭祀，为延。除祭祖有尸外，祭祀帝、天等神灵亦有尸。《国语·晋语八》："祀夏郊，董伯为尸。"③ 夏郊乃祀天之祭，以董伯为尸，实以董伯为尸以象天。《周礼·秋官·士师》："祀五帝，则沃尸及王盥。"孙诒让云："尸，即帝尸也。"④ 许慎引《鲁郊礼》云："祝延帝尸。"⑤ 可见帝亦有尸，且与甲骨文正相吻合（见下引《合集》26090）。延尸在甲骨文中同样常见，如：

> 戊寅卜，贞：弹延尸，七月。（《合集》25）
> 戊寅卜，贞：于祊宾延尸。（《合集》831）
> 贞于祊，亥延尸。（《合集》833）
> 贞：于大宾延尸。（《合集》830）
> 唯王帝尸，又不若。（《合集》26090，24978）

"宾尸"类卜辞所展现出的礼仪含义，与"飨父庚、父甲，宾"（《合集》30345）类卜辞，相差应不会太远。后者虽未明示父庚、父甲有尸，但飨与宾同见，则所谓"飨父庚、父甲"，应该是飨他们之尸。卜

---

① 贾公彦：《仪礼注疏》卷45，第1184页上。
② 贾公彦：《仪礼注疏》卷48，第1201页中。
③ 徐元诰：《国语集解（修订本）》，中华书局，2002年，第438页。
④ 孙诒让：《周礼正义》，中华书局，1987年，第2792页。
⑤ 陈寿祺：《五经异义疏证》，上海古籍出版社，2012年，第14页。

辞中的"弹""亥"均是祝人之名，有学者认为是族名或氏族首领之名，属误解。《仪礼·少牢馈食礼》已言尸升自西阶，主人升自阼阶。据此言，则卜辞中祝延尸或亦升自西阶。祝延尸升自西阶，主人升于阼阶，无形之中通过揖让周旋之礼仪表明延尸礼中，尸所处宾客之地位。可见延尸与宾尸一样，均体现出以尸为宾的礼意。①

3. 祊祭

卜辞中的祊祭，学者已多有论列。常玉芝认为祊祭日为所祭先王干支日前一日，② 葛英会认为祊祭是祔祭前的荐送之礼，王蕴智认为是祭祖选牲之礼。③ 诸说虽略有不同，但均认为是正祭之前的祭祀。

传世文献中亦有祊祭的记载。《诗·小雅·楚茨》："祝祭于祊，祀事孔明。"毛传："祊，门内也。"郑笺："孝子不知神之所在，故使祝博求之平生门内之旁，待宾客之处，祀礼于是甚明。"④《礼记·郊特牲》："绎之于库门内，祊之于东方，朝市之于西方，失之矣。"郑注："祊之礼，宜于庙门外之西室，绎又于其堂，神位在西也。"⑤ 郑玄此说与卜辞、礼经相违误。孔颖达为调和郑说，认为祊有二种，"一是正

---

① 《礼记·郊特牲》："舅姑降自西阶，妇降自阼阶，授之室也。"孙希旦云："授之室者，西阶为客阶，阼阶为主阶，舅姑自由客阶降，使妇由主阶降，明以室事授之，而使为家主也。"此言婚礼第二天，妇馈舅姑毕后，舅姑通过降自西阶，让妇降自主阶的礼仪行为，表明亦授家室之事予妇，妇自为主人，而舅姑亦为宾客（《礼记集解》，中华书局，1989年，第710页）。类似例子还见《礼记·郊特牲》"适子冠于阼，以著代也。醮于客位，加有成也"等。以此例延尸升自西阶之事可得知，尸乃主人之宾。

② 常玉芝：《说文武帝——兼略述商末祭祀制度的变化》，《古文字研究》第4辑，第213页。

③ 葛英会：《附论祊祭卜辞》，《殷都学刊》1999年第3期，第3~5页；王蕴智、门艺：《关于黄组祊祭卜辞性质的考察——附祊祭甲骨缀合六例》，《郑州大学学报（哲社版）》2008年第3期，第123~125页。

④ 孔颖达：《毛诗正义》卷13，第468页上。

⑤ 孔颖达：《礼记正义》卷25，第1449页上。

祭之时，二是明日绎祭之时"。此说受到清儒孙希旦①及近人沈文倬的批驳。沈氏云：

> 祊祭就是索祭……本身不是典礼，不过祝官执些祭品到庙门口去求神，直祭时有之，绎祭时亦有之，有何二祊祭可言！②

沈先生言祊祭即索祭是正确的。《礼记·郊特牲》："直祭祝于主，索祭祝于祊。不知神之所在，于彼乎？于此乎？或诸远人乎？祭于祊，尚曰求诸远者与？祊之为言倞也。"郑注："倞犹索也。"③ 这与卜辞中祊祭的日程早于正祭一天相符。至于绎祭之前是否有祊祭，在《仪礼》经文中找不到确切的依据。沈文倬据《礼记·礼器》"设祭于堂，为祊乎外"，绎祭于堂不于祊，以证明绎祭前有祊祭，或有理。④ 但《礼记·礼器》多言春秋变礼，是否合乎古意，难以确证。

卜辞中"祊"字作"囗"，由杨树达首倡，目前亦得到多数学者的认可。"囗"象东西南北四方之行。其义为庙，可训为庙门。⑤ 祭前一日求神于庙门，此说可通。祊祭在卜辞中，多与尸礼一起出现，如上揭卜辞"尸延于祊""于祊宾延尸"。卜辞中的祊祭，还见：

> 己未，争贞：告其尸于祊。（《合集》1957）

---

① 孙希旦认为《礼器》《郊特牲》《祭统》所载祊祭，均是正祭求神，注疏或以为是正祭，或以为是绎祭，造祊有二名说，皆是谬误之言。参见《礼记集解》，中华书局，1989年，第718页。
② 沈文倬：《宗周岁时祭考实》，《菿闇文存》，商务印书馆，2006年，第383页。
③ 孔颖达：《礼记正义》卷26，第1457页中。
④ 沈文倬：《朝践、祊祭、绎祭——天子、诸侯岁时祭钩沉》，《菿闇文存》，商务印书馆，2006年，第384页。
⑤ 杨树达：《释田囗囷囗》，《积微居甲文说》，上海古籍出版社，2007年，第43页。

  戊寅卜，贞：于祊宾［延］尸，七月。(《合集》832)
  辛□□，争贞，［延］尸于祊，十一月。(《合集》834)

  祊祭卜辞多见于黄组卜辞，偶见于何组，据学者统计，共有800多片。① 从众多祊祭资料中能否找到"以神为宾"的现象呢？

  此说可从三端发覆。第一，卜辞中"于祊宾延尸"等例，表明延尸之礼是在祊处，即庙门内进行。既然"延尸"之礼，表现出了"以神为宾"的内涵，那么祊祭自然亦不例外。第二，《楚茨》："祝祭于祊，祀事孔明。"郑笺："孝子不知神之所在，故使祝博求之平生门内之旁，待宾客之处，祀礼于是甚明。"庙门内为平时主人待宾客之处，祊祭时于此求之，其意以所求之神为宾甚明。第三，郑注《郊特牲》云："祊之礼宜于庙门外之西室，绎又于其堂，神位于西也。"西方之位正是平日待宾客之处，为宾位。

  以上所言宾尸、延尸、祊祭，均为正祭时及正祭前之礼仪或祭祀。通过与礼经著作比照，可以确定举行此三项活动时，无形之中，通过主人对方与位的设置，接受祭祀的祖先神灵均以宾客的身份被对待。

四、傧尸礼

  未葬之前，古人通过殡礼以体现亡亲的身份从主到宾的变化。葬后的正祭之中，古人立尸以祭祖，亦通过各种仪节表明，亡亲之神灵为孝子之宾。根据传世礼典记载，正祭之后尚有"傧尸"之礼，同样体现出"以神为宾"的观念。

  尸虽是神灵的代理，但三代礼制质文有异，对尸神性的理解亦不同。夏代礼质，尸只有在接受主人献祭时是神，在两次献祭中的间隙阶

---

① 王蕴智、门艺：《关于黄组祊祭卜辞性质的考察——附祊祭甲骨缀合六例》，《郑州大学学报（哲社版）》2008年第3期，第123~125页。

段却被认为是人,所以尸不可以久坐神灵之位,即所谓"夏立尸而卒祭"。殷商重鬼尊神,整个正祭过程中,不论献祭与否,尸即神灵,坐神位而不立,即"殷坐尸"。周代礼制渐趋繁复,祫祭时群庙之祖与后稷均有尸,即"周旅酬六尸"。尸与尸之间相互宴乐酬酢,显示"尸"在周代的神灵色彩较殷商时明显减弱。"尸"在夏商周礼制中神性色彩虽有差别,但毕竟是祖先神灵的代理,是古人祖先崇拜礼仪中的重要意象。

1. 绎与傧尸

傧尸礼的举行时间必定在正祭后,但因主人爵位不同,亦有差异。《仪礼·有司彻》贾疏引郑玄《三礼目录》云:"大夫既祭,傧尸于堂上之礼。祭毕,礼尸于室中。天子、诸侯之祭,明日而绎。"① 上大夫正祭后,当日就在堂上行傧尸礼。下大夫爵位较低,正祭后只在室内"礼尸",而无堂上傧尸之礼。可见只有上大夫及以上爵位者才有资格行傧尸礼。《特牲馈食礼》无傧尸礼的记载,而《有司彻》的记载却很详细,正说明了此点。《礼记·礼器》:"季氏祭,逮闇而祭,日不足,祭之以烛。……他日祭,子路与,室事交乎户,堂事交乎阶,质明而行事,晏朝而退。"郑注:"室事,祭时。堂事,傧尸。"② 季氏爵属卿,其祭祖虽事务繁多,但献祭与傧尸均在同一日内完成,白日时间不够,就添灯加烛夜以继日,未拖到明日。孔子在得知子路帮季氏如此行礼后,大加赞赏。

天子、诸侯因爵位更高,礼仪更繁复,所以只能到第二日才能酬谢尸,行傧尸礼。《春秋·宣公八年》:"辛巳,有事于大庙,仲遂卒于垂。壬午,犹绎。"壬午是辛巳的翌日。《礼记·檀弓下》载同一件事,孔子就有批评:"非礼也。卿卒不绎。"③ 卿大夫献祭与傧尸同日与礼

---

① 贾公彦:《仪礼注疏》卷49,第1206页中。
② 孔颖达:《礼记正义》卷24,第1442页下。
③ 孔颖达:《礼记正义》卷10,第1310页下。

制相符合，但若隔天行绎，则属非礼行为。

何休说："礼，绎继昨日事，但不灌地降神尔。天子、诸侯曰绎，大夫曰宾尸，士曰宴尸，去事之杀也。必绎者，尸属昨日配先祖食，不忍辄忘，故因以复祭。"①《诗·大雅·凫鹥》载燕尸礼："凫鹥在泾，公尸来燕来宁。尔酒既清，尔殽既馨，公尸燕饮，福禄来成。"郑笺："祭祀既毕，明日又设礼而与尸燕。"孔疏："言公尸来燕，则是祭后燕尸，非祭时也。燕尸之礼，大夫谓之宾尸，即用其祭之日，今《有司彻》是其事也。"②高亨认为此诗乃周代贵族行宾尸礼时所唱的歌。③据诗意，古人燕尸以酒，祈求福禄之意展露无遗。正祭已毕，尸的神性虽已大大减少，但仍不自谦而充当主人之宾。所谓事宾如尸，事尸如宾，于此可见一斑。④《诗·周颂·丝衣》毛序："《丝衣》，绎宾尸也。"郑笺："绎，又祭也。天子、诸侯曰绎，以祭之明日。卿大夫曰宾尸与祭日同。周曰绎，商曰肜。"⑤胡培翚云："卿大夫有傧尸而无绎祭，故此经但云傧尸，不明绎也。后人读此注未审，辄谓傧尸即绎祭，非矣。"⑥可见"傧尸"必包括绎祭，而绎祭是高级别的"傧尸"，至于士则宴尸，三者只有尊卑差别。卿大夫傧尸与祭同日，诸侯以上傧尸为祭之第二日；至于士，因爵卑位贱，故只当日在室内宴尸而已，无正规的傧尸。

2. 尸的身份

天子、诸侯祭祖礼因已亡佚，仅在《小雅·楚茨》《大雅·凫鹥》

---

① 孔广森：《春秋公羊经传通义》，北京大学出版社，2012年，第169页。
② 孔颖达：《毛诗正义》卷17，第537页中。
③ 高亨：《诗经今注》，上海古籍出版社，2009年，第410页。
④ 《诗·小雅·信南山》："以为酒食，畀我尸宾。"正好体现了这点。
⑤ 孔颖达：《毛诗正义》卷19，第603页中。
⑥ 胡培翚：《仪礼正义》，江苏古籍出版社，1993年，第2319页。

四、傧尸礼

及《周颂·丝衣》中有零星的描述,其具体傧尸之仪已不可确知。①卿大夫级别的傧尸礼,《仪礼·有司彻》一文记载最为明确,虽"尸"称名未变,但通过礼仪透露出了其身份与正祭已有很大的不同。凌廷堪《礼经释例》指出:"盖正祭以神事尸,绎祭与傧尸则以宾客之礼事尸也。"又曰:"傧尸之礼不独助祭者为宾客,即尸、侑亦宾客也。"② 傧尸之时尸的身份实则为宾主人之宾客。现据《仪礼·有司彻》所记,通过对某些仪节的讨论,对傧尸礼中,主人以尸为宾而设宴饮酒的礼仪属性,加以论述。

第一,正祭后,尸出庙门;至傧尸时,尸以宾客的身份接受主人的邀请,参与傧尸礼。《仪礼·少牢馈食礼》有祝告利成(即宣布祭祀结束)后,引导尸走出庙门的仪节,郑玄提到:"事尸之礼,迄于庙门。"③《仪礼·有司彻》:"尸与侑,北面于庙门之外,西上。主人出迎尸,宗人摈。"郑注:"宾客尸而迎之,主人益尊。"④ 尸与侑在庙门外等待主人的再次邀请。主人出庙门迎尸,用的却是迎宾客之礼,即把尸当作宾客。可见"出庙门"是尸的身份由神转变为人的关键点。未出庙门,尸为人,故尊于主人;出庙门后,尸具有了人的身份,故主人尊而尸卑。清代黄淦曰:"尸者,神之所凭。凭之则神,离之则人也。宾尸者,处乎神与人之间,始犹疑乎神之,终则全乎人之者也。士之宾尸,未出庙门,则疑乎神未离之,故尸不与乎旅酬,尸尊也。大夫宾尸,尸出庙而复入,则疑乎神既离之,故尸亦与旅酬,尸卑也。正祭主人不延尸,以伸尸之尊。宾尸则延之,以尸同宾客也。"⑤ 黄淦认为神与尸相合,则尸为人;尸与神相离,则尸为人,且指出存在一个由神到

---

① 《丝衣》为绎祭时宾尸之歌,自汉以来为多家共说。蔡邕《独断》云"《丝衣》,绎宾尸之所歌也"。蔡氏此说源自鲁诗,毛序亦从之。
② 凌廷堪:《礼经释例》,北京大学出版社,2012年,第279页。
③ 贾公彦:《仪礼注疏》卷48,第1203页下。
④ 贾公彦:《仪礼注疏》卷49,第1207页上。
⑤ 黄淦:《仪礼精义》,清嘉庆十二年慈溪养正堂刻本,第56页。

人的转变过程，无疑是正确的。但此说仍然存在误点。旅酬是燕饮中仪节，若如黄淦所言士既有"宾尸"，却不参与旅酬，明显存在矛盾。士祭祖本无傧尸之礼，所以黄氏认为士有"宾尸"，但不参与旅酬是错误的。实际上，黄氏所言"士之宾尸"，应当理解为主人于室内举行的"礼尸"。据《特牲馈食礼》载，尸九饭后，主人、主妇、宾等在室内均有献尸之礼。此献尸即"礼尸"。黄氏明显混淆了"礼尸"与"傧尸"的区别。"礼尸"时，尸神完全合一，故尸不参与旅酬。

第二，迎尸仪节，与迎宾仪节同。正祭之时，祝迎尸于庙外，主人降立于阼阶东。主人并不亲自迎尸。但到傧尸仪节，"主人出迎尸，宗人摈。主人拜，尸答拜。主人又拜侑，侑答拜。主人揖，先入门，右。尸入门，左。侑从，亦左。揖，乃让。主人先升自阼阶，尸、侑升自西阶，西楹西，北面，东上"①。主人亲自迎尸、侑于庙门之外，郑注"宾客尸而迎之，主人益尊"。此与《仪礼·乡饮酒礼》所载主人迎宾之仪，几无异处。《乡饮酒礼》载："主人一相迎于门外，再拜宾。宾答拜。拜介。介答拜。揖众宾。主人揖先入。宾厌介，入门，左。介厌众宾，入。众宾皆入门，左，北上。"郑注："相，主人之吏，摈赞传命者。"② 清儒张尔岐云："主人于群吏中，立一人以相礼，与之迎宾于庠门外。"③《乡饮酒礼》之"相"相当于傧尸之"宗人"，职责都在辅助主人迎宾。再如《仪礼·公食大夫礼》："公如宾服，迎宾于门内。"郑注："不出大门，降于国君。"④ 公食大夫礼为国君食大夫之礼，宾为大夫，爵位低于国君，故公迎宾在门内。则主宾之礼，主必亲迎。地位若敌，迎于门外，若不敌，迎于门内。正祭时，以神道事尸，故主人不亲迎；傧尸时，以宾道事尸，故主人迎尸于门外。

---

① 贾公彦：《仪礼注疏》卷49，第1207页上。
② 贾公彦：《仪礼注疏》卷8，第981页上。
③ 张尔岐：《仪礼郑注句读》，吉林出版集团有限责任公司景印，2005年，第36页。
④ 贾公彦：《仪礼注疏》卷25，第1080页上。

四、傧尸礼

第三，安坐尸于堂，与《仪礼·燕礼》《仪礼·乡饮酒礼》等安坐宾于堂，仪节同。正祭时，尸席位于室内西南的奥，东面。傧尸时，司宫布尸席于堂上户西，南面。又布侑西于西序，东面。此布席之法与《仪礼·乡饮酒礼》布宾、介之席同。《仪礼·有司彻》："主人先升自阼阶，尸、侑升自西阶，西楹西，北面东上。"郑玄注："东上，统于其席。"① 堂上站位以东为上，堂上之席亦以东为上，郑玄仅云"统于其席"。更准确的说法，应是统于主人。主人位在东方，堂上尊处以主人之位为依违。尸、侑之席，统于主人，则尸卑而主尊，尸有人道而非神道无疑。

第四，傧尸时，尸的助手为侑。正祭之时，助尸行礼者为祝与佐食。祝毫无疑问属神职人员。佐食负责帮助献祭时尸的九饭或十一饭，亦属神职人员。与此相对，傧尸礼尸的助手却为"侑"。《礼记·礼运》："卜筮瞽侑。"郑注："侑，四辅也。"② 清代盛世佐曰："尸之有侑，犹宾之有介也，皆副二之义。"③ 方苞曰："上篇正祭，以神道事尸于室，故用祝与佐食，皆室事也。此篇宾尸，以宾礼接尸于堂，故不用祝与佐食，而另立侑以辅尸，皆堂事也。"④ "室事"与"堂事"之别，正象征神道与人道之分。综合而言，侑是宾的主要助手，职责在于帮助、劝道宾进食与饮酒，很明显不属神职人员。傧尸时用"侑"，而不用"祝"或"佐食"作为尸的助手，说明尸的身份已转变为主人之宾。

第五，设尸几之法，与设神几不同。主人从宰的手中接过几后，授几于尸。尸设几之仪，《仪礼·有司彻》载：

---

① 贾公彦：《仪礼注疏》卷49，第1207页上。
② 孔颖达：《礼记正义》卷22，第1425页下。
③ 盛世佐：《仪礼集编》，景印文渊阁《四库全书》第111册，台湾"商务印书馆"，1986年，第635页。
④ 方苞：《钦定仪礼义疏》，景印文渊阁《四库全书》第107册，台湾"商务印书馆"，1986年，第354页。

主人西面，左手执几，缩之，以右袂推拂几三，二手横执几，进授尸于筵前。尸进，二手受于手间，主人退。尸还几，缩之，右手执外廉，北面奠于筵上，左之，南缩，不坐。①

上有两点可注意：一是尸二手从主人持几的中间处受几，郑玄认为是尸谦让的缘故，尸若纯为神，必尊，何必与主人谦让？所以尸受几不是谦让，而是因身份低于主人不得不如此。二是尸设几"左之"，郑注："左之者，异于鬼神。生人阳，长左。鬼神阴，长右。不坐奠之者，几轻。"尸设几异于鬼神，说明虽有尸名，但已与鬼神有异。古人设几之法，分为两类：为人设几，几在人之左；为神设几，几在神之右。《仪礼·士昏礼》女父将以女许人，设几敬告先祖，"主人筵于户西，西上，右几"，此所设为神几。使者至后，女父"彻几改筵，东上"，此所设为使者之席。"东上"，则几在使者之左。②《仪礼·有司彻》尸设几在左，则所设为人几无疑。胡培翚云："上篇正祭，是以鬼神之礼事尸，故祝设于筵上，右之，此俟尸，以宾客之礼事尸，故奠几于筵上，左之，与彼异也。云生人阳长左鬼神阴长右，是申言左之之义。宾客是生人，生人阳，故尚左。鬼神阴，故尚右也。"③胡氏深得郑注之意。此处"以尸为宾"甚为明显。

结　语

如上所论，本章是以礼典仪式为着力点展开讨论的，但每个礼典仪式之间，并非无任何关系的独立单元，而是以礼典仪式为线索，勾画出古人在亲亡后，行礼的一个大致流程，即从丧礼到祭礼，再到祭后之礼。这个流程，既是礼典递换流程，也体现古人行礼的时间性变化。再

---

① 贾公彦：《仪礼注疏》卷49，第1207页中。
② 贾公彦：《仪礼注疏》卷4，第961页中~962页上。
③ 胡培翚：《仪礼正义》，江苏古籍出版社，1993年，第2334页。

次，在讨论具体礼典仪式时，对行礼人的站立面向、所处空间、周旋威仪、交流模式等予以了特别的关注。宏观的礼义阐述，基于细微繁琐仪节的考索，礼学精微正在于此。简言之，礼典间时间性的递换与礼典内空间性含义，是致思的主要向度。基于此，在分析殷墟卜辞及传世典籍中殡礼、宾祭、祊祭、延尸、宾尸、儐尸礼等礼仪后，得出了如下结论：

第一，殡礼是丧礼中，凸显父子之间，生死之际，主宾地位变换的关键礼仪。行殡礼之后，子变为丧主，可以继承亡亲之位，传亡亲之重；已亡之父母，此时卸下主人之位，被丧主以宾礼相待在宾阶之上。在丧期时间迁移过程中，行礼空间的变化，表现出亡者由主到宾，最后又被更早先祖以宾的身份纳入了祖先神体系的整个过程。

第二，王宾卜辞在甲骨文中常见，根据其主体与对象的不同，共分为八个类型，即先王宾于帝、先王宾于更早的先王、王宾帝、时王宾先王、王宾先妣、王宾兄、王宾自然神、王宾尸等，认为"宾"有"以……为宾"之意。殷人在祭祀时，神灵先以宾客之礼，降神于人间，受人祭祀、祈祷。而作为人间王朝与天庭沟通使者的祖先神，亦能常在帝之左右，被帝以宾相待。

第三，卜辞及三礼文献中常见有延尸、祊祭礼仪。根据其行礼地点，参与人之身份，动作威仪等，得出延尸、祊祭礼仪中亦体现出"以神为宾"的观点。

第四，儐尸乃自上大夫以上，正祭毕后于堂上待尸之礼。绎祭是天子诸侯的儐礼，士以下有"礼尸"而无儐尸。不过儐尸、绎祭与礼尸，无本质差异，均是以尸为宾而宴饮之。

总的来说，商周丧祭礼仪中，"以神为宾"观念，经典文献并没有明确表述，但在仪式的细微处却表露无遗。在礼典举行的时间进程中，亡亲从生到死，从丧到祭，反映出一个从主到宾的变化过程；在礼仪举行的空间上，行礼双方所站位次、行礼人面向、所由途径等，通过对方与位的探讨，得知神为宾，位在西方，孝子为主，位在东方。"以神为宾"观念的存在说明，商周时的人神关系，既没有后世想象的那么森严，也没有那么疏远。不过，如果说殷墟卜辞中大量的王宾卜辞显示出商代"以神为宾"还较盛行的话，那么到周代必须通过钩沉礼仪细节才能显示，或许表明这种观念已呈衰落之势。

论肆献祼礼

《周礼·春官·大宗伯》："以肆、献、祼享先王；以馈食享先王；以祠春享先王；以禴夏享先王；以尝秋享先王；以烝冬享先王。"此段经文虽为工整的排比句，逻辑上却未在同一层次。① 肆、献、祼、馈食为岁时祭祖的祭仪，祠、禴、尝、烝为岁时祭祖的祭名。祭仪是祭名所表示祭祀活动中的具体仪节。作为祭仪，除大夫士级别较低者祭祖无献祼外，天子、诸侯祭祖并有馈食与肆、献、祼。② 具体而言，祼指灌郁鬯降神；③ 献指荐血腥；肆指荐熟牲；④ 馈食为荐黍稷饭食。整个祭飨

---

① 郑玄以"肆献祼"指祫祭，"馈食"指禘祭，与后岁时四祭合为"六享"。这样四个句子在逻辑上可并列，故贾公彦等从之。但是，祫祭有馈食，禘祭有肆献祼，岁时四享两者兼备。仔细追究起来，仍嫌不严密。故郑玄亦只能以"互相备"来弥合之，实不能从根本上解决此段经文的内在矛盾。

② 孙诒让驳郑玄、贾公彦分肆献祼、馈食属禘祫二祭"殆非经义"，认为"凡禘祫及时祭，皆兼肆献祼、馈食诸节"；肆献祼为隆礼，并非无黍稷，单言"馈食"，实属杀礼。所言甚是。肆、献、祼、馈食待神功能有异，一个完整的祭祀过程，必兼而有之。见孙诒让：《周礼正义》卷33，中华书局，1987年，第1331、1337页。

③ "祼"既可用于神，亦可用于宾。此处主要讨论"祼神"，"祼宾"留待后文。

④ 任启运误"肆"为荐血腥，故认为《大宗伯》最先言"肆"，乃因"以血腥与荐熟对言之，明非臣所有也。"既误解"肆"的含义，又不知古书文法。参见任启运：《天子肆献祼馈食礼》，景印文渊阁《四库全书》第109册，台湾"商务印书馆"，1986年，第831页。

过程，因甲骨、金文记载简略，传世文献又杂芜，不能一一述及。加之馈食于《仪礼》之《特牲馈食礼》《少牢馈食礼》《有司彻》中已有详细记载，可供参考。在此，集中讨论天子之肆、献、祼礼。另加注意的是，礼仪程序上祼先于献，献先于肆。《周礼》之所以先言"肆"，郑玄以为是"逆言之"；今人郭在贻认为属古书中的"倒序"现象，则完全属文法缘故①。

一、祼　礼

《尚书·洛诰》："王宾、杀、禋，咸格，王入太室祼。"伪孔传："祼鬯告神。"孔颖达疏："祼者，灌也。王以圭瓒酌郁鬯之酒以献尸。尸受祭而灌于地，因奠不饮，谓之祼。"②尸在外形方面，通过衣着、形貌尽量象所祭之神。更重要的是在神性方面，得达到尸、神合一的境地。而这得通过祼礼来实现。尸入室后，接受主人、主妇郁鬯之献，不饮而灌注入地，香气达于渊泉，引起神灵注意，使之起而与己附和。朱熹《孟子·离娄》注："宗庙之祭，以郁鬯之酒灌地而降神也。"③ 所言正是如此。《礼记·礼运》："夫与妇交献，以嘉魂魄，是谓合莫。"郑注："嘉，乐也；莫，虚无也。"④ 清代黄以周曰："嘉谓嘉会，合莫谓合魂魄于虚莫，此即所谓合鬼与神是也。"⑤ 只有尸与神完全结合后，魂魄复合且归依于尸身，主人、主妇才能通过献尸，嘉善死者魂魄，从而实现尸饱如亲饱，尸醉如神醉的祭祀目的。《礼记·祭统》："献之属，莫重于祼。"可以说祭祖中主人、主妇、宾等所有与尸相献祭、酬

---

①　郭在贻：《训诂学》，《郭在贻文集》，中华书局，2002 年，第 430 页。
②　孔颖达：《尚书正义》卷 15，第 217 页中。
③　朱熹：《四书章句集注》，中华书局，1983 年，第 279 页。
④　孔颖达：《礼记正义》卷 21，第 1417 页中。
⑤　黄以周：《礼书通故》，中华书局，2007 年，第 751 页。

酢的礼节，均建立在祼礼降神附尸的基础上。①

祼为降神之礼，但有学者认为"祼有二"，即"献尸之祼"与"降神之祼"。此说清人江声、王鸣盛、王玉树，近人顾颉刚、刘起釪均从之。② 其中，王玉树《经史杂记》所列证据有三，即《祭统》"君执圭瓒祼尸"，郑注《周礼·司尊彝》"祼谓以圭瓒酌郁鬯始献尸"，再就是《洛诰》所载祼礼。王氏之说实误。祼尸降神，本先由主人献尸以郁鬯，尸受后灌地，故《祭统》及《司彝尊》郑注所言"祼尸""献尸"意义本同，皆指降神之祼。至于《洛诰》所言杀在祼前，与一般祼在杀前不符，似印证王氏之说。仔细考究，实亦不然。陆德明《经典释文》在"王宾杀禋咸格"下，提供了两种断句方法，一是"王宾"绝句，"杀禋"绝句；二是连读不断至"咸格"。根据礼制与文法，只有第二种断句才是正确的，或亦可断作"王宾、杀、禋，咸格"。③ 所谓"王宾"指助祭诸侯，④《礼记·郊特牲》："诸侯为宾，灌用郁鬯。"即

---

① 大夫、士级别较低，无祼、献礼，降神功能实已由阴厌代替。《仪礼·特牲馈食礼》载阴厌之事，祝设神席，并先主人升阶入室。郑注分别云"为神敷席也，至此使祝接神"，"祝先入，接神宜在前也"。贾公彦疏："凡言厌者，谓无尸，直厌饫神。尸未入之前，祭于奥中，不得户明，故命阴厌。"明郝敬云："尸未入，神先降，故有阴厌。尸既出，神未散，故有阳厌。"清代凌廷堪《礼经释例》云："凡尸未入室之前，设馔于奥，谓之阴厌。"胡培翚云："尸未入室之前，设馔于奥以飨神者，所谓阴厌也。《少牢》阴厌，布席，荐豆，设俎，设敦，酌奠，启会，皆与《特牲》同。"可见，大夫、士祭祖尸未参与阴厌，主要由祝负责接神，再由主人、主妇飨神，而后才开始正式馈食。阴厌具有降神的功能显而易见。至于，尸未与阴厌，或可能是士大夫级别不够，辟君嫌的缘故。天子、诸侯祭祖阴厌，目力所见，礼典文献不见记载，但因已与祼、献礼，若有阴厌，尸应该参与。参见胡培翚：《仪礼正义》卷35，江苏古籍出版社，1993年，第2114~2115页。

② 顾颉刚、刘起釪：《尚书校释译论》，中华书局，2005年，第1500页。

③ 金兆梓断句从此说，但具体解释与本文不同。参见金兆梓：《尚书诠译》，中华书局，2010年，第297页。

④ 王国维认为"王宾"指文王武王，即以文武王为宾，构思虽精巧，实误。祭祀中，主人与尸酬酢，本质上属以神为宾，但这种情况存在于灌地降神后。祼礼之前，尸神未合，神灵未降，何以成天子之宾？王氏之说，不可从。参见王国维：《洛诰解》，《观堂集林》，中华书局，1959年，第39页。

为佳证。"杀"指助王杀牲者;"裸"指助王祭祀者。三者均表示参与祭祖之人,故后言"咸格"。若以"杀裸"为动作,则"咸格"无着落处。且只有助祭者均到位后,裸礼乃行。这样看来,《洛诰》裸前之"杀"非杀牲;王氏所谓"先杀后裸,为献尸之裸",并不成立。

除此之外,又有以殷周礼制的不同来弥缝此说者。例如黄以周一方面不认可"裸有二"说,另一方面驳斥皇侃"尸乃得献、祭以灌地,并为一事"之说,又认为"初献尸亦谓之裸尸,以其亦酌郁鬯故也",并把献、裸分列在室、堂两地举行,裸为天子亲自行裸,尸受献而不裸,明显前后矛盾。为解决此矛盾,黄以周只得认为《洛诰》所载为殷礼,杀牲本在裸之前。① 王国维以为《周礼·大宗伯》肆、献在裸前为殷礼与《洛诰》载吻合,而既灌迎牲为后起之周礼。王国维还认为裸不仅可以降神亦可歆神,与王玉树说已近。② 但把"王宾杀裸"与"王入太室"结合起来考虑,黄、王之说漏洞即出。一则,若"王入太室"所行为献尸之裸,则前必有降神之裸,而王未入;降神而王未入太室,于礼制不符。再则,殷人尚声,降神先作乐,再迎牲杀牲,最后行裸;③ 殷礼杀在裸前,似与《洛诰》合,但《洛诰》未言"作乐",则神无所降;神未降,则祭祀无所本。三则,黄氏之说,建立在尸不入室的基础上,若尸不入室,则尸、神如何合一,难有通解。所谓"殷制"之说,亦误。

祭中之裸必为降神,已如上论。其具体仪节,礼典文献中均未明载,任启运综合经文与注疏,把裸分为"王首裸"与"后亚裸":

> 王降盥。小臣沃王。王盥,御仆相盥,奉盘授巾。王升,入太

---

① 黄以周:《礼书通故》,中华书局,2007年,第788、794~795、813页。
② 王国维:《与林浩卿博士论〈洛诰〉书》,《观堂集林》,中华书局,1959年,第41~42页。
③ 《礼记·郊特牲》:"殷人尚声,臭味未成,涤荡其声。乐三阕,然后迎牲。声音之号,所以诏告于天地之间也。"

一、裸礼

室,裸。大司寇奉明水。大宗伯泲鬯。郁人诏王裸。太宰赞王。小宰赞太宰。酌圭瓒,献尸。祝命祭,尸祭之,啐之,奠觯。裸毕,王出复位。后入亚裸。裸用璋瓒。内宰赞后。祭、啐、奠,如初。裸毕,后出,入于西房。①

据任启运所言,他参考的文献主要包括《周礼》《诗疏》及《礼疏》。但其中"王升,入太室,裸",明显引自《洛诰》,则《尚书》亦应在任氏参考范围之内。任氏把零散的资料,组织成连贯的礼仪程序,颇具卓眼;以之与《仪礼》载祭仪相比,虽尊卑有异,繁简有别,基本结构却相差不远。即使如此,在细节处,仍然存在一些问题。《周礼·春官·郁人》:"郁人掌裸器。凡祭祀、宾客之裸事,和郁鬯以实彝而陈之。凡裸玉,濯之,陈之,以赞裸事,诏裸将之仪与其节。凡裸事沃盥。"② 非常清晰地描述了郁人在裸礼中的职责,主要是掌裸器和诏裸仪。具体而言包括洗濯、陈设、充实裸器,以及赞王行裸仪。且沃盥之事均由郁人掌管。任启运以小臣、御仆代之,实未为妥当。小臣、御仆均属夏官,《周礼·夏官·小臣》"大祭祀、朝觐,沃王盥",《周礼·夏官·御仆》"大祭祀,相盥而登",③ 两者虽亦掌沃盥事,但与郁人具体负责裸中之沃盥相比,明显隔一层。

最后,略论裸礼的政治象征意义。大夫、士无裸礼,而献之属又莫重于裸,这决定了裸具备区分行礼者身份尊卑的礼仪特性。《诗·大雅·文王》:"殷士肤敏,裸将于京。"④ "殷士",毛传以为是殷侯,郑笺以为是殷臣,刘向、班固以为是微子,颜师古以为是殷之卿士,总而

---

① 任启运:《天子肆献裸馈食礼》卷上,景印文渊阁《四库全书》第109册,台湾"商务印书馆",1986年,第842页。
② 贾公彦:《周礼注疏》卷19,第770页中。
③ 贾公彦:《周礼注疏》卷31,第852页中~下。
④ 孔颖达:《毛诗正义》卷16,第505页上。

言之，其指殷遗民中的贵族。"肤敏"为赞美殷人壮美、敏捷之辞。整句诗站在胜利者的角度，赞美殷贵族自求助祭于周，参与周王在京师举行的祼礼。这样一来，参与祼礼助祭周王，已象征殷人对周的完全臣服。孔子曾论此诗，喟然而叹，① 刘向以为孔子是"伤微子之事周，而痛殷之亡"②。殷人被剥夺自主按天子礼祭祀先王、先公的资格，所有的一切均要先得到周王的批准或恩赐；并被周人告诫一方面要"无念尔祖"，另一方面要"仪刑文王"。孔子作为殷人之后，伤殷败事周，是可以理解的。综合而言，通过殷人助祭周王行祼礼一事，殷周政治、宗教地位的升降隆替，已展露无遗。

殷人助祭周王行祼礼，接受周人"天命无常，归于有德"的训诫与教诲，③ 体现的是殷周王朝鼎革；与之相对，君王向臣下赏赐礼器、礼物，许其行祼礼，体现的则是君臣之际的尊卑秩序。古人制造祭器，须依爵位而定。《礼记·曲礼下》："无田禄者不设祭器，有田禄者先为祭服。君子虽贫，不粥祭器。虽寒，不衣祭服。为宫室，不斩于丘木。"④《礼记·礼运》："大夫具官，祭器不假，声乐皆具，非礼也，是谓乱国。"⑤ 大夫设官过多，祭器不向人借，乐器乐人全部自己具备，是越制行为，会认定为乱国之举。《礼记·王制》："诸侯赐弓矢，然后征；赐斧钺，然后杀；赐圭瓒，然后为鬯。未赐圭瓒，则资鬯于天子。"⑥ 圭瓒与鬯是行祼礼之物，即使诸侯，必得来

---

① 《汉书》卷36《刘向传》："孔子论《诗》，至于'殷士肤敏，祼将于京'，喟然叹曰：'大哉天命！善不可不传于子孙，是以富贵无常；不如是，则王公其何以戒慎，民萌何以劝勉？'"
② 班固：《汉书》卷36《楚元王传》附《刘向传》，中华书局，1962年，第1950页。
③ 班固：《汉书》卷36《楚元王传》，颜师古注，中华书局，1962年，第1951页。
④ 孔颖达：《礼记正义》卷4，第1258页中。
⑤ 孔颖达：《礼记正义》卷21，第1418页中。
⑥ 孔颖达：《礼记正义》卷12，第1332页中。

一、祼　　礼

自天子的赏赐，不得私自拥有。可见诸侯行祼礼的权力与征伐、杀戮大权属同一级别，完全受控于天子。换言之，天子控制了诸侯的祭祀权。① 在这种情况下，天子若赏赐圭瓒、郁鬯等物，对受赏者而言，是莫大的荣耀。祭祀所以统族安宗，从天子处获得祭祀之权，更大的含义可能是获得了统治本宗本族甚至本国之人的政治、宗教、军事大权。《尚书·文侯之命》载晋文侯辅周室东迁有功，周平王命为诸侯之长，赏赐之物中首列"秬鬯之卣"。伪孔传："黑黍曰秬，酿以鬯草。"② 秬鬯与郁鬯之别，仅是后者加入兰草，有香气而已。《诗·大雅·江汉》载召穆公伐淮夷有功，周宣王"釐尔圭瓒，秬鬯一卣。告于文人，锡山田土"③。圭瓒、秬鬯在山田之上，祭祀祖先重于封有领土。许倬云指出："赐圭瓒的举动正是肯定召虎合于继承祖业的资格。"④ 殊为允当。金文中载周王赐臣下圭瓒、郁鬯或秬鬯的记载更多。如《鲜簋》："禘于昭王，鲜蔑历，祼，王赏祼玉三品，贝廿朋。"虽未明言圭瓒，但"祼玉"应含圭瓒在内。《多友鼎》："赐女圭瓒一。"《毛公鼎》："赐女秬鬯一卣，祼圭瓒宝。"同类的铭文还见于《师询鼎》《卯簋盖》等，不胜枚举。

总的来说，祼乃古代降神祭仪。主祭之人用圭瓒或璋瓒酌鬯献尸，尸受而灌之于地，献祼一体。学者认为既有献尸之祼，又有降神之祼，并分属杀牲前后，明显与礼制不符。祼礼是祭祀的基础，甚至成为祭祀的象征。在祭祀与政治地位密切结合的宗周社会，能否行祼礼更象征爵位的尊卑。大夫士爵卑祭祀只及祖、父，故无祼礼；天子诸侯位尊，祭

---

① 杨华先生提出："进入阶级社会后，由于祭权与政权结合，掌握了祭权便掌握了政权。"参见杨华：《先秦礼乐文化》，湖北教育出版社，1997年，第44页。

② 孔颖达：《礼记正义》卷20，第254页中。

③ 孔颖达：《毛诗正义》卷18，第574页上。

④ 许倬云：《西周史（增补二版）》，生活·读书·新知三联书店，2012年，第191页。

祀及始祖故有祼礼。① 可以说拥有祭祀权就会获得相应的政治权。② 殷商后裔属败国之臣，参与周王祼礼，表明对新王朝的归附之心，象征殷周鼎革的社会大势。周天子通过赏赐诸侯或大臣圭瓒、鬯，许以行祼礼，确保臣下之权出于己，保证其"王天下"的宗教、政治地位；臣下通过接受天子圭瓒、鬯之赐，获取一国或一族之内的祭祀权，为其统治增添神性色彩与更多的合法性。

二、献　礼

祼礼中有献，但所酌为鬯。现在讨论之"献"，却是荐血腥之属。《大宗伯》"以肆、献、祼享先王"下郑注："献，献醴，谓荐血腥也。"贾公彦疏："室中二灌讫，王出迎牲时，祝延尸于户外之西，南面。后荐八笾八豆。王牵牲入，以毛血告讫，以此腥其俎荐于神前。王以玉爵酌醴齐以献尸，后亦以玉爵酌醴齐献尸也。"③ 贾疏对献仪的描述，已较清晰。整个献仪又可谓"朝践"或"朝事"。《周礼·天官·笾人》郑注："朝事谓祭宗庙荐血腥之事。"④ 结合其他礼典文献，其具体仪节可分作：迎牲、后荐笾豆、纳牲于庭并射杀、荐毛血于室、制祭、升牲首、延尸出室、荐腥、献醴齐等。关于这些仪节，现稍作分解。

第一，迎牲、纳牲、射牲，均天子亲自动手。目的在于"致孝养"，即向祖先神灵及天下臣民显示自己的孝心。大夫、士位卑爵低，既不得亲杀，有司杀之又不能在门庭之内，以别君嫌。

---

① 这里涉及宗法制度，可参《礼记　大传》"别子为祖，继别为宗。继祢者为小宗。有百世不迁之宗，有五世则迁之宗。百世不迁者，别子之后也。宗其继高祖者，五世则迁也"相关记载。
② 《礼记·祭法》载天子有七庙，诸侯有五庙，大夫有三庙，嫡士有二庙，官师无庙，即是明显例证。
③ 贾公彦：《周礼注疏》卷18，第758页下。
④ 贾公彦：《周礼注疏》卷5，第671页下。

二、献　礼

第二，"延尸出室"。祼在室，献在堂，历代以来为礼学家共识；到黄以周时，始有异议。黄氏认为天子在室内亲自灌鬯于地，灌后才出室献尸，故尸始终在堂，从未入室。这样一来，就无所谓"延尸出室"问题。黄氏之说，不仅颠倒祼中献、灌两个动作的前后顺序，而且把两个动作分列于室、堂两地，与周代礼制明显不符。那么，黄以周驳"尸入室又还堂"为"曲说"，亦不成立。① 这是关于"延尸出室"的有无问题。再一个问题就是，何时"延尸出室"？因无最直接的证据，自贾公彦以来，历代注疏家、礼学家均只能猜测。贾疏认为王迎牲时，祝延尸，两者同时进行，此说宋代陈祥道②、清代任启运等从之，《四库全书总目提要》撰者又大加赞许。

仔细考察贾、陈、任之说，实很难符合礼制。祼礼降神后，尸神合一。与此同时，杀牲后凡告神均在室内主前举行，如"荐毛血"为取毛与血告所用牺牲毛色纯一、血色干净；③"制祭"为取肝间之脂和以郁鬯，在室内主前燔燎之，告以香气；"升首"为升三牲之首，告以告阳气④。在这种情况下，若"延尸出室"与"迎牲"同时，则告神时，尸在堂而神主在室，告主而冷落尸，于理难通。要解开此矛盾，只能是尸与主同在室内，接受主人告祭；⑤ 告神结束后，尸才出室接受主人献祭。《礼记·郊特牲》："诏祝于室，坐尸于堂"，郑注："谓朝事时也。

---

① 黄以周：《礼书通故》，中华书局，2007年，第795页。
② 陈祥道《礼书》："尸入，既祼于室，然后延之户西，坐于主东，南面，行朝践之礼焉。"则陈祥道不仅认为既祼后立即延尸，而且认为主也要迁到堂上，在尸之西，南面。但"主无席堂上之礼"，黄以周已有精彩论述，可参考。《礼书通故》，中华书局，2007年，第797页。
③ 《诗·小雅·信南山》："执其鸾刀，以启其毛，取其血膋。"郑笺："毛以告纯，血以告杀。"
④ 《礼记·郊特牲》："升首，报阳也。"郑注："尊者尚气也。"首属阳，故升之于室内主前告以阳气。
⑤ 因正祭时，主祭者主要是与尸相酬酢、献祭，所谓告神实既有告神之意，亦有告尸让其亦知晓之意。只有凡告神之事，尸均亲与，尸、神合一才能达到最佳状态；正祭时，尸才更能象征神的存在。

朝事，延尸于户西，南面，布主席东面，取牲膊脊燎于炉炭。先肝于郁鬯而燔之，入以诏神于室，又出以堕于主，主人亲制其肝，所谓制祭也。时尸荐以笾豆。至荐熟乃更延主于室之奥。尸来升席自北方，坐于主北焉。"① 所谓正是祝诏王告神完后，坐尸于堂接受献祭之事。那么，这样一来"延尸出室"应该在"升首"下，"荐腥"之上。②

第三，荐腥。腥指以牲生荐之。《国语·周语中》："郊禘之事，则有全烝。"韦昭注："全烝，全其牲体而升之。凡禘郊皆血腥。"③《礼记·郊特牲》："郊血，大飨腥。"郑注："大飨，祫祭先王也。"④ 凡此所言皆为荐腥之事。荐腥之法，除可用全烝外，亦可用豚解。《仪礼·既夕》："豕亦如之，豚解。"郑注："豚解，解之如解豚，亦前肩、后肫、脊、胁而已。"宋代李如圭云："豚解者，殊左右肩、左右髀、左右胁，并脊为七体。"⑤ 则"豚解"共分牲为七体。"荐腥"时，除荐生肉外，亦荐血。故任启运、孙诒让等学者，均认为祭祀中有二次荐血。两次荐血之异，我师杨华先生所述最为明确，即前者毛血并荐，血为鲜血，属"诏于室"的告杀，目的在诱神；后者腥血并荐，血为凝血，属正祭享祖，目的在食祖。⑥ 正因一属告祭一属正祭，一在室一在堂，故"荐腥"在"延尸出室"下，为顺理成章之事。

第四，献醴。贾疏所谓"王以玉爵酌醴齐以献尸，后亦以玉爵酌醴齐献尸也"，即为献醴。《说文·酉部》："醴，酒一宿熟也。"⑦《周

---

① 孔颖达：《礼记正义》卷26，第1457页中。
② 任启运引薛氏《礼图》把"延尸"放在了"荐毛血"下，已意识到问题的存在，可惜忽略了"制祭"与"升牲首"同有告神之意。
③ 徐元诰：《国语集解（修订本）》，中华书局，2002年，第58页。
④ 孔颖达：《礼记正义》卷25，第1444页下。
⑤ 李如圭：《仪礼集释》，景印文渊阁《四库全书》第103册，台湾"商务印书馆"，1986年，第406页。
⑥ 杨华：《先秦血祭礼仪研究——中国古代用血制度研究之一》，《新出简帛与礼制研究》，台湾古籍出版有限公司，2007年，第196~197页。
⑦ 段玉裁：《说文解字注》，上海古籍出版社，1988年，第747页。

礼·酒正》郑注："醴，犹体也，成而汁滓相将，如今恬酒矣。"①《吕氏春秋·重己》高诱注："醴者以蘖与黍相体，不以曲也，浊而甜耳。"② 醴就是用麦芽酿成的甜酒，酒精成分不高。学者认为"醴常用在仪式上，只给嘴里啐一下，不是给喝的"，甚是。③

大概言之，"献"属"朝践"之事，于堂中举行，所事的对象是尸。"献"作为一个礼仪组合，迎牲、纳牲、射牲、荐豆笾为其准备阶段，荐毛血于室、制祭、升牲首、延尸出室为过渡阶段，荐腥与献醴齐才是礼仪主体。与祼礼有主人、主妇二祼一样，献同样有两次。

三、肆　礼

肆指荐熟牲，包括在"朝践"之内。《周礼·春官·大宗伯》："以肆献祼享先王"，郑注："肆者，进所解牲体，谓荐熟时。"贾疏："荐熟当朝践后爓祭时。"④《礼记·礼运》："熟其肴……然后退而合亨，体其犬、豕、牛、羊，实其簠、簋、笾、豆、铏羹。"郑注："谓体解而爓之。"⑤ 任启运误"肆"为荐血腥，⑥ 故认为《大宗伯》最先言"肆"，乃因"以血腥与荐熟对言之，明非臣所有也。"既误解"肆"的含义，又不知古书文法。⑦《周礼·春官·典瑞》："祼圭有瓒，以肆

---

① 贾公彦：《周礼注疏》卷5，第668页下。
② 许维遹：《吕氏春秋集释》，中华书局，2009年，第24页。
③ 杨宽：《"乡饮酒礼"与"飨礼"新探》，《西周史》，上海人民出版社，2003年，第757页。
④ 贾公彦：《周礼注疏》卷18，第758页下。
⑤ 孔颖达：《礼记正义》卷21，第1417页中。
⑥ 以"肆"为荐血腥，误实自王肃。王肃云："宗庙祭祼而献而肆。肆为荐血腥也。既肆乃荐熟。"
⑦ 任启运因把"肆"误解"荐血腥"，故在"荐爓"之上另列出一个"荐肆"。如此，在任氏恢复的祭礼中，光荐血、腥就出现三次；且"肆"又被"献醴"隔断为前之"荐爓"后之"合烹"，完全不见"肆"之全貌，明显与礼制不符。参见任启运：《天子肆献祼馈食礼》卷上，第846~847页。

先王，以祼宾客。"郑注："肆，解牲体以祭，因以为名。"① 孙诒让认为，此处郑注"不专属荐熟"。② 实质上，"肆"于礼典文献中有两层含义：作为祭名时，专指用体解方式向祖先荐熟。作为解牲方式时，为解牲之通名，包括房烝、豚解、体解与节解。具体而言，"房烝"相对于"全烝"而言，指分解牲体成左右两胖。《国语·周语中》："王公立饫，则有房烝。"韦昭注："房，大俎也，《诗云》'笾豆大房'，未半解牲体，升之房也。"③ "豚解"前已论述，指分牲为七体，用于荐腥。"体解"则在"豚解"的基础上，每一体再分为三，共二十一体，用于荐熟。"节解"在"体解"二十一体的基础上，折断其骨而升之于俎，故又名"折俎""肴烝"。《国语·周语中》"体解节折而共饮食之"，所言即此。④ 自"全烝"开始，到"节解"，牲体越解越精致细密。

"肆"在献之后，馈食之前。其具体仪节是把体解后的牲肉沉入汤中，煮成半熟，即"爓之"；然后升之于俎，进于尸前。《礼记·祭义》："爓祭、祭腥而退，敬之至也。"⑤ 祭腥在祭爓之前，《祭义》颠倒言之，同属古文"倒序"现象。因"肆"时之肉为半熟状态，尸同样不食，仅为表主人诚敬之意而已。《礼记·郊特牲》"主人自尽其敬而已矣"，所言即是。清孙希旦云："朝践之时，先祭腥，次祭爓。而退者，朝践之礼毕而退也。"⑥ 朝践之"献"与"肆"毕后，"肆献祼"均告成，接下来就会进入馈食黍稷阶段。"馈食"详见《仪礼·特牲馈食礼》《仪礼·少牢馈食礼》，此不赘述。

以上纠正了历代以来流传的祼既有"献尸之祼"又有"降神之祼"

---

① 贾公彦：《周礼注疏》卷20，第777页中。
② 孙诒让：《周礼正义》，中华书局，1987年，第1334页。
③ 徐元诰：《国语集解（修订本）》，中华书局，2002年，第58页。
④ 宋魏了翁认为，大夫士有体解而无豚解，因其无朝践荐腥之故。所言合符礼义。参见魏了翁：《古今考》卷35，景印文渊阁《四库全书》第853册，台湾"商务印书馆"，1986年，第578页。
⑤ 孔颖达：《礼记正义》卷47，第1594页下。
⑥ 孙希旦：《礼记集解》，中华书局，1989年，第1216页。

的说法，认为祭中之裸仅为降神。与此同时，进一步揭示裸礼的政治象征功能，认为在祭祀与政治地位密切结合的宗周社会，裸礼与政治权力、社会身份等密切相关。殷商后裔，属败国之臣，参与周王裸礼，表明对新王朝的归附之心，象征殷周鼎革；周天子通过赏赐诸侯或大臣圭瓒、鬯，许以行裸礼，确保臣下之权出于己，保证其"王天下"的宗教、政治地位；臣下通过接受天子圭瓒、鬯之赐，获取一国或一族之内的祭祀权，为其统治增添神性色彩和更多的合法性。

献与肆作为"朝践"之礼，于堂中举行，以事尸为举礼形式，献为献血腥，肆为荐熟牲。与此同时，"献"中又有荐毛血、制祭、升首等告神礼，均在室内进行，目的在于告诉神灵所用牺牲完好、干净、肥硕。

论周代授受礼

两周时贵族间的婚嫁、聘飨等,均必执礼物以相见。所执礼物称作"贽"。杨宽曾称执贽以相见之礼为"贽见礼"。① 相授礼物之际亦有一套礼仪,即为"授受礼"。② 由于双方尊卑的不同,所站位次、礼容、方式等方面均有不同。现根据文献所载力图恢复"授受礼"的某些礼仪,并阐述其间所体现的礼义。

一、堂上的授受礼

《左传·成公六年》载:

> 六年春,郑伯如晋拜成,子游相,授玉于东楹之东。士贞伯曰:"郑伯其死乎!自弃也已。视流而行速,不安其位,宜不能久。"③

郑悼公与晋景公皆为一国之君,地位相当。郑伯在东楹之东授玉于晋侯,士贞伯讥其"自弃""不安其位",并预测其必死。郑悼公在东楹

---

① 杨宽:《"贽见礼"新探》,《西周史》,上海人民出版社,2003年,第790页。
② 钱玄:《三礼通论》,南京师范大学出版社,1996年,第540~542页。
③ 孔颖达:《春秋左传正义》卷26,第1902页中。

之东授玉,何以是不安其位?

缘则古代堂上有东西两大柱子,即为东楹、西楹。堂上为礼,宾客东向,近西楹;主人西向,近东楹。东西楹之中,即是中堂。宾、主若地位相当,授受时位于两楹之间;若宾客身份低于主人,授受在中堂与东楹之间,即东楹之西。郑伯虽可尊晋侯为霸主,授玉也只应在东楹之西,今却授玉在东楹之东,远离其所应在之位,且"视流行速",显示内心急躁未安,无谦和安详之态,所以士贞伯讥其自弃其位,预测其必死。

郑悼公远离其所站位次,过于自卑,被认为是弃礼自弃的行为,受到了批评与讥讽。然则在先秦时期古人于授受之际,所站立的位次,要以身份尊卑的差异而定。

《仪礼·士昏礼》"纳采"时,使者与主人"授于楹间,南面",郑玄注:"授于楹间,明为合好,其节同也。南面,并授也。"① 婚礼为两姓合好之时,所以"节同"。授受于主宾地位等同的两楹之间。

堂上的授受位次,清儒胡培翚据《仪礼·聘礼》总结有四:

> 一为宾主敌体,在两楹间,宾面卿,是也。一为宾主虽敌体,而所趋者君命,则在堂中西向,归饔饩于聘宾,受币堂中西,宾问卿堂中西,是也。一为宾臣主君,则直趋君位,当东楹。宾觌,进授币,当东楹。公礼宾,受币当东楹,是也。一为宾主虽君臣,而所执者君之器,则在中堂与东楹之间。聘宾致命,公侧袭受玉于中堂与东楹之间,是也。②

胡培翚所言第一点,因聘宾也是卿,与主国卿尊卑同,授受时即在东西楹之间。第二点,主国卿以君命馈送饔饩给聘宾时,虽两卿地位等同,

---

① 贾公彦:《仪礼注疏》卷4,第962页上。
② 胡培翚:《仪礼正义》,江苏古籍出版社,1993年,第155页。

但聘宾必在中堂与东楹之间受。此时因在聘宾之馆,主人实是聘宾。第三点,宾主地位悬殊,则主不动,宾直接趋进到君前受。第四点,宾为臣,主为君,但是宾所执器为己国国君之器,则授受之法与第二点同,表明宾仅为使者,实为两国国君相授受。

从上可知,堂上授受的地点,以东楹、西楹、中堂为节,无不体现着尊卑秩序。授受之时,尊卑同则双方位移同,均到楹间堂中授受;若尊卑异,则卑者位移大于尊者,就尊者授受;若尊卑过于悬殊,卑者直趋尊者处,尊者不动,相授受。但是若一方为使者,则以其所代表主人的身份与对方相授受。

礼除堂上授受外,亦有在他处施行者。《士相见礼》:"主人揖,入门右,宾奉贽,入门左。主人再拜,受。宾再拜,送贽,出。"郑玄注:"右,就右也。左,就左也。受贽于庭,既拜送则出矣。不受贽于堂,下人君也。"① 此处双方身份为"士",授受在庭中。另亦有阶上授受者,如《士冠礼》宾西阶上降一等,执冠者升一等授受冠。

总的来说,堂上授受应为"授受礼"之最隆重者。而授受双方在堂上的位次,无不体现着尊卑秩序的差异。礼所以别尊卑,于此所见尤为明显。

二、授受礼的礼容

前揭郑悼公事,士贞伯讥其"视流而行速",章太炎据《贾子·容经》,认为"视流"即不端视,流而不端;"行速"即是不从容。② 杨伯峻亦认为郑悼公快步过谦,视流如水,不端正,东张西望。③ 郑悼公与晋景公行礼时,不仅所站位次有误,其礼容也不正。可见古人在行授受礼时,若违背礼容也可能遭到讥讽。

---

① 贾公彦:《仪礼注疏》卷7,第976页上。
② 章太炎:《春秋左传读》,上海人民出版社,1982年,第436页。
③ 杨伯峻:《春秋左传注》,中华书局,1990年,第826页。

二、授受礼的礼容

《左传·僖公十一年》载:

> 天王使召武公、内史过赐晋侯命,受玉惰。过归,告王曰:"晋侯其无后乎?王赐之命,而惰于受瑞,先自弃也已,何继之有?礼,国之干也;敬,礼之舆也。不敬,则礼不行;礼不行,则上下昏,何以长世?"①

《国语·周语上》所记与此类似,其言晋惠公"执玉卑,拜不稽首"。②"受玉惰"与"执玉卑,拜不稽首"意思相同。授受之际的礼容,郑玄在注《聘礼》时曰:"受授不游手,慎之也。"孔颖达疏:"游暇一手,不慎也。"③不游手意为不能单手授受,使另外一手"游暇"。杨宽以晋惠公受玉时执得很卑下,释"受玉惰",甚确。"授受游手"与"执玉卑下"俱为失礼行为。玉乃受命信物,晋惠公却对之不敬,内史过讥其"先自弃"也就不难理解。

晋惠公遭到的讥讽,与郑悼公如出一辙,均在授受玉器时礼容出现了问题。

古人在"执玉"时的礼容,杨宽先生已有精到的论述。④《仪礼·士相见礼》:"凡执币者不趋,容弥蹙以为仪。执玉者则唯舒武,举前曳踵。"郑玄注:"不趋,主慎也。以进而益恭为威仪耳。惟舒武者,重玉器,尤慎也。"⑤此等可见,在"授受"前的"执玉"阶段,正如杨宽先生所言,其身体的姿势、神色、脚步,都要郑重其事,战战兢兢,合乎一定的规矩。《左传·定公十五年》载邾隐公朝见鲁公时,两

---

① 孔颖达:《春秋左传正义》卷13,第1803页中。
② 徐元诰:《国语集解(修订本)》,中华书局,2002年,第31页。
③ 贾公彦:《仪礼注疏》卷20,第1051页下。
④ 杨宽:《"贽见礼"新探》,《西周史》,上海人民出版社,2003年,第81页。
⑤ 贾公彦:《仪礼注疏》卷7,第978页中。

公执玉的方式，亦被子贡作为预测两公命运的依据：

> 十五年春，邾隐公来朝。子贡观焉。邾子执玉高，其容仰。公受玉卑，其容俯。子贡曰："以礼观之，二君者，皆有死亡焉。夫礼，死生存亡之体也。将左右、周旋、进退、俯仰，于是乎取之；朝、祀、丧、戎，于是乎观之。今正月相朝，而皆不度，心已亡矣。嘉事不体，何以能久？高仰，骄也；卑俯，替也。骄近乱，替近疾。君为主，其先亡乎！"①

邾隐公、鲁定公相朝授受玉器时，邾隐公执玉太高，且容貌仰昂，子贡认为是骄傲的表现；而鲁定公执玉过低，容貌卑俯，认为是废惰有病的表露。过于仰昂或过于卑俯，均不合于礼仪，故子贡预测二君皆不能长久；且还认为因鲁公为主失礼，必先亡。

有意思的是，无论是郑悼公、晋惠公，还是邾隐公、鲁定公，在《左传》中均被预测所测中。因礼容预测施礼者的命运，足见其在春秋时期的重要性。但其所依以判断的根据，似可从以下两个方面予以讨论。

第一，春秋时期，礼仍然是判断社会行为与个人行为正确与否的准则之一。如《左传·隐公元年》"豫凶事，非礼也"，《左传·隐公五年》"公矢鱼于棠，非礼也"，《左传·隐公八年》"诬其祖矣，非礼也，何以能育"，《左传·桓公二年》"取郜大鼎于宋。戊申，纳于大庙，非礼也"，《左传·桓公十五年》"天王使家父来求车，非礼也。诸侯不贡车服，天子不私求财"，《左传·庄公十八年》"虢公、晋侯朝王。王飨醴，命之宥。皆赐玉五瑴，马三匹，非礼也。王命诸侯，名位不同，礼亦异数，不以礼假人"。诸如此类，不胜枚举。礼容作为古礼的重要组成部分，自然可以用来判断是否合礼的依据。

---

① 孔颖达：《春秋左传正义》卷56，第2152页上。

第二，礼容是施礼者内在性情的反映。《礼记·杂记下》："颜色称其情，戚容称其服。"① 即谓人的情感与外在礼制相称合。《周礼·地官·保氏》中把礼容分为六类，即祭祀之容、宾客之容、朝廷之容、丧纪之容、军旅之容、车马之容。郑司农对此六种仪容均有描述，如"祭祀之容，穆穆皇皇；宾客之容，严恪矜庄"等。② 彭林据郭店简的《性自命出》《成之闻之》《语丛》诸篇，结合传世文献，在"性、情与礼容"方面，也有精彩的论述。他认为"一定的礼，都要体现一定的情感，如冠礼之喜悦、祭礼之诚敬、丧礼之哀痛等，从而使中心之性外在化，使体态、容色、声音随之变化，舍此则不成为其礼"③。在"据情以制礼"的理论下，通过外在的失礼行为来推测施礼者内在性情的失序，再预测其命运，似不难理解。

三、授受礼的方式

《礼记·曲礼上》："授立不跪，授跪不立。"郑注："为烦尊者俯仰受之"。④《礼记·少仪》亦载："受立授立，不坐。"⑤ 授物于尊者时，尊者站立时，不跪着授；尊者跪坐时，不站立授。授受双方应保持同一的姿势。实际上"授受礼"中，授受双方的面向，接受物品的方式有多种。

1. 同面并授受

清儒凌廷堪曰："凡授受之礼，同面者谓之并授受。"⑥ 凌氏所言

---

① 孔颖达：《礼记正义》卷42，第1561页中。
② 孙诒让：《周礼正义》，中华书局，1987年，第1010页。
③ 彭林：《论郭店楚简中的礼容》，《郭店楚简国际学术研讨会学术论文集》，湖北人民出版社2000年，第138页。
④ 贾公彦：《仪礼注疏》卷2，第1239页上。
⑤ 孔颖达：《礼记正义》卷35，第1511页中。
⑥ 凌廷堪：《凌廷堪全集》，黄山书社，2009年，第60页。

甚是。同面并授受，包括两种，即同南面授受与同北面授受。

前引《仪礼·士昏礼》"授于楹间，南面"，郑注："授于楹间，明为合好，其节同也。南面，并授也。"此言使者与主人在堂上楹间，俱南面而授受。再如《仪礼·聘礼》："宾自碑内听命，升自西阶，自左南面受圭，退负右房而立。"郑注："听命于下，敬也。自左南面右大夫，且并受也。必并受者，若向君前耳。"① 此为主国国君使大夫还玉于聘宾的仪节。聘宾与大夫在堂上，俱南面，且聘宾在大夫之左而受圭。必为南面者，郑玄认为是"若向君前耳"，李如圭亦云"并受者，若在主国君前受也"②。《礼记·曲礼上》"向与客并，然后受"，郑注云"于堂上则俱南面，礼敌者并授"，③ 则在堂上时授受俱朝南，以南为尊。

堂下则同北面授受，此在文献中较为常见。《仪礼·聘礼》："宰执书，告备具于君，授使者。使者受书，授上介。"郑注："其受授皆北面。"④ 再如《聘礼》："使者受圭，同面，垂缫以受命。"郑玄注："同面者，宰就使者，北面并授之……凡授受者，授由其右，受由其左。"⑤ 聘宾受己国君书与圭的仪节，国君在负依处，宰与使者同北面授受。同样的例子《聘礼》中还见"士受马者，自前还牵者后，适其右，受。"郑玄注："适牵者之右而受之也。此亦并授者。"⑥ 宋儒李如圭曰：

> 马在庭，北面，西上。牵者各在其西，士受马者从东方来，由牵者之前绕其后，于人东马西受马。受不由其左者，欲牵者已授

---

① 贾公彦：《仪礼注疏》卷23，第1066页下。
② 李如圭：《仪礼集释》，景印文渊阁《四库全书》第103册，台湾"商务印书馆"，1986年，第249页。
③ 孔颖达：《礼记正义》卷2，第1244页上。
④ 贾公彦：《仪礼注疏》卷19，第1046页下。
⑤ 贾公彦：《仪礼注疏》卷19，第1047页中。
⑥ 贾公彦：《仪礼注疏》卷21，第1058页上。

马，右还而出，便也。①

此处亦是同北面授受马，但却非"授由其右，受由其左"的授受通例，即非授方在受方的右边，而是受方在授方的右边。因为方便授方（即牵马者）在授讫后右还（实左转）而出，属授受礼通例中的变例。

2. 讶授

讶，《尔雅》云"迎也"。《诗·召南·鹊巢》："之子于归，百两御之。"陆德明《经典释文》："御本亦作讶，又作迓。"② 言以百辆之车迎娶新妇。《周礼》有"掌讶""讶士"等官，贾公彦认为其职为掌迎宾客。凌廷堪云："凡授受之礼，相向者谓之讶授受。"③ 凌氏所言甚是，讶授即为迎面而相授受。

《仪礼·聘礼》"劳宾"节："劳者奉币入，东面致命。宾北面听命，还，少退，再拜稽首，受币。"郑玄注："北面听命，若君南面然。"④ 此时劳者奉主国君命来慰劳聘宾，虽主国国君不在，但聘宾仍得如君在之礼授受。李如圭曰："劳者授币当南面，卑北面讶受之。凡卑者讶受，敌者并受。"⑤ 授受双方地位同，则同面并相授受，若尊卑不同，则以讶授。李氏所言本自郑玄、贾公彦。但清儒凌廷堪对此稍有异议，其认为"授受之例，统观《礼经》全文，当云：'行礼于尊者之前则同面受；不于尊者之前，则讶相授受。'"中授受的方式，不是据授受当事人的身份，而是据授受时是否有尊者在场。凌氏此说实有不确之处，且自己已有疑惑：

---

① 李如圭：《仪礼集释》，景印文渊阁《四库全书》第103册，台湾"商务印书馆"，1986年，第232页。
② 孔颖达：《毛诗正义》卷1，第283页下。
③ 凌廷堪：《凌廷堪全集》，黄山书社，2009年，第62页。
④ 贾公彦：《仪礼注疏》卷19，第1049页中。
⑤ 李如圭：《仪礼集释》，景印文渊阁《四库全书》第103册，台湾"商务印书馆"，1986年，第218页。

惟《士昏礼》纳采，授雁"于楹间，南面"，注以为"并受"。此非行礼于尊者之前，而亦并受，则与此例不合。然《聘礼》傧归饔饩使者，宾面卿，经文皆云"受币于楹间，南面"，与《士昏礼》纳采同。而注又以为授者北面，受者南面，非并受。经同注异，窃疑《士昏礼》之注非也。盖郑贾之说以讶受为尊卑相受之法，并受为敌者相受法；敖氏之说则以讶受为行礼之事，并受为相礼之事。皆与经不合。今仍依郑氏注释之，而附鄙见于此，俟深于礼者择焉。①

凌氏因《仪礼》之《士昏礼》与《聘礼》经文俱言"受币于楹间，南面"，但郑注一言"并授"，一言"讶授"，故怀疑郑注有误。实际上，《士昏礼》的纳采，前已言使者仅为中介，真正行授受礼的为双方主人。双方主人地位相当，故同南面并授。《聘礼》此处郑注明言"尊君之使"，此处使者亦是君与聘宾的中介，实则乃是君归聘宾饔饩。郑注并非有误。"尊君之使"实乃尊君。君的地位高于聘宾故讶授。

3. 侧授

关于侧授的记载，《聘礼》所记最为明确。如"公侧授宰玉"，郑玄注："使藏之，授于序端。"再如"公侧授宰币，皮如入，右首而东""公升，侧受几于序端""宾降，出。公侧授宰币，马出"等，授受均在君与宰之间施行，且地点在序端。

君尊，授受之时多有相者赞助。《聘礼》"公侧袭，受玉于中堂与东楹之间"，郑玄注曰："侧犹独也。言独，见尊宾也。他日公有事，必有赞为之者。"② 据此郑注，此侧授为公无相之授，其目的在于尊宾。

---

① 凌廷堪：《凌廷堪全集》，黄山书社，2009年，第64页。
② 贾公彦：《仪礼注疏》卷20，第1054页下。

侧有独义，此在经文中常见。如《士冠礼》"侧尊一甒醴"，郑注："侧，犹特也。无偶曰侧。"① 此处侧，为一、特义。《仪礼》有《特牲馈食礼》篇，特牲即只用豕一种牲。君为尊重聘宾而亲历亲为，是可以理解的。

4. 不起身而相授受

前引《礼记》之《曲礼》与《少仪》两篇，均谓授受双方要么同立，要么同跪，无一立一跪者。但翻诸《仪礼》，也有例外之处。

《聘礼》："贾人西面坐，启椟，取圭垂缫，不起而授宰。"② 授受之礼一跪一立，是为不起而授受之例。此例还见于《仪礼·有司彻》中：

> 主妇自东房荐韭、菹、醢，坐奠于筵前，菹在西方。妇赞者执昌菹、醢以授主妇。主妇不兴，受……妇赞者执白、黑以授主妇。主妇不兴，受……兴，退。③

主妇与妇赞者之间的不起而授受之例，《有司彻》中多见。不过与《聘礼》贾人与上介间的授受还有稍微不同。后者是受方站立、授方跪坐，前者时授方站立、受方不兴。

上面已讨论的并受、讶授、侧受，授受双方均同时站立授受，与《礼记》所记相合，但此处何以有不起而授受之例？

郑玄在注《聘礼》时认为："授圭不起，贱不与为礼也。"贾人仅是"在官知物价者"，而上介乃大夫，两者地位过于悬殊，不宜相为抗礼。《有司彻》在"尸酢主妇"仪节有同为卑者"不起而授受"之例，

---

① 贾公彦：《仪礼注疏》卷2，第951页上。
② 贾公彦：《仪礼注疏》卷19，第1047页中。
③ 贾公彦：《仪礼注疏》卷49，第1207页下。

曰："妇人赞者执醴、篚以授妇赞者。妇赞者不兴，受。"① 《有司彻》为《少牢馈食礼》的下篇。《少牢馈食礼》为大夫礼，若妇从夫爵，妇赞者的地位低于主妇，为士一级或更低。妇人赞者，郑玄注以为是"宗妇之少者"，则地位亦不会为高。此妇人赞者与妇赞者的"不起而授受"，不仅是不能参与抗礼，更是无礼可言。"礼不下庶人"，或可释此例。地位过于悬殊的两人，不能分庭抗礼，反而没有了繁文缛节。

5. 不亲相授受

《礼记·坊记》"男女授受不亲"，郑玄注："不亲者，不以手相与也。"② 男女之间，不能亲相授受。《内则》又云："非祭非丧，不相授器。其相授，则女受以篚。其无篚，则皆坐奠之，而后取之。"③ 男女若要授受，必以篚为中介。若无篚则授方先奠放在地上，受的一方再取。不过除丧祭在例外之中。

关于男女授受不亲，讨论最为热烈者，见于《孟子·离娄上》：

> 淳于髡曰："男女授受不亲，礼与？"孟子曰："礼也。"曰："嫂溺，则援之以手乎？"曰："嫂溺不援，是豺狼也。男女授受不亲，礼也。嫂溺援之以手者，权也。"④

孟子用礼的经、权理论，破解礼制规定与人性人情的矛盾。礼经规定男女授受不亲，但是突发情况下，如嫂溺于水中，则要求权变，必须以手救之于危难之中，否则人与豺狼无异。在《仪礼》一书中，除了男女不相因袭爵外，不相授受的例子亦能见到。《仪礼·士昏礼》载"妇见舅姑"节：

---

① 贾公彦：《仪礼注疏》卷49，第1210页下。
② 孔颖达：《礼记正义》卷51，第1622页下。
③ 孔颖达：《礼记正义》卷27，第1462页下。
④ 孙奭：《孟子注疏》卷7，第2722页中。

三、授受礼的方式

> 妇执笲枣栗，自门入，升自西阶，进拜，奠于席。舅坐抚之，兴，答拜。妇还，又拜。降阶受笲腶修，升，进，北面拜，奠于席。姑坐，举以兴，拜，授人。①

妇见舅所执的枣栗，见姑所执的腶修，均是先奠于席上，舅姑方才或抚之、或举以兴。妇与舅姑没有亲相授受。此处妇与舅的授受，合乎男女授受不亲的原则。但妇与姑亦授受不亲，令人费解。

郑玄对舅、妇不亲相授受的解释是"舅尊不敢授"，对姑、妇不亲授受没有解释，似亦可以"姑尊不敢授"推之。姑尊稍低于舅，故仪节多于舅，先坐下再拿起腶修站起来，授于有司，而舅只坐下抚摸一下，再由宰撤走。李如圭云："姑举之，若亲受之。"② 正是此意。姑尊于妇，但又稍低于舅，所以只能是若亲受，而实未亲受。

因尊卑不同而不亲相授受，于《仪礼·觐礼》中亦有所见："侯氏入门右，坐奠圭，再拜稽首。王抚玉。"郑玄注："卑者见尊，奠挚而不授。"③ 诸侯觐见天子，授王以玉。但是诸侯并没有亲授王以玉，而是奠玉于地上，王也没有亲受，只是抚摸一下而已，与妇见舅礼同。由上可以看出，不相亲授受者，似有两种情况，一为性别差异，男女不相亲授；二为尊卑差异。却有一疑问，明言"男女授受不亲"者的《礼记》与《孟子》均为战国时期文献，"男女授受不亲"是否源于战国儒家的总结，在春秋或春秋以前，并无特别的强调？

《仪礼》中虽有男女不相因爵得规定，关于"不相亲授受"却既有舅妇式的不相亲授受，亦有姑妇式的不相亲授受，更有君臣式的不相亲授受，强调尊卑差异明显浓于性别差异。且我们发现，《诗经》中有大

---

① 贾公彦：《仪礼注疏》卷5，第967页下。
② 李如圭：《仪礼集释》，景印文渊阁《四库全书》第103册，台湾"商务印书馆"，1986年，第69页。
③ 贾公彦：《仪礼注疏》卷26，第1089页下。

量男女赠送礼物的记载，如《邶风·静女》："静女其娈，贻我以彤管。"① 在偏僻的城隅，男女约会相见，难以想象赠送彤管时，会男女授受不亲。再如《郑风·遵大路》："遵大路兮，掺执子之祛兮。……掺执子之手兮。"② 传统认为此是求贤之诗。朱熹却认为是"淫妇为人所弃，故于其去也，揽其袂而留之""亦是男女相悦之词也"。③ 若祛除伦理道德色彩，此诗或如葛兰言所云实乃男女情歌。④ 在执祛、执手之际，更不会有"男女授受不亲"之事。

从上述讨论可以得出，男女间的授受不亲，在战国时期得到儒家的特别提倡，因而闻名于史籍。春秋前的不相亲授受者，似更强调尊卑。到后世过度强调男女之大防，性别因素才得到突出的强调。

余论：授受礼与尊卑观念

尊卑观念是中国古人的重要思想观念，主要表现有天尊地卑、父尊子卑、君尊臣卑、男尊女卑等；在方位上，有尚右、尚左、尚东、尚西；个人地位上，有尚德、尚爵、尚齿。观念必通过制度、礼仪来表现。可以说，尊卑观念是古礼的核心观念之一。"授受礼"实在人与人之间的交接、周旋中，把尊与卑展露无遗。

前文讨论的堂上"授受礼"，就谈到授受双方在堂上的位次全依其身份而定，若尊卑同就授受于两楹间；若授方为客，受方为主，授方卑于受方，就授受于东楹之西，靠近受方主人处。堂上尊者位移小，卑者位移大，以卑者就尊者为礼。礼体现着尊卑，郑悼公过于自卑，越过其应站位次，又神态游移，不合尊卑法度。邾隐公与鲁定公执玉姿势不

---

① 孔颖达：《毛诗正义》卷2，第310页中。
② 孔颖达：《毛诗正义》卷4，第340页中。
③ 朱熹：《诗集传》，中华书局，1958年，第51页。
④ 葛兰言：《古代中国的节庆与歌谣》，广西师范大学出版社，2005年，第51页。

中，容貌不是过于傲慢就是过于卑俯，更是违礼行为。

"授受礼"中体现尊卑最为明显者，实乃授受的方式。授受的方式，有同面并授受、讶授、侧授、不起而相授受与不亲相授受等五种。地位尊同者则同面并授，南面或者北面仅据堂上、堂下而定。后四种，均是尊卑不同者之间的授受，其间的不同，又以地位悬殊程度而定。相差不大则讶授；若一方地位低到是庶人，双方不以抗礼，则不起而相授受；侧授用于君与宰之间；不相亲授受，用在君臣之间，或在男女之间。总之，无论"授受礼"举行时所站位次，还是施礼者的容态，抑或授受的方式，均是古人尊卑观念体现。周人以"尊尊"纲纪天下，制定礼仪。

孺慕之孝：上古中国礼俗中的"亲前不称老"与代际交替

古代中国，"孝"既是求仁的前提，也是为政的基础。学界研究"孝"，着力点也主要集中在这两个方面。一是孝道研究，阐述仁思想时，寻找其孝的情感、思想根源；二是孝治研究，阐述"移孝作忠"时，寻找国政治理的伦理基础。① 除孝道、孝治外，礼俗中尚存有一种别样的孺慕之孝。《礼记·曲礼上》载为人子之礼，"恒言不称老"，郑玄注之以"广敬"，孔颖达疏之以"孝子卑退之情"。② 类似内容，同见于《礼记·坊记》。检视典籍，"不称老"所揭示的"别样之孝"，促使一种"老男孩"或"成年男孩"的诞生。③ 年事已高的老人为侍奉双亲，在言行举止、衣着外貌等方面，似又回到幼童时代。生理年龄

---

① 徐复观：《中国孝道思想的形成、演变及其在历史中的诸问题》，《中国思想史论集》，上海书店出版，2004年，第136页；刘家和：《儒家孝道与家庭伦理的社会化》，《史学、经学与思想》，北京师范大学出版社，2005年，第317~334页；肖群忠：《孝与中国文化》，人民出版社，2001年；吴凡明：《从人伦秩序到法律秩序：孝道与汉代法治研究》，吉林人民出版社，2008年；黄婉峰：《汉代孝子图与孝道观念》，中华书局，2012年；杨华：《春秋战国时期"宗统"与"君统"的斗争——兼论我国古代忠孝关系的三个阶段》，《学术月刊》1997年第5期，第91~97页。

② 孔颖达：《礼记正义》卷1，第1233页下。

③ 巫鸿：《"私爱"与"公义"——汉代画像中的儿童图像》，《礼仪中的美术：巫鸿中国古代美术史文编》，郑岩等译，生活·读书·新知三联书店，2005年，第238页。

上的"老",与言行举止上的"幼",构成了戏剧性冲突。

为人子者无论称老不称老,双亲必将老或已然老,甚至死亡,这是难以改变的事实。孝子极力"扮作"婴幼,以反衬父母的"永远年轻",于父子代际交替时的幽微心理,有待检讨。因此本章主要讨论三个问题。第一,"永远的幼儿",双亲在时,孝子无关年龄,在言语、举止、情感等方面永作幼儿。第二,"沉郁的婴啼",双亲殁后,孝子追思难再,行丧祭之礼也要效仿婴幼之态。第三,"无声的交替",基于前两点的讨论及代际交替礼仪,揭示父逝后的孝子接班心理状态。

一、"永远的幼儿"

《礼记·坊记》:"父母在,不称老。言孝不言慈。闺门之内,戏而不叹。"郑注:"戏,谓孺子言笑者也。叹,谓有忧戚之声也。"①生动指出与父母同住,为避免称老而暗示双亲更老的状况出现。孝子言笑应效孺子,即通过承认自己的年幼,以暗示父母的年轻。换言之,子女孝于双亲,要使自己呈现出永远的年幼状态。其中最为著名的例子是老莱子。

老莱子见于《史记·老子韩非列传》,属与孔子同时代楚人。《汉书·艺文志》著录《老莱子十六篇》,现已亡佚。老莱子故事,被后人纳入"二十四孝"故事系列。② 东汉赵岐注《孟子》谈道:"大孝之人,终身慕父母,若老莱子七十而慕,衣五采之衣,为婴儿匍匐于父母前也。"③ 冠礼加新服之前,被冠者所穿为彩衣,是童子之服。《仪礼·士冠礼》"将冠者采衣",郑注"采衣,未冠者所服",贾公彦疏:

---

① 孔颖达:《礼记正义》卷51,第1620页中。
② 叶涛:《二十四孝初探》,《山东大学学报(哲社版)》1996年第1期,第28~33页。
③ 焦循:《孟子正义》,中华书局,1987年,第616页。

"童子尚华饰。"①老莱子年至七十而穿五色彩衣,效仿婴儿匍匐于父母面前以娱乐双亲,一个老年幼儿的形象,呼之欲出。

随着时代的变迁,老莱子故事呈现出更加丰富的内容。东汉时,老莱子孝行故事已流行至整个社会。山东嘉祥武梁祠画像石中就有老莱子"戏彩娱亲"的画面,题榜曰:"老莱子,楚人也。事亲至孝,衣服斑连,令亲有欢。君子嘉之,孝莫大焉。"孙奭《孟子疏》引《高士传》云:

> 老莱子,楚人,少以孝行养亲,极甘脆,年七十,父母犹存。莱子服荆兰之衣,为婴儿戏,亲前言不称老,为亲取食,上堂足跌而偃,因为婴儿啼,诚至发中。②

相对于赵岐的注,孙奭所引《高士传》为老莱子"效婴儿匍匐在父母前",提供了具体的情景,即老莱子为父母送食上堂而跌卧在地,顺势发出婴儿般的哭声。七十岁老人上堂跌倒本属自然,但跌于父母跟前,无形之中却提出一个颇具尴尬的问题:儿子已老,父母岂不是更老?父母心中的压力,老莱子以婴儿般的哭声来缓解,即告诉父母自己还"年幼"。老莱子的用心良苦,令人不得不发出"诚至发中"的感叹。《太平御览》卷413引南朝师觉授编《孝子传》曰:

> 老莱子者,楚人。行年七十,父母俱存。至孝蒸蒸,常着班斓之衣,为亲取饮。上堂脚跌,恐伤父母之心,因僵仆为婴儿啼。孔子曰:"父母老,常言不称老,为其伤老也。"若老莱子者,可谓不失孺子之心矣。③

---

① 贾公彦:《仪礼注疏》卷2,第951页下。
② 孙奭:《孟子注疏》卷9,第2734页中。
③ 李昉编:《太平御览》,河北教育出版社,1994年,第446页。

敦煌本《孝子传》也载老莱子"恐伤其母。衣五彩之服，示为童子，以悦母情，至于母前为儿童之戏，或眠伏，或眠与母。益养，脚趺仆地，作婴儿啼"。① 《孝子传》所提"伤老""恐伤父母之心"，已鲜明揭示老莱子的行为动机。"不失孺子之心"或"示为童子"是其孝行能够广受称赞的根本条件。故事发展到唐代，又有进一步的发展。《艺文类聚》卷20《人部四·孝》及《初学记》均提到老莱子"弄雏鸟于亲侧"。② 至于元人编《二十四孝诗选》，则以诗歌形式把老莱子的事迹作了最形象的描述："戏舞学娇痴，春风动彩衣。双亲开口笑，喜色满庭闱。"③ 老莱子通过穿彩衣、跌倒、婴啼、与母眠、弄雏鸟、儿童之戏等只有婴幼儿才会有的行为举止，竭力规避自己已老而父母更老的事实，以表达对父母的孝心，使年老不堪的父母忘记暂时的忧愁，再回到戏逗婴幼莱子的年轻往岁，祥和喜气充满堂庭。时代愈靠后，老莱子"幼儿"身份愈加明显。入宋后老莱子由意外的跌倒变作"诈跌仆"，④ 传入日本的《孝子传》则变成九十岁的老莱子"乘竹马游庭"，⑤ 小儿式的"滑稽"被表现得更加淋漓尽致。

东汉太傅胡广也是一个"老年幼儿"。胡广"年已八十，而心力克壮。继母在堂，朝夕瞻省，旁无几杖，言不称老"⑥。史籍对"心力克壮"的特加强调，预示胡广待继母虽自己年已八十而但仍"年轻有为"，所以能够不用几杖、不称老、早晚省问安好，俨然一个东汉版老莱子的故事。

但父母年老已至的事实有时不得不说。《说苑·建本》载有孝子伯

---

① 潘重规：《敦煌变文集新书》，文津出版社，1994年，第1259页。
② 徐坚等：《初学记》卷17《孝部》，中华书局，1962年，第419页。
③ 郭居敬：《新刊全相二十四孝诗选》，明初刻本。
④ 司马光：《温公家范》卷四，景印文渊阁《四库全书》第696册，台湾"商务印书馆"，1986年，第678页上。
⑤ ［日］下见隆雄：《略论〈老莱子孝行〉故事中孝的真意》，李寅生译，《贵州文史论丛》2000年第2期，第7~13页。
⑥ 范晔：《后汉书》卷44《胡广传》，第1510页。

俞的故事：

> 伯俞有过，其母笞，泣。其母曰："他日笞子，未尝见泣，今泣，何也？"对曰："他日俞得罪，笞尝痛，今母之力衰，不能使痛，是以泣也。"①

伯俞以泣来表示对母亲年事已高的哀痛，也见孝子对母亲永葆年轻的强烈渴望。表面上看，伯俞母子故事与《坊记》所载"戏而不叹"、老莱子彩衣娱亲均存在矛盾。日本学者下见隆雄甚至认为，这是"二十四孝"把伯俞故事排除在外的缘由。②众多画像石描述伯俞如孺子般躬身作揖于母前，而其母亲袖手而坐，③百岁老人本该有的衰老显然被隐讳。伯俞的"泣"虽未被言说为婴儿声，但百岁老人笞打七十岁老人的故事情节，也未见于图画。画像石表现的并非年龄的真实，而是通过流传已久的故事文本和简单的图画艺术，表明古人对孝道的遵从与推扬。曹植《灵芝篇》把"彩衣娱亲"与"慈母笞不痛"同归之为年逾七十的伯俞，或属误读，另一方面也可见两者本质上的类似。④伯俞故事与老莱子故事，用一悲一喜的方式讲述的是同一个与年龄无关的孝子故事。在孝亲问题上，年龄被完全忽略。

《青州故主簿张君墓志铭》载："况乃色养有婴儿之声，风摇怀孺子之慕，略由天性，通彼神明而已。"⑤宋初大儒胡瑗弟子徐积幼孤，

---

① 向宗鲁：《说苑校注》，中华书局，1907年，第62页。
② ［日］下见隆雄：《略论〈老莱子孝行〉故事中孝的真意》，李寅生译，《贵州文史论丛》2000年第2期，第13页。
③ 黄婉峰：《汉代孝子图与孝道观念》，中华书局，2012年，第194页。
④ 曹植：《曹子建诗注》，黄节注，人民文学出版社，1957年，第113页。
⑤ 刘华国、姜建成：《山东青州新出隋张崇训墓志》，《文物》2015年第2期，第71~73页。

养母至孝,"日具太夫人所嗜,皆手自调味,为儿嬉或讴歌,以悦之"①。可见到宋代,效婴幼作"儿嬉"以悦母,尚是孝子的一大特点,且受到鼓励。

亲在,为人子者使自己在行为与心理上,处于类似婴幼状态,或是成为孝子必不可少的条件。《礼记·内则》:"凡父母在,子虽老,不坐。"②《礼记·曲礼上》:"夫为人子者,三赐不及车马。故州闾乡党称其孝也。……恒言不称老。"三赐即三命,爵至公侯之卿,地位已无可复加。郑玄注:"车马而身所以尊者备矣。卿大夫士之子不受,不敢以成尊比逾于父。天子诸侯之子不受,自卑远于君。"③公卿之子虽爵可至公卿,但不得受象征公卿身份的车驾,即虽尊而不能成尊以与父并驾齐驱,甚至超过其父。孝子于父前必须要表现出如孔颖达所言的"卑退之情",才称其为孝。此处所讲虽是己尊与父尊的问题,但与己老和父老,却有异曲同工之妙。所谓"君子有终身之忧"以念双亲,何敢有老之称?

孔子被围困于匡地,颜回落后,夫子以为颜回已死。颜回答:"子在,回何敢死?"④ 事师如事父,师在弟子不敢言死,清代刘宝楠以《礼记·曲礼上》"父母在,不许友以死"比附,可见两者之间的关系。⑤ 父母在,子老子死,均属避讳规免之事。再如《礼记·曲礼上》"为人子者,父母存,冠衣不纯素",郑注:"为其有丧象也。"⑥丧事穿素,父母尚在则穿部分彩以示区别。这与"孤子当室,冠衣不纯采",形成鲜明对照。若父母已逝,孝子虽为童子但已继承父祖之位,则不能穿纯彩衣。穿彩衣是童子尚华饰的孑遗,年长而穿彩即保留了

---

① 黄宗羲:《宋元学案》卷1《安定学案》,《黄宗羲全集》第3册,浙江古籍出版社,1986年,第74页。
② 孔颖达:《礼记正义》卷28,第1467页下。
③ 孔颖达:《礼记正义》卷1,第1233页下。
④ 邢昺:《论语注疏》卷11,第2500页上。
⑤ 刘宝楠:《论语正义》,中华书局,1990年,第462页。
⑥ 孔颖达:《礼记正义》卷1,第1234页上。

"幼"的身份。老莱子七十高龄而彩衣斑斓，是遵循礼制而极端化的结果。礼制上的幼与长，与生理年龄未有必然的对应关系。《礼记·杂记上》记载君父死，讣告他国之时不称"卒"或"薨"而称"不禄"，郑玄以为"谦也"，孔颖达疏则曰："言臣子于君父，虽有考终眉寿，犹若其短折然。……'卒'是寿终矣，期无哀惜之心，非臣子之辞。"① 君父即使已经逝世，臣子尚且不忍正视其实际年龄，忽略"年老必死"的自然规律，何况君父尚在世乎！

与穿彩类似，为人子者存髦也是"示幼"的例证。《仪礼·既夕》："既殡，主人脱髦。"郑玄注：

> 儿生三月，翦发为鬌，男角女羁。否则男左女右，长大犹为饰存之，谓之髦。所以顺父母幼小之心。至此尸柩不见，丧无饰，可以去之。②

髦的形制，郑玄云不知。《诗·鄘风·柏舟》："髧彼两髦，实维我仪。"毛传："髦者，发至眉，子事父母之饰。"③《礼记·丧大记》"主人袒，说髦"下，孔颖达疏："髦，幼时剪发为之，至年长则垂着两边，明人子事亲恒有孺子之义也。若父死说左髦，母死说右髦。二亲并死则并说之。"④ 诸侯礼，小殓即脱髦。士礼，稍迟至殡礼才脱髦。《礼记·内则》："子事父母……縰、拂髦。"⑤ 可见所谓"髦"者，实乃人出生时所具毛发——直接来自父母之身，与父母血脉一体，至生三月剪发之时修成左右两条羁或角之状，且一直留存至父母逝世而行小殓

---

① 孔颖达：《礼记正义》卷40，第1549页下~1550页上。
② 贾公彦：《仪礼注疏》卷41，第1161页中。
③ 孔颖达：《毛诗正义》卷3，第312页下。
④ 孔颖达：《礼记正义》卷44，第1573页下。
⑤ 孔颖达：《礼记正义》卷27，第1461页上。

或殡礼之时。《礼记·玉藻》"亲没不髦",郑注"去为子之饰",① 正此之谓也。双亲并死,孝子不再事亲,即"去为子之饰"的髦。总之,髦是年幼的孑遗,是人子与双亲血肉相连的象征。亲在则存,亲殁则去,已暗示为人子者必以"年幼"示人,做到"顺父母幼小之心",表达"事亲恒有孺子之义"。可以说尽父母一生,孝子无论年长年幼,在礼制上都是"永远的幼儿"。

二、"沉郁的婴啼"

为人子者,双亲在是"永远的幼儿",双亲殁则脱髦穿素,是否意味着立即"长大成人"?

事情并非如此简单。古人相信人与宇宙的运行相依相存,喜怒哀乐情感的转移与春夏秋冬季节的嬗替一样,是一个缓慢进展的过程。孔子谈到"三年无改于父之道,可谓孝矣",父死三年,孝子仍然生活在父亲的笼荫之下,为人子的身份在礼制上并未彻底摈除。所以在亲殁之后的行丧葬祭祀礼阶段,为人子者的"脱幼"也需要一个过程。在这方面表现最为突出的有两点:一是哭仪,二是称谓。

曾申问曾子为人子者哭父母是否有固定之声,曾子答道:"中路婴儿失其父母,何常声之有?"曾子把孝子哭父母等同于迷路婴儿寻找父母,情至而恸,并无固定的声音规定。郑玄注:"言其若小儿亡母之啼号,安得常声乎?"②成人刚丧父母,哭声如婴儿已暗示礼制意义上孝子尚未真正"脱幼"。不过虽无常声,并不意味孝子哭亲可随意为之。《仪礼·既夕》:"主人啼,兄弟哭。"③主人即作丧主的孝子,血缘最亲,情感也明显浓烈于关系较为疏远的兄弟,故其哭为啼。《礼记·丧

---

① 孔颖达:《礼记正义》卷29,第1477页上。
② 孔颖达:《礼记正义》卷42,第1563页下。
③ 贾公彦:《仪礼注疏》卷40,第1158页上。

大记》:"主人啼,兄弟哭,妇人哭踊。"踊以节哀,情感有节奏,表明哀痛低于啼哭。郑玄注:"悲哀有深浅也。若婴儿中路失母,能勿啼乎?"孔颖达疏:"亲始死,孝子哀痛呜咽,不能哭,如婴儿失母,故啼也。"①《礼记·檀弓上》云孝子送丧下葬的心情是"其往也如慕",郑玄也注之云"慕谓小儿随父母啼呼"。② 父母入葬,永世不见,孝子哭之如婴孩失母,很好理解。

啼者,即《孝子传》所载老莱子"僵仆为婴儿之啼"也。典籍中婴儿的哭声多作"啼",如《吕氏春秋·察今》"见人方引婴儿而欲投之江中,婴儿啼"③。《说文·口部》"啼"作"嗁",段玉裁注:"痛在内,哀形于外,此嗁与哭之别也。"④ 婴儿失母,声音呜咽,表面哀容虽可能不明显,内心却痛至极点。《孝经·丧亲章》:"孝子之丧亲也,哭不哀,礼无容,言不文。"唐玄宗注:"气竭而息,声不委曲。"邢昺疏:"言孝子之丧亲也,哭以气竭而止,不有余哀之声。"⑤ 宋代李如圭曰:"主人啼者,发声则气绝而息,若往而不返也。"⑥ 啼哭似气绝,音量可能不是很大。孝子啼时哀容与伤痛已至极点,且沉郁于内心不得发畅,使哭声低沉绵长若断绝。清儒俞正燮云"哭于礼为哀之文",⑦ 内心哀痛过甚,外在的仪文反而不是很重要。杜佑《通典》卷140《哭节》亦载:"凡哭,斩衰若往而不返,齐衰若往而返,大功三曲而哀,小功、缌麻哀容可。"⑧ 哭声与亲疏血缘存在对应关系,情感

---

① 孔颖达:《礼记正义》卷44,第1572页下。
② 孔颖达:《礼记正义》卷7,第1283页中。
③ 许维遹:《吕氏春秋集释》,中华书局,2009年,第393页。
④ 段玉裁:《说文解字注》,上海古籍出版社,1988年,第61页上。
⑤ 邢昺,《孝经注疏》卷9,金良年整理本,上海古籍出版社,2009年,第85页。
⑥ 李如圭:《仪礼集释》,景印文渊阁《四库全书》第103册,台湾"商务印书馆",1986年,第415页下。
⑦ 俞正燮:《哭为礼仪说》,《俞正燮全集》第1册《癸巳类稿》卷13,黄山书社,2005年,第645页。
⑧ 杜佑:《通典》,中华书局,1988年,第3577页。

最深者效婴儿啼,稍浅者则哭有常声,至于来归而无血缘关系的妇人更是通过踊以纹饰、节制哀情。① 服丧者斩衰、齐衰、大功以至小功、缌麻,行丧之人随着亲疏关系的递减,哭仪由沉郁变为顺畅,最后仅具哀容,不必有哭声,内心的哀痛已舒缓。

"啼"与"哭"对文则异,散文可通。《礼记·丧大记》:"凡哭尸于室者,主人二手承衾而哭。"郑玄注:"承衾哭者,哀慕欲攀援。"② 孝子手奉盖尸之衾被而哭,完全是一副婴幼儿失去父母时表现出情感与动作:"慕"者如舜五十而慕,老莱子七十而慕也;"攀援"者,如《礼记·曲礼上》"童子……长者与之提携,则两手奉长者之手。负、剑,辟咡诏之,则掩口而对"③。童子与长者为礼,长者牵,则双手握长者之手,长者背或斜抱,与之谈话,则应倾者头掩住嘴回答,亲昵之态非常明显。欲攀援至逝世之亲身上,孝子似又"返回"至年幼时代。《礼记·问丧》:"亲始死,鸡斯徒跣,扱上衽,交手哭。"④ 鸡斯者,笄纚也。亲始死,先去冠脱屦,再去笄纚,仅留括发。这一系列动作,完全是逆冠礼而行。以去掉冠礼加诸人表示成年的礼义,进一步暗示因亲逝世沉痛的突然降临,促使孝子在礼仪与情感上均"返老还童"。身无礼仪纹饰,双手抚心而哭,完全是反文就质、反末就本。《礼记·礼器》:"礼也者,反本修古,不忘其初者也。"孔颖达疏:"反本,谓反其本性。"⑤《史记·屈原贾生列传》:"父母者,人之本也。人穷则反本,故……疾痛惨怛,未尝不呼父母也。"⑥ 唐长孺曾据哭仪的不同,

---

① 孝子之能踊,在始自"君使人吊",在自之前所行各礼,哭随悲而发,不加节制,无有数量的规定。自从君使人来吊唁之后,丧主才开始遵从君命,遵照礼制以节哀顺变。见杨华:《辟踊礼综考》,《新出简帛与礼制研究》,台湾古籍出版有限公司,2007年,第261页。
② 孔颖达:《礼记正义》卷44,第1573页上。
③ 孔颖达:《礼记正义》卷1,第1234页中。
④ 孔颖达:《礼记正义》卷56,第1656页中。
⑤ 孔颖达:《礼记正义》卷24,第1439页下。
⑥ 司马迁:《史记》卷84《屈原贾生列传》,第2482页。

推测南北朝时南北双方学风的差异。哭仪事小，实关乎学术风俗之大。① 比如《颜氏家训·风操》："江南丧哭，时有哀诉之言耳；山东重丧，则唯呼苍天。期功以下，则唯呼痛深，便是号而不哭。"② 可见其时北朝可能延续更古之风。父母为人本所在，孝子处丧亲之时，情感与动作突然返回至"慕父母"婴幼状态，合符常情。

无论是"主人啼"还是"哭尸于室"，均在小殓或殡礼之前。某种意义上，孝子对亲的逝世，尚未完全接受。《礼记·丧大记》载亲始死，孝子去掉床，让亡亲躺在地上，接受地气而复生，郑玄解释道："人始生在地，庶其生气反。"这是孝子挽救亡亲生命的第一步。第二步是行复礼。《丧大记》："唯哭先复。复而后行死事。"郑玄注："气绝则哭，哭而复，复而不苏，可以为死事。"③ 很明显，复与死事存在先后关系。复礼是治病术，目的在祈望死者复生。④ 孝子内心深处尚未接受亲人死亡的事实，只有在复礼失败后，才不得已承认现实而开始行丧礼。《礼记·问丧》："孝子亲死，悲哀志懑，故匍匐而哭之，若将复生然。"⑤ 正因孝子内心尚期望亲人复生而返回，故其匍匐啼哭如中路婴儿失母。

孝子在丧期之内或者祭祀之时，面对先祖双亲，无论成年与否，均要以"年幼"的面貌出现。这与双亲在时，不称老不拄杖，并无两样。不过也应看到，丧期三年，孝子有一个逐渐"脱幼"的过程。换言之，随着丧事的逐渐由凶转吉，孝子的哭仪也在随时变化。《仪礼·士丧礼》与《既夕》《士虞礼》对此过程有详细的记载：如亲始死时"主人啼"；复礼后有人来吊唁，则"主人哭拜，稽颡，成踊"，可用"踊"

---

① 唐长孺：《读〈抱朴子〉推论南北学风的异同》，《魏晋南北朝史论丛》，中华书局，2009年，第345页。
② 王利器：《颜氏家训集解（增补本）》，中华书局，1993年，第95页。
③ 孔颖达：《礼记正义》卷44，第1572页中。
④ 李志刚：《中国上古礼制中衣服所具功能与灵魂附归问题》，《古代文明》2014年第4期，第25～86页。
⑤ 孔颖达：《礼记正义》卷56，第1656页下。

二、"沉郁的婴啼"

节哀；奠后"乃代哭",防止孝子哭哀过甚伤身,甚至可用人轮流代替孝子哭；行殡礼前孝子哀至则哭,无明确时间；殡礼后孝子"朝夕哭,不辟子卯",哭的时间只规定在朝夕；至于在葬后行完虞祭,终于可行"卒哭"礼,停止朝夕哭。由此可见,哭仪随着丧事的进展,伴随的是哀痛逐渐的纾解①,若不随礼仪而变,必受讥评②。

亲逝不久,孝子在称谓上同样保持"年幼色彩"。《春秋·僖公九年》,宋桓公死而未葬,宋襄公会盟诸侯,经文称其为"宋子"。《左传》释道:"凡在丧,王曰小童,公侯曰子。"杜预注:"在丧,未葬也。小童者,童蒙幼稚之称。子者,继父之辞。"③ 有称子者则必有为父者。丧期内自天子至公侯,均以未成年之子称自己。宋襄公被称为"宋子",表明丧期之内,襄公虽已即位为王,但礼制上仍处于桓公的笼荫之下,仍有"为人子之道"。同年冬天,晋国大臣杀了已嗣位的奚齐,《春秋》载"晋里克杀其君之子奚齐",奚齐虽受命即位,但晋献公未葬,奚齐未能最终成为君,故经文称其为"君之子",同样可见丧期之内即位者还有为子之道。新君虽嗣位,若未过旧君丧期,同样不能为君。由"父子"而"君臣",父子间完成承班继位并不意味君臣间的承班继位也同时完成。这由《春秋》"未成君卒"的子般、子赤、子野虽已即位,但丧期内因政治动乱而被弑,犹称子可供证明。未能最终成为君,就只能回归到子的身份。《礼记·杂记上》:"君薨,太子号称子,待犹君也。"郑注:"谓未逾年也。虽称子,与诸侯朝会如君矣。"④ 君父逝世尚未满年,虽然朝会时已是完全的君主,但仍然以子自称,未忍剧弃其父。所谓"犹君",实际上拥有了君主的权力,名分

---

① 《礼记·檀弓上》:"始死,充充如有穷;既殡,瞿瞿如有求而弗得;既葬,皇皇如有望而弗至。练而慨然,祥而廓然。"

② 《礼记·檀弓上》:"伯鱼之母死,期而犹哭。夫子闻之,曰:'谁与哭者?'门人曰:'鲤也。'夫子曰:'嘻!其甚也。'伯鱼闻之,遂除之。"

③ 杜预:《春秋经传集解》,上海古籍出版社,1997年,第268页。

④ 孔颖达:《礼记正义》卷40,第1552页中。

与内在情感上尚有待时日。《公羊传》："君存称世子，君薨称子某，既葬称子，逾年称公。"①君父逝世满一年后，才能自称为公，礼制上完成代际交替。

与"小童"类似，天子服丧或祭祀尚有"冲人""冲子""小子"之称。《尚书·盘庚下》："肆予冲人，非废厥谋。"伪孔传："冲，童。童人，谦也。"孔颖达疏："冲、童音相近，皆是幼小之名。子称童人，言己幼小无知，故为谦也。"②学者认为殷商时，上帝既是至上神，又是祖先宗神，帝与祖先神具有血缘关系。③盘庚祭祷上帝自称"冲人"，以年幼之道事上帝，犹如子在亲前不称老。《论语·尧曰》载商汤祭祷"皇皇后帝"，自称"予小子履"，表现出明显的为天之子者的"卑退之情"。《尚书·金縢》："唯予冲人弗及知。"④成王自谦为"冲人"，以自己的年幼无知来"衬托"周公的忠勤。《礼记·曲礼下》："天子未除丧曰予小子。"这与《尚书·顾命》康王即位时自称"眇眇予末小子"，也能相印。《诗·周颂·闵予小子》："闵予小子，遭家不造"，毛传："成王除武王之丧，将始即政，朝于庙也。"⑤成王朝庙祭祖，犹亲在面见问安，自称"小子"也与"亲前不称老"同理。至于《尚书·金縢》记载周公祭祷也自称"予小子"，可见周公践阼摄政用了天子自称。

为人子者地位虽高如天子，丧期之内都得以小童、小子等自称，直到丧期的结束，才能最终摆脱"年幼"，恢复常态；但只要参与祭祀，

---

① 徐彦：《春秋公羊传注疏》卷9，第2243页上。
② 孔颖达：《尚书正义》卷9，第172页上。
③ 郭沫若：《先秦天道观的进展》，《青铜时代》，中国人民大学出版社，2005年，第7页；侯外庐：《我对中国社会史的研究》，《历史研究》1984年第1期；裘锡圭：《关于商代的宗族组织与贵族和平民两个阶级的初步研究》，《古代文史研究新探》，江苏古籍出版社，1992年，第298~300页；王晖：《商周文化比较研究》，人民出版社，2000年，第20页。
④ 孔颖达：《尚书正义》卷13，第197页中。
⑤ 孔颖达：《毛诗正义》卷19，第598页上。

再次面对先祖或上帝,还得表现谦卑幼弱之态。卑弱的幼称与沉郁的婴啼一道,说明了为人子者在亲殁丧期内,因追慕双亲的情感尚在,还保留了"不称老"的礼俗。

三、"无声的交替"

家国之内,礼俗规定为人子者示幼于双亲、不称老,有让"年轻"父亲眉寿无疆而"长久在位"的心理存焉。但现实中,"眉寿无疆"是不可能的。亲逝后,孝子必须面对代际交替问题。在此幽微之际,为人子者"示幼"之心真诚与否,对权力的交接,定会造成影响。杨华先生通过对"三年之丧"的研究,指出商周礼制中三年丧期是新旧君主在权力交接期,新君为控制政局而采取的策略。新君一方面以丧主的身份主持丧仪,显示继嗣地位;同时又大行帝王之术,表面谅闇不言,委政于冢宰,实际却操纵政局,一旦时机成熟,便君临万方。① 杨先生从权力交接的角度思考"谅闇不言",非常具有启发性,前述奚齐、子般、子野故事,已证明丧礼与权力的合法性密切相关。

亲在不称老,亲死主人啼,以至三年谅闇,孝子内心自有"诚至发中"的感情存在。即孝子虽在丧期内有个"脱幼"过程,以实现父子之间的代际交替,但礼制上的脱幼未能完全脱离情感上对父母的依恋。孝子的依恋之情,需要更长的时间来平复。易言之,贤圣制礼作乐之初,非凭空创造,实根基于人的自然性情。

《孟子·尽心上》:"孩提之童,无不知爱其亲。"② 年幼之人思慕父母、爱其双亲,在孟子看来是不学而能、不虑而知的良知与良能。孝子于亲前不称老,也因其依恋父母的童心未有改变。《孟子·万章上》

---

① 杨华:《"谅闇不言"与君权交替——关于"三年之丧"的一个新视角》,《古礼新研》,商务印书馆,2012年,第57页。

② 孙奭:《孟子注疏》卷13,第2765页下。

亦曰："人少则慕父母……大孝终身慕父母，五十而慕者，予于大舜见之矣。"① 舜虽有瞽父、妒母、恶兄，因具有一颗孺子之心，故年至五十仍思慕不改，"诚至发中"而使大孝流行于世。老莱子、胡广、伯俞等的别样之孝并非仅是外在行为，而是根基于浓烈的婴幼儿依恋父母之情。舜与老莱子一样，因孝亲而成了一个"年老的幼儿"。

《仪礼·既夕礼》："非丧事不言。"孝子为丧主，除与丧事有关的事情外，不应多有言语。郑玄注："不忘所以为亲。"亲方逝，孝子若多言，则有忘亲之嫌。"不言"是孝子内心追慕父母的外在礼制反映。《论语·阳货》载孔子与弟子宰我讨论"三年之丧"，孔子对宰我认为三年之丧太久，很是不满。

予之不仁也。子生三年，然后免于父母之怀。夫三年之丧，天下之通丧也。予也有三年之爱于其父母乎？②

在孔子看来，行三年之丧与否，在于自己内心是否"安"。而之所以要行三年之丧，更在于自己刚生之婴幼时期，父母抱之三年，父母逝世，孝子理应服丧三年以报答这伟大的恩德。"三年之丧"是有深切的情感与事实基础的。所谓"爱于其父母"，难道不是婴幼儿慕其父母吗？亲逝之时，啼哭如婴儿，自称小童、小子，孺慕父母，实又回到婴幼时代。亲前不称老、亲死主人啼与"谅闇三年"，实际上是一脉相承的。在亲前，孝子要保持言语上的节制，永葆孺子爱慕父母之心，不称老以祈望双亲眉寿至永；而父母遽然永逝，则内心情感的不可接受而难以突然转变。孝子丧期内不言或少言，典籍记载并不少见：

三年之丧，言而不语，对而不问。（《礼记·杂记下》）

---

① 孙奭：《孟子注疏》卷9，第2734页下。
② 邢昺：《论语注疏》卷17，第2526页上。

三、"无声的交替"

> 斩衰唯而不对,齐衰对而不言,大功言而不议,小功、缌麻议而不及乐。此哀之发于言语者也。(《礼记·间传》)
>
> 既葬,与人立。君言王事,不言国事;士大夫言公事,不言家事。(《礼记·丧大记》)

哀情积郁于心,言语必不畅顺,故用不言或少言之礼以节之。《礼记·曲礼上》:"见父之执……不问不敢对,此孝子之行也。"① 父在父殁,为人子均有一定的禁声限制。此种禁声,在政治环境复杂时,可用之于权谋,甚至被发展为君人南面术,但其根源还在于依恋父母之情。

上海博物馆藏战国竹简《昔者君老》载:"君卒,太子乃无闻无听,不问不令。唯哀悲是思,唯邦之大务是敬。"(简4)② 尚称"太子",说明此时尚未即位,有为子之道。正如杨华先生所言,新君为获得政统的合法性,都将先君的丧葬仪式与新君的即位仪式交织在一起举行。③ 太子虽"无闻无听,不问不令",沉浸在哀思之中,但必即位为君,这就形成了一个"无声的"代际交替。

通常情况下,父子之间的代际交替,并不都因政治环境的诡异,有殷高宗、楚庄王式"三年谅闇"般神奇。孝子的身份在代际交替仪式中,由宾(子道)逐渐转变为主(父道),亡亲则由主(父道)逐渐转变为宾(祖道)。④ 孝子根据丧主地位,逐渐取得父祖留下的一切政治、经济、宗教权力,由血缘上的代际交替,最终完成政治上的承班继位。此中最关键的礼仪,即有"脱髦"之举的殡礼。

《仪礼·士丧礼》:"主人奉尸敛于棺。"郑注:"棺在肂中,敛尸

---

① 孔颖达:《礼记正义》卷1,第1233页中。
② 马承源主编:《上海博物馆藏战国楚竹书(二)》,上海古籍出版社,2002年,第246页。
③ 杨华:《"谅闇不言"与君权交替——关于"三年之丧"的一个新视角》,《古礼新研》,商务印书馆,2012年,第68页。
④ 李志刚:《以神为宾——商周丧祭礼制中人神关系的新考察》,《史学月刊》2014年第4期,第26~38页。

焉，所谓殡也。"① 殡礼乃大殓之后，纳尸在棺，并置棺于西阶所掘坎中之礼。《礼记·檀弓上》："夏后氏殡于东阶之上，则犹在阼也；殷人殡于两楹之间，则与宾主夹之也；周人殡于西阶之上，则犹宾之也。"② 所言夏商制度是否符合事实，史料缺乏，未能断定。至于周代宾于西阶，则属礼仪常制。《礼记·杂记上》："至于庙门，不毁墙。"郑玄注：

> 凡柩自外来者，正棺于两楹之间，尸亦俟之于此，皆因殡焉。异者柩入自阙，升自西阶，尸入自门，升自阼阶。其殡必于两楹之间者，以其死不于室，而自外来，留之于中，不忍远也。③

据郑玄之说，若未死于室，而是死于外，运柩归，殡在两楹之间。"留之于中，不忍远也"，即孝子不忍置棺于西阶，以远至亲。殡的位置生动反映了生者对于死者的情感与态度。《公羊传·定公元年》："癸亥，公之丧至自乾侯……正棺于两楹之间，然后即位。"④ 鲁昭公死于乾侯，棺停在两楹之间。《淮南子·要略训》："殡文王于两楹之间。"⑤ 此时商未灭，周初又多承商制，殡文王于两楹之间，或为殷商殡礼遗制。

就周人殡于西阶来说，乃"远之"的结果。且通过"远之"的礼制，逐渐完成代际交替。《礼记·坊记》："丧礼每加以远，浴于中霤，饭于牖下，小敛于户内，大敛于阼，殡于客位，祖于庭，葬于墓，所以示远也。"⑥ 从浴到葬，从中霤到墓，举行的地点，由内到外，愈来愈远。大殓于阼阶，属主位，殡已到西阶，属客位。《仪礼·既夕》："大敛于阼。"郑注："未忍便离主人之位也。主人奉尸敛于棺，则西阶上

---

① 贾公彦：《仪礼注疏》卷37，第1140页中。
② 孔颖达：《礼记正义》卷7，第1283页。
③ 孔颖达：《礼记正义》卷40，第1549页。
④ 徐彦：《春秋公羊传注疏》卷25，第2335页上。
⑤ 刘文典：《淮南鸿烈集解》，中华书局，1989年，第709页。
⑥ 孔颖达：《礼记正义》卷51，第1621页。

宾之。"①周人殡棺于西阶,即以"宾道"待已逝之父祖。《礼记·檀弓上》:"周人殡于西阶之上,犹宾之也。"②《礼记·杂记下》:"父母而宾客之,所以为哀也。"③《说文·歹部》:"死在棺,将迁葬柩,宾遇之。"④《释名·释丧制》:"于西壁下涂之曰殡。殡,宾也。宾客遇之,言稍远也。"⑤ 这些可以清楚地看出殡死者于西阶,有待死者为宾客之意。著名礼学专家沈文倬说:"嗣子继为主人,亡亲处于宾位,与又祭的宾尸正相连贯,都是'父母而宾客之'的意思。"⑥

殡礼的地点,已表现出孝子以亡亲为宾的意思,完成代际交替的意义存焉。实质上,殡礼举行前后及伴随殡礼举行的各项礼仪,同样能体现死者由主变为宾,死者之子由子变为主的礼意。

第一,自外归,柩升自西阶,尸升自阼阶。上引《杂记》郑注云"柩入自阙,升自西阶,尸入自门,升自阼阶"。运柩归,表明已殡敛,升自西阶;运尸归,则是为未殡之前,升自阼阶。柩升自西阶,则为宾;尸升自阼阶,则为主。归柩与归尸的不同,仅因中有殡礼此项仪节,宾主之分却非常明白。

第二,父死,子刚生,或子生才三日,孝子升自西阶。此均为未殡前之礼。《礼记·曾子问》:"曾子问:'君薨而世子生,如之何?'孔子曰:'卿、大夫、士从摄主,北面于西阶南。大祝裨冕,执束帛,升自西阶,尽等不升堂。'"⑦ 子生三日,《曾子问》亦云"子升自西阶"。子升自西阶,则主人虽死,礼仪上仍然为主。

第三,亲始死之日,子所处之位均在西阶下。《仪礼·士丧礼》

---

① 贾公彦:《仪礼注疏》卷41,第1161页。
② 孔颖达:《礼记正义》卷7,第1283页。
③ 孔颖达:《礼记正义》卷42,第1562页。
④ 段玉裁:《说文解字注》,上海古籍出版社,1988年,第163页上。
⑤ 王先谦:《释名疏证补》,中华书局,2008年,第290页。
⑥ 沈文倬:《又祭的宾尸与不宾尸》,《菿闇文存》,商务印书馆,2006年,第371页。
⑦ 孔颖达:《礼记正义》卷18,第1388页下。

载，士级贵族始死之日，孝子虽被称为"主人"，但命"赴于君"时，位于西阶东，南面之位；君派使者来襚及拜宾送宾之时，君"即位于西阶下"。郑注："即位于西阶下，未忍在主人之位也。"① 故始死之日，孝子虽有主人之名，却无主人之实。始亡之亲仍然为家族之主，代际交替尚未开始。

第四，大殓于阼阶，殡于西阶。大殓在殡之前，地点位于阼阶，则死者仍然为主。殡是在西阶，死者已为宾。

第五，奔亲丧，子升自西阶，行礼后即主人位。《礼记·奔丧》奔亲丧："至于家，入门左，升自西阶。"②《礼记·聘礼》载外出使者家有丧，"归，执圭复命于殡，升自西阶，不升堂"③。此等均是殡礼后之事，但因属奔丧，孝子未亲与殡礼，故仍以亡亲为主，自己升自西阶为宾。《礼记·奔丧》又云："殡东，西面坐，哭尽哀。括发、袒，降，堂东即位，西乡哭，成踊。袭绖于序东，绞带，反位，拜宾成踊。送宾，反位。"④奔丧孝子，通过哭、括发、袒等礼仪动作，可"堂东即位，西乡哭"。堂东之位即主人之位；西乡哭，即主人哭位面向。通过一成套的礼仪，子从宾到主的变化过程清晰可见。反之，亡亲由主到宾的过程亦可得而知。

第六，殡后，嗣子为丧主，即位为君。《白虎通·爵》："王者既殡而即继体之位何？缘臣民之心不可一日无君也。故先君不可得见，则后君继体矣。"⑤ 殡礼使先君暂时掩埋在西阶上，而"不可得见"，新君才能即位。《尚书·顾命》载成王殡后，康王即位之事：

> 越七日癸酉……王麻冕黼裳，由宾阶隮。卿士、邦君麻冕蚁

---

① 贾公彦：《仪礼注疏》卷35，第1130页上。
② 孔颖达：《礼记正义》卷56，第1653页中。
③ 贾公彦：《仪礼注疏》卷23，第1069页中。
④ 孔颖达：《礼记正义》卷56，第1653页下。
⑤ 陈立：《白虎通疏证》，中华书局，1994年，第35页。

裳，入即位……太保承介圭，上宗奉同、瑁，由阼阶隮。太史秉书，由宾阶隮，御王册命。①

成王乙丑崩，癸酉为死之九日。郑玄以为大夫以上，殡、殓皆以来日数，天子七日殡加上死日为八日，殡之明日顾命，故为九日。顾命之时，康王由宾阶升。伪孔传："用西阶升，不敢当主。"太保、上宗由阼阶升。伪孔传："用阼阶升，由便不嫌。"此处升阶之法，伪孔传区分甚为明白：康王为不敢，太保为方便。顾命之时，康王立在西阶少东之处，太史东面于殡，西南而读策书，以命康王即位。通过此项仪节，表明太史实是承成王之遗意，命康王即位。继承王位者，于丧事为丧主。康王由宾阶升，立在殡少东处，这与《礼记·曾子问》"升，奠币于殡东几上，哭降"，及郑注"几筵于殡东，明继体也"具有相同含义。殡后即位，是主宾地位递变的关键处。子升自西阶为宾，受命后为丧主。亡亲由殡礼及授命之仪，卸下主人之位、祖宗之重，安处于西阶宾位。自此以后，亡亲为神为宾，已成不可改变之势。殡礼使代际交替仪式最终完成。

第七，停殡期间，朝夕哭之位，丧主及众兄弟均在东方。《仪礼·士丧礼》："丈夫即位于门外，西面北上。外兄弟在其南，南上。宾继之，北上。"② 西面北上，表明位在东方。外兄弟继之，亦在东方。甚至宾客也在东方。处在东方之位，哭西方之殡棺，人神之际，主宾之分，亦可明白。

第八，殡于祖庙所在之地。《逸周书·作洛》："武王既归，成岁十二月崩镐，肂予岐周。"③ 武王崩在镐京，殡于岐周。岐为古公亶父迁居之地，乃祖庙所在之处。殡于此即有朝祖之意。同样，《左传·僖公三十二年》，晋文公死于绛，而殡于曲沃。曲沃亦乃文公祖庙所在之

---

① 孔颖达：《尚书正义》卷18，第238~240页。
② 贾公彦：《仪礼注疏》卷37，第1141页下。
③ 黄怀信等：《逸周书汇校集注》，上海古籍出版社，2007年，第514页。

处。《左传·昭公九年》:"晋荀盈如齐逆女,还,六月卒于戏阳,殡于绛。"① 此时晋已迁都于新田五十年余,荀盈不殡于新田,而殡于绛,亦因绛有其祖庙之故。同样的例子还见《左传·哀公十一年》,大叔殡于陨。胡新生先生曾注意到此种"卒于甲地,殡于乙地,葬于丙地"的丧葬礼俗,并据以驳斥《礼记·檀弓》"殷朝而殡于祖,周朝而遂葬",无疑具有一定正确性。但是,据"殡于岐周""殡于曲沃""殡于绛",仅能确定殡在始祖庙所在之地,至于是否殡在始祖之庙,难以断定。若殡在始祖之庙,难以解释葬前一日的启殡朝祖之仪。殡于祖庙所在之地,及葬前启殡朝祖,均是以刚丧之亲见早亡之先祖。《仪礼·既夕礼》载朝祖庙礼,祝、轴、重,及棺柩均"升自西阶",已亡之亲相对祖庙中更早先祖来说,仍为宾。这让人很容易地想到,殷墟王宾卜辞中的"先王宾于更早先王"的例子。虽前属于丧葬,后属祭祀,一为凶礼,一为吉礼,但在表达礼意方面,具有一定的连贯性,即殡于祖庙之地,朝于祖庙,体现出更早的先祖以刚丧之亲为宾之意。殡于岐、曲沃等,乃是便于先祖接纳亡亲神灵,让其更易进入先祖的神权体系。

如上所论,殡礼是亲子之间,生死之际,主宾地位变换的关键礼仪。殡礼之后,子变为丧主,主持亡亲丧事,继承亡亲之位,传亡亲之重,而亡亲则被丧主以宾礼相待于宾阶之上。而且不应该忘记的是,主人脱髦以及婴啼,均发生在殡礼前后。这导致父子之间权力上的代际交替,与血脉相连最后象征的解脱,几乎同时或稍后完成。殡礼后,亡亲已在礼制上变为宾,孝子在礼制上变为主而最终"长大成人"。自此以后,双亲作为神灵进入天庭,孝子则取得宗庙与家族中的"主人"身份,与亡亲已有天壤之隔、人神之分。除非岁时祭祀,孝子哭不再用"啼",言不再称"小童",头无髦,身无纯彩,从而成为一家之主,甚至一国之君,代际交替在礼制上最终完成。

---

① 孔颖达:《春秋左传正义》卷45,第2057页下。

结　　语

　　双亲在世，孝子是"永远的幼儿"，在言语、衣着与行为上，均存留"年幼"的痕迹，以反衬父母未曾衰老而眉寿永久。双亲逝后，在哭仪、称谓上效仿婴儿态，追慕父母永逝而沉痛难再，这些均保证孝的真诚。孝子丧亲如"婴儿失母""哀慕欲攀援"，不言或少言以行"三年之丧"，实质上也是在模拟或重现"子生三年"的情况。

　　亲逝后，孝子还必须面对代际交替问题。殡礼是三年丧期内，父子权力交替的关键礼仪。脱髦以及婴啼，发生在殡礼前后，父子之间的代际交替，与血脉相连最后象征的解脱，几乎同时完成。殡礼完成父子间的承班继位，是礼制上孝子"长大成人"最重要的一步。换言之，亲在之时，孝子以幼示亲，未尝没有把承班继位往后推，以慰亲心安的心理存在。父子之间子的"幼弱"反衬了父亲的尊长。孔子于父母的年龄，虽认为不可不知，但"一则以喜，一则以惧"，多少揭示出其中的心理幽微。

　　真挚情感的存在，一方面需要外在礼制与之配合，另一方面又常能超越礼制。《礼记·坊记》："升自客阶，受吊于宾位，教民追孝也。"① 葬后尚且"不忍"主位，只受吊于宾位，更遑论葬前与生前！《孝经·圣治》："故亲生之膝下，以养父母日严。"② 宋儒吕大临认为，为人子者不称老是"极子之慕，而不忍忘"，是"爱亲之至"。③ 葬后反哭，因情感上的"不忍即父位"，孝子不升阼阶，而受吊于宾位，表达谦卑退让之意。礼制上虽完成了交替，情感上明显滞后一步。为人子者的"不忍"之心，甚至表现在不行即位礼上。《春秋》庄、闵、僖三公均未书"即位"，《穀梁传》解释道"先君不以其道终，则子不忍即位

---

① 孔颖达：《礼记正义》卷51，第1621页。
② 邢昺：《孝经注疏》卷5，第2553页下。
③ 吕大临：《蓝田吕氏遗著辑校》，中华书局，1993年，第197页。

也"，《公羊传》所说与之不远，且得到孔颖达、朱熹、顾栋高等经学大家的赞从。① 权力的合法性来自礼制，礼制的根基又在于内心情感。亲逝之际，局势幽微，需要礼制保证代际交替程序的顺利进行。若程序的进行无内在情感为基础，或坠堕为权术谋略，则所得权力会因不牢固而可能被褫夺。汉昌邑王刘贺虽"典丧，服斩衰"，而因"亡悲哀之心"被废，就是最好的例证。可以说，亲前不称老，亲逝婴儿啼，自称小童，以致三年谅闇等，都是为人子者以婴幼般的内在感情作基础，表达的别样孺慕之心。

为人子者无内在之情而仅有外在之礼，不足以称孝。"孝"作为子德得到发扬，最终成为中国最重要的道德伦理，根基于儒家学派对为人子者追慕、依恋父母之情的揭示。"孩提之童无不爱其亲也"，婴幼之人拥有的子德，无论在生理还是心理上，外在的礼仪文饰更少，表现得最为诚挚。所谓"大孝之人"，是终身维持婴幼般情慕父母之人。正因如此，古人对孝道的推扬，有意无意地走上了"返老还童"之路。五十岁的舜慕其双亲，七十岁的老莱子扮演各式各样的婴幼儿式的行为动作，戏彩娱亲，八十岁的胡广不称老，应该说都是基于此种心理。生理年龄之老与言行举止之"幼"，构成的戏剧性冲突，由子道孝亲得到解释。

---

① 顾栋高：《春秋大事表》，中华书局，1993 年，第 1452 页。

礼制的困境：汉昌邑王废立事件新论

昌邑王刘贺立而复废是西汉昭宣时期重大的历史事件，也是昭帝政局的延续。霍光身为武帝托孤之臣在昭帝时期经过一系列的权力斗争，最终确立其辅政专权地位。但以臣子身份主导皇位废立，其间的微妙与平衡，若无有利的时机和足够的正当性，仍难以想象。① 昌邑王的被废，权力的平顺过渡，仅靠阴谋与武力难以服天下士众之心，传统学界的"阴谋说"存在一定的偏差。② 霍光之所以敢以臣废君，关键在于刘贺在昭帝国丧期间的失德失孝等违礼行为，导致其权力的合法性受到质疑。霍光充分借助具有礼制身份的各方力量，如丞相、太后、儒生等，使其废君行为名正言顺，且未担上篡逆名声。昌邑王权力合法性的丧失与霍光废君的成功，背后均有礼制因素发挥作用。权力斗争与名分

---

① 学术界关于昌邑王立而复废的论述更多地侧重于刘贺被废的过程和原因。廖伯源：《昌邑王废黜考》，《秦汉史论丛（增订本）》，中华书局，2008年；余全介：《刘贺废黜新考——兼评〈昌邑王废黜考〉》，《中州学刊》2007年第3期，第179~181页；张小峰：《西汉中后期政局演变探微》，首都师范大学历史学院博士学位论文，2001年；黄铭：《昌邑王被废事件浅析》，《文史博览（理论版）》2012年第9期，第12~14页；汪春泓：《前汉昌邑王考》，《长江学术》2015年第3期，第39~48页；辛德勇：《海昏侯刘贺》，读书·生活·新知三联书店，2016年。

② 日本学者内藤湖南的论述，"由于昭帝在位十三年，不过刚过二十岁就夭折，霍光迎武帝之孙昌邑王贺即位。由于其行为不检，霍光与当时的主要大臣一同上奏皇太后，废之。当时随昌邑王来的二百多臣下都被杀。历史虽未明书，但由此可见，可能是对霍光搞了阴谋之故"。[日] 内藤湖南：《中国史通论》，社会科学文献出版社，2004年，第191页。

言说的交错互用造成的礼制困境，在昌邑王废立事件中表现甚为明显。

一、立嗣君：广陵王与昌邑王的继承权问题

如上所言，昌邑王刘贺立而复废是昭帝政局的延续，同时也是霍氏集团专权发展到巅峰的表现。昌邑王刘贺之所以被立为皇帝是多种因素相互作用的结果。昭帝崩后无子，武帝六子之中，独有广陵王刘胥在，群臣均支持广陵王。面对暗流涌动的政治局势，霍光基于自身政治利益的考量，以给昭帝立嗣为名，确立刘贺的继嗣权和主丧权，继承大统。

1. 广陵王刘胥继统权的丧失

元平元年，汉昭帝崩殂无子，选定合法的继承人成为当务之急。《汉书·霍光传》载："武帝六男独有广陵王胥在，群臣议所立，咸持广陵王。"① 汉武帝六子之中仅存广陵王刘胥一人，若以继武帝之统而言，刘胥当然最具资格。广陵王于元狩六年获封，已是具有几十年丰富政治资本与治国经验的中年诸侯。史书载刘胥曾因昭帝年少，有觊觎皇位之心。若刘胥即位，霍光的权力必然受到限制。面对此种局势，霍光内心惶恐不安，必须寻找充足的理由否定刘胥继承皇位的合法性。

刘胥于昭帝为兄，于武帝为子。支持刘胥群臣的理由是"武帝六男独有广陵王胥在"。很明显，在群臣内心中，刘胥无法成为昭帝之嗣，只能直接上继武帝，承武帝法统。与群臣不同，霍光坚持的底线是，昭帝已是武帝之嗣，无需另立，当务之急是为昭帝立嗣。恰在此时，一位郎官援引历代废长立幼的史例以及广陵王不可承宗庙的种种行径，给霍光提供机会。《汉书·霍光传》载："光内不自安。郎有上书言'周太王废太伯立王季，文王舍伯邑考立武王，唯在所宜，虽废长立幼可也。广陵王不可以承宗庙'。言合光意。光以其书视丞相敞

---

① 班固：《汉书》卷68《霍光传》，中华书局，1962年，第2937页。

等,擢郎为九江太守,即日承太后诏……"① 借助郎官的上书及丞相的名分,霍光有了剥夺刘胥合法性的理由。

史载刘胥确是"劣迹斑斑"。《汉书·武五子传》载:"胥壮大,好倡乐逸游,力扛鼎,空手搏熊羆猛兽。动作无法度,故终不得为汉嗣。""始,昭帝时,胥见上年少无子,有觊欲心。而楚地巫鬼,胥迎女巫李女须,使下神祝诅。女须泣曰:'孝武帝下我。'左右皆伏。言:'吾必令胥为天子。'胥多赐女须钱,使祷巫山。"② 刘胥借助巫祝神化自己继承武帝统绪的合法性,但武帝废长立幼,不曾立为嗣是其致命伤,现在也成了霍光放弃他的正当理由。

虽有群臣的支持,但因"不能承宗庙",刘胥自然无缘皇位。帝王继承权的合法性来源于父祖,而典先君之丧与主宗庙之祭,意味着权力的合法性和正统性得到父祖的认可。"(广陵)王本以行失道,先帝所不用"③,广陵王继嗣权的丧失源于武帝的废长立幼,霍光再次模仿武帝而放弃刘胥。所谓继统权,是指继承父祖遗留下来的政治身份、政治地位和政治权力。继统权的实现又基于继嗣权。若无继嗣权作支撑,继统权的合法性和正统性就会弱化。刘胥于武帝或昭帝均无法实现继嗣权,也就无法实现继统权。这给霍光的行为提供了最大的合法性。

霍光熟练利用武帝、丞相以及郎官的名分,成功地抵制了支持刘胥的"群臣"。不能承宗庙之重,与"先帝不曾用",是最佳理由。群臣转而支持选择昌邑王,也说明霍光的选择,名正言顺,起到了说服的效果。而在后面也可看到,同样的理由会再次用在废昌邑王身上。

2. 昌邑王刘贺的继嗣问题

立嗣是宗族内部的承袭行为,目的是为了防止宗族绝嗣而做出的礼

---

① 班固:《汉书》卷68《霍光传》,第2937页。
② 班固:《汉书》卷63《武五子传》,第2760~2761页。
③ 班固:《汉书》卷68《霍光传》,第2937页。

制规定。《礼记·杂记上》大夫："无子，则为之置后。"① 汉律规定"诸死事当置后，无父母、妻子、同产者，以大父，无大父以大母与同居数者"，② 指被继承人在无子继承的情况下，选择继承人以延续宗族血脉。昭帝无子，霍光迎立昌邑王刘贺"典丧"，实际确立了昌邑王刘贺与昭帝之间的宗祧继承关系，以延续昭帝大宗本脉。霍光选择刘贺虽出于专权需要，但仍须寻求合乎礼制的理由，以做到名正言顺。

立嗣必须选择与本宗昭穆相应者，通常是"兄弟之子"，也就是立本宗相应辈分的人作为继承人。霍光否决了广陵王刘胥继统权后，只能在昭帝众子侄中选定一位符合立嗣条件的人，以接续大宗地位。在"巫蛊之祸"中卫太子兵败自杀，其子二人皆遇害，仅有遗孙流落民间。齐怀王刘闳这一支血脉谱系中断。燕王旦作为叛逆之臣自杀，其子被贬为庶人，子孙自然不会成为昭帝嗣子的候选人。刘贺为昭帝之兄昌邑哀王刘髆之子，与昭帝同宗同姓，血缘关系近，且昭穆相应，若立为嗣子，自然符合礼制与霍光选定立嗣的标准。霍光与丞相商议，以皇太后名义迎立刘贺，视其为昭帝嗣子，主持昭帝国丧，继承大位。

问题是，刘贺继承的第次与刘胥相比并未高出，甚至更加偏远。于武帝而言，刘胥为子，刘贺为孙；于昭帝而言，刘胥为兄，刘贺为侄。《礼记·礼运》："大人世及以为礼。"③ 父子相继为是"世"，兄终弟及为"及"。"传子"与"传弟"两种传位之法均有利于刘胥，而不利于刘贺。刘胥尚且以"不合法度"被废，刘贺继嗣昭帝，血缘已有隔，这是他先天的礼制缺陷。在代际交替的幽微之际，若又不遵循基本的规范，失掉本该有的名分支持，过早地介入权争与过度违礼给人口舌，给霍光提供了机会，遭遇被废的命运就不难理解。

---

① 孔颖达：《礼记正义》卷40，第1551页上。
② 张家山二四七号汉墓竹简整理小组：《张家山汉墓竹简二四七号墓（释文修订本）》，文物出版社，2006年，第59页。
③ 孔颖达：《礼记正义》卷21，第1414页中。

二、未成君：昌邑王即位后的礼制困境

在君权交替时期，也就是在旧君已死，新君初立时，新君政权的合法性来源于两种方式：一是血缘；二是礼制。昌邑王刘贺在即位后或隐或现的礼制危机，失帝王礼宜，"即位而未成君"是其"名正言顺"地遭遇废黜命运的深层原因。

1. "典丧"违礼，失掉丧主身份

汉代以孝治天下，将孝由家庭伦理衍化为政治伦理。失孝就是失德，失德就会招致非议，权力的合法性必将弱化。刘贺的失孝表现在"典丧"期间的违礼，导致失掉丧主的身份。

奔丧违礼。关于奔丧，古有一套严格的礼制规定。奔丧者在奔丧途中要食粥，忌荤。《礼记·奔丧》："奔丧之礼：始闻亲丧，以哭答使者，尽哀，问故，又哭，尽哀。"① 刘贺在奔丧途中食酒肉，私买鸡豚以食、沉溺女色。违悖丧礼，有失孝道。《汉书·武五子传》："贺到济阳，求长鸣鸡，道买积竹杖，过弘农，使大奴善以车载女子。"② 刘贺始闻昭亲崩，应该尽哭且哀。前已有先例，燕王旦闻讯武帝驾崩，而无哀痛之心，结果以不孝治罪，可见"始闻亲死，哭不尽哀"可能要遭到惩处，失掉继嗣资格。奔丧者哭的方位也有规定。《礼记·奔丧》："过国至竟，哭，尽哀而止。哭辟市朝。望其国竟哭。"③ 刘贺以诸侯身份奔天子之丧要望其国境而哭。《汉书·武五子传》："旦至广明东都门，遂曰：'礼，奔丧望见国都哭。此长安东郭门也。'贺曰：'我嗌痛，不能哭。'至城门，遂复言，贺曰：'城门与郭门等耳。'"刘贺望见国都和城门均未哭，无哀痛之心，违悖诸侯奔丧之礼。

---

① 孔颖达：《礼记正义》卷56，第1653页中。
② 班固：《汉书》卷63《武五子传》，第2764页。
③ 孔颖达：《礼记正义》卷56，第1653页中。

居丧期间违礼。礼典对居丧者的日常起居也做出了种种规范。关于居丧者的饮食规范。《礼记·问丧》："亲始死……水浆不入口，三日不举火，故邻里为之糜粥以饮食之。"①《礼记·间传》："斩衰三日不食……故父母之丧，既殡食粥，朝一溢米，莫一溢米……既虞、卒哭，疏食水饮，不食菜果。"②居丧期间孝子要"啜粥""不食酒食"。否则也被视为非礼行为，招致舆论谴责和法律惩处。刘贺身为丧主，在居丧期间，"不啜粥""御酒肉"，丧服未释而御故食，"常私买鸡豚以食……与从官官奴夜饮，湛沔于酒"，③必然招致君臣非议，留下口舌。春秋有先例，莒著丘公卒，他的儿子郊公"不慼""国人弗顺，欲立著丘公之弟庚舆"；④如因"居丧而不哀，在慼而有嘉容"，先君葬后"三易衰，衰衽如故衰"，⑤鲁昭公的继承资格也曾遭到叔孙豹的强烈怀疑。刘贺居丧期间违礼成为霍光废黜他的罪状。

居丧者的住处规范。《礼记·间传》："父母之丧，居倚庐，寝苫枕块，不说绖带。"⑥对于服斩缞的孝子在父母未葬之前，要居住在"倚庐"内，休息时要"寝苫枕块"。刘贺则是"大行在前殿，发乐府乐器，引内昌邑乐人，击鼓歌吹作俳倡"⑦。刘贺却与昌邑官奴在禁闼之内游戏，不居丧位，违背丧礼。关于居丧者的言语规范。《礼记·曲礼下》："居丧不言乐，祭事不言凶，公庭不言妇女。"⑧《礼记·杂记下》："三年之丧，言而不语，对而不问。庐垩室之中，不与人坐焉。在垩室之中，非时见乎母也，不入门。"⑨可以看出孝子在居丧期间不

---

① 孔颖达：《礼记正义》卷56，第1656页中。
② 孔颖达：《礼记正义》卷57，第1660页下。
③ 班固：《汉书》卷68《霍光传》，第2940－2941页。
④ 孔颖达：《春秋左传正义》卷47，第2076页中。
⑤ 孔颖达：《春秋左传正义》卷40，第2014页下。
⑥ 孔颖达：《礼记正义》卷57，第1660页下。
⑦ 班固：《汉书》卷68《霍光传》，第2940页。
⑧ 孔颖达：《礼记正义》卷4，第1257页下。
⑨ 孔颖达：《礼记正义》卷42，第1561页下。

举乐以表达哀思。背道而行就是不居丧礼,往往受到舆论的非议。

礼制原典中,对居丧者的其他行为也有明文规定,即禁止求官和婚嫁。刘贺为了巩固政权擢升昌邑群臣,削夺霍光军权。违反了居丧期间求仕的规定,违背礼制。刘贺"使中御府令高昌奉黄金千金,赐君卿取十妻",违反了居丧期禁止婚嫁求仕的规定。宫廷秽闻虽屡见不鲜,但若摊到台面上,确属嗣皇帝的大不敬、大不孝。①

典先君之丧成为"丧主",是继承者最重要的身份。刘贺被迎以"典丧",已取得了这个身份。因违礼失掉了丧主身份,进而必然丧失继承皇位的资格。

2. 拒谏,失掉儒生的经术援助

汉自武帝尊《公羊》学以来,《春秋》决狱,以经术缘饰政事,逐渐形成传统。② 以儒家经典为价值依据与话语资源,构建了强大的意识形态系统,从而成为权力合法与否的重要评判标准。③ 丞相杨敞领衔的奏疏中,昌邑王的罪状之一,就是"文学光禄大夫夏侯胜等及侍中傅嘉数进谏以过失,使人簿责胜,缚嘉系狱"④。净谏昌邑王见于史载共六人,即夏侯胜、傅嘉、张敞、龚遂、王吉与于定国。通观他们的谏辞,除了颂扬霍光的忠信外,一个重要的特点就是援据经术,劝昌邑王留意经书治术。例如:

> 大王不好书术而乐逸游……臣闻高宗谅闇,三年不言,今大王以丧事征,宜日夜哭泣悲哀而已,慎毋有所发。且何独丧事,凡南

---

① 吕宗力:《西汉继体之君正当性论证杂议——以霍光废刘贺为例》,《史学集刊》2017年第1期。

② 陈苏镇:《〈春秋〉与"汉道":两汉政治与政治文化研究》,中华书局,2011年,第291页。

③ 过常宝:《"春秋决狱":汉儒话语权力的构成与实践》,《北京师范大学学报(社科版)》2010年第1期。

④ 班固:《汉书》卷68《霍光传》,第2944页。

面之君何言哉？（《汉书·王吉传》）

（龚遂）内谏诤于王……引经义，陈祸福，至于涕泣……臣请选郎通经术有行义者与王起居，坐则诵诗书，立则习礼容，宜有益。（《汉书·龚遂传》）

王吉与龚遂均是昌邑王的故臣，通晓刘贺的脾性，所提谏议均与经术相关。著名的夏侯胜，是今文尚书"大夏侯学"的创立者，曾跟随夏侯始昌问学。① 夏侯胜有名言："学者但患不明经学，经学苟明，富贵如拾地芥耳。"在夏侯胜看来，经学是通身显贵的最佳途径。《汉书·夏侯胜传》载：

胜当乘舆前谏曰："天久阴不雨，臣下有谋上者，陛下出欲何之？"王怒，谓胜为祅言，缚以属吏。吏白大将军霍光，光不举法。是时，光与车骑将军张安世谋欲废昌邑王。光让安世以为泄语，安世实不言。乃召问胜，胜对曰："在《洪范传》曰：'皇之不极，厥罚常阴，时则下人有伐上者。'恶察察言，故云臣下有谋。"光、安世大惊，以此益重经术士。后十余日，光卒与安世白太后，废昌邑王，尊立宣帝。②

夏侯胜通晓阴阳，预测了昌邑王的政治危机。但不被刘贺所理解，甚至遭到逮捕。面对儒生的劝谏，霍光与刘贺的应对态度截然相反。霍光救了夏侯胜，且"以此益重经术"。夏侯胜在本始元年也被纳入封赏功臣名列，为太后授《尚书》，宣帝朝更是富贵双收。曾经劝谏刘贺的

---

① 《汉书·夏侯始昌传》："夏侯始昌，鲁人也。通《五经》，以《齐诗》《尚书》教授。自董仲舒、韩婴死后，武帝得始昌，甚重之。始昌明于阴阳，先言柏梁台灾日，至期日果灾。时昌邑王以少子爱，上为选师，始昌为太傅。年老，以寿终。族子胜亦以儒显名。"

② 班固：《汉书》卷75《夏侯胜传》，第3155页。

二、未成君：昌邑王即位后的礼制困境

张敞，也在刘贺废后"以切谏显名"。霍光重用劝谏的儒生，① 正好反衬出刘贺的无礼与荒淫。刘贺失掉儒生的支持，似有先验。《汉书·武五子传》载：

> （昌邑王）既即位，后王梦青蝇之矢积西阶东，可五六石，以屋版瓦覆，发视之，青蝇矢也。以问遂，遂曰："陛下之《诗》不云乎？'营营青蝇，至于藩；恺悌君子，毋信谗言。'陛下左侧谗人众多，如是青蝇恶矣。宜进先帝大臣子孙亲近以为左右。如不忍昌邑故人，信用谗谀，必有凶咎。愿诡祸为福，皆放逐之，臣当先逐矣。"贺不用其言，卒至于废。②

如前所论，经术虽属知识体系，但自与权力结合后，已形成了强大的意识形态体系，能够左右舆论与合法化权力。杨敞等领衔的奏疏在总结废黜理由时说"臣敞等谨与博士霸"等人——主要是经生议定，所引述的正是诗、礼的经学思想。刘贺年幼无知，主动放弃了对此领域的占领，失掉了儒生的支持。③ 霍光内心虽常仇恶儒生，④ 却能相机行事，借助与利用经术的强大思想力，让劝谏儒生通身显贵，在舆论环境中已胜一筹，与昌邑王的态度形成鲜明的对比。

3. 从"幼子"到"成人"与代际交替

《汉书·文帝纪》："服大红十五日，小红十四日，纤七日，释服。"

---

① 隽不疑引用《春秋》处理卫太子事件后，霍光大为赞赏说："公卿大臣当用有经术、明于大谊者。"
② 班固：《汉书》卷63《武五子传》，第2766页。
③ 刘贺在太后诏书下达后，引《孝经》"闻天子有争臣七人，虽无道不失天下"辩解，最后终于领悟经术的重要，但为时已晚。海昏侯墓中出土大量儒家文献，甚至孔子画像，或是被废之后，刘贺深有悔悟的证据与遗存。
④ 《汉书·霍光传》载霍光兄孙霍山语："诸儒生多窭人子，远客饥寒，喜妄说狂言，不必忌讳，大将军常仇之。"

应劭曰："凡三十六日而释服矣。此以日易月也。"① 汉文帝在位时，通过"以日换月"的方式将丧期改为 36 日。刘贺以丧主的身份主持昭帝国丧，但霍光如何能在昭帝国丧期间将他废掉？

古人认为双亲在世时，为人子者在言语、衣着行为上，均存有"年幼"时的痕迹，以反衬父母未曾衰老而眉寿永久；双亲逝世后，在哭仪、称谓上，又效仿"婴儿态"，追慕父母永逝而沉痛难再。在父母丧期内，为人子者有一个从父母在世时的"幼儿状"到丧期结束时的"成人状"的脱幼过程。孝子须在双亲丧期内完成"由宾（子道）逐渐转变为主（父道），亡亲则由主（父道）逐渐转变为宾（祖道）"的代际转换。也就是说，丧期内为人子者无论年龄多大，必须以"幼子""小童""子"等自称，以表达哀思，做到"非丧事不言"，勤勉丧事，恪守为子之道。

《左传·成公十四年》载卫定公卒后，"太子之不哀也，不内酌饮"，引起夫人姜氏与正卿孙文子的系列怀疑。② 《左传·襄公十九年》："卫石共子卒，悼子不哀。孔成子曰：'是谓蹷其本，必不有宗。'"③ 蹷本而不能有宗，即不能保有继承宗族权力的资格。丧主在丧期内逐渐取得父祖留下来的权力，最终完成礼制上的子道向父道的代际转变。这个"脱幼"过程必须基于内在孺慕式的孝思心理情感。在双亲丧期内若违礼，无忠诚的爱慕之情，就会视为不尽"子道"，有失孝道，也就无法完成由"子道"向"父道"的代际转换，更无法继承父祖遗留下来的一切权力。

刘贺虽继皇帝位，但也仅是完成所有即位仪式的部分而已，仍然具有"为人子"的义务，尚不具备完全的皇帝身份。第一，刘贺私自祭奠昌邑哀王，称嗣子皇帝，这否定了礼制上与昭帝的父子关系。而过继

---

① 班固：《汉书》卷 4《文帝纪》，第 132 页。
② 孔颖达：《春秋左传正义》卷 27，第 1913 页下。
③ 孔颖达：《春秋左传正义》卷 34，第 1969 页中。

于昭帝，为其之后，乃刘贺成为皇帝的最先决条件。第二，刘贺的种种违礼，已非"为人子"者所该有的行为。理论上也导致礼制上"幼子"身份转化为"成人"身份，遭到阻止。古人认为，皇帝为天之子，为人之父母。① 若礼制身份尚未成年，何以"子万姓""子庶民"而嗣位称帝？鲁昭公十九岁，被认为犹有童心，而无成人之志，即位资格遭怀疑。"人之能自曲直以赴礼者，谓之成人"，② 成人与否与年龄只具部分关系，必要条件乃是能否独立自主行礼。霍光在刘贺即位27天内废黜他，只能说是终止了刘贺完成全部即位仪式，阻止他的礼仪身份走向真正的"成人"。③ 这也是为什么废黜刘贺，皇太后下诏训斥："为人臣子当悖乱如是邪！"完全是母亲在训斥儿子的仪派，同时也说明了刘贺仍为"臣"而非真正意义上的"君"。

4. 从"旧君"到"新君"与君权交替

旧君已死，新君在旧君丧期内逐步完成父子之间的代际交替，新君在心理情感上完成由"幼子"向"成人"的代际转换，进而继承旧君的一切权力。但在旧君丧期内新君虽已嗣位，但不能为君，父子间完成承班继位，并不意味着君臣间的承班继位也同时完成。新君政权的合法性还需要群臣、宗庙，甚至天地的认证，即新君以丧主身份主持旧君丧礼时的言行是否符合礼制。因为权力的合法性源于某种程序仪式。父子之间的代际交替与新君旧君之间的君权交替需要礼制赋予其合法性。同

---

① 《左传·襄公十四年》师旷说："良君将赏善而刑淫，养民如子，盖之如天，容之如地。民奉其君，爱之如父母，仰之如日月。"《礼记·祭统》："祭而不敬，何以为民父母矣？"《礼记·中庸》："凡为天下国家有九经……子庶民则百姓劝。"《毛诗·诗谱序》："文武之德，光熙前绪，以集大命于厥身，遂为天下父母，使民有政有居。"孔颖达《正义》："天将有立父母，民之有政有居，言民得圣人为父母，必将有明政有安居。"

② 《左传·昭公二十五年》郑子太叔答赵简子问礼语。

③ 皇权的最终合法性，除柩前即位，葬后庙见外，第一得通过元会仪与大臣们建立君臣关系，第二通过郊祀礼，获得天地神灵的认可。只有这些礼仪全部举行了，才能成为真正的皇帝，崩后有庙号。

时这种礼制程序又能够保证其顺利进行。而新君在旧君"三年丧期"内恰恰是实现君权交替的关键时期,也是权力的不稳定期。

杨华先生从政治权术的角度出发,将先秦时期礼制中的"三年丧期"看作新旧君主权力的交接期。一方面,新君以丧主的身份"典丧",来证明继承权的合法性;另一方面,却做出"三年不言,政事决定于冢宰,以观国风"。待时机成熟,便问鼎天下。杨先生通过对武丁和楚庄王在旧君三年丧期内的种种表现,论证新君以丧主身份主持旧君丧礼,以宣示新君政权的正统性和合法性,完成承班继位。① 由此可知,丧主虽为嗣君,但其行为是否符合礼制规范仍是得国或失国的关键所在。

《国语·晋语二》载:"得国常于丧,失国常于丧。"② 新君在旧君丧期内能否正常行使主丧权,是实现君权交替的必备条件。"据有主丧权就意味着具有继嗣权,所以主丧的资格为继嗣的储君所独专,不容他人染指;相反,放弃主丧权也意味着放弃继嗣权。"③ 刘贺在入主长安之际,王吉告诫他:"臣闻高宗谅闇,三年不言。今大王以丧事征,宜日夜哭泣悲哀而已,慎毋有所发。南面之君何言哉?"④ "谅闇不言"与"南面之君"有直接的联系,即"谅闇不言"与新君旧君之间的君权交替直接相关。"谅闇不言"的精神实质体现在两个方面。

第一,新君在旧君丧期内要"非丧事不言",勤勉丧事,表达哀思,恪守"为子"之道,以尽孝道,实现代际更替。第二,"谅闇不言"是实现君权过渡的政治手段。新君继位,因为政权不稳,需要远离权力中心,做到"委政于冢宰"的姿态以安抚旧君遗臣,稳定政局。

---

① 杨华:《"谅闇不言"与君权交替——关于"三年之丧"的一个新视角》,《古礼新研》,商务印书馆,2012年,第85页。
② 徐元诰:《国语集解(修订本)》,中华书局,2002年,第295页。
③ 杨华:《"谅闇不言"与君权交替——关于"三年之丧"的一个新视角》,《古礼新研》,商务印书馆,2012年,第54页。
④ 班固:《汉书》卷72《王吉传》,第3061页。

二、未成君：昌邑王即位后的礼制困境

同时新君也要"以观国风",实现君权的顺利过渡。

刘贺不听王吉告诫,一方面,在居丧期间无哀痛之心,不居丧位,不守"谅闇"之制,不尽"为子"之道,有失孝道,违背礼制,主丧权的资格遭到质疑;另一方面,刘贺在居丧期间急于染指政治,擢升昌邑群臣,削夺霍光权力。《汉书·霍光传》:"取诸侯王、列侯、二千石绶及墨绶、黄绶以并佩昌邑王郎官者免奴。变易节上黄旄以赤。"①《汉书·张敞传》载:"国辅大臣未褒,而昌邑小辇先迁,此过之大者也。"② 霍光群臣迎立刘贺有功,却未得到褒奖。刘贺却急于重建自己的政治圈子,试图夺权,以对抗"党亲连体,根据于朝"的霍氏集团。面对刘贺的公然挑战,霍光将其废黜自在情理之中。

清华简第六册有《郑武夫人规孺子》篇,记载郑武公初死至小祥前后,郑武夫人、大臣以及新君孺子,即后来的郑庄公的权力斗争。其中涉及权力的博弈与礼制名分的言说,以及郑庄公的表现,对理解昌邑王废立事件具有一定的参考价值。郑武夫人欲限制新君的权力,给出理由:

> 孺子汝恭大夫且以教（学）焉。如及三岁,幸果善之,孺子其重得良臣,使御寇也,布图于君。昔吾先君使二三臣,抑早前后之以言,使群臣得执焉,□/臣,四邻以吾先君为能叙。如弗果善,欼吾先君而孤孺子,其皋亦足数也。邦人既尽闻之,孺子或延告吾先君。如忍（认）孺子之志,亦犹足,吾先君必将相孺子以定郑邦之社稷。

此段不见于传世文献记载,可注意的有如下几点。第一,武夫人称庄公为"孺子",完全是以母亲身份而非旧君夫人的身份与新君对话。

---

① 班固:《汉书》卷68《霍光传》,第2944页。
② 班固:《汉书》卷76《张敞传》,第3216页。

未成人的孺子，很难说具有权力的全部合法性。这为武姜限制庄公权力提供了便利。第二，武姜称武公为先君，新君庄公为孺子，可见在丧期内新君未取得权力的最终合法性。权力从旧君向新君转移的程序尚未完成。第三，武夫人提出让大臣执政三年，以便新君学习。三年之丧，听命于冢宰，新君不能亲政。武夫人的言说，庄公无法批驳，只得遵循母命，把政权交给大臣："孺子拜，乃皆临。自是期以至葬日，孺子毋敢有知焉，属之大夫及百执事人，皆惧，各恭其事。"① 郑庄公的隐忍保证了他权力继承最终顺利完成。即位尚未满一年的丧期内，新君权力很脆弱，旧君、君夫人、大臣，均可合法合礼地加以限制，甚至有被剥夺之虞。庄公的隐忍与昌邑王的急躁，形成鲜明对比，结局也迥异。

5. 灾异与天相的警示

《礼记·中庸》载："国家将兴，必有祯祥；国家将亡，必有妖孽。"② 所谓灾异天相与谶纬之学，在汉代具有强大的舆论导向作用，成为权力合法性论述的重要方式之一。刘贺在灾异说中处于劣势地位，昭示其权力未得天道支持。《汉书·天文志》记载刘贺即位前奇异星象：

> 二月甲申，晨有大星如月，有众星随而西行。乙酉，群云如狗，赤色，长尾三枚，夹汉西行。大星如月，大臣之象，众星随之，众皆随从也。天文以东行为顺，西行为逆，此大臣欲行权以安社稷。占曰："太白散为天狗，为卒起。卒起见，祸无时，臣运柄。群云为乱君。"到其四月，昌邑王贺行淫辟，立二十七日，大将军霍光白皇太后废贺。③

---

① 李守奎：《〈郑武夫人规孺子〉中的丧礼用语与相关的礼制问题》，《中国史研究》2016年第1期，第11~18页。
② 孔颖达：《礼记正义》卷53，第1632页下。
③ 班固：《汉书》卷26《天文志》，第1307~1308页。

二、未成君：昌邑王即位后的礼制困境

所谓乱君将现，大臣行权安社稷，明显对应的是霍光与昌邑王事。天相示谶，忠逆已注定，霍光具有完全的名分。《汉书·五行志》载："昭帝时，昌邑王贺遣中大夫之长安，多治仄注冠，以赐大臣，又以冠奴。刘向以为近服妖也。时王贺狂悖，闻天子不豫，弋猎驰骋如故，与驺奴宰人游居娱戏，骄嫚不敬。冠者尊服，奴者贱人，贺无故好作非常之冠，暴尊象也。以冠奴者，当自至尊坠至贱也。……贺为王时，又见大白狗冠方山冠而无尾，此服妖，亦犬祸也。贺以问郎中令龚遂，遂曰：'此天戒，言在仄者尽冠狗也。去之则存，不去则亡矣。'"①《汉书·五行志》又载："昭帝时有鹈鹕或曰秃鹙，集昌邑王殿下，王使人射杀之。刘向以为水鸟色青，青祥也。时王驰骋无度，慢侮大臣，不敬至尊，有服妖之象，故青祥见也。野鸟入处，宫室将空。王不寤，卒以亡。"② 类似如"昌邑多枭"，③"血污王坐席"等故事，④ 均显示昌邑王失天下乃天之所欲。昌邑本无枭，而刘贺被废后多枭。《说文》曾讲"枭，不孝鸟也"。可见"多枭"意在暗示刘贺的不孝。⑤ 在以孝立国的汉代，不孝可谓罪莫大焉。总之，服妖、恶鸟、血污、蝇矢等灾异呈相，昭示刘贺权力的不稳固与合法性的缺失。

6. 未庙见：即位仪式的未完成

刘贺即位仪式，史书记载不祥。《汉书·武五子传》言"王受皇帝玺绶，袭尊号"；⑥《霍光传》则曰"始至谒见，立为皇太子""既至，即位"，⑦ 更加简单。但根据学者的研究，汉代皇帝的即位，共有两次，

---

① 班固：《汉书》卷27《五行志中之上》，第1366~1367页。
② 班固：《汉书》卷27《五行志中之下》，第1416页。
③ 班固：《汉书》卷27《五行志中之下》，第1396页。
④ 班固：《汉书》卷63《武五子传》，第2766页。
⑤ 南昌海昏侯墓中出土一枚"大刘记"的枭纽印章。汉时，枭已成为凶鸟。刘贺印章以枭为纽，有学者认为是他人强为，但尚无确据。
⑥ 班固：《汉书》卷63《武五子传》，第2765页。
⑦ 班固：《汉书》卷68《霍光传》，第2937~2940页。

即皇帝位与即天子位。① 即天子位,涉及"天命"的承接②,史载根本没有见到刘贺获得任何天命,也未见即天子位。即皇帝位,获得"皇帝"称号,史书用"皇帝即祚""袭号曰皇帝"等字样表述。根据《续汉书·礼仪志下》,即皇帝位主要在宗庙柩前进行,仪节大致如《尚书·顾命》所载周康王的即位,其主要内容是宣读策文与授玺绶。即位后"群臣百官罢,入成丧服如礼",嗣位者继续以"子"的身份成为丧主主持先君之丧。根据文献的内容推测,刘贺的即位礼应仅到此为止。

正规的即位仪式,接下来的应该是"谒庙"。《史记·高祖本纪》:"己巳,立太子,至太上皇庙。"③《汉书·高帝纪》:"五月丙寅,葬长陵。已下,皇太子群臣皆反至太上皇庙。"④ 惠帝即位也得谒见宗庙。《史记·文帝本纪》:"孝文皇帝元年十月……辛亥,皇帝即祚,谒高庙。"⑤ 宣帝即位,《汉书·霍光传》载"光奉上皇帝玺绶,谒于高庙"。⑥ 自西汉中期后,皇帝即位后均需要谒见高庙,至东汉则加上谒见光武庙。⑦ 两汉皇帝即位谒见高庙是完成皇位继承的必备程序。

"仪式的完成才表示意义的完成。"⑧ 即位礼未庙见不成君,婚礼

---

① [日]西嶋定生:《西汉即位礼仪——特别是皇帝即位礼仪》,《博士还历念·东洋史论丛》,日本山川出版社,1975年;[日]尾形勇:《中国古代的"家"与国家》,中华书局,2010年,第207页;[日]金子修一:《日本战后对汉唐皇帝制度的研究(上、下)》,《中国史研究动态》1998年第1、2期。

② 《后汉书·光武帝纪》记载有比较详细的天子即位礼:"光武于是命有司设坛场于鄗南千秋亭五成陌。六月己未,即皇帝位。燔燎告天,禋于六宗,望于群神。其祝文曰:'皇天上帝,后土神祇,眷顾降命,属秀黎元,为人父母,秀不敢当。'"

③ 司马迁:《史记》卷8《高祖本纪》,第392页。

④ 班固:《汉书》卷1《高祖纪》,第80页。

⑤ 司马迁:《史记》卷10《孝文帝纪》,第418页。

⑥ 班固:《汉书》卷68《霍光传》,第2947页。

⑦ 李俊芳:《两汉皇帝即位礼仪研究》,《史学月刊》2005年第2期。

⑧ 张寿安:《"成妇?成妻?":清儒论婚姻之成立》,《礼教论争与礼秩重省:十八世纪礼学考证的思想活力》,北京大学出版社,2005年,第290页。

二、未成君：昌邑王即位后的礼制困境

未庙见不成妇。① 这是古有传统。未完成谒庙礼，继承合法性就未得到祖先的认可，即未成君。日本学者金子修一甚至认为，昌邑王是皇太子，只是"自称皇帝"，还没有皇帝的资格。② 晋国大臣杀已嗣位的奚齐，《春秋》载"晋里克杀其君之子奚齐"，奚齐虽受命即位，但在晋献公丧期内，未能最终成为君，故经文称其为"君之子"。与奚齐等相反，同是晋献公之子的卓子，献公之丧的第二年被弑，《春秋》则称之为"君卓子"。《礼记·坊记》："未没丧，不称君，示民不争也。"③《礼记·杂记上》："君薨，大子号称子，待犹君也。"郑注："谓未逾年也。"④ 所谓"犹君"，因旧君崩殂，新君即位不满一年，与正式君主尚有段距离。丧期内被弑，必未谒庙，虽已即位也只能称作"君之子"，非正式君主。未能最终成为君，就只能回归到子的身份。《春秋》记载的"未成君卒"的子般、子赤、子野同样因丧期内的政治动乱被弑，也只能称子，未以君礼待之。⑤ 刘贺即位未谒见高庙。

杨敞在奏疏中说："祖宗庙祠未举，为玺书使使者持节，以三太牢祠昌邑哀王园庙，称嗣子皇帝……宗庙重于君，陛下未见命高庙，不可以承天序，奉祖宗庙，子万姓，当废。"颜师古注："时在丧中，故未祠宗庙而私祭昌邑哀王也。"⑥ 刘贺在未谒见高庙之前，先举祠于其生身父亲昌邑哀王刘髆，犯了大忌。坚持昭帝的大宗帝统，是其时共识。后宣帝欲议谥号于故卫太子，有司奏请："礼'为人后者，为之子也'，故降其父母不得祭，尊祖之义也。陛下为孝昭帝后，承祖宗之祀，制礼

---

① 张寿安：《"成妇？成妻？"：清儒论婚姻之成立》，《礼教论争与礼秩重省：十八世纪礼学考证的思想活力》，北京大学出版社，2005年，第270页。
② ［日］金子修一：《皇帝祭祀的展开》，［日］沟口雄三等主编：《中国的思维世界》，江苏人民出版社，2006年，第435页。
③ 孔颖达：《礼记正义》卷51，第1621页中。
④ 孔颖达：《礼记正义》卷40，第1552页中。
⑤ 李志刚：《孺慕之孝：上古中国礼俗中的"亲前不称老"与代际交替》，《孔子研究》2015年第4期。
⑥ 班固：《汉书》卷68《霍光传》，第2944~2945页。

不逾闲。"① 宣帝即位后，欲尊祖卫太子尚不得，刘贺皇位未稳就想另建帝统，难矣。② 未谒见高庙，即未完成即皇帝位，刘贺就称嗣子皇帝于刘髆，礼制上自动解除与昭帝的继嗣关系。

再者，汉成帝即位初，丞相匡衡上奏说："帝王之事莫大乎承天之序，承天之序莫重于郊祀。"③ 刘贺即位后尚未郊祀天地，未得天命认可，也即杨敞所言"不可以承天序"。据日本学者渡边信一郎的研究，汉代元会仪尚有更新与重新确定君臣关系的功能。汉代也不把未逾年的君主视为正式的君主。④《公羊传·庄公三十二年》亦曰："君存称世子，君薨称子某，既葬称子，逾年称公。"⑤ 北乡侯、弘农王均即位后未满一年，未改年号，最终在"春秋大义"下未获得皇帝名分。"即位逾年，君臣礼成"，很明显刘贺未通过元会仪与朝臣确定正式的君臣关系，即位也未满一年。这些均是霍光、杨敞名正言顺地废黜刘贺的重要理由。昌邑王刘贺因其违礼行为，最终导致自己未完成全部的即位仪式，结果遭到霍光速战速决，在成君之前终止了皇位继承仪式。

---

① 班固：《汉书》卷63《武五子传》，第2748页。
② 《汉书·郊祀志下》载"宣帝即位，由武帝正统兴"，可能说明宣帝大权在握后，在权力来源合法性方面想抛弃昭帝一脉。在魏相等人的协助下，为其父也立皇考庙，增益戾园，正是这方面的努力。但并未成功。《汉书·五行志上》借悼皇考庙灾，评述道："初，宣帝为昭帝后而立父庙，于礼不正。"《汉书·韦贤传》录汉元帝诏书"孝宣皇帝为孝昭皇帝后，于义一体"，也载有西汉末王莽关于此事的评述："孝宣皇帝以兄孙继统为孝昭帝后，以数，故孝元世以孝景皇帝及皇考庙亲未尽，不毁。此两统二父，违于礼制。案义奏亲谥曰悼，裁置奉邑，皆应经义。相奏悼园称皇考，立庙，益民为县，违离祖制，乖谬本义。"汉元帝时若尊用孝景、孝武、戾太子、悼皇、宣帝系统，则孝景之庙已入亲尽即毁之列。未毁景帝之庙，可知遵循的是景、武、昭、宣的系统。汉宣帝礼制与帝统上仍属汉昭帝之后，与本生父祖无涉，于此可见。自霍光以下，保留汉昭帝的帝统，是其时共识，即使是汉宣帝也无力改变。宣帝尚且不能自立帝统，刘贺权位未定就想自尊其父，于时势与礼制皆茫然两不知。
③ 班固：《汉书》卷25《郊祀志下》，第1253~1254页。
④ ［日］渡边信一郎：《元会的建构》，沟口雄三等主编：《中国的思维世界》，江苏人民出版社，2006年，第371页。
⑤ 徐彦：《春秋公羊传注疏》卷9，第2243页上。

三、举大事：权力的胁迫与名分的加持

昌邑王被废经过，主要记载于《汉书》之《宣帝纪》《霍光传》《张安世传》《王吉传》《武五子传》《王式传》《龚遂传》《田延年传》等文献中。霍光废黜刘贺主要有四步：第一是召集丞相、御史、将军、列侯、中二千石、大夫、博士等到未央宫开会，决定废黜刘贺。第二是霍光率领群臣前往长乐宫，朝见皇太后。第三是在刘贺朝见皇太后之后，遭隔离与囚禁，昌邑旧臣也被投入监狱。第四是刘贺接皇太后诏，公布废黜结果。

晚清吴汝纶说："昌邑王之废，盖由骤封昌邑从官而定策功臣未加恩泽，又亲近昌邑群臣，在朝诸人失望，故谋废立。……其罪状恐亦非尽事实。"① 苏轼也有类似言论。② 吕思勉甚至认为"史所言昌邑王罪状，皆不足信"，昌邑王被废，完全是权力斗争的结果。③ 廖伯源更引而述之，认为班固误用了作伪资料。④ 废君大事，若无权力斗争，于理难通，但若仅是赤裸裸的权争，如王莽之流堕入奸臣行列，霍光似与之有异。《左传·昭公元年》载，楚公子围弑君篡位，派人赴告郑国。伍举问使者，应以何辞介绍继位者，使者曰"寡大夫围"，伍举更正为"共王之子围为长"，真乃点睛之笔，甚得权力运作的深层秘密。⑤ 大夫即王位，与王子即王位，谁更具名分上的合法性，一目了然。孔子言："名不正则言不顺，言不顺则事不成。"故霍光的废君，除有权力的胁迫外，合法性论述必然做得更到位、更合理，也即得到了更多名分

---

① 吴汝纶：《桐城吴先生日记》，河北教育出版社，1999年，第85页。
② 苏轼：《霍光疏昌邑王之罪》，《苏轼文集》第5册，中华书局，2000年，第2012页。
③ 吕思勉：《秦汉史》，上海古籍出版社，1983年，第154页。
④ 廖伯源：《昌邑王废黜考》，《秦汉史论丛（增订本）》，中华书局，2008年，第29页。
⑤ 孔颖达：《春秋左传正义》卷41，第2025页下。

上的加持。

1. 霍光非首倡者

若想废黜昌邑王刘贺，首先必须得到霍氏外戚集团的支持，霍光乃与田延年秘密商议。田延年猜度霍光已有废立之心，乃言："将军为国柱石，审此人不可，何不建白太后，更选贤而立之？"此言一出，甚合霍光之意。但以臣子身份行废黜之事，恐招非议，难以服众，霍光说："今欲如是，于古尝有此否？"虽然拥有独断专权，以臣废君的合法性焦虑，仍然横亘于霍光之心。田延年说："伊尹相殷，废太甲以安宗庙，后世称其忠。将军若能行此，亦汉之伊尹也。"①效仿伊尹，为国家社稷计而废君，有历史上圣君贤相的先例，非篡逆不道。霍光借田延年之口，解决了两个重要的问题，一是点出废君大事，戳破最后一层窗户纸。非要亲自提出废君要求，解决了伦常上的重要困境；二是为废君行为找到伊尹废太甲的先例，解决部分合法性焦虑。但田延年也说到"何不建白太后"，可见霍光虽拥有大将军、大司马、领尚书事、辅政托孤大臣的实际权力，与"行周公之事"的名分，②但他的身份并未赋予他完全的合法性。为寻求更多的合法性，霍光不得不借助更多外援。

2. 丞相的支持

自武帝以来，相权在皇权的压制下，权力转移至内朝官手中，逐渐边缘化。昭宣之际，霍光以外戚身份，独揽朝中大权，"时大将军光秉

---

① 班固：《汉书》卷68《霍光传》，第2937页。
② 《汉书·霍光传》："是时上年老，宠姬钩弋赵婕妤有男，上心欲以为嗣，命大臣辅之。察群臣唯光任大重，可属社稷。上乃使黄门画者画周公负成王朝诸侯以赐光。……光涕泣问曰：'如有不讳，谁当为嗣者。'上曰：'君未谕前画意邪？立少子，君行周公之事。'"《汉书·王吉传》也说："大将军抱持幼君襁褓之中，布政施教，海内晏然，虽周公、伊尹亡以加也。"

三、举大事：权力的胁迫与名分的加持

政，议者或言光置宰相不选贤，苟用可颛制者"。① 丞相完全备员而已，故霍光与丞相杨敞商议废昌邑王，比较顺利。② 丞相无所主见，能否完全绕开？事实是，与实际权力的大小正好相反，霍光每每奉丞相于前，自己隐身于后。当初剥夺广陵王刘胥继承权，霍光借助郎官的上书与丞相杨敞的默许，扭转了"群臣咸持广陵王"的局面。现今废黜昌邑王刘贺，同样必须获得丞相的支持。正如学者所言，武昭宣时代，"丞相在名义上还是百官之首，还有显赫的声望"。③ 霍光不得不有所顾忌。

第一，自战国以来，丞相占据权力中心，虽暂时被边缘化，但仍然具有强大的文化影响力。传统的影响赋予了相权更多的合法性，有时相甚至拥有废君之权。《墨子·尚贤》："伊挚，有莘氏女之私臣，亲为庖人，汤得之，举以为己相，与接天下之政，治天下之民。"④ 伊挚即伊尹，放逐太甲者，也是田延年建议霍光效仿的对象。《孟子·万章下》提到贵戚之卿，若"君有过则谏，反覆之而不听则易位"。⑤《荀子·君道》："人主不可以独也。卿相辅佐，人主之基、杖也，不可不早具也。故人主必将有卿相辅佐足任者然后可。"⑥《史记·陈丞相世家》载，陈平与孝文帝讨论诸官职权，"宰相者，上佐天子理阴阳，顺四时，下育万物之宜，外镇抚四夷诸侯，内亲附百姓，使卿大夫各得任其职焉"。⑦ 在陈平看来，丞相几乎无所不能，而孝文帝表示完全赞成。

---

① 班固：《汉书》卷66《蔡义传》，第2899页。
② 《汉书·杨敞传》载："大将军光与车骑将军张安世谋欲废王更立。议即定，使大司农田延年报敞。敞惊惧，不知所言，汗出洽背，徒唯唯而已。延年起至更衣，敞夫人遽从东厢敞曰：'此国大事，今大将军议已定，使九卿来报君侯，君侯不疾应，与大将军同心，犹与无决，先事诛矣。'延年从更衣还，敞、夫人与延年参语许诺，'诸奉大将军教令'。"
③ 李新城：《论秦汉相权之变迁》，《华东师范大学学报（哲社版）》2001年第4期，第37~43页。
④ 吴毓江：《墨子校注》，中华书局，2006年，第76页。
⑤ 孙奭：《孟子注疏》卷11，第2746页中。
⑥ 王先谦：《荀子集解》，中华书局，1988年，第244页。
⑦ 司马迁：《史记》卷56《陈丞相世家》，第2061~2062页。

《汉书·百官公卿表》："相国、丞相，皆秦官，金印紫绶，掌丞天子助理万机。"① 《汉官仪》："丞相旧位在长安时，有四出门，随时听事……每国有大议，天子车驾亲幸其殿。"② 东汉陈忠说："臣闻君使臣以礼，臣事君以忠。故三公称曰冢宰，王者待以殊敬，在舆为下，御坐为起，入则参对而议政事，出则监察而董是非。汉典旧事，丞相所请，靡有不听。"③ 初时，相权占据国家"外交、经济、军事等国家大事决策的枢纽"，④ 丢掉部分实际权力后，仍然具有巨大的名分象征意义，是天下舆论所在，"佐天子理阴阳，顺四时""王者待以殊礼"等。⑤ 霍光不可能不知晓其中的奥秘。

第二，丞相作为外朝百官之首，具有"领衔上奏"的权力，名分上高于霍光。杨敞作为丞相，虽废立之事，霍光决定后才被告知，战战兢兢勉强答应；但当太后驾临未央宫承明殿，群臣上奏时，尚书令读奏疏曰："丞相臣敞、大司马大将军臣光、车骑将军臣安世……"领衔者正是丞相。在陈奏废立理由时，奏疏言"臣敞等顿首死罪""臣敞等议，礼曰……""臣敞等谨与博士臣霸……""臣敞等昧死以闻"云云。只有丞相被单独列出，以发表议论。而霍光仅是"坐庭中，会丞相以下议定所立"，虽说大权在握，实于礼仪名分上远不如太后与丞相。霍光不得不借助丞相领衔上奏的名分，让其废帝的行为合法合理化。

3. 群臣的默许

霍光得到丞相杨敞的支持后，便召集御史、将军、列侯、中二千

---

① 班固：《汉书》卷19《百官公卿表》，第724页。
② 孙星衍等辑：《汉官六种》，中华书局，1990年，第123页。
③ 范晔：《后汉书》卷16《陈忠传》，第1565页。
④ 晁福林：《论战国相权》，《中国社会科学》1998年第5期，第179~192页。
⑤ 谶纬兴起后，根据阴阳五行、天人感应等理论，凡天有灾异都是上天的警戒和谴责。丞相虽已无决策大权，只能被动执行，但因尚有"佐天子理阴阳，顺四时"之责，常常成为灾异的替罪羊。反映天下舆论场中，丞相具备其他官职不可替代的象征性身份。

石、大夫和博士大会于未央宫。光曰:"昌邑王行昏乱,恐危社稷,如何?"此言一出,"群臣皆惊愕失色,莫敢发言,但唯唯而已"。田延年见机行事,离席按剑,曰:"先帝属将军以幼孤,寄将军以天下,以将军忠贤能安刘氏也。今群下鼎沸,社稷将倾,且汉之传谥常为孝者,以长有天下,令宗庙血食也。如令汉家绝祀,将军虽死,何面目见先帝于地下乎?今日之议,不得旋踵。群臣后应者,臣请剑斩之。"①田延年这番慷慨激昂的政治说辞,搬出了社稷、宗庙、先帝、托孤、以孝治天下等概念,极具震撼。

第一,将武帝搬出,田延年指出武帝认为霍光忠贤能安刘氏天下,这就为霍光行非常之事提供了权力来源的合法性,同时这种合法性也是霍光废黜君主的先决条件。第二,田延年指出自昌邑王继位以来,群下鼎沸,社稷将倾,且汉代以孝治天下,为的就是江山永存,使宗庙祭祀不断,言外之意就是昌邑王荒淫无度,不可承宗庙,危害社稷,必须废黜。第三,田延年进一步抬高霍光的地位。田延年曰:"如令汉家绝祀,将军虽死,何面目见先帝于地下乎?"② 言外之意若昭帝绝嗣,霍大将军要负首要责任,且有辱先帝"托孤"使命。这句话看似责备霍光,实则再一次将武帝搬出来以说明霍光权力来源的合法性,同时也强调废黜昌邑王非大将军不能为。第四,田延年以武力胁迫群臣。霍光、田延年明白废黜昌邑王必须速战速决。霍光曰:"九卿责光是也,天下凶凶不安,光当受难。"霍光与田延年一唱一和,配合相当默契。群臣在武力威逼与道义诱说之下,不得不"唯大将军令"。霍光废黜昌邑王,获得了群臣的同意,后并以联名上奏的形式,纳下投名状,共同承担政治风险。

4. 皇太后的支持

上官皇太后乃昭帝皇后,霍光的外孙女,上官桀之孙女,其时年龄

---

① 班固:《汉书》卷68《霍光传》,第2937页。
② 班固:《汉书》卷68《霍光传》,第2938页。

不过十四五岁。虽如此，皇太后仍然是霍光废黜昌邑王计划中最关键的人物。即使权倾朝野，霍光外戚人臣的身份也无法完成废黜之事的最后一步。皇太后却可以做到。因昌邑王继嗣于昭帝才获得即皇位的资格，名分上也就成了上官皇太后之子。霍光在获得太后许可之后，便隔离刘贺与昌邑群臣，让其朝见上官皇太后。尚书读丞相领衔奏疏，太后气愤打断宣读，说："为人臣子当悖乱如是邪！"直接训斥刘贺无为人子之心。奏疏读毕，皇太后诏曰"可"。昌邑王欲起争辩，霍光此时才怒斥："皇太后诏废，安得天子！"并握持其手，解脱玺印，奉上太后，扶昌邑王下殿，完成废君之事。这场宫廷政变，以霍光的胜利而告终。一个未成年的皇太后，帮助外公完成废立大事，霍光要的仅是其名分而已。

皇太后下诏及主持废昌邑王大礼，名正言顺。一方面，西汉历史有女主称制的传统，虽然上官太后年幼无权，但受传统影响，在废立昌邑王事件中仍发挥着举足轻重的作用。另一方面，昌邑王刘贺是以子侄的身份过继给昭帝，名分上是皇太后之子。《后汉书·皇后纪》："春秋之议，母以子贵，隆汉盛典，尊崇母氏。"① 《后汉书·梁统传》："汉家旧典，尊崇母氏。"② 吕后、窦后是最明显的先例，甚至西汉时期有皇子系母姓的传统。③ 徐冲在论述汉魏时代《外戚传》《皇后传》的不同历史书写中，精彩地指出汉代史著以《外戚传》名篇，显示皇后最为重要的身份可能不是本朝皇帝之皇后，而是次任皇帝之皇太后。以皇太

---

① 范晔：《后汉书》卷10《皇后纪》，中华书局，1965年，第441页。
② 范晔：《后汉书》34《梁统传》，第1172页。
③ 赵翼说："汉时皇子未封者，多以母姓为称。武帝子据立为太子，以母卫氏，遂称卫太子。太子之子进，以母史良娣故，称史皇孙。后汉灵帝生子协，灵帝母董太后自养之，因号曰董侯，即献帝也。亦有不用母姓，而以所养之家为姓者。献帝兄辩，养于史道人家，号曰史侯。又按滕公夏侯婴曾孙颇，尚主，主随外家姓，号孙公主，故滕公子孙更姓孙氏。是主既随母姓，子又孙母姓，盖当时习尚如此。"赵翼：《廿二史劄记》卷3《皇子系母姓》，凤凰出版社，2009年，第52页。

三、举大事：权力的胁迫与名分的加持

后之尊保护皇权。外戚与皇帝存在长幼关系。① 汉代以母后为代表的外戚可合法地保护皇帝，甚至分享皇权。

杨敞领衔的奏疏曰：

> 今陛下嗣孝昭皇帝后，行淫辟不轨。《诗》云："籍曰未知，亦既抱子。"五辟之属，莫大不孝。周襄王不能事母，《春秋》曰"天王出居于郑"，由不孝出之，绝之于天下也。宗庙重于君，陛下未见命高庙，不可以承天序，奉祖宗庙，子万姓，当废。②

杨敞等引经据典，给出的最大理由就是昌邑王淫乱不孝。而在先君崩殂的情况下，能够名正言顺指责不孝罪状的，唯有皇太后而已。以孝治天下的国策，促使皇太后获得母后的名分，也就有了相应的权力。清徐廷垣评论说："废之者乃母废子，非臣废君也。"③ 性质具有本质区别。借助母后身份举大事，史载常见。如王莽借助王太后行废立之事。宋代著名的"濮议"，双方据礼经各持己见，互相攻讦，最后由仁宗之母曹太后，出面下手书封定尊号，又令英宗下诏谦辞，不受尊号，调和折衷方告平息。曹太后的"慈旨"在礼制争论中，发挥了至关重要的作用。④

霍光对名分的追求，随处可见。如霍光已经软禁刘贺后，还明敕左右"谨宿卫，卒有物故自裁，令我负天下，有杀主名"。廖伯源认为："霍光囚禁昌邑王，政变意图已露，延迟不行废王之礼，极为危险。盖

---

① 徐冲：《中古时代的历史书写与皇帝权力起源》，上海古籍出版社，2017年，第133~152页。
② 班固：《汉书》卷68《霍光传》，第2945~2946页。
③ 徐廷垣：《春秋管窥》卷八，景印文渊阁《四库全书》第176册，台湾"商务印书馆"，1986年，第796页。
④ 张寿安：《"为人后"：清儒论"君统"之独立》，《礼教论争与礼秩充省：十八世纪礼学考证的思想活力》，北京大学出版社，2005年，第156页。

王一日不废，一日仍是至尊，延迟废王可能引起形势之变化，为霍光计，囚王后越快废王越为有利。霍光为何冒险延迟废王，不可解。"① 实因廖先生已存班固记载不实的偏见，导致对霍光囚禁刘贺而不立即废黜的行为产生了困惑。霍光真正担心的是自己无废黜昌邑王的名分，故害怕承担"负天下""有杀主名"的罪责。霍光不得不借助太后之名，行废立之实。对名分的顾忌，才是霍光延迟行废立的真正原因。废昌邑王后，送之回邸，霍光"涕泣而去"且对刘贺说"臣宁负王，不敢负社稷"。此时再解释有何用？只是为自己寻找更多的合理性，自我安慰而已。南宋家铉翁认为，霍光之所以如此委曲求全，乃是"明经大儒共定策者为之深思"的结果，② 甚有见地。

废黜大事环环相扣，扣扣都以权力作基础，以名分作保证。霍光废昌邑王虽有争议，③ 但与一般的篡逆奸臣有别，而常与伊尹、周公并列。④ 且在功成行赏之际，"作为衡量霍光等人功德和封赏的参照标的，正是曾参与'诛废少主，迎立代王'的周勃、陈平、灌婴、刘章、刘揭。霍光和宣帝显然有意强调废黜刘贺的正当性堪与周勃等废少帝媲美"。⑤ 之所以能够做到这一点，除了拥有强大的权力基础作为保证之外，对名分的把握，也最终让其免于滑向奸臣行列。

---

① 廖伯源：《昌邑王废黜考》，《秦汉史论丛（增订本）》，中华书局，2008年，第29页。
② 家铉翁：《春秋集传详说》卷22《襄公二十六年》，景印文渊阁《四库全书》第158册，台湾"商务印书馆"，1986年，第391页。
③ 吕祖谦《东莱集》说："霍光废昌邑王，尊立宣帝。宣帝初即位，严延年劾奏光擅废立，无人臣礼，不道。奏虽寝，然朝廷肃焉。"
④ 晁補之《鸡肋集》卷43《西汉杂论》说："引昌邑王下殿而泣送之，取宣帝民间而北面之，霍将军之勇也，此其于国皆当伊、周之任。因祸而为福，转败而成功者。故扬雄以谓皆近世社稷之臣。"胡三省《资治通鉴注》卷24说："汉朝无君二十七日，天下不摇，霍光处此，诚难能也。"
⑤ 吕宗力：《西汉继体之君正当性论证杂议——以霍光废刘贺为例》，《史学集刊》2017年第1期，第22~38页。

结　　语

　　刘贺罪行在千条以上，自有欲加之罪之嫌。但若说全是班固误用作伪材料，则走向另一极端。汉武帝崩殂后，霍光以李夫人配食，且上尊号为孝武皇后，① 说明霍光对昌邑一脉并无偏见，甚至有好感。霍光最初选择刘贺，我们应相信其真诚。废昌邑王，不得已而为之。否则，刘贺无罪而遭废，谨慎如霍光者，岂不是视立废大事如同儿戏！况且《汉书》所明载的刘贺罪行，历历可数，未列举千条之多。除明载之外，千条之内，都是芝麻小罪而已，不值得详细记载。而且多处罪行，由昌邑旧臣如龚遂、王吉等进谏时提出。昌邑旧臣能无中生有捏造自己大王的罪行？在无直接材料证明班固采用作伪材料的情况下，当可谨慎采信。② 而且西汉王侯多荒淫无礼，此点赵翼早就指出。③ 即使有"师友辅导之益"是否就有很大的改善呢？未必如此。刘贺之父刘髆的师傅是夏侯始昌。刘髆肯定常读经书，知道"春秋大义"，但刘髆的行为却未见多彬彬有礼。同理，刘贺虽有王吉、龚遂、夏侯胜、王式教导，常读经书，死后随葬砚台、孔子画像镜框与《论语》《易经》，也不能说明其能真懂礼、行礼、用礼。④ 史载刘贺未即位前"遣中大夫之长

---

① 班固：《汉书》卷97《外戚传》，第3951页。
② 班固无作伪动机，也无现实需要。废立事件已发生百年余，班固形诸文字，既不受宣帝影响，也不受霍氏家族影响，更无昌邑王的影响。班固塑造的昌邑王形象，在无现实忌讳的情况下，特意作伪为霍光辩护，于理难通。
③ 赵翼：《廿二史劄记》，凤凰出版社，2009年，第53页。
④ 南昌海昏侯刘贺墓发掘以来，出土《论语》《易经》《礼记》与孔子屏风、砚台、成套乐器等文献与文物，有学者开始为刘贺作"翻案"文章，据本文论述，翻案需慎重。汉武帝"罢黜百家，独尊儒术"后，上层已逐渐形成崇儒氛围，稍有文化素养与权位者拥有这些物品以装饰门面，不难奇怪。陪葬10吨五铢钱与378枚金饼，反可坐实刘贺生前的荒淫奢侈。著名学者辛德勇也提到，"海昏侯墓出土的文物和文字铭文、简牍文书，只能进一步丰富我们对西汉历史以及其他相关历史问题的认识，而不能甚至无须期望对《汉书》记载的有关刘贺的基本史实作出什么翻案文章"。见辛德勇：《海昏侯刘贺》，读书·生活·新知三联书店，2016年，第282页。

安，多治仄注冠，以赐大臣，又以冠奴"，甚至被大学问家刘向认为是"服妖""闻天子不豫，弋猎驰骋如故，与驺奴、宰人游居娱戏，骄嫚不敬"。斗鸡走狗，声色犬马，西汉王侯风气如此，刘贺未能例外。刘贺遭废，虽有顽强抗争，① 毕竟能力有限，也无可奈何。"荒淫迷惑，失帝王礼谊，乱汉家制度"，本属事实，只是因被选立为帝，稍加放大而已。②

　　主流观点以为霍光因权力斗争而废黜昌邑王刘贺。本章不否认这点。刘贺大肆提拔昌邑旧臣，在即位尚未完成时，就想通过称"嗣子皇帝"于生身父亲，另立"汉武帝—刘髆—刘贺"的帝统，全盘推翻霍光确立继嗣于昭帝的帝统。刘贺与霍光的权争不仅涉及现实的政治利益，还可能涉及帝统重建。但是否霍刘之间仅是权争呢？如果是这样的话，很难解释废黜昌邑王与一般奸臣篡国有何区别。事实上霍光未入《奸臣传》，而是与伊尹、周公同列。西汉后世之君也多正面评价霍光的"尊孝宣而废昌邑"。③

　　《史记·外戚世家》："自古受命帝王及继体守文之君，非独内德茂也，盖亦有外戚之助焉。"受命帝王权力合法性乃是天命之所归；而后世之君，所谓"继体守文"者，合法性一为血缘，二是德行。昌邑王在继体与守文两方面，均留人口实。刘贺非先君嫡子，尚有比他更有资格即位人存在的情况下，通过过继的方式取得即位资格，已有先天的缺陷。这种缺陷为后来的废黜埋下了火种。与刘贺存在先天缺陷，尚不自知，过度违礼给人口舌相反，霍光充分利用名分资源，为举大事找到合适的搭档与程序。借人之口，点破废立大事，胁迫群臣纳下投名状，推

---

①　王刚：《身体与政治：南昌海昏侯墓葬器物所见刘贺废立及命运蠡测》，《史林》2016年第4期，第29~41页。

②　海昏侯墓出土奏牍后发现，奏牍字体均为墨写隶书，文字端正工整，有"妾""昧死再拜上书太后陛下""南藩海昏侯臣贺昧死再拜皇帝陛下"，与即位之初的肆无忌惮相比，此时的刘贺身心俱疲，卑躬屈膝，内在心情不知当作何感想。

③　吕宗力：《西汉继体之君正当性论证杂议——以霍光废刘贺为例》，《史学集刊》2017年第1期，第22~38页。

出丞相以领衔上奏，借皇太后之口下诏废君，重用劝谏儒生，营造舆论。多方力量的参与，对刘贺而言受到相应权力的胁迫，对霍光而言得到更多名分的加持，具有更大的合法性。

刘贺遭遇废黜，除各方政治力量联合博弈外，即位后深层次的礼制困境是最重要原因。主持国丧违礼，失掉丧主身份，也失去了最重要的继承资格。国丧期间的种种违礼行为，触犯了传统中国从"幼子"到"成人"、从"旧君"到"新君"微妙的代际交替礼仪禁忌。刘贺未郊祀以得天命的追认；未举行元会仪，与朝臣确定正式的君臣关系。过早称"嗣子皇帝"于生身父亲，陷入与霍光的帝统之争。"未庙见"导致即位仪式的中断。昌邑王立 27 日遭废，严格来说并非废黜一位皇帝，而是终止了刘贺的皇帝即位仪式。刘贺失掉所有的礼仪加持，最终霍光废掉"未成君"的君主，既轻而易举又名正言顺。司马光说："臣闻天子之职莫大于礼，礼莫大于分，分莫大于名。"① 权力斗争与名分言说交错在一起营造的礼制困境，铸就了霍刘二人的历史命运。

---

① 司马光编著：《资治通鉴》卷1，中华书局，1956年，第2页。

中国上古礼制中衣服所具
功能与灵魂附归问题

众所周知,孔子因避过"披发左衽"的命运,曾高度赞许多次违礼的管仲;乡人大傩之时,又朝服而立于阼阶。圣人言行与衣服间的密切关系,深刻地体现着华夏文明的特点。衣服在中国文化中的地位可想而知。近年来,丁鼎《〈仪礼·丧服〉考论》从历史角度详细考证《丧服》文本及其所体现的伦理观念与社会制度;① 阎步克《服周之冕》通过讨论《周礼》"六冕"制度历代变迁而透露出的权力运作,展示"从服饰看权力"的新思路,更是启发学者进一步思考礼制中衣服所蕴藏的含义;② 贾海生《制服与作器》,以《仪礼·丧服》为纲,利用大量的金文资料,讨论古人为亲人制丧服,作礼器,而呈现的"饰群党""别亲疏"的礼制功能,也特具价值。③

踵继学界对礼俗中衣服的研究热情,把视角转至信仰领域,不失为一个尝试。孔子朝服立于阼阶,让祖先神灵免受大傩的惊吓而有所凭依,已涉及古人对神灵的认识。新出竹简中也能见到古人关于制衣时日

---

① 丁鼎:《〈仪礼·丧服〉考论》,社会科学文献出版社,2003年。
② 阎步克:《服周之冕——〈周礼〉六冕制度的兴衰变异》,中华书局,2009年,第5页。
③ 贾海生:《制服与作器——丧服与礼器饰群党、别亲疏相互对应的综合考察》,《考古学报》2010年第3期,《文献》2010年第3期;《周代礼乐文明实证》,中华书局,2010年,第1~119页。

禁忌的记载，如睡虎地秦简《日书·制衣》载丁丑日制衣则媚人，丁亥日制衣则灵，楚九月不能制新衣等。① 《论衡》不仅载裁衣有吉日凶日之别，还提到鬼魂穿衣的大小问题，② 正好与出土简帛所载相印证。可以说，探讨衣服在信仰领域中所具功能，对研究古人的信仰观大有助益。本章将集中讨论先秦秦汉时期几种礼制活动中，古人如何利用衣服而让灵魂有所归附，以揭示衣服在其中的功能。

一、复礼的属性与所用之衣

复礼施行于人刚死，而丧事尚未开始之时，屡见于礼典文献。③ 其中《仪礼·士丧礼》所载最为详细：

> 复者一人，以爵弁服簪裳于衣，左何之，扱领于带。升自前东荣、中屋，北面招以衣，曰："皋，某复！"三，降衣于前。受用箧，升自阼阶以衣尸。复者降自后西荣。④

周代士级贵族刚死，招魂者将死者生前所穿最尊贵爵弁服的上衣和下裳缝在一起，自己身穿朝服，且把爵弁服搭在左肩，把衣领插入腰带内，然后从屋的东南角登上屋顶，站在屋顶中间，面朝北方，挥舞爵弁服，长啸之后，高呼死者名字，如此再三，让其魂灵知晓而复归。堂下

---

① 王子今：《睡虎地秦简〈日书〉甲种疏证》，湖北教育出版社，2002年，第122页。
② 黄晖：《论衡校释》，中华书局，1990年，第994、1054、1055页。
③ 复礼属于招魂礼，但招魂既包括招生魂，又包括招死魂，故招魂的概念范围广于复礼。招死魂的目的乃招死者魂灵接受祭祀，故属于祭礼的范畴。招生魂才是复礼，非丧祭之礼，属治病术，直至现今仍然在中国民间广泛流行。其所用工具或仅有衣服，或另加上一个簸箕，在半夜人静时分，招者在高楼挥舞衣服，叫喊病者或受惊吓者的名字，如"某，归来噢！"，房内会有人答"归来了"，然后把衣服盖在病者身上。因小孩容易受惊吓，故此招魂法多用于小孩身上。
④ 贾公彦：《仪礼注疏》卷35，第1128~1129页。

立者用箧接住复者从屋顶扔下的爵弁服，然后覆盖在死者身上，完成复礼。整个行礼过程，死者生前所穿的爵弁服是最主要的礼器。

1. 复礼非丧礼

《仪礼·士丧礼》所载虽为丧礼，但若仔细检视礼典中古人行礼所具心态，可得知复礼虽招魂复魄，但非丧礼。① 学界通行观点，可进一步的丰富。② 《礼记·丧大记》："唯哭先复，复而后行死事。"郑注："气绝则哭，哭而复，复而不苏，可以为死事。"③ 很明显，复与死事存在先后关系，不能混同。复礼目的是祈望死者复生，孝子内心深处尚未接受亲人死亡的事实。只有在复礼失败后，才不得已承认现实而开始行丧事。《礼记·问丧》："孝子亲死，悲哀志懑，故匍匐而哭之，若将复生然。"④ 孝子在亲死三日后才入殓，一因过度悲伤，二因尚希望亲人复生。《礼记·杂记上》载殇兄弟丧"不名，神也"，⑤殇兄弟未行冠礼，则必然无字；但为尊殇兄弟之神，不称名而临时特意"造字"。可见对于神灵而言，称名有不敬之嫌。复礼呼名，反证"死者"尚未成为神灵。《丧大记》："幠用敛衾，去死衣。"幠为盖尸布。郑注："去死衣，病时所加新衣及复衣也，去之以俟沐浴。"⑥ 复礼后，死者若未能生还，接下来就得行沐浴入殓之事。同时去掉病时所穿新衣与行复礼

---

① 复礼非丧礼，潘啸龙先生在讨论《楚辞·招魂》时已有所涉及，笔者阅后深受启发，但仍需要从礼仪的细微处加以确证。礼学精义见于礼仪，故研究古礼不从礼仪细节出发，根基必不稳固。宏观的礼义思考与微观的仪节考证，密切配合相互发明，是笔者追求的研究方法。潘啸龙：《〈招魂〉研究商榷》，《文学评论》1994年第4期，第35~43页；《关与〈招魂〉研究的几个问题》，《文学遗产》2003年第3期，第7~16页。

② 金式武：《招魂研究》，《历史研究》1998年第6期，第38~47页；吴真：《敦煌孟姜女变文与招魂祭祀》，《北京大学学报》2012年第1期，第136~142页。

③ 孔颖达：《礼记正义》卷44，第1572页中。

④ 孔颖达：《礼记正义》卷56，第1656页下。

⑤ 孔颖达：《礼记正义》卷41，第1553页下。

⑥ 孔颖达：《礼记正义》卷44，第1575页下。

时所盖之衣。所谓"新衣"与"复衣"均象征生时之物，行死事必得去之。郑玄指出"复者，庶其生也。若以其衣袭殓，是用生施死，于义相反"，复属生时之礼已很明白。生时之物不可与死时之物混淆，正与"复衣不以衣尸，不以殓"的礼仪原则相合。①

再者复者身穿朝服，升自东荣，降服于庭，同样能看出其内心未以丧事视之。《礼记·丧大记》："复者朝服。"郑注："朝服而复，所以事君之衣也。"②贾公彦《仪礼·士丧礼》疏："以其事死如事生，故复者皆朝服也。"③复者所司为人职，非如巫祝之类为神职人员。且复者皆为死者生前之臣，现仍服事君的朝服而非丧服或祭服招主君魂灵，则其内心显而易见未认可主君已永逝不回。至于方位，神以西为尊，人以东为尊，复者升自东荣，即所行乃生人之礼，而非神灵之礼。即使是复者投衣于前庭，这个动作在贾公彦看来，同样有阳气冲荡其间。贾氏曰："前，谓阳生之道。复是求生，故衣从生处来也。"④衣是死者生前之衣，所置方位又充满阳气。把附有灵魂的衣服投向"阳光明媚"之处沾阳气而求得延长生命。至于复者降自西北，曹元弼曰："不由前降，明魂已随受衣者入体，孝子侥生之心也。"⑤可见复者的一举一动，均未见丧礼踪迹，还存死而复生的侥幸心理。

甚至始死时来吊的宾客，在内心深处都不认可死亡已成为不可逆转的事实。《礼记·丧大记》载未小殓时，来吊宾客裼裘，小殓后方才袭裘。郑注："始死，吊者朝服裼裘，如吉时也。小殓则改袭而加武与带绖矣。"⑥裼裘乃吉时之服，服之以吊，有未接受丧事已成的心理存焉。

---

① 孔颖达：《礼记正义》卷44，第1572页中。
② 孔颖达：《礼记正义》卷44，第1572页中。
③ 贾公彦：《仪礼注疏》卷35，第1128页下。
④ 孔颖达：《礼记正义》卷44，第1572页中。
⑤ 曹元弼：《礼经校释》，《续修四库全书》第94册，上海古籍出版社，1995年，第465页。
⑥ 孔颖达：《礼记正义》卷44，第1574页上。

袭裘则属丧时之服。①《礼记·玉藻》"袭裘不入公门",正是不能因己之丧干国家之公。《礼记·檀弓上》又载:

> 曾子袭裘而吊,子游裼裘而吊。曾子指子游而示人曰:"夫夫也,为习于礼者,如之何其裼裘而吊也?"主人既小殓,袒、括发,子游趋而出,袭裘、带、绖而入。曾子曰:"我过矣!我过矣!夫夫是也。"②

曾子不理解子游先裼裘而吊,小殓后变为袭裘而吊的礼意,看到子游根据礼节不同而更换所穿之衣,不得不深表佩服。礼学精微,贤圣如曾子者尚有不解之处!由裼裘到袭裘,宾客对丧事有一个不承认到逐渐承认的过程。③

既然孝子、复者与宾客,均不用丧事来看待复礼,那么复礼属性到底为何?

2. 复礼属治病术

复礼本质上是治病术,与彻去临死者之床,让其睡在地上接受"地气"复生,属于同一道理。《礼记·檀弓下》:"复,尽爱之道也,

---

① 袭裘与裼裘的具体区别,参看杨向奎:《裼袭礼与"礼不下庶人"解》,《杨向奎学术文选》,人民出版社,2000年,第67~78页。
② 孔颖达:《礼记正义》卷7,第1285页中。
③ 《通典》引用卢植《礼记解诂》讲:"丧朝夕奠,尚生事之。虞而立尸,卒哭讳新,是为以生道事之毕矣,复以鬼道始事之也。已者,辞也。一说生事毕,从生至死也。鬼事始已,从死至卒哭也。"卢植提供的两种看法,前者把鬼道定于卒哭,后者定于死时,均有不严密之处。前者忽略了礼仪程序中的生时之礼,转为凶礼,从凶礼逐渐转吉礼的过程。生时之礼终于复,凶礼始于复礼的失败,凶礼的逐渐转吉始于卒哭,完成转吉则需要到三年丧终的禫。后一种说法似忽略了生死之间"救治"过程的模棱两可阶段。参见杜佑:《通典》卷104《礼·凶礼·卒哭后讳及七庙讳字议》,中华书局,1988年,第2726页。

有祷祠之心焉。"①《礼记·丧大记》"废床",郑注:"废,去也。人始生在地,庶其生气反。"生死之际,生者无法接受亲人遽然永逝,为尽孝子之心,故先用"接地气"再用复礼,多次努力来挽救死者生命。所谓"祷祠"者,即是通过祭祷治病。《史记·龟策列传》:"以占病,病甚者一日不死;不甚者卜曰瘳,不死。"② 此所讲乃以龟策之占,来卜问病之轻重,甚至生命的长短。《左传·哀公六年》记载了楚昭王著名的"祭不越望"故事。③ 虽然昭王放弃了祭祀河神以治病的建议,但此事清楚显示,祭祀神灵以治病在春秋时代曾非常流行。

通过祭祷治病而延长生命,在新出土的卜筮祭祷文献中很常见。④ 著名的秦骃祷病玉版即为一例。秦国贵族骃因久病不愈,曾到华山祈祷,求神降罪,后来痊愈,故作玉版还愿。玉版中载祷祠的神灵有天地、四极、三光、山川、神祇、五祀、先祖、明神、太一、大将军等。⑤ 香港中文大学文物馆收藏的《序宁祷券》记载了由子、媳在序宁生前和生后分别举行的四次祭祷。根据杨华先生的研究,四次祭祷可分为三大步骤,即"疾病祷→始死祷→两次死后祷"。⑥ 如此看来,孝子自序宁始病之时,已通过祭祷来救治她的生命。特别是在祷券中,有两简同时记载了疾病祷和始死祷的内容,可以想见只有在祭祷救治不成功后,才能接着以亡者的身份再次予以祭祷。新蔡葛陵竹简,记录了平夜君成生病后,多次卜筮祭祷贞问病因、结果、救治方法等内容。⑦

---

① 孔颖达:《礼记正义》卷9,第1301页上。
② 司马迁:《史记》卷128《龟策列传》,中华书局,1959年,第3242页。
③ 孔颖达:《春秋左传正义》卷58,第2162页上。
④ 杨华:《出土日书与楚地的疾病占卜》,《武汉大学学报》2003年第5期,第565~570页。
⑤ 李零:《秦骃祷病玉版的研究》,《中国方术续考》,中华书局,2006年,第360页。
⑥ 杨华:《〈序宁祷券〉集释》,丁四新编《楚地简帛思想研究》第3辑,湖北教育出版社,2007年;杨华:《古礼新研》,商务印书馆,2012年,第501页。
⑦ 宋华强:《新蔡葛陵楚简初探》,武汉大学出版社,2010年。

《楚辞·招魂》是完整记载招魂的诗歌。司马迁、刘向、王逸等汉代学者均认为招魂的对象为未死之生人。① 王逸更是直截了当地说："宋玉怜哀屈原忠而斥弃，愁懑山泽，魂魄放佚，厥命将落。故作《招魂》，欲以复其精神，延其年寿。"② 屈原失魂落魄，愁懑满怀，长期下去必过早弃世，故宋玉招其魂复其魄，延寿治病的色彩非常明显。③ 著名美术史家巫鸿先生虽不认可复礼属治病术，但他所举人类学例子恰好构成反证："澳洲一个土著医人去追赶一位将死者的游魂，并在它即将落日消失的一刹那抓住了它。他把它用负鼠皮做成的毯子包裹带了回来，然后把毯子盖在将死者身上，由于灵魂重新附体，他终于活了过来。"④ 用毯子包裹死者游走的灵魂，让其与肉身重新结合，达到了起死回生的效果。"活了过来"的事实与医者的身份，具有很强的说服力。复礼仪节的主干与之若合符契，所以很难讲复礼仅是主人尽尽孝心而已。

　　复礼是挽救灵魂治病救人之举。《左传·昭公二十五年》载，宋元公和鲁国客人叔孙婼在燕飨中语相泣。作为佐礼的宋国官员乐祁事后评论道：

　　　　今兹君与叔孙其皆死乎！吾闻之："哀乐而乐哀，皆丧心也。"

---

① 招生魂的古代习俗，参见康保成：《孟姜女故事与上古祓禊风俗》，《戏剧艺术》1992年第2期，第64~74页。
② 洪兴祖著，白化文等点校：《楚辞补注》，中华书局，1983年，第197页。
③ 复虽属招魂，但与招魂的意义还是具一定的区别。张焕君先生认为，二者的不同主要体现在两个方面。其一，主持者的身份不同。《招魂》是巫师，复礼是专制官员或私属之臣。其二，《招魂》的举行与死者的去世时间无关；复礼则需在死者刚刚咽气之时。换言之，《招魂》包括招生魂与招死魂，范围广于复礼。参见张焕君：《从中古时期招魂葬的废兴看儒家经典与社会的互动》，《清华大学学报》2012年第3期，第45~52页。
④ 巫鸿：《礼仪中的美术：马王堆再思》，《礼仪中的美术：巫鸿中国古代美术史文编》，郑岩等译，生活·读书·新知三联书店，2005年，第103页。

> 心之精爽，是谓魂魄。魂魄去之，何以能久？①

死亡是灵魂与肉体的彻底性分离，而生病则可能是灵魂暂时性离开。乐祈通过观察二人的失礼行为，得出其魂魄已去，生命必不能持久的结论。有意思的是，虽然乐祈已判定叔孙氏灵魂已去，但叔孙氏并未马上死去。可见所谓"丧心"而失去魂魄，只代表其人处于可哀时而乐，可乐时而哀的癫狂式病态中，离死亡尚有段距离。此与复礼通过招魂来救治死者复生，遵循了同一心理逻辑。孝子并不能确定亲人的魂灵是彻底性离去，还是暂时性离开。假如属暂时性离开，就可以通过唤回而得救。《史记·赵世家》载赵简子病重不省人事，七日复苏后言其"之帝所"，并接受帝所作晋国大乱的预言。② 简子的灵魂离开肉体至少七日。简子家人虽未行复礼，但判断其七日后必然苏醒的人正好是名医扁鹊。《元史·王荐传》载，王荐父亲通过王荐的夜祷于天而"绝而复苏"，且病被治愈。③《太平广记》亦载，卢仲海与其从叔缵在吴地做客，夜晚饮酒，缵大醉而亡。卢仲海在缵心尚暖的情况下，"忽思礼有招魂望反诸幽之旨"，于是大声呼喊缵的名字以达数万次，最终缵"居然苏醒"。④ 可见后人不否认招魂祭祷有起死回生之效。复礼以最后努力挽救人的生命，毫无疑问属治病术。

现在的问题是，为什么复礼中最为重要的礼器是死者的衣服？衣服在作为治病术的复礼中有何象征意义？

3. 衣服是复礼治病的中介

澳洲土著医人的负鼠皮毯子，相当于复者所用的衣服。负鼠皮毯子

---

① 孔颖达：《春秋左传正义》卷51，第2107页上。
② 司马迁：《史记》卷43《赵世家》，第1787页。
③ 宋濂等：《元史》卷197《王荐传》，中华书局，1976年，第4452页。
④ 李昉等编：《太平广记》卷338《卢仲海》，中华书局，1961年，第2680页。

属珍贵之物,医人用之以包裹魂灵,实有引诱魂灵复归之意。各级贵族所用复衣,均是最为尊贵的上等之服。《楚辞·招魂》:"秦篝齐缕,郑棉络些。"王逸注:"为君魂作衣,乃使秦人职其篝络,齐人作彩缕,郑国之工缠而缚之,坚而且好也。"① 招魂之衣制作非常精美。《礼记·丧大记》载复礼用衣:"君以卷,夫人以屈狄。大夫以玄赪,世妇以襢衣。士以爵弁,士妻以税衣。"②"卷"通"衮",与士爵弁服一样,属祭祀时所穿之服。《礼记·玉藻》:"君命屈狄,再命袆衣,一命襢衣,士褖衣。"③ 褖衣即税衣。前三者为诸侯夫人到命士夫人的命服,褖衣为未命士夫人的尊服,均在祭祀时用之。《仪礼·士冠礼》载冠者所受之服,祭服的地位高于军服与朝服,且与爵命密切相关。复礼所用衣服最能体现死者的身份。这样看来,复礼所用之衣与呼死者之名一样,④ 具有某种程度上的唯一性和确定性,可用来限定死者身份,让灵魂更容易识别而归来依附。更值得注意的是,把衣与裳缝在一起,构成较为完整"袍制"人形,⑤ 似暗示可以直接穿用,从而更容易引诱灵魂回归。《楚辞·招魂》描述天上、地下、四方的险恶,苦口婆心地希望"魂归来兮",未尝不是引诱,甚至带有恐吓色彩。《论衡·祀义》载鬼所用之衣:"故复以缯制衣,以象生仪。"⑥ 复礼用衣原则是模仿生时仪容。后世招魂有不用衣服者,则立象以代之,更显示"簪衣于裳"有象人形之意。⑦

正因为衣服为死者生前之物,尚有气息存焉,能够限定其身份,所以衣在复礼中构成了肉体与灵魂的中介。这种中介的形成,只有在万不

---

① 洪兴祖:《楚辞补注》,中华书局,1983年,第202页。
② 孔颖达:《礼记正义》卷44,第1572页上。
③ 孔颖达:《礼记正义》卷30,第1481页下。
④ 《礼记·丧大记》:"凡复,男子称名,妇人称字。"
⑤ 《礼记·杂记上》郑注:"袍制,谓通衣裳有表有里,似袍。"
⑥ 黄晖:《论衡校释》,中华书局,1990年,第1054页。
⑦ 《旧唐书·列女传》载,因父殁于征辽之战,无尸柩,王氏乃"立父形象,招魂迁葬"。《旧唐书》卷193《列女传》,中华书局,1975年,第5144页。

得已的情况下，才能找替代品。如《礼记·杂记上》载诸侯朝聘而死于路途之中，"则升其乘车之左毂，以其绥复"。① 无屋顶可登，故登车之左毂；无衣服可挥，故用绥代替之。绥者，诸侯旌旗之属，同样是诸侯身份的象征。再如《礼记·檀弓上》："邾娄复之以矢，盖自战于升陉始也。"邾人自升陉之战后，行复礼不用衣服而用箭矢。郑注："时师虽胜，死伤亦甚，无衣可以招魂。"孔颖达疏："复有可生之理者，则用矢招魂。"② 用箭矢招魂，因战争而形成的习惯，乃春秋变礼而已。箭矢是士兵的最主要武器，用来象征士兵的身体而招魂，与衣服类似。③ 复以求灵魂与肉体再次结合，但不可能举着笨重的肉身直接引诱灵魂回归，所以只好找到与肉身密切相关，能够象征肉身的衣服代替之。

正因衣服是肉身的象征，可以引诱灵魂附归，故在巫术行为中，欲置人于死地，或欲救人于死地，均可通过衣服而行之。郦道元《水经注》引《玄中记》载有"羽衣女鸟"故事：

（女鸟）阳新男子于水次得之，遂与之居，生二女，悉衣羽而去。豫章间养儿不露其衣，言是鸟落尘于儿衣中，则令儿病，故亦谓之夜飞游女。④

有众女鸟于水中洗澡，阳新男子藏匿了某女鸟的羽衣，致使其不能飞走，故得与男子同居，且生二女。后女鸟通过女儿问到羽衣藏匿处，得与女儿穿上羽衣后飞之而去，重获自由。很明显阳新男子是通过控制

---

① 孔颖达：《礼记正义》卷40，第1549页上。
② 孔颖达：《礼记正义》卷6，第1278页上。
③ 箭矢能够象征其主人的生命，可以通过古人折矢盟誓得知。参见吕静：《春秋时期盟誓研究——神灵崇拜下的社会秩序再构建》，上海古籍出版社，2007年，第68页。
④ 郦道元著，陈桥驿校注：《水经注》卷35《江水》，中华书局，2007年，第809页。

女鸟的衣服,来达到控制女鸟的目的。正因如此,豫章民间信仰养儿不能露其衣,以避免鸟通过落尘于衣中,而致小儿生病。羽衣女鸟故事,在古代文献中多有流传,如鲁迅先生《古小说钩沉》载"姑获鸟"故事,更为详细具体。①

男子通过羽衣控制了女鸟或姑获鸟;与之相对,女鸟或姑获鸟通过施法于小儿衣上,致其生病。关于"肉身⟷衣服⟷生病"之间演变的逻辑,日本学者山田庆儿《夜鸣之鸟》有精彩的论述。山田先生认为小儿得痫病的缘由在于"小儿的某种东西被疫鬼吃了",并引唐代陈藏器《本草拾遗》"姑获能收人之魂魄"以确证之。② 姑获鸟通过小儿的衣服而收其魂魄,致其肉身得病。假若逆向推理,则得出这样的结论:通过衣服使灵魂与肉体结合,同样可以得到健康或生命。女鸟得到羽衣后,重获自由正好说明了这一点。而复礼正是通过衣服祈求灵魂复归肉身,重获生命的一种尝试。

现在看来,"复"是治病术而非丧事的礼仪属性已经是显而易见的事实。衣服因与死者有过亲密的接触,尚存留其生时气息,加之尊贵的衣服是死者身份的真切体现,故而能用之充当灵魂与肉体的中介,象征着肉体的存在而引诱远去灵魂的复归,从而达到治病救人的目的。"衣,包人心魂之物,古人认为即是魂。故虽暂时别离,亦捧衣思人。"③ 新出清华简《说命中》载:"惟口起戎出好,惟甲胄作疾,惟衣载病,惟干戈眚厥身。"④ 其中"惟衣载病",已清晰地点出先秦古

---

① 鲁迅辑:《古小说钩沉·玄中记》,《鲁迅全集》第8卷,人民文学出版社,1973年,第492页。
② [日]山田庆儿:《夜鸣之鸟》,刘俊文主编,《日本学者研究中国史论著选译》第10卷,《科学技术》,中华书局,1992年,第247页。
③ [日]白川静:《诗经的世界》,杜正胜译,台湾东大图书公司,2001年,第49页。
④ 李学勤主编:《清华大学藏战国竹简(三)》,中西书局,2012年,第125页。《礼记·缁衣》引《说命》作"惟口起羞,惟甲胄起兵,惟衣裳在笥,惟干戈省厥躬",大意虽与简文类似,但明显不如简文精确。

人对衣服与疾病之间关系的认识。北大简《泰原有死者》由死而复生之人的口吻讲述死者的禁忌与观念，"死人之所恶，解予死人衣"。①死去的人最厌恶的事情是，撕裂毁坏用于随葬的衣服。为什么死者要强调保持衣服的完整性？或许与衣服是灵魂的寄存所在有关。毁坏了随葬衣服，有可能伤及衰弱的灵魂。

二、迁庙礼与立尸礼所用之衣

古人的信仰领域中，灵魂无像而飘忽不定，故孝子必让其有所凭依。例如始死设奠、设铭旌、制重；葬时埋重于庙门左阶，随即虞祭安魂，制桑主立尸；小祥则埋桑主而制栗主；三年丧毕，新庙已成，则自寝迁新主于庙。岁时祭祀，立尸以象祖。用具象的实物或生人，使无形的灵魂得到归依与安宁，无疑是古代中国信仰的重要特点。在这些礼仪活动中，衣服虽非最为重要的礼器，但也占据不可或缺的地位。迁庙礼与立尸礼中衣服所具作用，表现尤其突出。

1. 迁庙礼所用之衣

《大戴礼记·诸侯迁庙》对迁庙礼记载最为详细。现把核心内容具列如下：

> 君降立于阶下，奉衣服者皆奉衣从祝。奉衣服者降堂，君及在位者皆辟也。奉衣服者至碑，君从，有司皆以次从出庙门。奉衣服者升车，乃步。君升车，从者皆就车也。凡出入门及大沟渠，祝下挨。
>
> 至于新庙。筵于户牖间，樽于西序下，脯醢陈于房中，设洗当

---

① 姜守诚：《北大秦牍〈泰原有死者〉考释》，《中华文史论丛》2014年第3期，第143~178页。

东荣，南北以堂深。有司皆先入，如朝位。祝导奉衣服者乃入，君从。奉衣服者入门左，在位者皆辟也。奉衣服者升堂，皆反位。君从升。奠衣服于席上，祝奠币于几东。君北向，祝在左。赞者盥，升，适房，荐脯醢。君盥，酌，奠于荐西，反位。君及祝再拜，兴。①

迁庙当日，君臣均着玄冕祭服，在祝祭告神灵后，开始行迁庙礼。其程序大致可分作寝内迁出上车之礼和迁至新庙后的陈设祭祀之礼两大部分。

衣服在迁庙礼中占据重要地位。首先，诸侯对衣服极为尊重。诸侯不能上堂而只能在阶下迎接。奉衣服者下堂后，"君及在位者皆辟"，诸侯君臣均得为衣服让道，且只能在奉衣者走至庭中碑处时，方才远远地跟从在后。换言之，迁庙时所奉衣服的地位尊于诸侯。其次，衣服具有神圣含义。奉衣者由门左而入新庙。左门乃西方神灵出入之处，则奉衣者走的为神灵之道。更为重要的是，新庙堂上户牖之间设有神席，奉衣者"奠衣服于席上"，可轻易得知衣服具有神圣特性，被以神灵对待。从诸侯君臣向其祭奠，且设几安其坐，亦可见一斑。

毫无疑问，迁庙礼中奉衣者所奉之衣，即亡亲魂灵的象征。《孟子·滕文公下》："衣服不备不敢以祭。"或者说，祖先神灵附于衣服，而被迁至新庙。《周礼·春官·守祧》："掌守先公先王之庙祧，其遗衣服藏焉。"② 则奉衣者或为守祧之属，所奉之衣为已逝亲人的遗衣遗服。易言之，迁庙用衣与复礼用衣一样，均带有亲人生前气息，象征亲人生前身份。郑玄认为，迁庙用衣为"大殓之余"，或是也。《仪礼·既夕礼》载入葬之前，有迁柩朝祖之礼，此时因凭神之重尚未埋，故前行的排列顺序为"重先，奠从，烛从，柩从，烛从，主人从"。③凭依灵

---

① 王聘珍：《大戴礼记解诂》，中华书局，1983年，第200页。
② 贾公彦：《周礼注疏》卷21，第784页上。
③ 贾公彦：《仪礼注疏》卷38，第1147页上、下。

魂之物，永远处于队伍的最前列，作为孝子的主人则殿后。迁庙礼衣服居最前的意义，不难理解。

诸侯迁庙礼，附神的栗主已成，必也是迁移的对象，但经文不载迁主仪节。卢辨认为，"不言奉主而称奉衣服者，以毁庙易祖考，诚人神不忍"。① 因"不忍"言之，而致使迁主仪节失载，可谓一大遗憾。笔者家乡（湖北崇阳）有儒家丧礼，即在下葬前夜行"开祭"，或许可为经文的不备提供参考。② 其具体仪节是，在灵堂前方空地上，搭主神孔子位、配神朱熹位及四方神位。然后用塑料膜搭长桥，连结至棺前。开祭礼生手持幡旐领满堂孝眷于空地神灵位前行祭拜，其中一孝子（儿子或女婿）端死者灵位（即木主，上写某某之灵位字样）。每祭告一位神灵（东南西北中五方神与孔子、朱子神位），大啸一声后，鞭炮齐作，随即打翻神位；直至塑料桥前，开始最隆重的登桥之礼。开始登桥，灵位被搭上黑丝巾，孝子手端灵位且身穿死者生前之衣，另有一人为孝子及灵位撑黑色伞（伞也属死者生前之物）。整个过程及气氛，犹如即将远行。开祭礼生象征性地用毛巾给灵位边"沐浴"，边唱祭歌，充满哀怨悲戚的离别情调和安魂勿惊的劝解之辞。在桥两旁，礼生与孝子共抬灵位过桥。后紧跟一人收卷塑料膜拆桥。这样直至棺前。整个行礼过程，一方面象征引导灵魂回到肉体（即灵位回到棺前），过桥入阴间。拆桥与打翻神位，象征灵魂一去无归路。另一方面，孝子身穿死者生前衣服，手端灵位，象征死者亲自过桥远行。由礼生给灵位沐浴的动作，可得知灵位象征死者本身。孝子穿死者生前之衣，仅是因灵位过小不能穿衣的方便行事而已。加之孝子的身份及手端灵位的动作，这样一来衣服与木主，完美地借助孝子结合在一起。据此可以猜测，诸侯迁庙礼中木主同样有可能被端在奉衣者手中。因把主要代表神灵的主，置于

---

① 王聘珍：《大戴礼记解诂》，中华书局，1983年，第200页。
② 同是楚地的湖南汨罗所行之礼，与"开祭"基本类似。参见莫道才：《〈汨罗民间招魂词〉的程式内容及其对〈招魂〉〈大招〉研究的启示》，《民族艺术》1997年第2期，第155~171页。

队伍之中或之后，均难以理解。

秦汉以后，中国祭祀的中心逐渐从宗庙转移到墓地。① 迁庙礼虽渐趋衰微，但在庙墓之间，车骑每月将崩驾皇帝的衣冠从陵内寝殿迁移到陵外庙内接受祭祀，即所谓的"游衣冠"，可看作迁庙奉衣的变礼。《史记·叔孙通传》载惠帝问先帝寝庙事，叔孙通答曰："陛下何自筑复道高寝，衣冠月游出游高庙？高庙，汉太祖，奈何令后世子孙乘宗庙道上行哉。……衣冠月出游，益广多宗庙，大孝之本也。"应劭曰："月出高帝衣冠，被法驾，名曰游衣冠。"如淳曰："高祖衣冠藏在高寝。"② 游衣冠之制，在汉代甚为流行，且考古学者已经找到了汉代皇陵衣冠道所在。③ 衣冠道不许子孙骑马坐车行之，见其神圣性。高祖生前衣冠被收藏在寝庙之内，每月被载出接受祭祀。与迁庙所奉之衣功能一致，均象征祖宗灵魂归依于此。特别有意思的是，西汉元始元年，哀帝义陵匣匮之神衣，自动跑到出床上。皇室不得不待之以"急变闻"，并用"太牢祠"。④ 陵寝内收藏匣匮之衣，也可能被认为有神灵依附。

因衣服可承附死者的灵魂，甚至可暂时代替肉身。《史记·刺客列传》载豫让刺杀赵襄子失败时说："今日之事，臣固伏诛，然愿请君之

---

① 赵翼：《陔餘丛考》卷32《墓祭》，河北人民出版社，1990年，第646页；巫鸿：《从"庙"到"墓"：中国古代宗教美术发展中的一个关键问题》，《礼仪中的美术：巫鸿中国古代美术史文编》，郑岩等译，生活·读书·新知三联书店，2005年，第564页。

② 司马迁：《史记》卷99《叔孙通传》，第2726页。

③ 王丕忠等：《汉景帝阳陵调查简报》，《考古与文物》1980年第1期；李宏涛、王丕忠：《汉元帝渭陵调查记》，《考古与文物》1980第1期；刘庆柱、李毓芳：《西汉十一陵》，陕西人民出版社，1987年；王子今：《西汉帝陵方位与长安地区的交通形势》，《殷都学刊》1995年第3期，第29～33页；焦南峰等：《神道、徼道、司马门道——西汉帝陵道路初探》，《文物》2008年第12期，第52～70页；焦南峰：《宗庙道、游道、衣冠道——西汉帝陵道路再探》，《文物》2010年第1期，第73～78页。

④ 班固：《汉书》卷12《平帝纪》，第351页。

衣而击之焉，以致报仇之意。"豫让愿象征性地击杀赵襄子的衣服，以表示杀了襄子。赵襄子的衣服在豫让眼中是襄子生命的替代或象征物。"襄子大义之，乃使使持衣与豫让。豫让拔剑三跃而击之，曰：'吾可以下报智伯矣。'遂伏剑自杀。"赵襄子认可了豫让的思想与做法。《史记索引》引《战国策》记载："衣尽出血，襄子回车，车轮未周而亡。"已经属离奇故事了，但这类记载的出现或正印证其时之人的真正的信仰。故当肉身不备的情况下，衣冠就可能代替死者下葬，形成所谓的"衣冠冢"。《汉书·郊祀志》载黄帝乘龙飞天后，"群臣葬其衣冠，形成桥山'黄帝冢'或'黄帝陵'"。① 相传东晋建元二年，葛洪尸解升仙，其弟子葬其衣冠而形成"衣冠冢"。魏晋南北朝之际，多有死于战乱而尸体不全者，于是盛行"招魂葬"。招死者魂灵，但无肉身作依附，故多用衣冠代之。②

2. 立尸礼所用之衣

衣冠在迁庙礼及其变礼中，象征灵魂的存在与归依。其主要根据在于衣冠是死者生前所用之物，因此被赋予神圣特性。古代祭祀时，以孙之伦为尸象祖先，尸即是祖先神的凭依与象征。其所穿之衣甚至装扮，无疑同样在模仿先祖。

《周礼·春官·守祧》："守祧掌守先王、先公之庙祧，其遗衣遗服藏焉。若将祭祀，则各以其服授尸。"③ 则尸所穿之服乃先公先王所遗留下的衣服，与复礼、迁庙礼所用同理。《礼记·曾子问》："尸弁冕而

---

① 班固：《汉书》卷25《郊祀志上》，第1233页。
② 方亚光：《论东晋初年的"招魂葬"俗》，《学海》1992年第2期，第88~92页；朱松林：《试述中古时期的招魂葬俗》，《上海师范大学学报》2002年第2期，第64~69页；张焕君：《从中古时期招魂葬俗的废兴看儒家经典与社会的互动》，《清华大学学报》2012年第3期，第45~52页。
③ 贾公彦：《周礼注疏》卷21，第784页上。

出。"① 清儒任启运曰："尸入庙则象乎神，故服先王先公之遗衣服。"②《礼稽命征》载袷祭之礼，"以衣服想见其容色，三日斋，思亲志意，想见所喜好，然后入庙"。③ 孝子在行礼之前已通过衣物、斋戒，在脑海中酝酿了亡亲生前形象。

周代贵族祭祖以尸象祖，并非抽象意义之象，而是在精神与外貌，甚至装扮上均象之。这与《山海经》所载王亥之尸得象其惨死实况，异曲同工。《海内北经》载："王子夜之尸，两手、两股、匈、首、齿，皆断异处。"④ 王子夜即王亥，乃殷人先王，遭有易部落杀害。有学者读"尸"为"夷"，认为是氏族名，纯属误会。⑤《左传·襄公三十年》史赵曰："亥有二首六身，下二如身，是其日数也。"⑥ 所言与《山海经》相近，但并非指王亥的尸首，而是确指王亥有二首六身，神化迹象非常明显。实质上，此处之"尸"乃神主之象。古人因亥遭残杀的传说故事，制其尸受祭之象。所谓"两手""两股""二首"等，同为祭祀时王亥之尸的扮相。汉代皇帝出殡或行大傩礼时，方相氏打扮得像神灵，参与行礼，与尸打扮后参与祭祀异曲同工。

《山海经》类似记载尚多。《海内北经》："据比之尸，其为人折颈披发，无一手。"郭璞注："据比，一云掾比。"郝懿行曰："掾比，一云掾北。"《淮南子·墬形训》高诱注："诸比，天神也。"袁珂认为诸比、据比、掾北三者同，诸、据、掾乃一声之转。⑦ 则所谓"据比之尸"，即祭祀天神诸比所立之尸。折颈、披发、无一手，指祭祀中尸的具体打扮。类似还有"奢比之尸""贰负之尸""祖状之尸""夏耕之

---

① 孔颖达：《礼记正义》卷19，第1401页下。
② 任启运：《天子肆献祼馈食礼》卷上，景印文渊阁《四库全书》第109册，台湾"商务印书馆"，1986年，第836页。
③ 赵在翰辑：《七纬》，中华书局，2012年，第293页。
④ 袁珂：《山海经校注》，上海古籍出版社，1980年，第319页。
⑤ 任桂园：《说"尸"》，《三峡学刊》1996年第4期，第13~20页。
⑥ 孔颖达：《春秋左传正义》卷40，第2012页上。
⑦ 袁珂：《山海经校注》，上海古籍出版社，1980年，第314页。

尸""相顾之尸"等。此类"尸",均为祭祀神灵时所立尸象。可以说正统礼典文献中,只言及尸所穿衣服乃祖先所遗留,而尸的神像不见详细记载,难以推晓。《山海经》记载虽怪诞诡奇,却在尸象方面,提供了一个重要的参考标的。明末顾炎武曰:"尸礼废而像事兴,盖在战国之时矣。"① 只有在立尸礼逐渐消亡而画像诞生后,祭神用画像代替尸以状死者生前之貌,才构成了一个历史与逻辑发展完美结合的典范。②

迁庙与立尸作为礼乐文明系统中两种重要的礼仪活动,前者在于转移祖先魂灵,后者在于降祖先神灵附于尸而祭祀之。两者所用衣冠均是祖先的遗衣遗物,象征祖先的身份,甚至肉身的存在。这点与复礼遵循了同一原则。迁庙礼所奉之衣,居于迁庙队伍的最前列,地位最高,衣物的神圣特性显而易见。秦汉以降,迁庙礼虽衰微,但"游衣冠"与"衣冠冢"可以看作其变礼。立尸礼虽同样自战国后逐渐衰亡,但在战国前的祭祀中占据最为显著的地位。尸或在血缘上象征死者身体的延续,或在身份等级上象征死者身体的延续。祖尸身穿死者生前之衣,从外貌衣着,神态表情等方面,均努力做到惟妙惟肖。衣物在立尸以凭依祖先神灵方面发挥了至关重要的作用。

三、"非衣"与"玉衣"

上文所论主要根据传世礼典文献,现把讨论视角转移至出土资料所见"非衣"与"玉衣",以窥见丧葬礼俗中衣与灵魂归依问题。

---

① 顾炎武著,黄汝成集释:《日知录集释》,上海古籍出版社,2006年,第849页。
② 孙作云:《从〈天问〉中所见春秋末年楚宗庙壁画》,《孙作云文集》第1卷,《楚辞研究(下)》,河南大学出版社,2003年,第548~554页;巫鸿:《礼仪中的美术:马王堆再思》,《礼仪中的美术:巫鸿中国古代美术史文编》,郑岩等译,生活·读书·新知三联书店,2005年,第109页;饶宗颐:《天问与图画》,陈韩曦编:《饶宗颐集》,花城出版社,2011年,第199~202页;雷闻:《郊庙之外:隋唐国家祭祀与宗教》,三联书店,2009年,第101~108页。

1. 非衣

1972年，长沙马王堆一号墓出土幅长205厘米，上宽92厘米，下宽47.7厘米的"T"形帛画，因保存良好与内容丰富，学界的讨论至今不衰。① 同墓出土遣册载"非衣一长丈二尺""右方非衣"。② 遣册所载尺寸虽与实际帛画有一定差距，但根据遣册常故意夸大数字的习惯及墓葬出土文物情况，基本可以确定所谓"非衣"者，即此"T"形帛画。③ 同类帛画，还见于马王堆三号汉墓与山东临沂金雀山九号墓。学界对非衣帛画的讨论虽意见纷呈，但多数学者认为其或为铭旌，目的在于引魂。④ 无疑此说是正确的。

《礼记·檀弓下》："铭，明旌也。以死者为不可别已，故以旗识之。"郑注："明旌，神明之旌。"⑤ 铭旌乃旗的形制，为引诱死者灵魂回归，更好地找到自己的肉身。《礼记·丧服小记》："复与书铭，自天子达于士，其辞一也。男子称名，妇人书姓与伯仲，如不知姓则书

---

① "T"形帛画的名称与内容，学者意见纷呈。名称方面，有"T形帛画"说，"魂幡"说，"旌铭"说，"非衣"说，"嵌旌"说，"幠"说等。内容方面，有"天上、人间、地下"说，"蓬莱仙岛、天国"说，"天上、过渡段、人间"说，"天上、人间祭祀、水府"说，"地府或阴间"说，"吉祥"说，"仙岛迎新"说，"墓主生活"说等。

② 湖南省博物馆等编：《长沙马王堆一号汉墓》，文物出版社，1973年，第149页。

③ 唐兰、俞伟超：《座谈马王堆一号汉墓关于帛画》，《文物》1972年第9期，第59~61页；商志䫂：《马王堆汉墓"非衣"考释》，《文物》1972年第9期，第43~47页；杜林渊：《论楚汉帛画的功能与主题》，《江汉考古》2011年第3期。

④ 安志敏：《长沙新发现的西汉帛画试析》，《考古》1973年第1期，第43~53页；孙作云：《长沙马王堆一号汉墓出土画幡考释》，《考古》1973年第1期，第54~61页；马雍：《论长沙马王堆一号汉墓出土帛画的名称和作用》，《考古》1973年第2期，第118~125页；金景芳：《关于长沙马王堆一号汉墓帛画的名称问题》，《社会科学战线》1978年第1期，第215~220页；刘敦愿：《马王堆西汉帛画中的若干神话问题》，《文史哲》1978年第4期，第63~71页。

⑤ 孔颖达：《礼记正义》卷9，第1301页中。

氏。"①《仪礼·士丧礼》："为铭各以其物，亡则以缁，长半幅；赪末，长终幅，广三寸。书铭于末，曰'某氏某之柩'。竹杠，长三尺。置于宇西，阶上。"②《周礼·春官·小祝》："设熬置铭。"郑玄引郑司农云："铭，书死者名于旌，今谓之柩。"③ 据此等资料，大致可以得出如下几点认识。

第一，书铭于旌与复礼称名具有共通性。复礼所用乃死者生前之衣，通过复者的叫唤而把死者名字与衣服结合一起。而书铭于旌时，死亡已成事实，复生已不可望，"生死异路，各有城郭"，④ 于是引诱灵魂离开尘世，与肉身一起进入墓室，住进地下的幸福家园。⑤ 故直接把名字书于旌上，在丧葬队伍中，走在前列，最终与棺椁一起入葬。叫喊名字、挥动衣服与直接书铭于旌，只是行礼目的稍有不同而已，内在本质则一致。

第二，"为铭各以其物"与复礼用衣具有共通性。物为旗物的简称，指死者生前所用旌旗上的徽志。则旌与复所用衣一样，象征着死者的身份。复礼与书铭遵循的礼仪原则，进一步说明为什么"T"形帛画被遣册命名为"非衣"。学者因不明《士丧礼》复礼之"上衣"乃尊贵之衣而非除去下裳的上身之衣，否认帛画属"非衣"。⑥ 所谓"非衣"者，有似衣而又非真衣之意。复礼用真衣，书铭则用象衣而又非衣的旌代替之。这与诸侯死于朝聘路中，临时改用绥招魂近之。帛画上

---

① 孔颖达：《礼记正义》卷33，第1499页中。
② 贾公彦：《仪礼注疏》卷35，第1130页上。
③ 贾公彦：《周礼注疏》卷25，第812页上。
④ 刘乐贤：《生死异路，各有城郭——读骆驼城出土的一件冥婚文书》，《历史研究》2011年第6期，第86~98页。
⑤ 巫鸿：《皇权下的美术：宏观中国古代墓葬》，生活·读书·新知三联书店，2010年，第35~64页；来国龙：《战国秦汉"冥界之旅"新探：以墓葬文书、随葬行器及出行礼仪为中心》，《人文论丛》，中国社会科学出版社，2009年，第170页。
⑥ 雪克：《马王堆西汉帛画"非衣"说质疑》，《浙江学刊》1988年第1期，第110~112页。

宽下窄的形体，正好与复礼簪衣于裳、构成类似人形之状同理。不仅如此，复礼用衣最后盖在死者身上，象征灵魂与肉身的重新结合；而"非衣"覆盖在軑侯夫人的棺椁上，象征灵魂与肉身一起进入地下家园。① 这与学界所认为的旌幡帛画乃招魂入墓而非引魂升天吻合。②

第三，书写"某氏某之柩"与甘肃武威磨咀子出土铭旌均有题字相吻合。③ "T"形帛画却无题字，这点正构成有学者否定其为铭旌的重要证据。④ 但是正如大多数学者指出，"非衣"帛画上妇人肖像同样可以"以明死者"。书写姓名与绘画肖像均可达到同一目的。⑤《礼记·檀弓下》载设铭旌的目的："爱之，斯录之矣。"⑥ 可见铭旌与复礼一样有尽爱之道。

作为"非衣"的铭旌，始死置于西阶作为祖先灵魂的凭依之物。《仪礼·士丧礼》载："祝取铭置于重。"贾公彦疏："重与重皆是录神之物。"⑦ 葬前朝祖时，"重先，奠从，柩从，主人从"。未制神主前，重发挥了神主的作用，故有主道。《仪礼·既夕礼》载："祝取铭置于茵。"贾疏："初死为铭，置于重；启殡，祝取铭置于重；祖庙，又置于重。今将行置于茵者，重不藏，拟埋于庙门左，茵是入圹之物，铭亦

---

① 韩自强：《马王堆汉墓出土帛画与屈原〈招魂〉》，《江淮论坛》1979年第1期，第91~97页。

② 胡智勇：《楚及西汉旌幡帛画辨析》，《湖北大学学报》1998年第4期，第11~17页。

③ 党国栋：《武威县磨嘴子古墓清理记要》《文物参考资料》1958年第11期；陈直：《长沙马王堆一号墓的若干问题考述》，《文物》1972年第9期，第30~35页；安志敏：《长沙新发现的西汉帛画试探》，《考古》1973年第1期，第43~53页。

④ 余英时：《"魂兮归来！"——论佛教传入前中国灵魂与来世观念的转变》，何俊编：《东汉生死观》，上海古籍出版社，2005年，第129~153页。

⑤ 巫鸿：《礼仪中的美术：马王堆再思》，《礼仪中的美术：巫鸿中国古代美术史文编》，郑岩等译，生活·读书·新知三联书店，2005年，第107页。

⑥ 孔颖达：《礼记正义》卷9，第1301页中。

⑦ 贾公彦：《仪礼注疏》卷36，第1135页中。

入圹之物，故置于茵也。"① 不难看出，铭与重大多情况下均并置，直到最后因重不入葬，铭入圹才分离。这与"开祭"礼中，孝子手端神主身穿死者生前衣服具有相似性；亦与迁庙礼中，奉衣者可能既奉衣又奉主、处于队伍最前列相吻合。铭旌虽非真正的衣服，但其发挥的功能与复礼或者迁庙礼中所用衣是一样的。马王堆一号汉墓遣册命名铭旌为"非衣"，为学界揭开了千古之谜。帛画本身象衣的形制，亦为现今了解铭旌形制提供了最生动的资料。

"非衣"作为衣服的变体，既可以象征死者生前的身份，又可以通过描绘死者的肖像，实现"呼名"的功能，起到引诱灵魂依归的礼仪目的。复礼的失败，宣告生已变得不可能。正当此时，制铭旌以凭神，刚好接替爵弁等服招魂的任务，而让神灵得到凭依。于是铭旌跟随丧礼的变迁，一道把灵魂引进墓室，归入永恒世界。②

复礼招魂求生，迁庙奉衣迁神入庙，立尸以降神受祭，衣服均发挥了重要作用。铭旌虽非真正之衣，但其形似衣，故其名称"非衣"，作为衣服变体同样在引诱灵魂附归方面不可或缺。那么当死者真正入墓归葬，灵魂是否仍然依归，衣服是否同样不可或缺？

2. 玉衣

众所周知，马王堆一号墓軑侯夫人尸体保存的完好，除了墓室密封性甚佳外，包裹尸体的近二十层衣物也发挥了重要作用。③ 除马王堆汉墓外，江陵马山一号战国晚期墓、江陵凤凰山167号西汉早期墓、武威磨咀子48号西汉晚期墓等均显示出类似的装殓制度。传世礼典文献与考古学所见恰好形成互证。《仪礼·士丧礼》载，周代士级贵族小殓陈

---

① 贾公彦：《仪礼注疏》卷38，第1149页下。
② 铭旌引导灵魂进入墓葬后，不代表灵魂在墓葬内不出来。曾侯乙墓棺椁上的"门窗"，学界多认为是为灵魂的进出准备的。
③ 湖南省博物馆等：《长沙马王堆一号汉墓》，文物出版社，1973年，第30页。

衣"凡十九称",至大殓则"凡三十称",至于大夫、诸侯用衣更多至五十称、百称。虽所陈不必尽用,① 但真正装殓用衣必然非常可观。用如此之多的衣服层层包裹尸体,除了炫耀死者生者的身份等级外,保护尸身不朽,灵魂永远有凭依处定是题中之意。装殓制度走向极端的汉代,纯粹的布帛丝绸已不能满足王公贵族的需求,玉衣便应运而生。

"玉衣"又名"玉匣"或"玉柙",虽起源于先秦时期的玉殓葬,② 但以玉衣代替布帛丝绸殓葬,则始于西汉文景时期③。《后汉书·礼仪志下》载,皇帝死后用"金缕玉柙",诸侯王、列侯、始封贵人、公主薨用玉柙银缕,大贵人、长公主铜缕。④《汉旧仪》载:"帝崩……以玉为襦,如铠状,连缝之,以黄金为缕。腰以下以玉为札,长一尺,广二寸半为柙,至足,亦缝以黄金缕。王侯葬,腰以下玉为札,长尺,广半寸,为柙,下至足,缀以黄金缕为之。"⑤《汉旧仪》以为王侯同样可以用金缕玉衣,虽与《礼仪志》异,但与满城出土中山靖王用金缕玉衣正相吻合。玉衣之缕有金银铜的区别,象征着严格的身份等级。身份的限定,无论在生命场景,还是在死亡阴间,均为确定其人其神身份提供了便利。就这点来看玉衣与一般礼仪用衣,没有任何区别。玉衣的形制如铠甲状,还见于《西京杂记》"汉帝送死皆用珠襦玉匣。匣形如

---

① 杨华:《禭·赗·遣——简牍所见楚地丧葬礼仪研究》,《学术月刊》2003年第9期,第49~59页。

② 林兰英:《试析周代的葬玉对汉代玉衣的影响》,《东南文化》1998年第2期。《后汉书》卷95《张奂传》章怀注引《邺中记》云:"永嘉末,发齐桓公墓,得水银池,金蚕数十箔,珠襦玉匣,缯彩不可胜数。"《史记·齐太公世家》正义引《括地志》亦提到此事,此为目前所见先秦出现玉匣的孤证。《南史·齐始兴简王鉴传》提到发古冢,得玉镜、玉屏风、玉匣之属,周一良认为"玉匣与镜及屏风并列,疑与金缕玉匣非复一事"。参见周 良:《珠襦玉匣及其他》,《魏晋南北朝史札记》,中华书局,2007年,第8页。

③ 卢兆荫:《试论两汉的玉衣》,《考古》1981年第1期,第51~58页;《再论两汉的玉衣》,《文物》1989年第10期,第60~67页;郑绍宗:《汉代玉匣葬服的使用及其演变》,《河北学刊》1985年第6期,第67~71页。

④ 范晔:《后汉书》卷《礼仪志下》,第3141~3152页。

⑤ 孙星衍等辑:《汉官六种》,周天游点校,中华书局,1990年,第105页。

铠甲，连以金缕。武帝匣上皆镂为蛟、龙、鸾、凤、龟、麟之象，世谓为蛟龙玉匣"。① 武帝为其玉衣镂刻蛟龙等纹饰，可从临沂刘疵墓出土金缕玉衣残留纹饰与扬州西汉"妾莫书"墓出土琉璃衣片残留的蟠璃纹得到印证。② 墓葬出土完整与残缺的两汉玉衣，据统计共49例。③ 王公大臣、宠卿贵戚被赐玉衣的事迹，则于《汉书》与《后汉书》多见。④

汉代贵族用玉衣殓葬，在信仰角度来看是祈求肉身的不朽。⑤ 玉衣制作成铠甲形，生动地展露人体各部分的特点。⑥ 这与其说是把肉身转化为"玉人"，毋宁说是借玉衣的灵气以保护肉身，致其不朽。巫鸿指出，河北满城中山靖王刘胜及其夫人保存完好的玉衣上，经过切割与缀合，人的五官形象被地表现出来。这与用玉堵住九窍形成鲜明对照。已封闭的眼耳鼻口被"打开"，重获生命的器官"给玉人一种永恒不变的表情，似乎他炯炯的目光可以穿透眼前的黑暗"。⑦ 《后汉书·刘盆子传》载赤眉军攻入长安，发掘诸陵，盗取珍宝，"凡贼所发，有玉匣者，率皆如生"。⑧ 《北齐书·齐文宣纪》载其时霍州发掘汉代楚夷王

---

① 葛洪：《西京杂记》，周天游校注，三秦出版社，2006年，第40页。
② 临沂地区文物组：《山东临沂刘疵墓》，《考古》1980年第6期，第493~495页；扬州市博物馆：《扬州西汉"妾莫书"木椁墓》，《文物》1980年第12期，第1~6页。
③ 石荣传：《两汉诸侯王墓出土葬玉及葬玉制度初探》，《中原文物》2003年第5期，第62~72页。
④ 史为：《关于"金缕玉衣"的资料简介》，《考古》1972年第2期，第48~51页。
⑤ 中国古人对长寿、长生，甚至不朽观念的信仰。参看杜正胜：《从眉寿到长生——中国古代生命观念的转变》，台湾《"中央研究院"历史语言研究所集刊》第66本，第2分册，1995年。
⑥ 中国科学院考古研究技术室：《满城汉墓"金缕玉衣"的清理和复原》，《考古》1972年第2期，第39~47页。
⑦ 巫鸿：《"玉衣"或"玉人"：满城汉墓与汉代墓葬艺术中的质料象征意义》，《礼仪中的美术：巫鸿中国古代美术史文编》，郑岩等译，生活·读书·新知三联书店，2005年，第138页。
⑧ 范晔：《后汉书》卷11《刘盆子传》，第484页。

女冢"尸如生焉,得珠襦玉匣",似乎证明了这一点。不过,衣服与肉身在此时达到完美的结合,而非巫鸿先生所言衣服概念的消失。① 《楚辞·山鬼》所载山鬼无形无影,故必借助衣服的描写而显露之,其曰:"若有人兮山之阿,被薜荔兮带女罗。"洪兴祖曰:"山鬼亦晻忽无形,故衣之以为饰也。"② 可见以衣为饰能使鬼魂"现形"。《大司命》曰:"灵衣兮被被,玉佩兮陆离。"《说文·虫部》:"衣服、歌谣、草木之怪谓之祅。"③《白虎通·灾变》:"妖者,何谓也?衣服乍大乍小。"④ 类似记载尚多,衣物与神灵怪物多有联系。肉身也常常借助玉衣实现了"复生"与"现形"。问题在于,这是如何实现的?

首先,这与中国古人认为玉具有沟通天地和可比德于君子的神圣含义有关。⑤ 正因玉具有此等宗教色彩与道德功能,故也具有了某种不朽性。葛洪《抱朴子·对俗》:"金玉在九窍,则死人为之不朽。"⑥ 汉乐府《步出西门行》:"人生非金石,岂能长寿考?"鲜明地讲出金石具有"长寿考"特性。汉文帝受新垣平的蛊惑,不仅拥有刻"人主延寿"字样的玉杯,还沉迷于服食玉屑以求长生。⑦《汉书·杨王孙传》:"裹以币帛,隔以棺椁,支体络束,口含玉石,欲化不得,郁为枯腊,千载之后,棺椁朽腐,乃得归土,就其真宅。"⑧ 杨王孙坚持裸葬,激烈反对

---

① 若要"消失衣服"不如杨王孙裸葬更贴切。很明显用玉衣殓葬者不认为,着玉衣将会裸身见地下先人。
② 洪兴祖:《楚辞补注》,中华书局,1983年,第79页。
③ 段玉裁:《说文解字注》,上海古籍出版社,1988年,第673页。
④ 陈立:《白虎通疏证》,中华书局,1994年,第270页。
⑤ 《周礼·春官·大宗伯》:"以玉作六器,以礼天地四方。以苍璧礼天,以黄琮礼地,以青圭礼东方,以赤璋礼南方,以白琥礼西方,以玄璜礼北方。"《礼记 聘义》:"昔者君子比德于玉焉。温润而泽,仁也。慎密以栗,知也。廉而不刿,义也。垂之如队,礼也。叩之,其声清越以长,其终诎然,乐也。瑕不掩瑜,瑜不掩瑕,忠也。孚尹旁达,信也。气如白虹,天也。精神见于山川,地也。圭璋特达,德也。天下莫不贵者,道也。"
⑥ 王明:《抱朴子内篇校释》,中华书局,1985年,第51页。
⑦ 司马迁:《史记》卷28《封禅书》,第1383页。
⑧ 班固:《汉书》卷67《杨王孙传》,第2908页。

玉敛制度；正好体现汉代祈求不朽，相信死后尚存另一世界的观念非常流行。玉器可以保护尸体不朽，保证魂魄有所归依，以便日后飞天成仙。有学者指出，对升天成仙的强烈渴望，是两汉时期玉殓葬流行的关键原因，甚是。①

其次，玉衣引诱灵魂归附，成为灵魂出入的通道。前文已谈到玉衣在限定身份上与礼仪中的其他衣服没有根本区别。身份的限定是引诱灵魂正确回归的关键。不仅如此，玉衣通过塑造肉体，在黑暗的墓室造就了一个生动的人像。这个玉衣人像，发挥着类似马王堆帛画"非衣"所绘軑侯夫人像及复礼"簪衣于裳"构成人形的功能。复礼后行丧事，用金玉堵九窍，可见复礼未实现复生目的。玉衣使眼复明，耳复聪，口复开，塑造了一个活着的玉人像。只是复活后"人"不是面向生人世间，而是向另一个世界远行。这点正被玉衣头顶处不用玉块完全封闭，而用带孔的玉璧连缀所揭示。玉璧中间的孔正是灵魂的通道。② 这与曾侯乙墓棺椁纹饰描绘的灵魂通道不谋而合。陈江风先生指出，墓中随葬雕有龙凤的玉璧象征墓主在龙凤的导引和簇拥下进入天国。③ 满城金缕玉衣内部前胸、后背共发现有18块玉璧。④ 与布帛衣物殓葬内外裹得彻底严实、完全取消人形不同，玉衣殓葬内部有玉璧贯通，头顶有玉璧连缀，玉璧内外的贯通形成了一个很顺畅的灵魂走廊。

借助于玉衣的不朽，肉体得到了铠甲般的保护。这样一来，肉身虽完全被玉衣所隐藏，两者却完美地结合在一起。在灵魂与肉身之间，玉衣依然是重要的中介。而且经过玉衣雕塑般的形塑后，灵魂得以凭依，肉身得以"复活"。一定程度上讲，玉衣包裹肉身与复礼用衣覆盖尸体

---

① 袁胜文：《汉代诸侯王墓用玉制度研究》，《南开学报》2012年第5期，第76~85页。

② 石文嘉：《汉代墓中出土璧的研究》，南开大学硕士学位论文，2011年。

③ 陈江风：《汉画像中的玉璧与丧葬观念》，《中原文物》1994年第4期，第67~70页。

④ 中国社会科学院考古研究所等：《满城汉墓发掘报告（上）》，文物出版社，1980年，第37页。

一样，均在祈求灵魂与肉体的复合。只是前者实现了其"复活"的目的，后者则以失败而告终。吊诡的是，肉体毕竟不可能永远不朽，故杨王孙所言"千载之后，棺椁朽腐，乃得归土，就其真宅"，肉身与棺椁经历千载而完全腐朽后，灵魂通过玉衣头顶玉璧之孔而就其真宅，得到永恒。

结　　语

《左传·昭公七年》载，郑国贵族伯有在政治斗争失败被逐出国后接着被杀，化作鬼的他数年后回国复仇，国人恐惧。子产通过为伯有立后，让其接受祭祀，而让伯有鬼魂得到安抚。此事生动地表明，中国古人信仰人死后的魂灵必有所依归，否则可能生者死者两不安宁。所谓"慎终追远"，除了表达孝子的丧祭哀敬外，安抚亡亲魂灵必然是题中应有之义。

如上所论，自始死之时，孝子为亡亲灵魂寻找凭依之所的努力从未停止。复礼用衣招魂，虽非丧祭礼，但在生死之际，孝子仍祭祷以治亲病，祈求临死者灵魂与肉身再次合一而复生，为亲人寻找最后一次生存的机会。当死亡已成不可逆转之势，设奠、制重、作铭以依魂变得尤其重要。丧事完毕，神主则成为最为重要的凭神圣物，陈列于祖庙之中。岁时祭祀以孙之伦为尸，尸穿亡亲生前之服。尸在神态、衣着方面均极象之，祭祀犹如亡亲复活以宾客的身份参与主人的燕飨之礼。① 古人为攻解魂灵漂泊无定、无形无象的特性，必设物以凭依之，化无形为有形。

在此过程中，衣服作为死者生前之物，尚存留其生活气息，成了引诱灵魂回归的最佳选择。复礼、迁庙礼、立尸礼表现得最为突出。甚至

---

① 李志刚：《祭飨宾飨异同考——兼及"〈飨礼〉存废"问题》，《齐鲁文化研究》总第 13 辑，2013 年，第 199~210 页。

在此等礼逐渐衰落后,所谓"衣冠冢""游衣冠",直接以衣冠代替肉身,在衣服凭神方面走得更远。

"非衣"与"玉衣"均是衣服的变体。马王堆一号汉墓出土帛画以其似衣而非真衣的形制,充当引诱灵魂进入墓室的责任。最后将非衣覆盖在棺椁上,更是进一步象征着灵魂与肉身的复合。"玉衣"作为汉代的产物,是先秦以来装殓制度走向极端的结果。玉衣一方面被寄希望于保护肉身不朽,另一方面通过形塑复活的人像,引诱灵魂复归。更重要的是,玉衣通过其内部包裹的玉璧和头顶连缀的玉璧,形成一个内外贯通的灵魂走廊,方便灵魂进出。玉衣形塑人像及此等功能的设置,完美地把马王堆汉墓布帛装殓与非衣画像的功能结合起来,甚至把曾侯乙墓棺饰所画灵魂进出的"门窗"功能也囊括其中。

综而言之,华夏衣冠,不仅表现在生者衣着的文质更替、雍容华贵上,更表现在对死者灵魂的安抚凭依上。

礼"创造"了神：神灵形象与商周尸礼研究

神灵有无具体的形象？《礼记·中庸》描述为"视之而弗见，听之而弗闻，体物而不可遗，使天下之人齐明盛服以承祭祀，洋洋乎如在其上，如在左右"，① 是则神灵恍兮惚兮，无所在又无所不在，似未有具象。《韩非子·外储说》："客有为齐王画者，齐王问曰：'画孰最难者？'曰：'犬马最难。''孰易者？'曰：'鬼魅最易。'夫犬马，人所知也，旦暮罄于前，不可类之，故难。鬼魅无形者，不罄于前，故易之也。"② 鬼魅无形故可随意作画。现代学者的研究也支持神灵形象不突出的论点。罗新慧认为："周人对祖先形象描述有其突出特点：专注于仪容，但却没有关于祖先身体、五官、发式等的具体描绘，既没有形状，也没有声音，只是威仪、容止。"③ 蒲慕州认为："儒家的鬼神，是一种事实上离人世比较远的存在，他们的面貌到底如何？是儒者没有考虑的，或者不愿考虑的。"④ 鬼神无具体形象，是否有办法"状乎无形影，然而成文"，⑤ 借由载体使之视而可见，听而可闻，获得形象？

---

① 孔颖达：《礼记正义》卷52，第1628页上。
② 王先慎：《韩非子集解》，中华书局，1998年，第270~271页。
③ 罗新慧：《祖先形象与周人的祖先崇拜》，《南开学报（哲社版）》2015年第5期，第59~69页。
④ 蒲慕州：《追寻一己之福——中国古代的信仰世界》，上海古籍出版社，2007年，第65页。
⑤ 王先谦：《荀子集解》，中华书局，1988年，第378页。

古人立尸以祭神，所谓"象神仪式"，① 似能承担"成文"功能。《礼记·曾子问》："祭成丧者必有尸。尸必以孙。孙幼则使人抱之。无孙则取于同姓可也。"② 祭祀时以孙之伦为尸以象祖先。尸即是祖先神的凭依与象征。中国古代的立尸礼，于殷墟卜辞中已有发现。首次发现卜辞中立尸受祭现象，郭沫若，后饶宗颐、连劭名、曹锦炎、方述鑫、葛英会、沈建华、胡新生等均有讨论。③ 晁福林《卜辞所见商代祭尸礼浅探》是研究殷商立尸礼最新成果。④ 神灵形象方面，学者关注不是很多。罗新慧《祖先形象与周人的祖先崇拜》利用金文资料，研究认为周人的祖先形象不具有个体色彩，是理想状态下的完美形象，最需注意。⑤ 另有学者从礼容或威仪等角度的讨论，也为研讨神灵形象提供了借鉴。⑥ 神灵有所凭依，灵魂得以安宁，形象才能呈现。古人立尸以

---

① 彭美玲：《"立主"与"悬影"——中国传统家祭祀先象神仪式样式之源流抉探》，《台大中文学报》第51期，2015年，第41~98页。

② 孔颖达：《礼记正义》卷19，第1399页下。

③ 饶宗颐：《殷代贞卜人物通考》，《饶宗颐二十世纪学术文集》第2册第2卷《甲骨上》，台湾新丰出版股份有限公司，2003年，第294页；连劭名：《殷墟卜辞所见商代祭祀中的"尸"与"祝"》，四川联合大学历史系主编：《徐中舒先生百年诞辰纪念文集》，巴蜀书社，1998年，第61~65页；曹锦炎：《说卜辞中的延尸》，四川联合大学历史系主编：《徐中舒先生百年诞辰纪念文集》，巴蜀书社，1998年，54~55页；方述鑫：《殷墟卜辞所见的"尸"》，《考古与文物》2000年第5期，第21~25页；葛英会：《说祭祀立尸卜辞》，《殷都学刊》2000年第1期，第4~8页；沈建华：《卜辞所见宾祭中的尸和侑》，《初学集——沈建华甲骨文学论文选》，文物出版社，2008年，第27~34页；胡新生：《周代祭祀中的立尸礼及其宗教意义》，《世界宗教研究》1990年第4期，《周代的礼制》，商务印书馆，2016年，第262~290页。

④ 晁福林：《卜辞所见商代祭尸礼浅探》，《考古学报》2016年第3期，第343~363页。

⑤ 罗新慧：《祖先形象与周人的祖先崇拜》，《南开学报（哲社版）》2015年第5期，第59~69页。

⑥ 彭林：《论郭店楚简中的礼容》，《郭店楚简国际学术研讨会学术论文集》，湖北人民出版社，2000年，第138页；甘怀真：《皇权、礼仪与经典诠释：中国古代政治史研究》，华东师范大学出版社，2008年，第12页；张怀通：《商周礼容考论》，《古代文明》2016年第2期，第24~35页。

祭，寻物以安神，正好为我们揭示神灵形象提供了新的途径。

一、祭必有尸与立尸以象神

1. 祭必有尸

甲骨中所见的祭飨立尸，主要是祖先神之尸与帝尸。例如：

> 癸巳卜，大贞：王宾尸，岁，亡尤。
> 甲午卜，大贞：王宾阳甲，岁，亡尤。（《合集》25152）
> 丁巳卜，即贞：王宾尸，岁，亡尤。（《合集》22583）
> 庚寅卜，旅贞：王宾尸，岁，亡尤。（《合集》41131）
> 戊寅卜，贞：弹延尸，七月。（《合集》25）
> 戊寅卜，贞：于祊宾延尸。《合集》831）
> 贞于祊，亥延尸。（《合集》833）
> 贞：于大宾延尸。（《合集》830）
> 唯王帝尸，不若。（《合集》26090）

上揭卜辞所载，除最后一条为帝尸外，均为祖先神之尸。在《合集》25152中，第一天贞问王宾尸，第二天接着贞问王宾阳甲，且宾后之祭"岁"一样，可以确定前一天所贞之尸即阳甲之尸。王宾尸应理解为商王以尸为宾，迎而祭之。至于帝尸，《合集》26090已有所见。《周礼·秋官·士师》："祀五帝，则沃尸及王盥。"孙诒让说："尸，即帝尸也。"①则周人祭飨五帝时，立有尸。东汉许慎引《鲁郊礼》："祝延帝

---

① 孙诒让：《周礼正义》，中华书局，1987年，第2792页。

尸。"① 可见鲁国行郊礼时，帝亦有尸，与甲骨文正相吻合。

卜辞中仅见祖先神、帝有尸，或代表殷人立尸礼尚未完备。到周代时天神、地祇、人鬼均有尸。《周礼·春官·掌次》："凡祭祀，张其旅幕，张尸次。"贾疏："诸祭皆有尸。"② 《礼记·月令》："其祀户，祭先脾。"郑注："凡祭五祀于庙用特牲，有主有尸。"③《礼记·曲礼上》"君子抱孙不抱子。此言可以为王父尸"，孔疏："言孙可以为王父尸，子不可以为父尸。……诸侯祭社稷、境内山川，及大夫有采地祭五祀，皆有尸也。外神之属，不问同姓异姓，但卜吉则可为尸。"④《通典》："自周以前，天地、宗庙、社祭一切祭享，凡皆立尸。秦汉以降，中华则无矣。"⑤ 所言基本与礼制演变历程相符。朱熹答门人问云："古人祭祀无不用尸，非惟祭祀家先用尸，祭外神亦用尸，不知祭天地如何，想惟此不敢立尸。"⑥ 朱子认为祭天地不敢用尸，是错误的。王国维认为："古之祭也必有尸。宗庙之尸，以子弟为之。至天地百神之祀，用尸与否，虽不可考，然《晋语》载'晋祀夏郊，以董伯为尸'，则非宗庙之祀，固亦用之。"⑦ 许地山认为："尸本来用于宗庙，后来推到天地山川等等祭祀也用起来。"⑧ 夏郊乃祀天之祭，以董伯为尸，实以董伯为尸以象天，已非仅涉及宗庙祭祀。《曲礼》孔疏引《虞夏传》"舜入唐郊，以丹朱为尸"。《白虎通·宗庙》亦载"周公祭太山，召公为尸""周公祭天，用太公为尸"。⑨ 周人祭天时，以太公为尸，周公祭

---

① 陈寿祺：《五经异义疏证》，上海古籍出版社，2012年，第14页。
② 贾公彦：《周礼注疏》卷6，第677页中。
③ 孔颖达：《礼记正义》卷14，第1354页上。
④ 孔颖达：《礼记正义》卷3，第1248页下。
⑤ 杜佑：《通典》，中华书局，1988年，第1355页。
⑥ 黎靖德编：《朱子语类》，中华书局，1986年，第2309页。
⑦ 王国维：《宋元戏曲史》，《王国维全集》第3卷，浙江教育出版社，2009年，第5页。
⑧ 许地山：《道教的历史》，北京工业大学出版社，2007年，第170~171页。
⑨ 陈立：《白虎通疏证》，中华书局，1994年，第580~581页。

太山时，以其弟召公为尸，即以人为尸，代表天地、山川之神接受致祭。古人祭天用大臣为尸，是常见礼制。①

祭地祇用尸，文献中亦有记载。《周礼·秋官·士师》："若祭胜国之社稷，则为之尸。"② 胜国指已亡之国，如殷为周之胜国。祭胜国社神与稷神，在周代用士师为尸。士师为刑官，用之为尸，存有贬抑亡国之意。《穀梁传·庄公二十三年》："夏，公如齐观社，常事曰视，非常曰观。观，无事之辞也。以是为女尸也。"范宁注："尸，主也，主为女往尔，以观社为辞。"③ 此是用女人为社神之尸。社神为阴，④ 女为阴，故以女人为社神之尸。可见立尸均有所象，非随意为之。学者论到立社尸有两个条件：一是为尸之人占卜须吉，不必考虑与主祭之人是否同姓；二是为尸之人应该尊贵。⑤ 第一点大致无误，第二点则有可商榷之处。齐国祭社用女人为尸即是证据。通检《春秋》三传关于此事的评述，均仅批评庄公以"观社"为借口而实际目的是观女，并未批评齐人用女人为社尸，可见用女人为社尸并未失礼。再如，"天子不以公为尸，诸侯不以卿为尸，为其太尊，嫌敌君。故天子以卿为尸，诸侯以大夫为尸"。⑥ 立尸若以尊贵为必要条件的话，天子祭神用诸侯好过了用卿大夫，但现实正好相反，可见立尸不必尊贵。之所以如此，乃是因尸必与主人酬酢以分庭抗礼，若其太尊，有可能夺原神及主人之尊。地位较低者却则无此嫌疑。

---

① 苏轼说："八蜡，三代之戏礼也。岁终聚戏，此人情之所不免也，因附以礼义。亦曰：'不徒戏而已矣，祭必有尸，无尸曰奠，始死之奠与释奠是也。'今蜡谓之祭，盖有尸也。猫虎之尸，谁当为之？置鹿与女，谁当为之？非倡优而谁！葛带榛杖，以丧老物，黄笠草屦，以尊野服，皆戏之道也。"苏轼：《苏轼文集》第5册，中华书局 1986年，第 1991—1992 页。
② 贾公彦：《周礼注疏》卷 35，第 875 页中。
③ 杨士勋：《春秋穀梁传注疏》卷 6，第 2386 页上。
④ 《周礼·地官·牧人》："凡阳祀，用骍牲毛之；阴祀，用黝牲毛之。"郑玄注："阴祀，祭地，北郊及社稷也。"
⑤ 史志龙：《先秦社祭研究》，武汉大学博士学位论文，2010 年。
⑥ 杜佑：《通典》，中华书局，1988 年，第 1354 页。

至于祭祖用尸,周礼中更是常见,以《仪礼》中《特牲馈食礼》《少牢馈食礼》记载最为详备。具体仪节包括筮尸、迎尸、尸九饭或十一饭、礼尸、傧尸等。清华简《楚居》云:"夜而内尿。"整理者认为"尿"为祭祀之名。① 沈培指出"尿"指祭祀之尸,且"内尿"读作"入尸"。② 沈氏之说得到曹建墩的支持。曹建墩进一步认为"内"不必读作"入尸",古"内""纳"通假,"纳尸"即礼典文献中的"迎尸"。③《楚居》此句所讲为楚人夜间迎尸祭祖的礼节。《左传·襄公二十八年》载,祭于太公之庙时"麻婴为尸"。《通典》载有天子级别的飨尸礼,如"祭日之晨,王及尸皆服缔冕。乐则《大司乐》'奏太蔟,歌应钟,武《咸池》,以祭地祇'"。④ 天子之礼相对于大夫士而言,最主要的区别是有"朝践",即荐黍稷前的用玉、血及生食、熟食的荐牲之礼。

总的来说,殷周人的祭飨均立尸以祭。主祭之人通过与尸之间的酬酢往来,达到祭祀的目的。无论天神、地祇,还是人鬼,作为代表者与象征者的尸,既物象其类,在实际的礼仪活动中,又往往是作为主人之宾的身份出现的。孙诒让认为:"祭祀主于事尸,大飨主于事宾,故以宾如尸礼。"⑤ 孙氏所说甚精。祭祀之时,立尸以献祭与觥筹交错,人与神相对犹如宾主相向。⑥ 顾炎武曰:"尸礼废而像事兴,盖在战国之

---

① 李学勤主编:《清华大学藏战国竹简(一)》,中西书局,2010年,第185页。
② 沈培:《关于古文字材料中所见古人祭祀用尸的考察》,李宗焜主编《古文字与古史》第3辑,《"中央研究院"历史语言研究所会议论文集之十》,2012年,第57页。
③ 曹建墩:《〈楚居〉中的"内尸"小议》,复旦大学出土文献与古文字研究中心网站,2011年4月1日。
④ 杜佑:《通典》,中华书局,1988年,第1265页。
⑤ 孙诒让:《周礼正义》,中华书局,1987年,第1782页。
⑥ 李志刚:《祭飨宾飨异同考——兼及"〈飨礼〉存佚"问题》,《齐鲁文化研究》2013年卷,第199~210页。

时矣。"① 立尸礼逐渐消亡而画像诞生后，祭神用画像代替立尸以状死者生前之貌，逐渐成为主流。

2. 尸身与神像

《礼记·郊特牲》："尸，神像也。"② 宗庙之祭立孙之伦（同昭穆者）为尸以祭父祖，孙的形象就是父祖之神的形象。此点留后讨论，现讨论非宗庙之祭的尸身与神像。

因尸而推知神的形象为何，史料记载微茫，但并非毫无线索。重要祭祀活动中尸的形象往往未加详细描述，但杂祭中的尸身与神像可以推而得知。

《山海经》中关于山水之神的祭祀记载较多，且多有对神形象的描述。例如：

> 凡䧿山之首，自招摇之山，以至箕尾之山……其神状皆鸟身而龙首，其祠之礼：毛用一璋玉瘗，糈用稌米，一璧，稻米，白菅为席。③
>
> 凡南次二经之首，自柜山至于漆吴之山……其神状皆龙身而鸟首。其祠：毛用一璧瘗，糈用稌。
>
> 凡南次三经之首，自天虞之山以至南禺之山……其神皆龙身而人面。其祠皆一白狗祈，糈用稌。
>
> 凡西次二经之首，自钤山至于莱山……其十神者，皆人面而马身。其七神皆人面牛身，四足而一臂，操杖以行：是为飞兽之神。其祠之，毛用少牢，白菅为席。其十辈神者，其祠之，毛一雄鸡，钤而不糈。毛采。

---

① 顾炎武：《日知录集释》，黄汝成集释，上海古籍出版社，2006年，第849页。
② 孔颖达：《礼记正义》卷26，第1457页下。
③ 袁珂：《山海经校注》，上海古籍出版社，1980年，第8页。

> 凡首阳山之首，自首山至于丙山，凡九山，二百六十七里。其神状皆龙身而人面。其祠之：毛用一雄鸡瘗，糈用五种之糈。堵山，冢也，其祠之：少牢具，羞酒祠，婴毛一璧瘗。騩山，帝也，其祠羞酒，太牢具。合巫祝二人儛，婴一璧。①

类似记载在《山海经》内不胜枚举，既描写了山神的祭祀之礼，又详细说明了神的形象。山神有祭祀必立有尸，那么这个神像是否就是尸身？晁福林论道："《山海经》当中诸多的人兽合一的形象，很可能就是巫师装扮动物的形象。"② 甚为精当。所谓"尸""巫"后世虽逐渐有所分殊，但他们本身就是同源的，既降神导神又扮神。③《海外西经》把巫彭、巫抵、巫阳、巫履、巫凡、巫相与"夹窫窳之尸"并列，可见巫尸同类。然则可以相信，巫师在祭祀山神的时候作为尸而装扮成神的形象。首阳山"合巫祝二人儛"，可能就是祭祀现场的情况。山神形象之所以怪异，实乃尸身装扮的结果，具有很强的仪式性表演成分。④

《山海经》中亦有直接描写尸身与神像的记载。《海内北经》："据比之尸，其为人折颈披发，无一手。"郭璞注："据比，一云掾比。"清代郝懿行曰："掾比，一云掾北。"《淮南子·墬形训》高诱注："诸比，天神也。"袁珂认为，诸比、据比、掾北三者同，诸、据、掾乃一声之转。⑤ 所谓"据比之尸"，即为祭祀天神诸比而所立之尸。折颈、披

---

① 袁珂：《山海经校注》，上海古籍出版社，1980年，第38页。
② 晁福林：《天命与彝伦：先秦社会思想探研》，北京师范大学出版社，2012年，第7页。
③ 钱锺书：《管锥篇》，中华书局，1986年，第156~158、598~600页。
④ 有神为方相氏。《周礼·夏官·方相氏》："方相氏掌蒙熊皮，黄金四目，玄衣朱裳，执戈扬盾，帅百隶而时难，以索室驱疫。大丧先柩。及墓入圹，以戈击四隅，驱方良。"方相氏既是神也是人，在驱傩与葬仪中的怪异形象，也是装扮与演绎的结果。
⑤ 袁珂：《山海经校注》，上海古籍出版社，1980年，第314页。

发、无一手，指祭祀中尸的具体打扮。《海内北经》："王子夜之尸，两手、两股、匈、首、齿，皆断异处。"王子夜即王亥，乃殷人先王，遭有易部落杀害。有学者认为，此处之尸为"尸首"义，于文意虽能讲通，但统观《山海经》全文及相关文献则有未尽之处。《左传·襄公三十年》史赵曰："亥有二首六身，下二如身，是其日数也。"① 所言与《山海经》相近，但并非指王亥的尸首，而是确指王亥有二首六身，神化迹象非常明显。实质上，此处之"尸"也为神主之象。古人因王亥遭残杀的传说故事，以制其尸受祭之象。所谓"两手""两股""二首"等，就是祭祀时王亥之尸的扮相。

神尸的装扮，与其人活着时候的形象、职能、地位、性格、死因具有密切关系。胜国社神之尸用主刑的士师为之，一般社神之尸用女人为之，均是物象其类。王亥因被杀，所以有两手、两股、二首，象其遭肢解的经历。《国语·晋语二》载："虢公梦在庙，有神人面白毛虎爪，执钺立于西阿之下。公惧而走。神曰：'无走！'帝命曰：'使晋袭于尔门。'公拜稽首，觉，召史嚚占之，对曰：'如君之言，则蓐收也，天之刑神也。'"② 刑神的形象为"面白毛虎爪，执钺"，与他的具体职能密切相关。《海外西经》载有"女丑之尸"："女丑之尸，生而十日炙杀之。在丈夫北。以右手鄣其面。十日居上，女丑居山之上。"③ 袁珂认为女丑疑即女巫。女巫之尸或正说明了巫尸的合一。《大荒西经》则描写其形象"有人衣青，以袂蔽面，名曰女丑之尸"。④《海外西经》："刑天与帝至此争神，帝断其首，葬之于常羊之山，乃以其乳为目，以脐为口，操干戚以舞。"⑤ 刑天被帝断首，故以乳为目，以肚脐为口，操干戚而舞的形象，应该是祭祀刑天时神尸装扮与表演时的形象。这再

---

① 孔颖达：《春秋左传正义》卷40，第2012页上。
② 徐元诰：《国语集解（修订本）》，中华书局，2002年，第283页。
③ 袁珂：《山海经校注》，上海古籍出版社，1980年，第218页。
④ 袁珂：《山海经校注》，上海古籍出版社，1980年，第400页。
⑤ 袁珂：《山海经校注》，上海古籍出版社，1980年，第214页。

次表明神尸的表演与其神死前的生活有很大的关系。这些神奇灵异的记载，就是正式祭祀鬼神时神明的真实描写。①

《海外南经》载欢头国"人面有翼，鸟喙，方捕鱼"。郭璞注："欢兜，尧臣，有罪，自投海而死。帝怜之，使其子居南海而祠之。"② 欢兜，即丹朱。③ 所谓"人面有翼，鸟喙"，即丹朱之子祭祀乃父时神尸的扮装，因投海自杀而制其捕鱼之像。《海外南经》："贯胸国在其东，其为人胸有窍。"④ 所谓"贯胸国"与《淮南子·墬形训》穿胸民应属同类。《艺文类聚》卷96引《括地图》载："禹诛防风氏。夏后德盛，二龙降之。禹使范氏御之以行，经南方，防风神见禹怒，射之，有迅雷，二龙升去。神惧，以刃自贯其心而死。禹哀之，瘗以不死草，皆生，是名穿胸国。"⑤ 可见贯胸或穿胸，缘自"刃自贯其心而死"的遭遇，故名为贯胸。尸身神像也是"人胸有窍"。《山海经》中同类记载尚多，有"奢比之尸""贰负之尸""祖状之尸""夏耕之尸""戎宣王尸""相顾之尸"等，以前有学者读"尸"为"夷"，认为是氏族名，或属误会。此类之"尸"，均为祭祀神灵时所立之尸象。

正统礼典文献中，言及尸所穿衣服乃祖先所遗留，而尸的神像不见详细记载。立尸以祭，神尸的形象与神的遭遇、职能、性格等密不可

---

① 钱志熙认为："《山海经》中的山神，与后世那些威仪堂堂，相好庄严的岳神河伯不一样，都是些人面兽身或人面鸟身，蛇身的半人半兽的合成体。人类学家认为这是图腾崇拜的现象。这也反映了原始混沌的生命体验。……山神即是司掌山林之神，其形象当然极易与兽类发生联系，但他们既是人类在山林中权力的化身，所以又不能不具有人的形体特征。况且在它的幻想中，人兽结合的东西，其体能智力是巨大的，只有它们才配作山岳的真正的统治者。这中山神的形象特征再次证明了《山海经》所记录的是早期的山岳崇拜。"钱志熙：《论上古至秦汉时代的山水崇拜山川祭祀及其文化内涵》，《文史》2000年第3辑，第243~244页。
② 袁珂：《山海经校注》，上海古籍出版社，1980年，第190页。
③ 童书业：《丹朱与驩兜》，《童书业著作集》第3卷，中华书局，2008年，第66~71页。
④ 袁珂：《山海经校注》，上海古籍出版社，1980年，第194页。
⑤ 欧阳询：《艺文类聚》，上海古籍出版社，1982年，第1662页。

分。物象其类，神尸的形象就是神形象的一次装扮与演绎，是状乎无影，化而成文的结果。《山海经》记载虽怪诞诡奇，却在尸象方面，提供了一个重要的参考标的。

二、父子一体与依孙以象神

上古中国宗法传统中，守文垂体者上溯祖祢，下及子孙，旁涉兄弟，传先祖之重，属世代传递脉络中承上启下一环。子孙在血脉与精神上属先祖留存世间之"遗体"。《仪礼·丧服传》"为世父母叔父母期"载：

> 世父叔父，何以期也，与尊者一体也。然则昆弟之子何以亦期也？旁尊也，不足以加尊焉，故报之也。父子，一体也。夫妻，一体也。昆弟，一体也。故父子，首足也。夫妻，牉合也。昆弟，四体也。①

父子、夫妇、兄弟构成"一体"关系。贾公彦疏："凡言体者，若人之四体，故传解父子夫妻兄弟，还比人四体而言也。"胡培翚也说："父尊子卑，其一体如首足。夫阳妻阴，其一体如牉合。昆弟同气连枝，各得父之体以为体，如四肢之本为一体也。"② 父子一体，犹如首与足；夫妻一体，犹如两个半体；兄弟一体，则如手足四肢。各类角色虽有尊卑差异，但各得其所，共同构成了完整的人体，确定了在家族中的地位与角色。

《大戴礼记·哀公问于孔子》载：

---

① 贾公彦：《仪礼注疏》卷30，第1105页上。
② 胡培翚：《仪礼正义》，江苏古籍出版社，1993年，第1410页。

二、父子一体与依孙以象神

> 妻也者，亲之主也，敢不敬与？子也者，亲之后也，敢不敬与？君子无不敬也，敬身为大。身也者，亲之枝也，敢不敬与？不能敬其身，是伤其亲。伤其亲，是伤其本。伤本，枝从而亡。①

在"一体"观念中"父子一体"最为重要，并可上延及"祖孙一体"。父子为首足，祖孙亦为首足，代代相续，永远流传。《礼记·祭义》载：

> 曾子曰："身也者，父母之遗体也。行父母之遗体，敢不敬乎？"
>
> 天之所生，地之所养，无人为大。父母全而生之，子全而归之，可谓孝矣。不亏其体，不辱其身，可谓全矣。……不敢以先父母之遗体行殆。一出言而不敢忘父母。是故恶言不出于口，忿言不反于身。不辱其身，不羞其亲，可谓孝矣。②

子之身体得之父母，子所行为象其父母所行为。敬自己的身体即是敬父祖的身体，敬儿子的身体，同样是敬父祖的身体。祖先是子孙生命的源头，子孙是祖先身体的复制。自始祖以降，"全而生之""全而归之"，代代相传，循环往复，转相为本，"遗体"不绝，任何单独个人无权利侮辱与毁伤。父祖已逝，神灵高登天庭，作为物质性存在的肉身也掩藏入地下。假若"遗体"真能世代相传未受毁伤，那么子孙的形象就完全等同于父祖的形象。世人若想得知其具体之形象，在世子孙的身体就成为父祖形象展示的最佳载体。祖先的神灵形象可以从子孙身上找寻。

《左传·昭公七年》记载郑国伯有闹鬼之事。伯有死而无子孙祭

---

① 王聘珍：《大戴礼记解诂》，中华书局，1983年，第15页。
② 孔颖达：《礼记正义》卷48，第1599页中。

祀，成为厉鬼作祸。子产重新立他的儿子为后乃止。子大叔不解而问子产，子产答曰："鬼有所归，乃不为厉，吾为之归也。"人死有后可归依乃不为厉鬼。子产后至晋国，赵景子就此事发问。子产回答：

> 人生始化曰魄，既生魄，阳曰魂。用物精多，则魂魄强，是以有精爽，至于神明。匹夫匹妇强死，其魂魄犹能凭依于人，以为淫厉。况良霄，我先君穆公之胄，子良子孙，子耳之子……其用物也弘矣，其取精也多矣，其族又大，所凭厚矣，而强死，能为鬼，不亦宜乎？①

根据子产的两次回答，可以得出两点认识。第一，人死后魂魄得要有所凭依，正常情况下立有后，就可以凭依在为后的子孙身上，受其祭祀。若强死未有后者，则成为厉鬼。第二，人死后魂魄的强度与其生时用物多寡丰俭密切相关。用物之多寡又与其族裔之贵盛强弱大小密切相关。伯有源出郑穆公，父祖又为郑国显贵，正所谓"所凭厚矣"。生时所凭厚，死为鬼则强。② 作为个人无论生时死后，均得有所凭依，生时凭依父祖遗留下之"用物"，死后凭依子孙为后者的祭祀。父祖子女一体贯彻于生死永恒的时间脉络之中。

"父子一体，自然天性"，子孙身体得之于父祖，在世代传递过程中"等量移交"最为理想，但生老病死与世事迁移也必然有所损益。在身体的自然损益过程中，如何保证父祖的身体在子孙的身体上得到呈现，这在礼制上成为问题。古人对"髦"的处理为我们提供了一个例证。所谓"髦"者，是人出生时所具之毛发，直接来自父母之身，与父母血脉一体，至生三月剪发之时修成左右两条鬐或角之状，且一直留

---

① 孔颖达：《春秋左传正义》卷44，第2050页中。
② 厉鬼的形象，《左传·成公八年》载"晋侯梦大厉，被发及地，搏膺而踊"，《国语·晋语》"寡君之疾久矣。上下神祇，无不遍谕，而无除。今梦黄熊入于寝门，不知人鬼乎，抑厉鬼邪"，可做参考。

194

二、父子一体与依孙以象神

存至父母逝世而行小殓或殡礼之时。①《礼记·玉藻》"亲没不髦",正此之谓。双亲并死,孝子不再事亲,即"去为子之饰"的髦。髦是年幼的子遗,是人子与双亲血肉相连的象征。亲在则存,亲殁则去。故人生在世,父母存亡如何,世人只要观看其两鬓之髦存亡与否,即可加以判断。髦在父母在,髦去父母亡。父子一体,在"髦"的身上表露最为明显。

父祖在世,尚可以借助髦在子孙身上展示父祖的存在。父祖去世后,神灵已登天庭,茫然不知所象,将如何展现祖先形象?古人解决的方法,乃是借助祖孙一体观念,祭祀时立孙之伦(即与被祭者同昭或同穆)为尸以象祖先神。《礼记·祭统》:"夫祭之道,孙为王父尸。所使为尸者,于祭者子行也;父北面而事之,所以明子事父之道也。此父子之伦也。"郑注:"子行,犹子列也。祭祖则用孙列,皆取于同姓之嫡孙也。"② 以孙为尸代表父祖接受祭祀,孙子在血脉与身体意义上完全可以继承父祖形象。当然,仅有血脉之像还是不够的,父祖形象在以孙为尸上的呈现,尚要借助物质与精神两个方面的力量来完成。

物质上的帮助,除了子孙身体来自父祖的血脉之躯外,主要是借助父祖留存下的衣服或其他遗物。《周礼·春官·守祧》:"守祧掌守先王、先公之庙祧,其遗衣遗服藏焉。若将祭祀,则各以其服授尸。"③ 尸所穿之服乃先公先王所遗留下的衣服。《礼记·曾子问》:"尸弁冕而入。"任启运云:"尸入庙则象乎神,故服先王先公之遗衣服。"④ 尸除了血脉继承父祖外,装扮所穿之衣也来自父祖。子孙穿着父祖留存下的衣服而立为尸,形似父祖已更进一步。《楚辞·九歌·东皇太一》:"灵

---

① 李志刚:《孺慕之孝:上古中国礼俗中的"亲前不称老"与代际交替》,《孔子研究》2015年第4期,第65~75页。
② 孔颖达:《礼记正义》卷49,第1605页中。
③ 贾公彦:《周礼注疏》卷21,第784页上。
④ 任启运:《天子肆献祼馈食礼》卷上,景印文渊阁《四库全书》第109册,台湾"商务印书馆",1986年,第836页。

偃蹇兮姣服。"洪兴祖《补注》:"古者巫以降神。言神降而托于巫也。"① 朱熹讲:"古者巫以降神,神降而托于巫,则见其貌之美而服之好,盖身则巫而心则神也。"王国维则说:"《楚辞》之灵,殆以巫而兼尸之用者也。其词谓巫曰灵,谓神亦曰灵,盖群巫之中,必有像神之衣服形貌动作者,而视为神之所凭依,故谓之曰灵,或谓之灵宝。"②

与父祖的"神似",还需要通过继承父祖威仪及借助祭祀斋戒礼仪活动来实现。正如罗新慧教授所言:"生者形象与祖先形象相似,表明生者在描摹自我形象时,刻意地与祖先相像,反映出他的观念中,十分看重与祖先形象的接近,愿意在容貌仪态方面与祖先贴近,这样来成为'肖'之子孙。"继承父祖威仪,则是子孙肖似祖先的必要之途,罗教授利用金文资料已有很好的论述。③ 比如《癲簋》载:"顯皇祖考嗣威仪,用辟先王,不敢弗帅用夙夕。"《癲钟》载:"丕显高祖、亚祖、文考,克明厥心,胥尹厥威仪用辟先王。癲不敢弗帅祖考秉明德,恪夙夕佐尹氏。"皇祖考继承了更早祖先的威仪,而癲也不能不日夜效法模仿,当然也要继承。《叔向父禹簋》载:"余小子司朕皇考,肇帅型先文祖,恭明德,秉威仪。"《虢叔旅钟》载:"丕显皇考惠叔,穆穆秉元明德,御于厥辟,悬纯亡愍。旅敢肇帅型皇考威仪,祗御于天子。"祖先威仪代代相传,子孙通过模仿可以学习获得并继承。关于威仪为何的论述很多,大体而言不外乎祖先的容止与行为规则。④ 这两者均表露在祖先的形象上,子孙通过帅型而学习之,自然也会有所继承与展示。

更深度地获取祖先的精神气质与外在形象,则需通过斋戒祭祀来实

---

① 洪兴祖:《楚辞补注》,中华书局,1983年,第30页。
② 金开诚等:《屈原集校注》,中华书局,1996年,第194页。
③ 罗新慧:《祖先形象与周人的祖先崇拜》,《南开学报(哲社版)》2015年第5期,第59~69页。
④ 罗新慧:《"帅型祖考"和"内得于己":周代"德"观念的演化》,《历史研究》2016年第3期,第4~20页;《周代威仪辨析》,《北京师范大学学报(社科版)》2017年第6期,第86~94页。

现。《礼记·玉藻》:"凡祭,容貌颜色,如见所祭者。"①《礼记·郊特牲》:"斋之玄也,以阴幽思也。故君子三日斋,必见其所祭者。"② 孝子于内心重构父祖神灵形象。《礼记·祭义》:"致斋于内,散斋于外。斋之日,思其居处,思其笑语,思其志意,思其所乐,思其所嗜。斋三日,乃见其所为斋者。"③ 祭祀之前孝子行散斋七日、致斋三日之礼,目的是于此十日内"回忆与想念"父祖生时所居何处、音容笑貌、想什么问题,因何而欢乐,嗜好为何。孔颖达认为孝子若思念亲生时此五事,可以"精意纯孰,目想之,若见其所为斋之亲也",则是能够因思念而"目见与重现"已逝之亲人。《礼记·祭义》多有类似记载:

> 祭之日,入室,僾然必见乎其位;周还出户,肃然必有闻乎其容声;出户而听,忾然必有闻乎其叹息之声。
>
> 是故先王之孝也,色不忘乎目,声不绝乎耳,心志嗜欲不忘乎心。致爱则存,致悫则著,著存不忘乎新,夫安得不敬乎!
>
> 虚中以治之……于是谕其志意,以其慌惚以与神明交,庶或飨之。
>
> 曾子曰:身也者,父母之遗体也。行父母之遗体,敢不敬乎?

斋戒或祭祀之时,子孙掏空属于自我的一切欲念与执着,"虚中"以接纳神明来舍。《礼记·祭义》:"唯圣人为能飨帝,孝子为能飨亲。飨者向也,向之然后能飨焉。"郑注:"言中心向之,乃能使其祭见飨也。"④ 父祖生时的音容笑貌,思维意志,甚至包括叹息之声与己融为一体。至此,子孙进入了与父祖神明交相融合,人神相交、祖孙一体的恍惚之境。苏轼讲:"盖人之意气既散,孝子求神而祭,无尸则不享,

---

① 孔颖达:《礼记正义》卷30,第1485页上。
② 孔颖达:《礼记正义》卷26,第1457页下。
③ 孔颖达:《礼记正义》卷47,第1592页下。
④ 孔颖达:《礼记正义》卷47,第1593页上。

无主则不依。……魂气必求其类而依之，人与为类，骨肉又为一家之类。己与尸各心斋洁，至诚相通，以此求神，宜其享之。"① 王文锦认为："往昔帝王对已逝双亲的孝心是，父母的容颜永不从眼中消失，他们的声音永不从耳中断绝，他们的心意和嗜好永不从心中遗忘。由于极为热爱，双亲就永远存活在心中。由于极为挚诚，双亲的形象就永远显著。显著的形象、生存的风貌在心目中永不淡忘，那怎能对他们不恭敬呢？"② 尸本身又是孙之伦，血缘上是先祖的遗体，具有天生的相似性。降神附于尸身上，尸的神貌也是祖先的神貌。

大孝之人终生不忘乎亲，心念、精诚唯专注于亲人之诚感诚应上，推至极致，终达于"见其所为斋者"，与鬼神相感相应的境地。在此状态下，能够有"僾然必有见乎位""肃然必有闻乎容声""忾然必有闻乎其叹息之声"的神秘体验。③ 通过斋戒，穿祖之衣，行祖之范、思祖之乐、言祖之语，与祖先神明相交。自己的容颜神貌，已是祖先的容颜神貌。所谓恍惚之态，正是人神相交，人神不分时的神态。斋戒后神灵形象的呈现，汉宣帝诏书中有生动的描写："斋戒之暮，神光显著。荐鬯之夕，神光交错。或降于天，或登于地，或从四方来集于坛。上帝嘉飨，海内承福。"④ 宛如群神的盛宴。

子孙们的"帅型祖考之德""帅型祖考威仪""仪刑文王"，学习祖先的威仪，祖考也成为后世子孙效仿、学习、观看的典范。整齐容貌

---

① 苏轼：《尸说》，《苏轼文集》第 5 册，中华书局，1986 年，第 1992 页。
② 王文锦：《礼记译解》，中华书局，2001 年，第 679 页。
③ 尸与神灵形象的重构，还须裸礼降神。《尚书·洛诰》："王宾、杀、禋，咸格，王入太室裸。"伪孔传："裸鬯告神。"孔颖达疏："裸者，灌也。王以圭瓒酌郁鬯之酒以献尸。尸受祭而灌于地，因奠不饮，谓之裸。"尸入室后，接受主人、主妇郁鬯之献，不饮而灌注入地，香气达于渊泉，引起神灵注意，使之起而与己附和。《孟子·离娄》朱熹注："宗庙之祭，以郁鬯之酒灌地而降神也。"只有尸与神完全结合后，魂魄复合且归依于尸身，主人、主妇才能通过献尸，嘉善死者魂魄，从而实现尸饱如亲饱，尸醉如神醉的祭祀目的。祭祖中主人、主妇、宾等所有与尸相献祭、酬酢的礼节，均建立在裸礼降神附尸的基础上。
④ 《汉书》卷 8《宣帝纪》，第 263 页。

如"见所祭者",非仅是抽象意义上为表示虔诚的内心感受。这已太过理性,应该是通过斋戒祭祀使己身与被祭对象融为一体,神灵借助斋戒者的"道成肉身"而再现。"祭如在,祭神如神在",或也当如此理解。① 学者为强调儒家的人文色彩,多突出"如"导致的神灵虚化的理性主义传统,而忽略"祭"的仪式与"神在"的真正结果。斋戒后人神合体,已入神秘之境。仪式本身具备神圣性,甚至可以创造或重现神灵。

通过斋戒,虚无微茫的祖先借助斋戒者所施仪式,与之合而为一,交融无间。神灵的奥秘之体得以呈现。董仲舒《春秋繁露·祭义》:"祭者,察也,以善逮鬼神之谓也。善乃逮不可闻见者,故谓之察。吾以名之所享,故祭之不虚,安所可察哉!祭之为言际也与?祭然后能见不见。见不见之见着,然后知天命鬼神。"② 如董仲舒所言,主祭之人通过祭祀能"逮"住神灵,见到不可见之神灵形象。③

主祭者为子行,为尸者为孙行,均属于血脉一体的体系之内。主祭之人与神灵能够交融无间,尸更是如此。《诗·小雅·楚茨》非常形象地描述了神尸合一与即将分开时的仪态"神具醉止。皇尸载起,鼓钟送尸,神保聿归"。《白虎通·宗庙》载:

---

① 后世学者多重视孔子的人文主义式伦理道德,实际上根据胡适《说儒》、徐中舒《论甲骨文中所见的儒》、余英时《论天人之际》等论述,儒家的理性色彩或有被后世夸大之嫌。儒源自巫,虽最终与之分道扬镳,但在孔子身上尚有浓重的"巫""教士""先知"孑遗。"子不语怪力乱神"确实代表了历史发展的理性,属于宗教思想"祛魅"。但历史发展往往是立体多路径的,探究更丰富的真相,研究"祛魅"之前的"魅"也是题中之意。"祛魅"与"返魅"不可偏废。
② 苏舆:《春秋繁露义证》,中华书局,1996年,第441~442页。
③ 《论衡·论死》:"人生于天地之间,其犹冰也。阴阳之气,凝而为人,年终寿尽,死还为气。夫春水不能复为冰,死魂安能复为形?"但祈求已逝之人的神灵得以重新显现,似乎是人类不可遏制的基本冲动。但西安碑林博物馆藏西晋永平元年《徐君夫人菅氏之墓碑》载:"千秋万岁,何时复形?呜呼哀哉!"在此心理背景下,后世道教逐渐产生出"炼形"思想。参见姜生:《汉帝国的遗产:汉鬼考》,科学出版社,2016年。

祭所以有尸者何？鬼神听之无声，视之无形，升自阼阶，仰视榱桷，俯视几筵，其器存，其人亡，虚无寂寞，思慕哀伤，无可写泄，故座尸而食之，毁损其馔，欣然若亲之饱，尸醉若神之醉矣。①

清儒杭世骏认为："古者孝子之道，事死如事生，事亡如事存，盖言精诚所至，俨如其形声之相接也。然祖考既没，但可接以心而不能接以目，能遇以神而必不能遇以形也。追远虽云情切，音容不可假借，设裳立主，斯亦可矣。子孙为尸，不几涉于假借乎！且夫宗庙之中，原以祖临乎孙，而尸则临乎其祖矣，又何倒置也？"② 杭世骏认为以孙之伦为尸，是以孙凌驾于父祖之上，有祖孙倒置之嫌，但也不能否定借尸之立可以见到父祖之音容，俨如形声相接也。清儒俞樾有诗云："古祭必立尸，精神相感召。"③ 晁福林也认为："商周祭祖礼之所以将'尸'作为受祭对象，目的是再现祖先形象。商周祭典之所以以幼童为尸，愚以为是古人会合魂魄的观念所致，即《礼记·礼运》所谓的'嘉魂魄'。"④ 子孙而重现父祖，行父祖之所行，思父祖之所思，当然更能继承发挥父祖世世代代遗留下来的道德遗轨。

可见，通过祭前的斋戒活动与正规的祭祀活动，加上诚敬之心与血脉之躯，子孙无论在外在形态还是内心上，均重构与显现了父祖神灵的

---

① 陈立：《白虎通疏证》，中华书局，1994年，第580页。
② 杭世骏：《质疑》，《清经解》卷309第2册，上海书店出版社景印，1988年，第527页。
③ 俞诗《画像》："古祭必立尸，精神相感召。尸废图像兴，则在求之貌。金母画廿泉，其像必已肖。唐代开御容，尊严比京庙。流传逮氓庶，沿袭成典要。若非有画像，何以寓追孝。"俞樾用诗化语言概述神灵画像的历史脉络，认同到立尸礼的精神感召价值，而又认为求神之貌要等到尸礼废，则未认识到尸象即神象，稍显遗憾。参见俞樾：《春在堂诗编》，《续修四库全书》第1551册，卷23，上海古籍出版社，1995年，第679页。
④ 晁福林：《卜辞所见商代祭尸礼浅探》，《考古学报》2016年第3期，第343~364页。

形象。尸外穿父祖留存之衣,内借十日之斋实现精神上与父祖的重合。仪式中,父祖神灵的奥秘之体借助子孙,在身体与精神两方面获得了重生。主祭子孙不仅"看见了"已逝之祖先,更是与祖先血脉相融,神明相交,自己的形象在某种程度上已是祖先形象的再现。

三、无形之像与依物以凭神

祭礼中以孙之伦为尸,凭依祖先之神,呈现祖先之像,已如上论。那么在未有尸的礼仪中,神灵将何所依,何所象?曰神将凭物而成像。

《仪礼·士昏礼》纳采载有"施几筵"仪节:"主人筵于户西,西上,右几。"郑玄注:"筵,为神布席也。户西者尊处,将以先祖之遗体许人,故受其礼于祢庙也。席西上,右设几,神不统于人。"① 纳采在新娘父亲家的宗庙内举行。新娘父亲作为主人在堂上户牖之间最尊贵处设一席一几。堂上布席之法,于人以东为上,于神以西为上。同理,设几于人在左,于神在右。此席以西为上,几在右,故知是为神而设。在纳采、问名诸多仪节中,主宾虽分庭抗礼,相拜却北向,即主宾均对祖先几筵而行礼。通过几筵之设,主人把祖先神请到了堂上。祖先也"观看与参与"了礼仪的举行。《礼记·祭统》:"铺筵,设同几,为依神也。"② 若舅姑早逝,新娘须行庙见之礼,《仪礼·士昏礼》载:"席于庙奥,东面,右几。席于北方,南面。"③ 此几筵也是为神而设。宋儒李如圭说:"祭设同几,精气合。庙见象生时,故别席也。"舅姑两人同设一几,喻示神灵精气合一,为常祭之礼;行庙见礼,则与生时妇见舅姑一样,舅姑二人分席而坐。在奥为舅设席,在北墉下为姑设席。无论如何,几筵陈设,代表已逝之舅姑接纳了嫁入之新妇。在"几筵"前实行纳采、问名、嫁娶、庙见等仪节,表明祖先具在,主人不敢有所

---

① 贾公彦:《仪礼注疏》卷4,第961页中。
② 孔颖达:《礼记正义》卷49,第1605页上。
③ 贾公彦:《仪礼注疏》卷6,第970页中。

专或先祖对新妇的认可。空荡而静穆的几筵，为神灵所凭依。神灵也借以显示自己的在场。

神灵通过几筵之设而在场。《仪礼·聘礼》也有所记载。聘宾即将出国访问而行告庙之礼，"有司筵几于室中。祝先入，主人从入。主人在右，再拜，祝告，又再拜"。① 聘宾为主人向历代先祖告庙辞行。有司在庙中之室内设几筵。祝告与主人之拜，均面向几筵行礼如仪。几筵也是祖先神的象征。更著名的几筵之设，出现在《尚书·顾命》中：

> 牖间南向，敷重篾席，黼纯，华玉仍几。西序东向，敷重底席，缀纯，文贝仍几。东序西向，敷重丰席，画纯，雕玉仍几。西夹南向，敷重筍席，玄纷纯，漆仍几。②

《尚书·顾命》所载为康王即位之礼。而"牖间南向"下，伪孔传"因生时几，不改坐。此见群臣觐诸侯之坐"。说明此处所设数重之席不是为新即位的康王而设，而是为已逝的成王而设。堂上其他三席，即西序东向席、东序西向席、西夹南向席，与牖间席形成了一个"四面之坐"。它们分别是为"旦夕听事者""被飨养之国老、群臣"及"私宴之亲属"而设。可见这个"四面之坐"复原了成王生时处理朝政的场面。成王虽崩，在象征意义上却并未"缺席"康王的即位典礼。太保、太史、太宗是在成王君臣神灵的见证之下，把即位册命移交给康王的。"四面之所"以巨大的虚空暗示着已逝天子的神灵永驻。

与几筵陈列类似，典籍中还有"屏摄之位"的说法。《左传·昭公十八年》子产"使子宽、子上巡群屏摄，至于大宫"。杜预注："屏摄，祭祀之位。"③ 大宫为郑国祖庙，屏摄则是庙中的祭祀之位，用以象征

---

① 贾公彦：《仪礼注疏》卷19，第1047页上。
② 孔颖达：《尚书正义》，第239~240页。
③ 孔颖达：《春秋左传正义》卷48，第2085页下。

祖先神灵所在。《国语·楚语下》："次主之度，屏摄之位，坛场之所，上下之神祇，氏姓之所出，而心率旧典者为之宗。"韦昭注："屏，屏风也。摄，形如今要扇。皆所以分别尊卑，为祭祀之位。"① 屏摄之位与神主、坛场等一起，为神灵所凭依，也是神灵具在的见证。

几筵陈设与屏摄之位，均是祭祀场合的神灵凭依之所，在墓室之中亦有"灵座"与"神位"代表了墓室主人不可见的灵魂。巫鸿研究马王堆汉墓与满城汉墓为我们提供了生动的案例。② 他认为，灵座在墓内前室之中，定义出一个祭祀空间的存在。墓室内"座位上没有偶像或肖像——它是为了一个看不见的角色而准备的坐处"，但在"一个设有厚垫并背靠画屏的座位"四周，陈设"墙上张挂的丝帷""地上覆盖的主席""座位前放着的两双丝履"，还有"手杖""漆奁"等，通过众多物品的陈设暗示了墓主神灵的存在。巫鸿说，甚至可以想象"无形的軑侯夫人灵魂一边享用着酒食，一边坐在空座上欣赏歌舞表演"。③ 軑侯夫人的神灵借助一个空荡荡的灵座，出现在墓室的核心位置。

值得注意的是，满城汉墓中窦绾墓内无灵座，而刘胜墓有两个灵座，且有主次之分，显示窦绾只能到其夫刘胜的墓内接受祭祀。但祭祀之礼"嘉魂魄"求在精气相合，夫妇合祭无两设灵座之必要。④ 之所以设两个灵座，应与前论新妇行庙见舅姑之礼，在室内奥与北墉下两地分设舅姑神席一样，目的是模仿生时情况。满城汉墓内设两灵座，正是

---

① 徐元诰：《国语集解（修订本）》，中华书局，2002年，第513~514页。
② 巫鸿：《"玉衣"或"玉人"：满城汉墓与汉代墓葬艺术中的质料象征意义》，《礼仪中的美术：巫鸿中国古代美术史文编》，郑岩等译，生活·读书·新知三联书店，2005年，第131页。
③ 巫鸿：《黄泉下的美术：宏观中国古代墓葬》，生活·读书·新知三联书店，2010年，第66~69页。
④ 《礼记·礼运》："夫与妇交献，以嘉魂魄，是谓合莫。"郑注："嘉，乐也；莫，虚无也。"清代黄以周曰："嘉谓嘉会，合莫谓合魂魄于虚莫，此即所谓合鬼与神是也。"

复原刘胜夫妇生活中的真实场景。只是处于阳世，夫妇歌舞升平，纵酒作欢；处黄泉之下，则以空荡的灵座，权作象征，以替肉身，以凭灵魂。延及后世，灵座或是墓室壁画"一桌二椅"的渊源。"一桌二椅"再变为墓主夫妇对坐宴饮图。① 虚无演化为实在，神灵形象已栩栩如生。进入宋代后，尊儒辟佛的士大夫制礼作乐，摒弃画像、影堂而重归几筵桌椅，化形象入虚无的复古基调，从反面角度或也能说明此问题。

凭物以象神实为上古礼仪中的普遍现象。除了几筵、灵座之外，尚有"主""重""铭旌""衣物"，甚至宗庙，均可以凭物以象神。人死之时，肉身与灵魂分离，鬼神必得有所依归，否则将为厉鬼，故随仪式进程，设奠、制重、作铭以依之。丧事完毕，神主则成为最为重要的凭神圣物，陈列于祖庙之中。学者论道："'重''主''尸'之设，均乃'状乎无形影'，借由不同的设施物甚至表演者，将已逝的亲人精魂具体化，以为丧奠、丧祭和吉祭行礼的标的对象。"② 甚至到魏晋南北朝时期，此类礼俗尚遗留不异，《魏书·礼志二》载："今铭旌纪柩，设重凭神，祭必有尸，神必有庙，皆所以展事孝敬，想象平存。"③ "重"与"主"象神，彭美玲已有详论，可参考。衣物以象神，笔者亦曾著文讨论。④ 特别提到，诸侯在行迁庙之礼时，从旧庙牵祖灵进入新庙，祖先之衣物承担其灵魂依附的重要礼器。奉衣者奠衣物于新庙堂上户牖之间为神所设的席上，可得知衣服具有神圣特性，被以神灵对待。迁庙礼中奉衣者所奉之衣，即亡亲魂灵的象征。或者说，祖先神灵附于衣

---

① 邓菲：《"香积厨"与"茶酒位"——谈宋金元砖雕壁画墓中的礼仪空间》，复旦大学文史研究院编：《图像与仪式：中国古代宗教史与艺术史的融合》，中华书局，2017年，第205~208页。

② 彭美玲：《"立主"与"悬影"——中国传统家祭祀先象神仪式样式之源流抉探》，《台大中文学报》第51期，2015年，第41~98页；《古礼经说中的"主"制来由蠡测》，《台湾文史哲学报》第84期，2016年，第1~51页。

③ 魏收：《魏书》卷108《礼志二》，中华书局，1974年，第2771页。

④ 李志刚：《中国上古礼制中衣服所具功能与灵魂附归问题》，《古代文明》2014年第4期，第75~86页。

三、无形之像与依物以凭神

服,而被迁至新庙。①

至于宗庙建筑,也在一定程度上模拟祖灵之像。《说文·广部》:"庙,尊先祖貌也。"段玉裁注:"尊其先祖而以是仪貌之,故曰宗庙。诸书皆曰'庙,貌也',《祭法》注云:'庙之言貌也。宗庙者,先祖之尊貌也。'古者庙以祀先祖。"②《释名·释宫室》:"宗,尊也。庙,貌也。先祖形貌所在也。"③《白虎通·宗庙》:"宗者尊也,庙者貌也,象先祖之尊貌也。所以有室何?所以象生之居也。"④ 西晋崔豹《古今注》讲:"庙者,貌也,所以仿佛先人之灵貌也。"⑤ 王健文认为:"宗庙象先祖之尊貌,且有室以象生之居。基本上宗庙是古代亲缘团体在空间上借以联系、凝聚为一整体的最主要中介。筑室以象生之居,盖祖先之居所也;室内或绘或雕先祖之尊貌,以示祖先与后代子子孙孙同在。"⑥

但闻神响,不见神形。虚无的神灵不可见,借助物得而呈现。⑦ 凭物以依神,神灵实质上处于在与非在,可视与不可视之间。"器物承载

---

① 战国后,凭神于铭旌、衣物等"物"品上,毕竟神像还是过于"虚化"。遂后,铭旌上逐渐画出了神灵的具体形象,《人物御龙图》《人物龙凤图》,以及马王堆"T"形帛画上的形象,均可以认作为古人凭物以依神,逐渐化虚为实,画出神灵的"真实"形象的尝试。至于《人物御龙图》《人物龙凤图》等神灵形象多作侧面像,到东汉后墓室壁画的神灵像多为正面安坐像,或可借助此类神像的变迁,发现古人宗教信仰的某些秘密。侧面像似暗含神灵即将远行,正面像则安坐如仪。远行者,与魂魄二元论之"魂归于天,魄属于地"观念有关,神灵视墓室为临时之处,尚需远行登天。正面安坐则是魂魄合一,墓室已是永恒的家。远行后,墓庙分离,魂归庙祭;安坐,墓庙合一,墓祭盛行。
② 段玉裁:《说文解字注》,上海古籍出版社,1988年,第446页。
③ 刘熙撰,毕沅疏证,王先谦补:《释名疏证补》,中华书局,2008年,第181页。
④ 陈立:《白虎通疏证》,中华书局,1994年,第567页。
⑤ 崔豹:《古今注》卷上,中华书局,第7页。
⑥ 王健文:《奉天承运:古代中国的"国家"概念及其正当性基础》,台湾东大图书公司,1995年,第139页。
⑦ 祭祀时期的苞茅缩酒,也有类似的功能。神灵虚无,何以饮酒?"束茅立之于祭前,沃酒其上,酒渗下去,若神饮之。"化虚无为实在,化静穆为动感。滴滴答答的酒从苞茅上淋渗下去,动感十足,犹如神饮,非常具体而形象。祭神如神在,酒在渗透,神真的就在眼前。

着对祖先的追忆，对家国的歌颂，对丰收的期盼。这一切将表现性的声、乐、舞和符号性的器物相结合，形成了一个生动的场面。"① 在与可视，因为有"物"庄严静穆地陈设在行礼空间内，行礼之人必得与之周旋揖让，行礼如仪。非在与不可视，则是空有座位而无人物。几筵之设、四面之座，空荡荡的灵座上坐着一个看不见的神灵。无形之神，见证与参与了人间的礼仪，甚至能够观看一场生动的歌舞演出。凭物以依神，神是静穆而无形的，也是没有个性的。但神又实实在在栖息在那里，寂兮寥兮、恍兮惚兮，穆穆翼翼、安闲静幽、盛大显赫，仪容与形象描述，既是所凭之物庄严肃穆所给予子孙视角冲击所带来的效果，也是子孙虔诚敬慕内心中对灵座上虚无神灵的无限想象。

余　　论

在偶像崇拜不是很发达的上古中国，虚无缥缈的神灵如何展现在人间世，并获得具象的认识，不是件容易的事情。《礼记·檀弓上》载孔子语："之死而致死之，不仁而不可为也；之死而致生之，不知而不可为也。"② 对待已逝亲人，到底是以生待之，还是以死待之，与仁智之心有很大的关系。以已死的心思对待已死之人，若没有仁爱之心作为保障，是不应该的；以未死之心对待已死之人，若没有智慧作支撑，也是不可取的。③ 虽如此，送死陪葬的明器，照样须具备与陈设。仁智之心隐藏在内，明器陈设显露在外，且最终通过明器使已死之人"神明

---

① 闫月珍：《作为仪式的器物——以中国早期文学为中心》，《中国社会科学》2017 年第 7 期，第 161~184 页。
② 孔颖达：《礼记正义》卷 8，第 1289 页下。
③ 鬼神之有知与无知，儒家的态度甚为有趣。信仰中鬼神之有无存而不论，相对而言较为重视礼仪中的鬼神。《孔子家语·致思》有一则师门师徒的对话："子贡问于孔子曰：'死者有知乎？将无知乎？子曰：'吾欲言死之有知，将恐孝子顺孙妨生以送死，吾欲言死之无知，将恐不孝子子弃其亲而不葬。赐欲知死者有知与无知，非今之急，后自知之。'"这是典型的"搁置争议"。但是孔子还是强调"祭如在，祭神如神在"，礼仪活动中鬼神的存在，孔子还是明确的。礼仪是人举行的，鬼神存在于人举行的礼仪活动中。

之", 获得最终的神性。

类似情况, 也发生在立尸礼中。《礼记·礼器》载孔子谈到夏商周三代立尸礼之异: "周坐尸, 诏侑武方, 其礼亦然, 其道一也。夏立尸而卒祭, 殷坐尸, 周旅酬六尸。"① 孔颖达解释为夏商周三代之礼相因又相异。夏代之尸是人, 人不可久坐神座。故只在有事即献酢酬时, 尸才被认作神而坐于席。无事即在两道仪式的间隙, 尸是人必须站立。殷商之尸有事无事恒坐不立, "尸本象神, 神宜安坐, 不辩事与无事"。周代之尸则更进一步, 除了安坐为神外, 加上旅酬仪节, 祫祭之时, 六位历代祖先之尸旅酬相饮。曾子甚至把神尸间的旅酬比作人间的"合钱饮酒"。夏商周三代之尸的神性跟随仪式进程而不断变异。夏代之尸, 乍立乍坐, 乍人乍神, 在人神之间不断摇摆; 殷商之尸, 恒坐不立, 神性十足; 周代之尸像是夏殷的合体, 有事恒坐不立, 但又加上人间色彩较浓的旅酬, 神尸之间相互劝酒。夏商周立尸之礼是否真如此, 还是孔门师弟的概述与想象, 不可确知。时至《礼器》编撰时代的儒家看来, 尸的神性与礼的施行密不可分。礼仪使神灵可以被感知, 形象得以呈现。② 礼甚至参与了神性的创造。英国人类学家哈里森研究古希腊神灵起源时说: "仪式中的激情和仪式中的活动不可避免地在人们的心目中打下深深的烙印, 留下永久的印象, 这些印象就是神的原型。"③

---

① 孔颖达:《礼记正义》卷24, 第1439页上。
② "礼乐场合对器物的置放和表演, 呈现了器物的实物形态。从器物被置放和表演的场合, 我们可以发现器物参与了程序化和形式化的仪式过程, 以表演形态升华和强化了神和人、人和人之间的联系。"闫月珍:《作为仪式的器物——以中国早期文学为中心》,《中国社会科学》2017年第7期。
③ [英] 简·艾伦·哈里森:《古代艺术与仪式》, 刘宗迪译, 生活·读书·新知三联书店, 2007年, 第99页。他甚至复原了一个神灵起源的过程: "任何仪式都是由一群人同时参与和进行的, 他们被共同的激情吸引和召唤到一起, 在同一个领舞者的带领下, 随着同一个节奏和旋律, 共同起舞。这个引人注目的领舞者因此就成为会聚共同情感的中心。如果要举行送死神或迎新绿的仪式, 那么, 此人就顺理成章地成为偶像搬运者, 或者他自己干脆就扮演偶像。领舞者成为凝聚集体激情的焦点和核心, 整个活动都围绕着他而展开, 他成为仪式喜剧的灵魂。他的形象因此而深入人心, 被人铭记不忘, 年复一年, 他给人们留下的印象被不断地重复和再现, 最后, 终于从一个有血有肉的真实的人转变成为人们记忆中的意象, 成了一个精神造物, 但是, 自始至终, 他都是依存于实际的仪式实践, 而他只是这种仪式实践的映像而已。"

仪式创造了一个新的神。若要获得神的形象，只能回到仪式中去寻找。

神灵本来面貌如何，不可知，也不可能真知。既然神在礼仪中活动，神像也就在礼仪中呈现。所谓的神像都是礼中的神像。本章正是从礼的角度，分析上古中国礼仪实践中，古人对神灵形象的认识与想象。具体而言，得出如下结论。

第一，中国古代天神、地祇与人鬼所有祭祀均必立尸。尸既是人又是神灵的象征与凭依，是神在礼仪实践中呈现形象的最佳载体。若要获得神灵形象，首先必须知道尸身的形象。《山海经》记载众多对山水神灵的祭祀及其神灵的具体形象。我们认为，这些奇怪的神灵形象，实际上就是古人在祭祀山水之神时所立神尸的具体装扮。立尸以祭遵循了物象其类的原则，神尸的形象与神的遭遇、职能、性格、死因等密不可分。

第二，祭祖必也立尸，祖神形象也是借助尸身的形象获得再现。主祭之子与为尸之孙，通过祭前的斋戒活动与正规的祭祀活动，加上血脉之躯与诚敬之心，无论在外在形态还是内心上，均重构与显现了父祖神灵的形象。尸外穿父祖留存之衣，内借十日之斋实现精神上与父祖的重合。仪式中，父祖神灵的奥秘之体借助子孙，在身体与精神两方面获得了重生。主祭子孙不仅"看见了"已逝之祖先，更是与祖先血脉相融，神明相交，自己的形象某种程度上是祖先形象的重现。

第三，有尸之时，神像借助尸身得以呈现。无尸之时，神像借由物象得以呈现。物象包括重、主、铭旌、衣物、宗庙、几筵之设、四面之座、屏摄之位等。于此之时，神实质上处于在与非在、可视与不可视之间，获得更深沉的神秘性。所谓凭物以依神，神是静穆而无形的，也是没有个性的，是一种实实在在存在行礼空间内而又无形的神灵之像。

殇逝：论上古中国礼俗中的殇与年龄观念

胡适在《慈幼的问题》中说："你要看一个国家的文明，只消考察三件事：一、看他们怎样待小孩子？二、看他们怎样待女人？三、看他们怎样利用闲暇的时间。"① 如何看待小孩竟能够反映一个国家民族的文明程度，那么"儿童之死"作为一个命题，则不失为考察文明特性的重要视角。本章主要考察上古中国礼俗中关于儿童之死的殇观念，通过殇观念探究背后的年龄问题，以期能够对理解华夏礼乐文明的特点有所助益。

一、礼典中的"夭而不为殇"

一般而言，所谓殇死指未成年而早夭。《仪礼·丧服传》："年十九至十六为长殇，十五至十二为中殇，十一至八岁为下殇，不满八岁以下，皆为无服之殇。"②《礼记·檀弓上》："周人以殷人之棺椁葬长殇，以夏后氏之堲周葬中殇、下殇，以有虞氏之瓦棺葬无服之殇。"③《说文·歺部》曰："殇，不成人也。"④《释名·释丧制》："未二十而死曰

---

① 胡适：《慈幼的问题》，《胡适文存三集》，外文出版社，2013年，第1175页。
② 贾公彦：《仪礼注疏》卷31，第1111页下。
③ 孔颖达：《礼记正义》卷6，第1276页上。
④ 段玉裁：《说文解字注》，上海古籍出版社，1988年，第163页。

殇，殇，伤也，可哀伤也。"① 综合论之，礼典中殇可分为四种：长殇、中殇、下殇和无服之殇。从长殇以下，丧服规格降低，丧期年月缩短，葬具也越来越简朴。这些均以自然年龄来区分殇的类别，但礼制的复杂性在于其作为一个社会性的意义系统，纯粹以自然年龄断为划分依据，并不能解释其全部含义。反其道而行之，礼制中还存在着一种"夭而不为殇"的现象。对殇观念的这种矛盾的揭示，是充分理解礼制含义的途径之一。

1. 冠笄后不为殇

《穀梁传·文公十二年》："男子二十而冠，冠而列丈夫，三十而娶。女子十五而许嫁，二十而嫁。"② 男冠女笄即表成人，可以嫁娶。《穀梁传》所云"冠而列丈夫"正与《释名》"未二十而死曰殇"相吻合。《礼记·丧服小记》："丈夫冠而不为殇，妇人笄而不为殇。"郑注："言成人也，妇人许嫁而笄，未许嫁，与丈夫同。"东汉马融曰："女子十五许嫁笄，而不为殇也。其为许嫁如男子，二十乃不为殇。"③《丧服传》郑注："殇者，男女未冠笄而死，可伤者。女子子许嫁，不为殇。"贾公彦疏曰：

> 案《礼记·丧服小记》云："男子冠而不为殇，女子笄而不为殇。"故知男女未冠笄而死可哀殇者。女子子许嫁不为殇者，女子笄与男子冠同，明许嫁笄，虽未出，亦为成人，不为殇可知。④

从上文可以看出，即使女子已许嫁，但未出嫁，其死亦不为殇。《春

---

① 刘熙撰，毕沅疏证，王先谦补：《释名疏证补》，中华书局，2008年，第287页。
② 杨士勋：《春秋穀梁传注疏》卷11，第2408页下。
③ 胡培翚：《仪礼正义》，江苏古籍出版社，1993年，第1481页。
④ 贾公彦：《仪礼注疏》卷31，第1111页下。

秋·僖公九年》载："秋，七月，乙酉，伯姬卒。"《公羊传》云："此未适人，何以卒？许嫁矣。妇人许嫁，字而笄之，死则以成人之丧治之。"①《穀梁传》曰："内女也。未适人，不卒，此何以卒也？许嫁，笄而字之，死则以成人之丧治之。"② 成人死言卒，③ 伯姬未嫁而死，何以亦言卒？《公羊传》《穀梁传》解释，虽伯姬未出嫁，但已许嫁，许嫁即已笄，笄则不为殇。

可见，冠笄后不为殇是经史中常见的礼制规定。殇还是非殇，是以冠笄与否为准绳。只要已行冠笄之礼，即表明其已成人，可以嫁娶，至于事实层面上婚嫁与否，与自然年龄是否完全达到，无必然关系。

男女正常行冠笄礼的年龄，男子二十，女子十五。但考诸经史，冠笄之礼并不一定全依此施行，或推前或推后。谯周《丧服图》："男子幼娶必冠，女子幼嫁必笄，礼之则从成人，不为殇。"④ 按谯周说法，若男子未二十而婚，女子未十五而嫁，亦必先行冠笄之礼，则行冠笄礼的年龄必得提前。《左传·襄公九年》：

> 公送晋侯。晋侯以公宴于河上，问公年。季武子对曰："会于沙随之岁，寡君以生。"晋侯曰："十二年矣，是谓一终，一星终也。国君十五而生子，冠而生子，礼也。君可以冠矣。"⑤

晋悼公为鲁襄公行冠礼，襄公年十二。贾公彦《士冠礼》疏云：

> 是诸侯十二而冠也。若天子，亦与诸侯同十二而冠，故《尚

---

① 徐彦：《春秋公羊传注疏》卷11，第2252页中。
② 杨士勋：《春秋穀梁传注疏》卷8，第2395页下。
③ 孔颖达《春秋左传正义》："嫁于大夫，死不书卒。此许嫁者，嫁于国君也。但未往彼国，不成彼国之妇。"
④ 朱彬：《礼记训纂》，中华书局，1996年，第508页。
⑤ 孔颖达：《春秋左传正义》卷30，1943页中。

书·金縢》云"王与大夫尽弁",时成王年十五,云王与大夫尽弁,则知天子亦十二而冠矣。又《大戴礼》云:"文王十三生伯邑考。"《左传》云:"冠而生子,礼也。"是殷之诸侯亦十二而冠。若夏之天子、诸侯与殷天子亦十二而冠。可知若天子之子则亦二十而冠。①

据贾疏看来,诸侯、天子十二岁而冠,冠而不为殇,那么《仪礼·丧服传》所载长殇、中殇、下殇和无服之殇,不必用于天子诸侯。

《史记·秦始皇本纪》载始皇行冠礼之事:"四月,上宿雍。己酉,王冠,带剑。"裴骃《集解》引徐广云:"年二十二。"张守节《正义》认为,此时嬴政二十一岁。②裴骃与张守义虽有差异,但是所记始皇年龄都超过二十岁。贾公彦所说天子、诸侯十二岁而冠与之相差甚远。这里或有春秋战国时间之异与地域之差。但更大可能是,经典的记载在实践中并不会完全遵守。特别礼崩乐坏后,更是如此。晋人束晳说:

> 男二十而冠,三十而娶,女十五许嫁而笄,二十而出,并礼之大断。至于形智夙成,早堪冠娶,亦不限之二十矣。笄冠有成人之容,婚嫁有成人之事。③

身体与智慧早成,就可以冠娶。束晳所说更为圆融通达。礼之大断与礼之实践有较大差异。清人蔡德晋云:

> 《左传》"国君十五而生子"是固有年十四五而婚娶者矣。律以传文,十九至十六为长殇,十五至十二为中殇,则父与夫皆有卒于殇之年者矣。既冠婚,不得复以殇服服之,则凡有妻子者皆勿为

---

① 贾公彦:《仪礼注疏》卷1,第945页上。
② 司马迁:《史记》卷6《秦始皇本纪》,第227页。
③ 胡培翚:《仪礼正义》,江苏古籍出版社,1993年,第1481页。

殇可也。此皆谓未二十而不为殇者也。①

从上文可以看出，男女行冠笄礼的年龄，在实践中可能并不遵循经典规定的男二十岁、女十五岁，提前或推后都有可能。是否冠笄，虽有自然年龄的限制，但更受即位、亲政、婚配、生子等社会问题的制约。

2. 父而不为殇

《周礼·地官·媒氏》："令男三十而娶，女二十而嫁。"② 若皆如此，则为父母时年龄都超过二十岁，不存在殇的问题；但是行冠笄礼的年龄都可以提前，则婚嫁为人父母的年龄，就可能还未到二十岁。《孔子家语·本命解》载：

> 公曰："男子十六精通，女子十四而化，是则可以生民矣。而礼，男三十而有室，女二十而有夫也，岂不晚哉？"孔子曰："夫礼言其极，亦不是过也。男子二十而冠，有为人父之端；女子十五许嫁，有适人之道。于此以往，则自婚矣。"③

王肃进一步认为："《周官》云'令男三十而娶，女二十嫁'，谓男女之限，嫁娶不得过此也。三十之男，二十之女，不待礼而行之，所奔者不禁娶，何三十之限。前贤有言，丈夫二十不敢不有室，女子十五不敢不有其家。"④王肃所言极是。男子三十，女子二十是礼制婚嫁年龄上限。越此上限，则可以不待礼而行，奔者也不在禁止之列。在此上限之内，只要已行冠笄礼，即可婚嫁生子。人未满二十岁，即未成年人，但若已婚嫁生子，为人父母，其死不为殇。《通典》曰："凡臣不殇君，

---

① 胡培翚：《仪礼正义》，江苏古籍出版社，1993年，第1481页。
② 贾公彦：《周礼注疏》卷14，第733页上。
③ 杨朝明、宋立林主编：《孔子家语通解》，齐鲁书社，2009年，第310页。
④ 贾公彦：《周礼注疏》卷14，第733页上。

子不殇父，妻不殇君。"① 如上所论天子诸侯无四殇之分，则天子诸侯无殇之说。已为人父，则必已冠，已为人妻，必已笄，冠笄不为殇。此处所论的"为父不为殇"正可从"冠笄不为殇"推断而出。

宗子未成年而死，但宗族不可以无后，为后者为所死宗子服何服，亦可在此略加讨论。《礼记·丧服小记》"为殇后者，以其服服之"，郑注："言'为后'者，据承之也。殇无为人父之道，以本亲之服服之。"郑玄认为，宗子未成年而死，为后的人，因"殇无为人父之道"不以父道待之。"以其本服服之"，就是为后人以他与宗子的故有亲疏关系所服之服服宗子。这从另一个层面也可证明，父不可为殇。孔疏更为仔细：

> 此一节论宗子殇死，族人不得以父道为后之事。"为殇后"者，谓大宗子在殇中而死，族人为后大宗，而不得后此殇者为子也，以其父无殇义故也。既不后殇，而宗不可绝。今来为后殇者之人，不以殇者之为父，而依兄弟之服，服此殇也。②

宗子殇年而死，为后者不是作为宗子之后，而是作为宗子之父之后。为后者与宗子是兄弟关系，而非父子关系。清代经学家朱轼、陈大可对《礼记·丧服小记》"为殇后者，以其服服之"的理解与郑孔二氏有异：

> 此章举不为殇者言之，则此当立后者乃是已冠之子，不可以殇礼处之。其族人为后者，即为之子，以其服服之，子为父之服也。其女子已笄而死，则依在室之服服之，不降而从殇服也。③

---

① 杜佑：《通典》，中华书局，1988年，第2488页。
② 孔颖达：《礼记正义》卷33，第1501页上。
③ 朱彬：《礼记训纂》，第508页。朱轼意见与陈大可类似："殇而为之后，或疑其服与凡为后者有间，故明其服之如常，以所后虽是十九岁以下之殇，然当其生时则已冠矣。凡男女已冠笄不为殇，故可为之后，而以其服服之、注、疏解未当。"

214

陈氏认为此处主在殇死的宗子，而非为后者。宗子虽殇死，但其为宗子，必已冠。行冠礼即表明其已成年。那么，宗子与"为后者"非兄弟关系，而是父子关系。为后就是后宗子，而非后宗子之父。经史中"冠不为殇"，此为共见。陈氏认为宗子已冠，又认为《礼记·丧服小记》文主宗子，但其文明说"为殇后者"，可见陈大可此说为曲解经义，似难通。"为后者"与殇宗子非父子关系，亦可得见"父不为殇"为经史通例，自然年龄同样不是主要的参照标的。

3. 大夫不为殇

上论天子诸侯无四殇之分，臣也不以君为殇。《仪礼·丧服传》四殇主士而言，天子诸侯无殇之说。那么大夫如何？事实上，大夫亦不为殇。《通典》引郑玄语："殇年为大夫，乃不为殇，为士犹殇之。"①意即为，若年未满二十岁，但已为大夫则不为殇，若是士则为殇。

《丧服》"小功"章"大夫为昆弟之长殇"，郑注云："谓为士者，若不仕者也以。此知为大夫无殇服也。"贾公彦《士冠礼》疏云："《小记》云：'丈夫冠而不为殇。'大夫身已加冠，降兄殇在小功，是身有德行，得为大夫冠，不以二十始冠也。"② 贾公彦认为诸侯天子十二岁而冠，此又云"得为大夫冠，不以二十始冠"则大夫冠亦是十二岁？

宋人李如圭《仪礼集释·丧服》云：

> 大夫为昆弟之为士者，尊不同，故降其长殇大功，而为小功也。然则尊同者不降矣。而《大功章》不见大夫为昆弟之长殇者，为大夫无殇服也。五十命为大夫者，礼之常。其或少有才德命为大夫者，虽在殇年而死，亦不以殇服服之。故大夫无为昆弟

---

① 杜佑：《通典》，中华书局，1988年，第2490页。
② 贾公彦：《仪礼注疏》卷32，第1116页下。

之殇大功也。①

李如圭与贾公彦都认为大夫无殇服,但是他们论述的原因却不同。贾公彦认为,大夫可提前行冠礼,冠则不为殇;李如圭认为行冠礼时一定不是大夫身份,到五十岁才能名为大夫。也就是说,若是大夫,其年龄必定为五十岁,甚至超过五十岁,要是这样,则大夫不可能有殇之称。若人年少有才德命为大夫,即使年在殇而死,也不能以殇服服之。

此处无意辨析贾李二氏是非,《左传·哀公十一年》载:"公为与其嬖僮汪锜乘,皆死,皆殡。孔子曰:'能执干戈以卫社稷,可无殇也。'"杜注:"时人疑童子当殇。"陆德明云:"殇音商,八岁至十九岁为殇。"②《礼记·檀弓下》亦载:

> 战于郎,公叔禺人遇负杖入保者息,曰:"使之虽病也,任之虽重也,君子不能为谋也,士弗能死也,不可。我则既言矣。"与其邻重汪踦往,皆死焉。鲁人欲勿殇重汪踦,问于仲尼。仲尼曰:"能执干戈以卫社稷,虽欲勿殇也,不亦可乎!"③

郑注:"君子,谓卿大夫也。鲁政既恶,复无谋臣,士又不能死难,禺人耻之。……见其死君事,有士行,欲以成人之丧治之。言鲁人者,死君事,国为殓葬。"公叔禺人为士,杀敌有功。虽汪踦殇年而死,孔子认为"能执干戈以卫社稷",有如此功业怎么能以殇礼待之呢?汪锜虽不为大夫,但有功业能不为殇,则李如圭认为的有德行早而为大夫,不为殇,似亦不会有问题。

综上所述,冠笄后不为殇、父不为殇、大夫不为殇三通例,均是从

---

① 李如圭:《仪礼集释》,景印文渊阁《四库全书》第103册,台湾"商务印书馆",1986年,第334页。
② 孔颖达:《春秋左传正义》卷58,第2166页中。
③ 孔颖达:《礼记正义》卷10,第1311页上。

是否为其服殇服而言，非论述其自然年龄是否在殇年。男子二十行冠礼，女子十五行笄礼，此为"礼之大断"，属社会礼制。依礼经言之，殇男必以二十为上限，殇女必以十五为上限。但是在礼之用中亦存有"礼之变"。论述人的社会年龄，必要分清楚制度规定与制度运用之间存有差别。

二、殇君：非夭而成殇

经典上有礼的详细规定，但在具体政治实践中如何操作，是一个大问题。中国古代生有名，死有谥。《逸周书·谥法解》："谥者，行之迹也；号者，表之功也；车服，位之章也。是以大行受大名，细行受小名。行出于己，名生于人。"① 谥号为有位者死后，为行褒贬之事而确定的名号。先秦两汉时期，在众多天子诸侯亲王中有以"殇"为谥的。拥有同样的谥号，表明生前他们应该也有相同或相似的经历。姑且称这一群体为殇君。②

1. 晋殇叔

顾炎武在《日知录·三正》中引杜预《春秋后序》："晋太康中，汲县人发其界内旧冢，得古书，皆简编科斗文字。记晋国，起自殇叔，次文侯、昭侯，以至曲沃庄伯。"③ 据《竹书纪年》晋国自殇叔始有编年，④ 可见殇叔对晋国产生的重大影响。《汉书·古今人表》班固把人

---

① 黄怀信等：《逸周书汇校集注》，上海古籍出版社，2007年，第627页。
② 《仪礼·丧服》郑注："天子、诸侯及卿大夫有地者，皆曰君。"
③ 顾炎武：《日知录》，黄汝成集释，上海古籍出版社，2006年，第184页。
④ 《今本竹书纪年疏证》（王国维撰，黄永年点校本，辽宁教育出版社，1997年）载有："晋穆侯费生薨，弟殇叔自立，世子仇出奔。"此语不见《古本竹书纪年》（方诗铭撰，上海古籍出版社，2005年）。

分为九品，晋殇叔属于下下品，"愚人，晋殇公，缪公弟"。《史记·晋世家》载：

> 二十七年，穆侯卒，弟殇叔自立，太子仇出奔。殇叔三年，周宣王崩。四年，穆侯太子仇率其徒袭殇叔而立，是为文侯。①

晋殇叔夺太子位自立，四年后又被穆侯太子率众篡位。司马迁并未说明殇叔在此次政治变故中是被杀，还是流亡他国。考诸其他古籍，也不见有记载；但殇叔竟能夺太子位而自立，且在位四年，那么其死时似应成年。

2. 卫殇公

《史记·卫康叔世家》载：

> 献公十八年……（孙）文子语蘧伯玉、伯玉曰："臣不知也。"遂攻出献公。献公奔齐，齐置卫献公于聚邑。孙文子、宁惠子共立定公弟秋为卫君，是为殇公。殇公秋立，封孙文子林父于宿。十二年，宁喜与孙林父争宠相恶，殇公使宁喜攻孙林父。林父奔晋，复求入故卫献公。献公在齐，齐景公闻之，与卫献公如晋求入。晋为伐卫，诱与盟。卫殇公会晋平公，平公执殇公与宁喜而复入卫献公。献公亡在外十二年而入。②

卫殇公为卫定公之弟，献公为定公之子。献公前元在位有十三年加上殇公在位十二年，殇公年过二十应无疑问。史未明载殇公在献公复入后的生死，但载"献公后元年，诛宁喜"。则可知殇公亦不能免。卫殇公与

---

① 司马迁：《史记》卷39《晋世家》，第1637页。
② 司马迁：《史记》卷37《卫康叔世家》，第1596页。

二、殇君：非夭而成殇

晋殇叔一样，都是先夺取王位，后又被赶下台。

3. 宋殇公

《左传·隐公三年》：

> 宋穆公疾，召大司马孔父而属殇公焉，曰："先君舍与夷而立寡人，寡人弗敢忘。若以大夫之灵，得保首领以没，先君若问与夷，其将何辞以对？请子奉之，以主社稷。寡人虽死。亦无悔焉。"对曰："群臣愿奉冯也。"公曰："不可，先君以寡人为贤，使主社稷，若弃德不让，是废先君之举也，岂曰能贤！光昭先君之令德，可不务乎。吾子其无废先君之功。"使公子冯出居于郑。八月，庚辰。宋穆公卒。殇公即位。①

《左传·桓公二年》："宋督攻孔氏，杀孔父而取其妻，公怒，督惧，遂弑殇公。"② 宋殇公于鲁隐公三年立，在鲁桓公二年被弑，在位十年。殇公为宣公之子，宋穆公又为宋宣公之弟。且因为是穆公代殇公与夷之位，虽史未载殇公生于何年，但其必生于穆公即位之前。穆公在位九年，加之殇公自己在位十年，殇公被华督弑时，最少也有十九岁。宣公舍与夷而立穆公，则不可能殇公生于穆公及位之年，殇公被弑时，年必过二十可知。

4. 瓜宁殇男

《汉书·王莽下》："临淮瓜田仪等为盗贼，依阻会稽长州。"服虔曰："姓瓜田，名仪。"瓜田仪即为王莽时代一农民起义领袖。

---

① 孔颖达：《春秋左传正义》卷3，第1723页下。
② 孔颖达：《春秋左传正义》卷5，第1740页下。

> 上谷储夏自请愿说瓜田仪，莽以为中郎，使出仪。仪文降，未出而死。莽求其尸葬之，为起冢、祠室，谥曰瓜宁殇男，几以招来其余，然无肯降者。①

瓜田仪的谥号"瓜宁殇男"，男为男爵。瓜田仪为农民起义领袖，年当过二十。可见殇并非以年龄为依准。

5. 齐殇王

《后汉书·窦宪传》：

> 齐殇王子都乡侯畅来吊国忧，畅素行邪僻，与步兵校尉邓叠亲属数往来京师，因叠母元自通长乐宫，得幸太后，被诏召诣上东门。②

李贤注："齐殇王名石，伯升孙章之子。"伯升为光武帝刘秀之兄。关于齐殇王的资料，历史记载并不全面。但殇既已有子刘畅、刘刚，且都已封侯，那么殇王年必已高由此可知。

上已考察先秦两汉时期的六位殇君。其中，晋殇叔、卫殇公、宋殇公死于政治斗争，瓜田仪生病而死，据史载可测其必不死于殇之年，只有汉殇帝死于幼年。殇君的谥号为具体的政治活动，其是否必以经典的记载为准绳？

《逸周书·谥法解》："短折不成曰殇，未家短折曰殇。"此为"殇"的经典解释。孔晁注："有知而夭殇也。未家，未室家也。"潘振云："短折，横夭也。不成，未成年人也。人生二十年曰弱，冠则成人

---

① 班固：《汉书》卷99《王莽传下》，第4168页。
② 范晔：《后汉书》卷23《窦宪传》，第813页。

二、殇君：非夭而成殇

矣。殇，未成年人也。"① 按此看来，殇只能成为两种人的谥号，一是未成年人而夭死，一是未成家而夭死。这两种人实际上都是未成年人，但事实并非如此。

要正确了解"殇"，必须正确理解"短折"。《尚书·洪范》谈"威用六极"，"凶短折即为六极之一"。孔安国传云："动不遇吉。短，未六十，折，未三十。"② 孔晁注《谥法解》"慈义短折曰怀"亦与孔传相同。但陈逢衡驳道："六十当作十六，三十当作十三，盖谓长殇、中殇也。若年为六十去下寿不远，焉得为短？《洪范》六极，一曰'凶短折'，短为上殇，折为下殇。"③陈说改六十为十六，三十为十三，似不可信，但其驳斥年为六十不能为短，是正确的。事实上，孔晁注本身就有矛盾之处，其注"短折不成为殇"持"幼稚而夭殇"，若六十、三十，何有夭殇可言？裴骃《史记集解》引郑玄："未龀曰凶，未冠为短，未婚为折。"《索隐》曰："未龀，未毁齿也。"④ 杜预《春秋经传集解》云："未龀曰凶，未冠曰短，未昏曰折。"⑤ 则郑玄、杜预、裴骃、司马贞都认为短折为未成年人之死，只是在未满二十岁中，凶、短、折所指为二十岁内不同的年龄段。

综上所述，在《谥法解》的经典解释中，殇本指未成年而死。但据上考六位殇君，除了汉殇帝外，年均过二十岁，可知在政治活动中确立谥号并非一定依据谥法而行。

---

① 黄怀信等：《逸周书汇校集注》，上海古籍出版社，2007年，第678页。
② 孔颖达《尚书正义》曰："'动不遇吉'者，解'凶'也，传以'寿'为百二十年，短者半之，为六十；折而又半，为未三十。"
③ 黄怀信等：《逸周书汇校集注》，上海古籍出版社，2007年，第678页。
④ 司马迁：《史记》卷38《宋微子世家》，第1620页。
⑤ 杜预：《春秋经传集解》，上海古籍出版社，1997年，第1443页。

三、殇鬼：名称与祭祷

未成年人以其本身固有的特性，在古代思想领域里，经常带有神秘色彩。例如，用儿童献祭、殉葬，最著者为能够预测未来的童谣，① 所有这些在历史进程中都占有重要地位。"事死如事生"，古人在面对未成年人之死即殇死时，往往更会加强其身上的固有神秘。此节将以新出土的简帛资料为主，着重探讨上古时期古人的"殇死观念"。

（一）殇鬼诸名

古人认为，万物有灵、灵魂不灭，故鬼神观念特别发达。墨子认为鬼有三种："古之今之为鬼，非他也，有天鬼，亦有山水鬼神者，亦有人死而为鬼者。"② 新出土简帛中有大量关于鬼神的记载。在此专论简帛中殇鬼，亦即未成年死而为鬼者。

1. 哀乳之鬼、婴鬼

睡虎地秦简甲种《日书·诘》："鬼婴儿恒为人号曰：'予我食'，是哀乳之鬼。其骨有在外者，以黄土渍之，则已矣。"③ 王子今疏证曰：

《焦氏易林》卷一《小畜·升》："朝生夕死，名曰'婴鬼'，不可得祀。"卷三《夬·临》："旦生夕死，名曰'婴鬼'，不可得祀。"《类说》卷四五"鬼车"条写道：'鸧，又名鸺鹠，夜飞昼

---

① 可参见谢贵安：《中国谶谣文化研究》，海南出版社，1998年；石云霄：《散存在古籍中的童谣分类及其社会价值》，《中国典籍与文化》1997年第3期，第107~111页。
② 吴毓江：《墨子校注》，中华书局，1993年，第337页。
③ 睡虎地秦墓竹简小组编：《睡虎地秦墓竹简》，文物出版社，2001年，第215页。

伏，能食人爪甲，以知吉凶。凶则鸣于其屋上。故人除家爪，必藏之。又名'夜游女'，好与婴鬼为祟。又名'鬼车鸟'，能入人屋，故闻其声，则击犬使吠以厌之。'其中所说到得"婴鬼"，或与我们讨论的睡虎地秦简《日书》甲种中所见"婴鬼"有关。①

"婴鬼""鬼婴"应是同义，都是指刚婴儿生下不久夭折而成的鬼。《日书》把这种婴儿鬼称作"哀乳之鬼"，大概因为其生时尚在吃乳，死后成鬼亦祈求奶吃。吴小强翻译："婴儿鬼经常像人一样哭喊道：'给我吃的！给我奶喝！'"② 甚确。此三鬼异名同实。

2. 水亡殇、夭鬼

《礼记·檀弓上》："死而不吊者三：畏、厌、溺。"孔疏："非理横死不合吊哭之事。"③ 溺死者不吊是因其可能变成凶鬼。杨华先生在《楚地水神研究》中论到有"水上"与"溺人"两种水鬼。④ 可见，水死者变为鬼乃史中常见。睡虎地简《日书·诘》：

> 人恒亡赤子，是水亡殇取之。乃为灰室而牢之。悬以苇，则得矣；刊之以苇，则死矣；烹而食之，不害矣。⑤

刘乐贤云"赤子指婴儿"，整理小组读"亡伤"为"亡殇"，则前半句

---

① 王子今：《睡虎地秦简〈日书〉甲种疏证》，湖北教育出版社，2003年，第430页。
② 吴小强：《秦简日书集释》，岳麓书社，2000年，第143页。
③ 孔颖达：《礼记正义》卷6，第1279页上。
④ 杨华：《楚地水神研究》，《新出简帛与礼制研究》，台湾古籍有限公司，2007年，第85页。
⑤ 睡虎地秦墓竹简小组编：《睡虎地秦墓竹简》，文物出版社，2001年，第214页。

的意思是：有人经常失掉婴儿，这应该是被因溺水身亡的未成年人变的鬼魂取走了。① 从此看出，未成年人溺水死后也变成鬼，且还常勾走婴孩。

《日书·诘》："人无故而鬼有予，是夭鬼，以水沃之，则已矣。"② 关于夭鬼，吴小强、刘乐贤都没具体解释。王子今云：

> 《释名·释丧制》："少壮而死曰夭，如取物中夭折也。"《文选》卷一九束晳《补亡诗》李善注："年未三十而死曰夭。"又"夭"通"殀""妖"，《释名·释天》："妖，殀也，殀害物也。"③

王先生虽引《释名·释丧制》认为"夭"意为夭折，目的是想说明"夭鬼"为"殀鬼"。夭鬼直释为夭折的未成年人之鬼应更妥当。因水溺夭死，故攻解此鬼的巫术"以水沃之"。根据弗雷泽模拟巫术的"相似律"原则，可推断夭鬼应是溺水身亡的未成年人之鬼。④

---

① 郑刚释此句为"若婴儿死去而无伤，则取回救之"，刘乐贤据《庄子·达生》与《释文》认为"亡伤"为"罔象"，并指出"罔象"还见于《白泽精怪图》等古书中（刘乐贤：《睡虎地秦简日书研究》，文津出版社，1994年，第244页），此解过迂曲，今不从。

② 睡虎地秦墓竹简小组编：《睡虎地秦墓竹简》，文物出版社，2001年，第215页。

③ 王子今：《睡虎地秦简〈日书〉甲种疏证》，湖北教育出版社，2003年，第431页。

④ 英国著名人类学家弗雷泽在《金枝》中总结出两种类型的巫术："第一，根据'同类相生'或果必同因。第二是，物体一经接触，在中断实体接触后还会继续远距离的相互作用。前者可称之为'相似律'，后者可称之为'接触律'或'触染律'"（[英] J.G.弗雷泽：《金枝》，新世界出版社，2006年，第15页）。弗雷泽把根据相似率的巫术定义为模拟巫术，根据接触率的巫术定义为交感巫术。实际上，"以水沃之"就是一种模拟巫术行为。这为《日书·诘》中常见，如前讨论婴死鬼叫做"哀乳之鬼"，亦为此例。

3. 殇鬼、殇君、男殇、女殇

殇在传世文献中指未成年而死。然而根据简帛资料，殇还指殇死后的鬼。①《日书·诘》："鬼恒裸入人宫，是幼殇死不葬。以灰濆之，则不来矣。"② 吴小强认为，此幼殇应指下殇，并翻译道："鬼经常赤裸裸地进入人家的房屋。这是八岁到十一岁死去的孩子没有安葬而来作祟。用灰喷洒到裸体鬼身上，它就不会来了。"③ 徐福昌亦认为："幼殇，指年幼夭殇之鬼，夭死而不葬，是非常之鬼，甚至可以成为厉鬼，其魂魄能凭依于人，故恒如人宫。"④ 裸体之鬼入人房间，这就是未葬好的殇死鬼在作祟。以殇为鬼在简帛资料里多有发现。睡虎地《日书》乙种《有疾》："庚辛有疾，外鬼殇死为眚，得于肥肉、鲜鱼……"⑤ 周家台《日书》亦载："卅六年，置居金，上公、兵死、殇主岁、岁在中。"整理者云："上公、兵死、殇三者均为民间祭祀对象。"⑥殇为夭

---

① 《周礼·春官·大祝》辨"九祭"时，郑玄注引郑司农云："衍祭羡之道中，如今祭殇，无所主命。"孙诒让云："盖祭无主之鬼于道上，是谓祭殇，亦谓之禓，殇禓古通用。此祭殇，与上中下三殇之祭异也。汉时祭殇皆于墓道之间，广祭殇鬼，无所主命，故先郑引以为况。"《小尔雅·广名》："无主之鬼谓之殇。"（孙诒让：《周礼正义》，中华书局，1987年，第2000页）孙诒让所论甚确。包山简中即可见此类之"殇"："郚產占之，恒贞吉，又祟见亲父、殇，以其故敓之，举祷特牛，馈之。殇内其祟生。郚產占之曰：吉。"整理者释："殇，借作禓，《礼记·郊特牲》：'乡人禓'，注：'禓，强鬼。'"因此"亲父殇"，所以不可能理解为"未成年死者"。史载中这两种"殇"必要仔细辨析才可明其确指。湖北省荆沙铁路考古队：《包山楚简》，文物出版社，1991年，第57页。

② 睡虎地秦墓竹简小组编：《睡虎地秦墓竹简》，文物出版社，2001年，第214页。

③ 吴小强：《秦简日书集释》，岳麓书社，2000年，第136页。

④ 徐福昌：《睡虎地秦简〈日书〉中鬼神鬼信仰》，《张以仁先生七秩寿庆论文集》，台湾学生书局，1999年，第917页。

⑤ 睡虎地《日书》甲种《病》中有类似记载："庚辛有病，外鬼殇为祟，得之犬肉，鲜卵白色……"

⑥ 湖北省荆州市周梁玉桥遗址博物馆编：《关咀秦墓简牍》，中华书局，2001年，第125页。

折之人，与兵死者相似，属于非正常死亡。前论"哀乳之鬼"时谈到"旦生夕死，名曰'婴鬼'，不可得祀"。但在这里，殇成为民间的祭祀对象，亦可说明"婴鬼"与"殇"还是有不同的。《仪礼·丧服传》："故子生三月则父名之，死则哭之，未名则不哭也。"① 或可作如此理解，不到三月而死不在四殇中，成鬼则为"婴鬼"；已在四殇之列，成鬼则为"殇"或"殇鬼"。婴鬼年幼不被祭祀，殇鬼稍大则可。

香港中文大学文物馆藏"序宁病简"：

> 殇君。皇男、皇妇为序宁所祷殇君。
> 七月廿日癸酉，令巫夏脯酒，为皇母序宁下祷，皇男皇妇共为祷大父母、丈人、田社、男殇、女殇、司命。②

饶宗颐、陈松长、杨华等认为殇君即为"未成年死者"。③ 则男殇就是男未成年人死者，女殇就是女未成年死者。同类内容还见于《天星观简》："食，女殇、各杀。"④ 晏昌贵认为："女殇""格杀"均应为"祷"的对象，或属"不辜""强死"之类。⑤ 此正可与"序宁病简"相印证。

---

① 贾公彦：《仪礼注疏》卷31，第1111页下。
② 杨华：《〈序宁祷券〉集释》，《新出简帛与礼制研究》，台湾古籍有限公司，2007年，第290、294页。
③ 饶宗颐：《中文大学文物馆建初思念"序宁病简"与"包山简"——论战国、秦、汉解疾祷祠诸神与古中人物》，《华夏文明与传世藏书——中国国际汉学研讨会意文集》，中国社会科学出版社，1996年；陈松长：《香港中文大学文物馆藏简牍》，香港中文大学文物馆，2001年。
④ 转引自晏昌贵：《天星观"卜筮祭祷"简释文辑校（修订稿）》，简帛网，2005年11月2日。
⑤ 晏昌贵：《天星观"卜筮祭祷"简释文辑校（修订稿）》，简帛网，2005年11月2日。

（二）对殇鬼的攻解与祭祷

杨华解释睡简《日书·诘》中的"水亡殇"时云："溺水而死者为害生人，故须采取巫术以诘克之。"① 朱子云："人有不伏其死者，所以既死而此气不散，为妖为怪。如人之凶死，及僧道既死，多不散。"② 朱子此语深合古意。未成年而死，在古人看来就是"凶死"。凶死之人，魂气不散为夭为怪为鬼，故必有巫术予以攻解必有仪式予以祭祷。

1. 割体葬仪

《说文》曰"鬼，归也"，鬼是未死灵魂再回到人间的夭、怪。若是善鬼则为善，若是恶鬼厉鬼则为害。殇死鬼因凶死而去，故多哀怨凄凉为害人类。攻解此鬼的最好办法应是断其归路，不让其再回到人间。此法似在远古社会就多被利用。

据《西安半坡》载，半坡遗址中的儿童墓葬"更多的是一些骨架没有手指，但在随葬的钵内或填土中，却往往发现有零星的指骨"，③ 半坡遗址中还发现割掉儿童下肢和首级下葬的。此类割掉儿童身体的一部分后下葬的情况，还见于福建闽侯县石山新石器时代遗址。④ 石兴邦、钟礼强、陈星灿、肖兵等都认为此为"割牲葬仪"。⑤ 肖兵认为

---

① 杨华：《楚地水神研究》，《新出简帛与礼制研究》，台湾古籍有限公司，2007年，第86页。
② 黎靖德编：《朱子语类》，中华书局，1986年，第39页。
③ 中国科学院考古研究所等：《西安半坡》，文物出版社，1963年，第202页。
④ 福建省博物馆等：《闽侯县石山遗址第六次发掘报告》，《考古学报》1976年第1期，第116页。
⑤ 石兴邦：《半坡氏族公社》，陕西出版社，1979年，第127~128页；钟礼强：《福建原始宗教的文化内涵——以昙石山文化为例》，《厦门大学学报（哲学社会科学版）》2004年第2期，第87~91页；陈星灿：《"割体"的民族学证据》，《中国文物报》2006年5月19日；肖兵：《略论西安半坡等地发现的"割体葬仪"》，《考古与文物》1980年第4期。

"割体葬仪"是一种"厌胜巫术",他论道:

> 原始人认为人死以后变成"鬼"……"鬼"被认为是异化的"人",已不同于活人,尽管依然需要活人一样饮食、衣着、用具、装饰,也很可能赐福、降祸亲族,但是它也极可能变成精怪或者妖魔,尤其是夭殇、自杀、凶殴、事故、恶疾等"非正常死亡"的人变成"鬼",都特别容易变成"怪"或"煞"。它们"翻脸不认人",对于原来的氏族成员,乃至直系血亲都可能造成危害,因此都加以回避、镇压或者厌胜。①

事实上,关于"割体葬仪"到底表达了何种意义,学界意见纷呈。有"献祭说""诀别说""震恶说""成丁说""婚姻象征说""巫师特权说",②但是因"割体葬仪"中有很大部分为未成年人,据"未成年而死"此点看来,"成丁说""婚姻象征说""巫师特权说"应没有什么根据,不可从。而据肖兵的研究,这些割体多施于儿童死后。死后再割体献祭意义甚微,"献祭说"似亦不可信。《西安半坡》一书认为割体葬仪"可能是死者患有恶疾或其特殊原因而死亡,因而将腿砍掉,断其行走以免危害活人"。③ 古人对死去的亲人又敬又怕,特别是凶死的亲人,更是如此。睡简《日书·诘》载:"人妻妾若朋友死,其鬼归之者。以莎芾、牡刺枋,燕此持之,则不来矣。"妻妾、或朋友死后,变成了鬼,也得用巫术驱赶之。肖氏认为割体葬仪是一种厌胜巫术,较

---

① 肖兵:《略论西安半坡等地发现的"割体葬仪"》,《考古与文物》1980年第4期。
② 肖兵:《略论西安半坡等地发现的"割体葬仪"》,《考古与文物》1980年第4期。
③ 中国科学院考古研究所等:《西安半坡》,文物出版社,1963年,第219页。

之他论应高一筹。另外，春秋后墓葬中常发掘有"镇墓兽",① 学界多认为镇妖避怪保护死者。但似亦未成定论，是否有可能是用来镇死者的魂灵，不让其为害亲属呢？这是值得思考的。未成年而凶死，为不让其灵魂回到人间危害人类，葬仪异于正常的死亡，应可理解。②

2. 攻解与祭祷

对殇鬼的攻解与祭祷，史上常见。攻解属于巫术范畴，采用巫术破解殇鬼所为之祟；祭祷属于宗教信仰范畴，虽与"攻解"有相似之处，但是采取的方式是用祭品向"殇鬼"祈求"毋为祸"。攻解与祭祷虽有此差别，但是在具体的操作过程中，往往二并为一，二者皆而有之，难以区分。所以在此节中，亦不特意作区分。

《焦氏易林》："旦生夕死，名曰婴鬼，不可得祀。"③"婴鬼"与"殇"虽都是未成年死者变成的鬼，前已论二者之间是存在差别的。婴鬼不能享受祭祀。但是，殇鬼能享受祭祀，可被祭祷。这为史中常见，大概与殇鬼能为害有关。

殇鬼为害在前引文中已多有涉及。如睡简《日书·诘》中的"水亡殇"常使人丢失婴孩，夭鬼常无故给人东西，常裸入房间吓唬人等。睡简甲种《日书·有疾》篇亦说："庚辛有疾，外鬼殇死为眚，得于肥肉、鲜鱼……""序宁病简"中，序宁得病，为其祭祷的神灵中就有殇

---

① 可参看王子今：《"镇墓兽"原始》，《寻根》1999年第6期，第7~11页；彭浩：《镇墓兽新解》，《江汉考古》1988年第2期；陈跃均、院文清：《镇墓兽略考》，《江汉考古》1983年第3期；王瑞明：《"镇墓兽"考》，《文物》1979年第6期，第85~87页。

② 据王志文研究，在关中地区有西周时期的"火葬"遗址。王氏认为造成土葬区人用火葬的原因之一就是，其主人可能是凶死。参见王志文：《关中地区发现的西周火葬墓》，《西北大学学报（哲学人文社科版）》2005年第5期，第77~81页。高去寻认为原始社会的屈肢葬原因之一可能是"绳子捆绑尸体以阻止死者灵魂走出，向生人作祟"。参见高去寻：《黄河下游的屈肢葬问题：第二次探掘安阳大司空村南地简极附论之一》，《中国考古学报》1947年第2期，第121~166页。

③ 尚秉和：《焦氏易林注》，光明日报出版社，2005年，第98页。

君、男殇、女殇。可见在古人看来，殇鬼作祟是人得病的原因之一。

殇鬼能危害人类，使人致病，所以祭祷殇鬼也成了古人祭祀中的重要一节。《周家台三十号秦墓简牍》"日书"载："卅六年，置居金，上公、兵死、殇主岁，岁在中。"整理者认为"上公、兵死、殇"三者"均为民间祭祀对象"。罗新慧结合"序宁病简"认为：

> 男殇、女殇确为民众祭祀祷告的对象。由此可以推论，与"殇"性质类似的"兵死者"同样也是人们的祭祷对象……以祭祀的方式悦神，以使之不危害生者。①

"兵死"应为"凶死"的一种，兵死后不能葬入公墓，因为其能使人生病。《周礼·春官·冢人》："凡死于兵者不入兆域。"《淮南子·说林训》"战兵死之鬼憎神巫"，高诱注云："兵死之鬼，善行病人，巫能祝劾之。"② 便可理解周家台《日书》中，"殇死者"与"兵死者"同为民间祭祀对象，用来悦神禳灾。

结　　语

综上所述，可以得出如下认识。

第一，未成年而死则为殇，在自然年龄内有明确的规定；但当礼制与更为复杂的社会结合时，社会的复杂性往往突破自然年龄的界限，赋予礼更为丰富的内涵。"冠笄不为殇""父不为殇""大夫不为殇"三种情况，即已突破成年与否的界限，根据人的地位与身份，重新界定了殇的内涵。第二，诸侯大夫成年而死，谥号为"殇"表面上似与"冠笄不为殇"，但逻辑上并无特异之处。第三，以"殇"为鬼，并祭祷禳

---

① 罗新慧：《禳灾与祈福：周代祷辞与信仰研究》，《历史研究》2008年第5期，第4~19页。

② 刘文典：《淮南鸿列集解》，中华书局，2006年，第567页。

除之的宗教信仰，其中涉及"殇鬼"的各种名号和如何祭祷攻解此类殇鬼的巫术宗教行为。未成年人的殇死，不仅是一个自然生命的消失，不仅是社会个体生命独立无依的离去，不仅是人的自然年龄的突然夭半，而是在这一现象上反映出人的社会年龄会跟随着社会变化而变化。礼制中"夭而不为殇"，政治上"成年而为殇"，宗教信仰"攻祭殇鬼"似乎一切都是跟随人的实际需要而适时变动。

  自然年龄的死或未死，必然要与社会理念切合，才能获得解释。熊秉真教授曾提到，"年龄"是界定价值规划、形成人生经验的关键因素，与族群、阶段、性别一般能够规划不同人群的行为方式、观念心态，甚至决定整体的社会对特殊人群的态度与期望。[①] 未成年年龄不仅是个人生命期限的记录，当年龄与社会问题结合时，亦会被赋予社会意义。甚至可以说，社会中的人除有自身"自然年龄"，即生死寿命外，更有来自身外的"社会年龄"，如兵役年龄、徭役年龄、受教育年龄、婚育年龄等。这些非自己所能主宰的年龄是社会对人规定，反映着个体在社会中的权利与义务。人的社会年龄超脱了个体性，被赋予了普遍性，跟随社会的政治经济文化条件的变化而变化。上古中国的礼俗中，未成年之死，称殇与否，决定着死者及相应生者的身份与待遇，在某些时候甚至与权力继承合法性密切相关。可以说礼俗赋予了"儿童之死"更多的象征意义与社会价值。

---

① 熊秉真：《童年忆往：中国孩子的历史》，广西师范大学出版社，2008年，第319页。

礼可以观：上古中国礼仪实践中的观者与观看之道

《礼记·坊记》载孔子言："七日戒，三日斋，承一人焉以为尸，过之者趋走，以教敬也。醴酒在室，醍酒在堂，澄酒在下，示民不淫也。尸饮三，众宾饮一，示民有上下也。因其酒肉，聚其宗族，以教民睦也。故堂上观乎室，堂下观乎上。"① 祭祀之时，礼仪之周旋揖让，礼容之庄敬虔诚，礼器之陈列摆设，通过公开展示而发挥"教敬""示民不淫""示上下""教民睦"等功效。堂上观室内，堂下观堂上，形成了一个观看的梯次结构。"观看"在此发挥重要作用。《左传·文公七年》郤缺论晋卫关系时提到："叛而不讨，何以示威？服而不柔，何以示怀？非威非怀。何以示德？"② 所谓"示威""示怀""示德"者，也预设有所示之对象。③ 礼仪、礼器、礼容在特定空间内的公开展示预设了观者的存在，又通过观者的预设，营造出一个公共性的礼仪空间。公共空间的存在，赋予礼以力量。"堂上观乎室与堂下观乎上"，不仅是视觉方面的观看，而是能通过"观"

---

① 孔颖达：《礼记正义》卷51，第1621页上。
② 孔颖达：《春秋左传正义》卷19，第1846页中。
③ 《诗·小雅·鹿鸣》"视民不恌"，三家诗"视"作"示"，郑笺："视，古'示'字也。"冯时认为："汉字用于占筮通神的'祘'字，也从二'示'构形，而依清儒段玉裁《说文解字注》的解释，'示'的意义也正同'视'，仍在强调眼目识字而完成通神的作用。"冯时：《文明以止：上古的天文、思想与制度》，中国社会科学出版社，2018年，第426页。

营造出"礼仪卒度、笑语卒获"其乐融融的和谐氛围。南朝梁人沈重说:"在堂上者,观望在室之人以取法。谓在堂下之人,观看于堂上之人以为则。言上下内外,更相效法。"① 尸在室内,代表祖先神灵;主人在堂上,乃宗族之长;众宾与宗族子弟在堂下。主人效仿已逝的祖先,喻示孝敬的表达与权力世代的传承;而众宾与宗族子弟效仿宗子,则起到收族统宗的功效。② 于此可见,礼制意义上的"观",蕴含着丰富的政治宗教与文化含义。

祭祖预设的观者有主人、众宾、宗族子弟等。他们既是祭礼的参与者与实践者,又是在旁的观者。礼制实践中,谁在观看?观看什么?为何观看?这是理解礼制内涵的根本问题。概言之,除行礼双方外,礼制的成立,预设了第三方的"在场"。第三方可以是神灵、宾客、族属,甚至百姓。观者即见证人的预设,使礼具有"观与被观"的功能,从而获得了公共性与神圣性。③

在上古中国的礼仪实践中,"观"乃常见现象,内容丰富。④ 傅道彬研究诗礼中的"观"指出先秦时代"所观之事,或是总揽整体,或是涉及礼仪规范,或是观察一个邦国或个人的风俗与心志,或是结合礼

---

① 孔颖达:《礼记正义》卷51,第1621页上。
② 君臣之间也有类似表达。《左传·襄公三十年》:"有威而可畏谓之威,有仪而可象谓之仪。君有君之威仪,其臣畏而爱之,则而象之,故能有其国家,令闻长世。臣有臣之威仪,其下畏而爱之,故能守其官职,保族宜家。"《孝经·圣治章》:"言思可道,行思可乐,德义可尊,作事可法,容止可观,进退可度,以临其民。是以其民畏而爱之,则而象之。故能成其德教,而行其政令。诗云:'淑人君子,其仪不忒。'"
③ 巫鸿研究"许阿瞿"汉画像石,提到以孩子的形象代替成人,许阿瞿的"肖像"转化成一种理想化的"公共图像",对孩子的怀念只能寄托于约定俗成的公共艺术的公式才能得到表达。预设有观者观看许阿瞿的画像石图像获得的某种公共性,治疗阿瞿父母丧子后的思念之病。巫鸿:《中国古代艺术与建筑中的"纪念碑性"》,上海人民出版社,2009年,第282页。
④ 李波等主编:《十三经新索引》"观"字条,中国广播电视出版社,2003年。

乐活动的艺术与审美欣赏等重大事件"。① 《穀梁传·隐公五年》："常事曰视，非常曰观。"② 礼制上的"观"非仅是生物学意义上的看见，而是在礼仪实践与演示中，因存在"观与被观"的对待关系，而造成某种程度的表演性与公共性。在"观"的对象与分类方面，傅先生导夫先路。但深度揭示"观看之道"的礼制含义，尚未见重要成果出现。"观"在中国文化中具有无比的重要性，所谓"观乎天文以察时变，观乎人文以化成天下"。礼以观德、礼以观志、礼以观命、礼以观政，礼器展陈与身份等级观念的表达，礼辞陈述与仪式展示中的情感表达，礼容展示与命运预测，礼仪演示与公共理念的表达，均是需要仔细探究的系列问题。本章首先谈论"谁在观看"，即礼制实践中如何预设观者的身份。

一、神灵之观

天神信仰是商周时期的重要信仰。③ 帝或天高处天庭，笼观四野，人间祸福均在其监视范围之内。《尚书·高宗肜日》："惟天监下民。"④《尚书·微子》："降监殷民。"⑤ 天监视着殷民。《尚书·康诰》："予惟不可不监……爽惟天其罚殛我。我其不怨，惟厥罪。无在大，亦无在多。矧曰其尚显于天。"⑥ 天监视着人间祸福，故行事不可不顾忌到天的反应。《诗·小雅·小明》："明明上天，照临下土。"⑦ 《大雅·皇矣》："皇矣上帝，临下有赫。监观四方，求民之莫。……上帝耆之，

---

① 傅道彬：《诗可以观：礼乐文化与周代诗学精神》，中华书局，2010年，第189页。
② 杨士勋：《春秋穀梁传注疏》卷2，第2369页中。
③ 朱凤瀚：《商周时期的天神崇拜》，《中国社会科学》1993年第4期。
④ 孔颖达：《尚书正义》卷10，第176页中。
⑤ 孔颖达：《尚书正义》卷10，第178页上。
⑥ 孔颖达：《尚书正义》卷14，第205页中。
⑦ 孔颖达：《毛诗正义》卷13，第464页上。

憎其式廓。乃眷西顾，此维与宅。"郑笺："临，视也。大矣，天之视天下赫然甚明。以殷纣之暴乱，乃监察天下之众国，求民之定，谓所归就也。"孔颖达疏："此在上之天，能照临于下，无幽不烛，有赫然而善恶分明也。"①《大明》："明明在下，赫赫在上。天难忱斯，不易维王。天位殷适，使不挟四方。……昭事上帝，聿怀多福。天监在下，有命既集。……上帝临女，无贰尔心。"② 上帝烛照人间，人间行为祸福与之息息相关，所谓"无贰尔心"，时刻与神同在。

商周观念认为，与人间王庭相对应，天上亦存在一个以帝或上帝为主要神灵的天庭，且帝有帝使、帝臣。风雨雷电及祖先神均是天庭中的神灵，作为使者往来于天地间。③ 帝与人直接交往并不普遍，且具有一定的盲目性，其间交往多由使者代劳。使者包括祖先神与天神。帝或上天能够监临人间祸福，作为王庭与天庭使者的祖先神灵同样观照人间，予以福佑。④ 作为帝使者的祖先神就显得特别重要。《诗·大雅·文王》："文王在上，于昭于天。"⑤ 金文《天亡簋》："文王监在上，丕显王则省。"文王作为祖先神身处天庭在帝左右，往来于天上人间，监视后嗣的所作所为。著名的三星堆青铜铜像凸出的眼睛，摄人心魄，见证的是古人对眼睛的崇拜，也显示出作为观看之具的眼睛所具备的威势和用力。神灵的纵目之观，神秘而有力。

神灵不仅可以处于高高天庭，同样能够与人同在，处于同样的礼仪空间内，参与或观看人间的礼仪活动。《尚书·顾命》载成王登遐后康王即位之礼。行礼时堂上席次安排：西序东向席、东序西向席、西夹南向席，与牖间席共同形成了一个空荡荡的"四面之坐"，复原成王生时

---

① 孔颖达：《毛诗正义》卷16，第519页中。
② 孔颖达：《毛诗正义》卷16，第507页下。
③ 陈梦家：《殷墟卜辞综述》，中华书局，1998年，第572页；冯时：《中国古代的天文与人文》，中国社会科学出版社，2009年，第66~86页。
④ 晁福林：《天命与彝伦：先秦社会思想探研》，北京师范大学出版社，2012年，第18~37页。
⑤ 孔颖达：《毛诗正义》卷16，第503页下。

处理朝政的场面。成王的"四面之座",保证了成王神灵的在场。① 成王虽崩殂,在象征意义上却并未"缺席",而是"观看"了康王即位的整个典礼。神灵作为"旁观者"参与实际行礼,让礼制活动笼罩在浓郁的神灵观照氛围中。神灵参与人的礼乐活动,既能观看人间世,又能被人间世所观看。空荡座位的陈设,预示神灵在场,在《仪礼》中常以"施几筵"的形式展现。如《仪礼·士昏礼》新郎亲迎,"主人筵于户西,西上,右几",郑注:"主人,女父也。筵,为神布席。"是则主人嫁女在宗庙内安排一个神座,预设祖先神在场,并观看了后世子孙的婚嫁事项。②《仪礼·聘礼》公在宗庙立宾仪时"几筵既设,摈者出请命",郑注:"有几筵者,以其庙,宜依神也。宾至庙门,司宫乃于依前设之。神尊,不豫事也。"神虽不亲自参与具体仪式,而几筵陈设代表神灵在场。用空无一物的灵座标明墓主的存在,在后世墓葬礼仪中常有所见。③ 巫鸿提到:"这种'座'所标志的是一种'位',其作用不在于表现一个神灵的外在形貌,而在于界定他在一个礼仪环境中的主题位置。"④ 这种特殊化"虚位以待"的视觉处理,既预示神灵借助"位"以观看行礼之人,又供人观看。于康王君臣而言,空荡荡的四面之座必然造成强烈的视角冲击,成王虽崩犹在。成王既观看了康王的即

---

① 李志刚:《周代燕飨礼与"尊君"观念的变迁》,《国学研究》第35卷,北京大学出版社,2015年,第121页。

② "施几筵"以代表神灵的在场,在后世也有所延续。邓菲研究宋元金砖雕壁画时提到中原北方地区"一些士庶之家采取以桌椅魂帛设灵座的方式,摆设香炉、杯注、酒果于桌上,将桌椅陈设作为重要的礼仪道具,使祭祀围绕着代表死者之位的灵座展开"。邓菲:《"香积厨"与茶酒位——谈宋金元砖雕壁画墓中的礼仪空间》,复旦大学文史研究院编,《图像与仪式:中国古代宗教史与艺术史的融合》,中华书局,2017年第,第207页。

③ 巫鸿:《黄泉下的美术:宏观中国古代墓葬》,施杰译,生活·读书·新知三联书店,2010年,第70~72页。

④ 巫鸿:《无形之神:中国古代视觉文化中的"位"与对老子的非偶像表现》,《礼仪中的美术:巫鸿中国古代美术史文编》,郑岩等译,生活·读书·新知三联书店,2005年,第512~513页。

位之礼，又被康王君臣所观看。在观与被观之间，世代的交替得以完成，康王的合法性得以保证。

《左传·庄公三十二年》载神降临于莘地。周惠王问内史过是何缘故。内史过答曰："国之将兴，明神降之，监其德也。将亡，神又降之，观其恶也。"① 国家兴盛，神灵降临以明其德；国家衰败，神灵降临，以观其恶。《礼记·中庸》亦言"国家将兴，必有祯祥；国家将亡，必有妖孽"。② 国之命脉，神灵炯炯明眼了彻于心。

神灵参与礼制活动有主动与被动两种情况。神降临莘地体现了神的主动性。《左传·文公九年》楚国子樾椒行聘礼，显露傲娇神态。叔仲惠伯评价道："是必灭若敖氏之宗。傲其先君，神弗福也。"③ 时人认为神灵拒绝赐福于失礼之人，是则神无时无刻不在关注人间的一举一动。但在更多的礼制中，神乃祭祀、祈求的对象，被动介入礼仪实践中。《左传·文公十五年》六月辛丑朔，有日食。天子不举礼乐，伐鼓于社，诸侯用币帛于社，而伐鼓于朝，目的在于"伐鼓于朝，以昭事神、训民、事君，示有等威"。④ 所谓"昭事神"，神灵被动地介入了攻解日食的礼俗中，且行礼被故意"昭显"以供神人知晓观看。《尚书·泰誓》："天视自我民视，天听自我民听。"⑤ 天之观看视听的标准虽以民之观看视听为转移，但天神能够观看人间世，则是其时之人的基本信仰。日本学者今道友信认为："典礼在本质上是人演神的剧，人在剧中必须把自己的意识投入到那种行动中，这就使意识中的内在东西进入了世界现实并且表现出来。"⑥ 或如妹尾达彦所言"国家礼仪将宣扬

---

① 孔颖达：《春秋左传正义》卷10，第1783页中。
② 孔颖达：《礼记正义》卷53，第1632页下。
③ 孔颖达：《春秋左传正义》卷19，第1847页下。
④ 孔颖达：《春秋左传正义》卷19，第1855页下。
⑤ 孔颖达：《尚书正义》卷11，第181页下。
⑥ [日] 今道友信：《东方的美学》，蒋寅等译，生活·读书·新知三联书店，1991年，第103页。

宇宙秩序和地上秩序相对应的观念，以生动的形式视觉化"。① 人行礼犹如面向神灵的表演，供其观看，获其福佑。神与参加行礼之人共同处于"观与被观"的双重对待关系内。

二、子孙之观

上古宗法传统中，守文垂体之君乃先祖之遗体，传先祖之重，属世代传递脉络中承上启下一环。② "个人埋没在宗族中，其一生不过是宗族生命长河中的一小片段而已。"③ 正因如此，不仅要对祖先负责，受其监督，也受后世子孙监督。《左传·庄公二十三年》载：

> 二十三年夏，公如齐观社，非礼也。曹刿谏曰："不可。夫礼，所以整民也。故会以训上下之则，制财用之节。朝以正班爵之义，帅长幼之序。征伐以讨其不然。诸侯有王，王有巡守，以大习之。非是，君不举矣。君举必书。书而不法，后嗣何观？"④

《国语·鲁语上》："夫齐弃太公之法而观民于社，君为是举而往观之，非故业也，何以训民？"⑤ 礼所以整民与训民，喻示民是礼的观者与受用对象。庄公到齐国观礼，乃失礼行为，必然也受民的监督，属"示民"范畴。重要的是，此处之观进一步突破时空的限制，通过"君举

---

① ［日］妹尾达彦：《唐长安城的礼仪空间——以皇帝礼仪的舞台为中心》，沟口雄三、小岛毅主编：《中国的思维世界》，江苏人民出版社，2006年，第467页。
② 《礼记·大传》："上治祖祢，尊尊也；下治子孙，亲亲也。旁治昆弟，合族以食，序以昭穆。别之以礼义，人道竭矣。"
③ 杜正胜：《从眉寿到长生——中国古代生命观念的转变》，台湾《"中央研究院"历史语言研究所集刊》第66本第2分，1995年，第394页。
④ 孔颖达：《春秋左传正义》卷10，第1779页上。
⑤ 徐元诰：《国语集解（修订版）》，中华书局，2002年，第145页。

二、子孙之观

必书"制度,让现任君主受后世子孙的监督。公观社,后世何以观公?李惠仪认为:"曹刿要求庄公想象后世如何把他的行为记录看成奇观。"① 君主所作所为,预设了后嗣子孙观看之眼,甚至观看时的神态反应。后世子嗣的看法,已是现任君主行为合礼与否的评判依据。臧哀伯谏鲁桓公置郜鼎于庙也说:"君人者,将昭德塞违,以临照百官,犹惧或失之,故昭令德以示子孙。"《左传·襄公十九年》臧武仲说:"夫铭,天子令德,诸侯言时计功,大夫称伐。今称伐则下等也,计功则借人也,言时则妨民多矣,何以为铭?且夫大伐小,取其所得以作彝器,铭其功烈以示子孙,昭明德而惩无礼也。"《礼记·祭统》:"夫鼎有铭,铭者,自名也。自名以称扬其先祖之美,而名著之后世者也。……子孙之守宗庙社稷者,其先祖无美而称之,是诬也。有善而弗知,不明也。知而弗传,不仁也。此三者,君子之所耻也。"君主德行,需要展示与观看,好的君主往往被塑造成供人瞻仰观看的模范,子孙后代也有责任与义务传递颂扬先祖的美德。所谓"帅型祖考之德""仪刑文王",祖考成为后世子孙效仿、学习、观看的典范。② 观看与被观看,是双向互动关系。模范既可供人观看、效仿,当然若模范失序同样受人批判。

《诗·小雅·楚茨》详细描写了祭祖时后嗣与祖先神觥筹交错、把盏言欢、与祖同乐的场景。《楚茨》:"诸父兄弟,备言燕私。"毛传:"燕而尽其私恩。"郑笺:"祭祀毕,归宾客之俎,同姓则留与之燕,所以尊宾客,亲骨肉也。"③ 正祭祖祢之后的燕私之礼,言"尔肴既将,莫怨具庆。既醉既饱,小大稽首。神嗜饮食,使君寿考"。兄弟族人欢乐宴饮后,美酒佳肴已尽,心中没有怨言与愤怒,只有欢庆,于是长幼咸集,稽首祝福主人寿考多福。后嗣宗子与族人兄弟一起祭祀先祖,备

---

① 李惠仪:《〈左传〉的书写与解读》,文韬、许明德译,江苏人民出版社,2016年,第103页。
② 罗新慧:《"帅型祖考"和"内得于己":周代"德"观念的演化》,《历史研究》2016年第3期,第4~20页。
③ 孔颖达:《毛诗正义》卷13,第469页下。

言燕乐，其乐融融。所谓"堂上观室内，堂下观堂上，形成了一个观看的梯次结构"，宗子族人表达对祖先的尊崇与崇敬；宗子作为一族之长，通过祭祖确定其威严，融洽了与宗人之间的关系，又收到统宗收族效果。

后世子孙观看已逝祖先，亦可通过祭祖时设尸礼而实现。《礼记·曾子问》："祭成丧者必有尸。"①《礼记·礼器》："周坐尸，诏侑武方，其礼亦然，其道一也。夏立尸而卒祭，殷坐尸，周旅酬六尸。"② 此言三代立尸为祭之礼。《白虎通·宗庙》："祭所以有尸者何？鬼神听之无声，视之无形，升自阼阶，仰视榱桷，俯视几筵，其器存，其人亡，虚无寂寞，思慕哀伤，无可写泄，故座尸而食之，毁损其馔，欣然若亲之饱，尸醉若神之醉矣。"③ 古代祭祀时，以孙之伦为尸以象祖先。尸即是祖先神的凭依与象征。《周礼·春官·守祧》："守祧掌守先王、先公之庙祧，其遗衣服藏焉。若将祭祀，则各以其服授尸。"④ 则尸所穿之服乃先公先王所遗留下的衣服。《礼记·祭义》："斋之日，思其居处，思其笑语，思其志意，思其所乐，思其所嗜。斋三日，乃见其所为斋者。祭之日，入室，僾然必有见乎其位。周还出户，肃然必有闻乎其容声。出户而听，忾然必有闻乎其叹息之声。"⑤《礼记·曾子问》："尸弁冕而出。"⑥ 清代任启运云："尸入庙则象乎神，故服先王先公之遗衣服。"⑦ 周代贵族祭祖，以尸象祖，并非抽象意义之象，而是在精神与外貌上均象之。就像四面之座是成王的物象化一样，神尸是祖先神灵的物象化与视觉化。祭祖时以孙之伦所设的尸，无论从外在打扮还是内

---

① 孔颖达：《礼记正义》卷19，第1399页下。
② 孔颖达：《礼记正义》卷24，第1439页上。
③ 陈立：《白虎通疏证》，中华书局，1994年，第580页。
④ 贾公彦：《周礼注疏》卷21，第784页上。
⑤ 孔颖达：《礼记正义》卷24，第1592页下。
⑥ 孔颖达：《礼记正义》卷19，第1401页下。
⑦ 任启运：《天子肆献祼馈食礼》卷上，景印文渊阁《四库全书》第109册，台湾"商务印书馆"，1986年，第836页。

二、子孙之观

在神态,犹如已逝祖先突降人间,举手投足之间,觥筹交错之际,后世子孙已观看无余。

《左传·成公二年》:"楚师及宋,公衡逃归。臧宣叔曰:'衡父不忍数年之不宴,以弃鲁国,国将若之何?谁居?后之人必有任是夫,国弃矣。'"① 现时的作为需考虑后人的反应。《礼记·祭统》:"夫鼎有铭,铭者,自名也。自名以称扬其先祖之美,而明着之后世者也。为先祖者,莫不有美焉,莫不有恶焉,铭之义,称美而不称恶,此孝子孝孙之心也。唯贤者能之。铭者,论譔其先祖之有德善,功烈勋劳庆赏声名列于天下,而酌之祭器;自成其名焉,以祀其先祖者也。显扬先祖,所以崇孝也。身比焉,顺也。明示后世,教也。夫铭者,壹称而上下皆得焉耳矣。是故君子之观于铭也,既美其所称,又美其所为。为之者,明足以见之,仁足以与之,知足以利之,可谓贤矣。贤而勿伐,可谓恭矣。"② 借助鼎铭一方面上崇先祖之德,显扬自己之孝;一方面,自我作古,把自己塑造成模范,传之后世,示诸子孙。君子之举,通过鼎铭的展示,预设祖先与子孙两方的评判之眼。

礼制实践中,想象后世子孙如何看待现时行为,较为常见。《尚书·召诰》:"王伻殷乃承叙万年,其永观朕子怀德。"③《左传·宣公十五年》:"后之人或者将敬奉德义以事神人,而申固其命,若之何待之?"④《墨子·明鬼》:"恐后世子孙不能知也,故书之竹帛,传遗后世子孙。咸恐其腐蠹绝灭,后世子孙不得而记,故琢之盘盂,镂之金石以重之。"金文中常见铸鼎时期望"子子孙孙永宝用",刻石继铭又希望"垂示后嗣,万世不亡"⑤,均是预想自己的行为如何在后来者的意识中留下痕迹、产生反应,并期望获取永恒与不朽。典范的自我塑造过

---

① 孔颖达:《春秋左传正义》卷25,第1897页下。
② 孔颖达:《礼记正义》卷49,第1606页下。
③ 孔颖达:《尚书正义》卷15,第217页上。
④ 孔颖达:《春秋左传正义》卷24,第1887页下。
⑤ 洪适:《隶释 隶续》,中华书局,1985年,第75页。

程中，预设观众的存在，甚至观看的效果，属情理中事。

三、宾客之观

《左传·成公六年》载：

> 六年春，郑伯如晋拜成，子游相，授玉于东楹之东。士贞伯曰："郑伯其死乎！自弃也已。视流而行速，不安其位，宜不能久。"①

郑悼公与晋景公皆为一国之君，地位相当。宾主地位若相当，双方授玉时应进位到两楹之间，即中堂；若宾客身份低于主人，授受在中堂与东楹之间，即东楹之西。郑伯虽可尊晋侯为霸主，授玉也只应到东楹之西，却授玉在东楹之东，远离其所应在之位，且"视流行速"无雍容之态，所以士贞伯讥其自弃其位，预测其必死。郑悼公过于自卑，远离其所站位次，被认为是弃位弃礼行为，受到了批评与讥讽。然则在先秦时期，古人行礼所站立的位次，要以身份尊卑的差异而定。

《国语·周语下》载单襄公关于仪容行止失礼有详细的议论："夫君子目以定体，足以从之，是以观其容而知其心矣。目以处义，足以步目，今晋侯视远而足高，目不在体，而足不步目，其心必异矣。目体不相从，何以能久？夫合诸侯，民之大事业，于是乎观存亡。故国将无咎，其君在会，步言视听，必皆无谪，则可以知德矣。视远，日绝其义。足高，日弃其德。"国君个人外在的目光步伐行止，世人观其容而知其心，是评价其内心之德与国家之兴亡之重要理据。

行礼者的动作威仪，方位面向，周旋礼容，通过行礼而得以在公共场合充分展示，故观者可以据此评论与预测。美国学者芬格莱特曾提出

---

① 孔颖达：《春秋左传正义》卷26，第1902页中。

三、宾客之观

礼具有"神奇魅力"。行礼过程中"礼仪、姿态和咒语，获得了不可思议的力量"①。任慧峰研究礼制中"威仪"，也提到"威仪观强调统治者的支配力要通过身体的仪态展示出来"，"威仪"之所以具有力量，又在于"威仪是德的表现，而德又是周人得以维持天命不堕的最重要条件"。②甘怀真也认为"统治者作为理想的人格者，借由其身体的仪态，包含语言以及与仪态配合的器物，以展示所谓威仪"。③威仪必须有公开的展示，所谓"有威而可畏谓之威，有仪而可象谓之仪"，方才"周旋可则""容止可观""德行可象"。④"威仪"在于展示与观看。周旋揖让、觥筹交错类繁文缛节的"曲礼"，内合符德外展乎容。仪式通过身体的展示而获取神奇魅力。

《礼记·檀弓上》载：

> 司寇惠子之丧，子游为之麻衰，牡麻绖。文子辞曰："子辱与弥牟之弟游，又辱为之服，敢辞。"子游曰："礼也。"文子退，反哭。子游趋而就诸臣之位。文子又辞曰："子辱与弥牟之弟游，又辱为之服，又辱临其丧，敢辞。"子游曰："固以请。"文子退，扶嫡子南面而立，曰："子辱与弥牟之弟游，又辱为之服，又辱临其丧，虎也敢不复位。"子游趋而就客位。⑤

上引载卫国贵族司寇惠子去世，于家中举行丧礼。按礼，惠子的嗣

---

① ［美］赫伯特·芬格莱特：《孔子：即凡而圣》，江苏人民出版社，2010年，第3页。
② 任慧峰：《先秦礼观念的演变及反省》，《第十三届海峡两岸先秦两汉学术研讨会暨"先秦学术与当代人文精神建构"论文集》，南昌大学，2017年4月，第40页。
③ 甘怀真：《皇权、礼仪与经典诠释：中国古代政治史研究》，华东师范大学出版社，2008年，第12页。
④ 孔颖达：《春秋左传正义》卷40，第2016页中。
⑤ 孔颖达：《礼记正义》卷7，第1285页下。

子虎应为丧主，主持丧礼，但惠子之兄文子自己做起了丧主。孔子弟子子游作为惠子好友，穿重服"麻衰，牡麻绖"去吊丧，暗地讥讽文子的非礼行为。文子不察其意，表示不敢接受重服之吊，请辞。子游答曰"礼也"，表示坚持。不仅如此，"子游趋而就诸臣之位"，进一步加以讥讽。文子终于察觉出子游的用意，"扶嫡子南面而立"，子游也"趋而就客位"。吊丧者于丧主而言，即为宾。子游就诸臣之位，通过否定自己宾客的身份，间接否定了丧主的身份，即不承认文子为丧主，并加以讥讽。文子觉察后，立嗣子虎为丧主；子游乃就客位，亦是通过承认自己宾客的身份，间接承认嗣子虎的丧主身份。子游通过其行礼空间的变化，成功劝谏文子的违礼行为。子游作为参与行礼的宾客，通过承认与否定自己"宾客身份"系列的礼仪动作，劝谏举办礼仪活动的主人立嫡。

《礼记·檀弓下》载晋国知悼子卒而未葬，晋平公即饮酒作乐，杜蒉进谏之事：

> 知悼子卒，未葬，平公饮酒，师旷、李调侍，鼓钟。杜蒉自外来，闻钟声，曰："安在？"曰："在寝。"杜蒉入寝，历阶而升，酌，曰："旷饮斯！"又酌，曰："调饮斯。"又酌，堂上北面坐饮之。降，趋而出。平公呼而进之，曰："蒉，曩者尔心或开予，是以不与尔言。尔饮旷何也？"曰："子卯不乐。知悼子在堂，斯其为子卯也大矣。旷也，大师也，不以诏，是以饮之也。""尔饮调何也？"曰："调也，君之亵臣也，为一饮一食，亡君之疾，是以饮之也。""尔饮何也？"曰："蒉也，宰夫也。非刀匕是共，又敢与知防，是以饮之也。"平公曰："寡人亦有过焉，酌而饮寡人。"杜蒉洗而扬觯。公谓侍者曰："如我死，则必无废斯爵也。"①

---

① 孔颖达：《礼记正义》卷9，第1305中~1305页下。

三、宾客之观

晋平公有大臣之丧，而与群臣燕饮酒违礼，杜蒉不便直接进谏，而借献酒之机而隐讳谏之。杜蒉献酒有四。第一，酌酒而献师旷；第二，酌酒献李调；第三，酌酒北面而自饮；第四，扬觯献君。此四次酌酒，据杜蒉自己的解释，实乃罚爵。师旷奏乐司聪，君违礼而不谏，故饮酒以罚之；李调主管饮食而贪酒，不谏君非，同样罚之；第三杯，实乃杜蒉的自罚。杜蒉乃宰夫，宰夫在君行燕礼中为献主，代君行献。杜蒉认为自己同样有失职之嫌，故饮酒自罚。晋平公听了杜蒉的解释后，知道自己的过失，故请杜蒉亦罚其饮酒。此则故事有意思之处，乃是杜蒉以罚爵的方式进谏，虽隐讳，却取得了非常好的效果。礼意的表达，通过在公共场合空间上的位移得以表达：子游重视继嗣者的重要性，而非议了文子的无礼行为，表达了自己的观点。而且在劝谏过程中，均着重提示自己的"宾客"身份。

《左传·襄公二十三年》载：

> 季武子无嫡子，公弥长，而爱悼子，欲立之……访于臧纥。臧纥曰："饮我酒，吾为子立之。"季氏饮大夫酒，臧纥为客。既献，臧孙命北面重席，新樽洁之。召悼子，降，逆之。大夫皆起。及旅，而召公鉏，使与之齿。季孙失色。①

季武子欲废长立少，臧纥通过"饮酒"之礼为其解决了难题。饮酒之时，季武子为主人，臧纥为上宾。主宾一献后，对悼子，臧纥设北面重席之位，重洗酒尊，亲自降级迎之入位；对公鉏，则在旅酬之时，召之使与人齿，位列众人之中。臧纥通过对悼子和公鉏不同礼仪待遇，无形之中已经确定了他们的身份。《仪礼·乡饮酒礼》："公三重，大夫再重。"② 臧纥为悼子设重席，表明悼子身份为大夫。《乡饮

---

① 孔颖达：《春秋左传正义》卷35，第1977上~1977页下。
② 贾公彦：《仪礼注疏》卷10，第989页下。

酒礼》："既旅，士不入。"① 沈钦韩《春秋左氏传补注》："士入当旅酬节也。旅而召公鉏，以士礼待之，明其不得嗣爵。"臧纥在旅酬时召公鉏入位，并使之与众人齿，表明公鉏身份为士。一为大夫，一为士，谁可嗣季武子之位，昭然若揭。臧纥作为季武子之宾，他不是通过言语劝说，而是通过行礼过程中，具体的礼仪安排，成功地实现了季武子废长立少的目的。臧纥所行犹如一场具有象征意义的仪式表演。"演即象，即通过形象的摹仿和展演，表现重大历史事件的发展过程，摹拟与形象替代了单纯的语言表达。"② 通过这个例子，可以确知礼仪活动并非无意义的繁琐仪节，相反，这些细小仪节的展演，可透露行礼人身份的贵贱，地位的高低与欲表达的礼义。臧纥正是通晓礼制的此种功能，成功地解决了季武子的难题。季孙是观者，其他人也是观者。公开场合的展示，因为观看的存在，而被赋予了强大的象征力量。

《礼记·檀弓下》载："国昭子之母死，问于子张曰：'葬及墓，男子妇人安位？'子张曰：'司徒敬子之丧，夫子相，男子西向，妇人东向。'曰：'噫！毋。'曰：'我丧也斯沾。尔专之，宾为宾焉，主为主焉，妇人从男子皆西向。'"郑注："国昭子自谓齐之大家，有事人尽视之，欲人观之，法其所为。"国昭子自认为乃齐国大族，有丧必有许多人前来观礼，且希望借此机会希望齐国人能以自己的所行之礼为法。国昭子行礼已是完全预设了观者的存在。

"宾客"在先秦礼仪中具有重要地位，整个行礼过程，往往分设主党与宾党，周旋揖让，分庭抗礼。且"宾"的参与往往能够突破血缘、地缘的限制，使身份更加多元化。《诗·周颂·有瞽》："喤喤厥声，肃雍和鸣。我客戾止，永观厥成。"诗中描写宋国瞽人作为宾客

---

① 贾公彦：《仪礼注疏》卷10，第991页上。
② 傅道彬：《诗可以观：礼乐文化与周代诗学精神》，中华书局，2010年，第72页。

三、宾客之观

观看周人祭祀的礼仪式表演。周人希望殷商遗民能够永远在周人王庭之上观赏聆听乐章。这是典型的邀请异姓客人观看重大典礼行为。《仪礼》所载礼虽各有别，但在正礼中，或正礼后一般都有酬谢宾客，以尽欢乐的仪节。《士冠礼》宾为主人之僚属；《士昏礼》宾为使者，身份为群吏相往来者；《乡饮酒礼》《乡射礼》宾为乡中贤能者；《燕礼》《大射仪》《公食大夫礼》宾为大夫，卿及其他诸臣为众宾；《聘礼》宾为外国使者；《觐礼》宾为诸侯；《特牲馈食礼》《少牢馈食礼》《有司彻》宾为有司来观礼者。宾身份的多元化让礼仪处于更广阔的公共空间内。子游、杜蒉、臧纥正是深知宾道的礼仪与力量，表达自己的礼仪诉求。

周旋礼让之际，宾客能够表达礼仪诉求，收到与平时异样的效果。主人同样能够借助宾客之言，以荣耀门庭。金文中常见"用飨宾客""以御宾客""以乐嘉宾"类辞，表明制作礼器者对宾的重视与致欢乐于宾客。郭店简《语丛一》："宾客，清庙之文也。"① 文有装饰之意，以宾客装饰宗庙，宗子广纳贵宾贵客参丧祭宴飨，光耀门庭。延至汉代更为明显。根据史书记载，文官孔光的葬礼有一万辆车参加。大儒郑玄死后，"自郡守以下尝受业者，缞绖赴会千余人"。汉代画像石材料中所见到暴露于荒郊丧葬墓地，公共空间内，更需关注四海之民，以寻求观看、保护或传播荣耀。如"永平三年四月……□成，传于后世，敬白士大夫，愿毋毁伤，愿毋毁伤"。② "观者诸君，愿勿贩（攀）伤，寿得万年，家富昌。"③ "诸君往来观者，下至□重□，勿败易，寿得

---

① 刘钊：《郭店楚简校释》，福建人民出版社，2005年，第194页。
② 生克昭：《滕县金石志》，北京法源寺刊本，1944年，第29页。史语所藏拓本编号28111，见文物图像研究室汉代拓片整理小组：《"中研院"历史语言研究所藏汉代石刻画像拓本精选集》，台湾"中央研究院"历史语言研究所，2004年，第62、63、168页。
③ 罗福颐：《芗他君石祠堂题字解释》，《故宫博物院院刊》总第2期，1960年，第180页。

千年，长乐未央。顿首，长累诸乡。"① "后人不得将毁，敬启后世知之。"② 甚至墓室内写有"开者即死"的诅咒，③ 也有写下了"墓有重开之日，人无再少之颜"的豁达。无论是诅咒还是豁达，都是面向后世者的喊话。"观者诸君"包括了"贤仁四海士""士大夫"等社会各色人等，甚至"牧马牛羊诸僮"也在其中。这说明建造祠堂的赞助人清晰地意识到，这些祠堂虽是家庭祭祀的中心，但因为暴露在乡野，无疑具有一种公共性。郑岩提到，丧家和制作者预设了观者，并且为观者而制作，观者的参与，画像的宗教、礼仪与社会功能才能实现。④ 包华石指出，许多这样的葬礼有着社会和政治目的。来宾之所以参加葬礼，是因为他们与死者曾经有过或认为自己与死者有过特殊的关系，并希望把这种关系公开化。由于东汉时期墓地已变成社会生活的中心，因此葬礼就成了感情与政治表白的最佳场合。⑤ 宾客与四方观者，宛如进入一个礼仪的表演场，主宾之间觥筹交错，慷慨陈词，或相互观摩，相互取法，相互制约。

四、儒者之观

《礼记·檀弓下》："延陵季子适齐，于其反也，其长子死，葬于嬴博之间。孔子曰：'延陵季子，吴之习于礼者也。'往而观其葬焉。"⑥

---

① 汪继甚：《汉画题榜艺术》，朱青生主编：《中国汉画学会第九届年会论文集》，中国社会出版社，2004年，第535页。
② 贺西林、李清泉：《中国墓室壁画史》，高等教育出版社，2009年，第423页。
③ 唐金裕：《西安西郊李静训墓发掘简报》，《考古》1959年第9期，第471~472页。
④ 郑岩：《关于汉代丧葬画像观者问题的思考》，《逝者的面具：汉唐墓葬艺术研究》，北京大学出版社，2013年，第147页。
⑤ 巫鸿：《中国古代艺术与建筑中的"纪念碑性"》，上海人民出版社，2009年，第286页。
⑥ 孔颖达：《礼记正义》卷10，第1313页下。

四、儒者之观

季札为其长子举丧礼,孔子往而观之。这种"观礼"与神鉴、示民与后嗣之观,已有很大的区别。第一,季札为长子举丧礼,未预设孔子为观礼者,即孔子非季札所邀宾客,属行礼现场的"闯入者"。第二,孔子观礼基于季札懂礼,带有强烈的学习目的。季札所行丧子之礼,已成孔子研习的对象。神鉴、示民与后嗣之观,尚蕴含神圣性,孔子此处之观,则是知识上的研究与探索。这与孔子"入太庙,每事问""孔子问礼于老子",以求学面目示人的形象相符。

类似记载尚多。《礼记·檀弓上》载:"孔子在卫,有送葬者,而夫子观之,曰:'善哉为丧乎!足以为法矣,小子识之。'子贡曰:'夫子何善而也?'曰:'其往也如慕,其反也如疑。'子贡曰:'岂若速反而虞乎?'子曰:'小子识之,我未之能行也。'"① 孔子师徒在卫国偶遇送葬队伍,就去观看。这与观季札丧子礼性质一样,属送葬队伍的旁观者与闯入者,非正式宾客。孔子更在行礼现场为弟子上了一场"研讨课",认为送葬者行礼得当"足以为法"。孔子师徒的往复讨论,显示孔门把送葬之礼当作可供学习、模仿的知识体系或行为规则。孔门的这种做法,开创学礼、研礼的新传统。

观礼、习礼、研礼是儒家师徒的传统,甚至孔子之丧,也吸引了远方观礼者。《礼记·檀弓上》载:"孔子之丧,有自燕来观者,舍于子夏氏。子夏曰:'圣人之葬人与?人之葬圣人也,子何观焉?'"② 自燕国来鲁国观看孔子之丧礼,可见其用心。无论观礼者是来观圣人葬人,还是人葬圣人,必然是欣慕于孔门师徒的懂礼,故来学习观摩。行礼之人未必预设这种观礼者的存在,故子夏对观礼者的到来有一定的抵触情绪。观孔子之丧礼者的心理逻辑与孔子观季札葬子是一样的。

同样的事情再次发生在子思丧母之时。《礼记·檀弓上》载:"子思之母死于卫,柳若谓子思曰:'子,圣人之后也。四方于子乎观礼,

---

① 孔颖达:《礼记正义》卷7,第1283页中。
② 孔颖达:《礼记正义》卷8,第1292页中。

子盖慎诸！'子思曰：'吾何慎哉！吾闻之有其礼，无其财，君子弗行也。有其礼，有其财，无其时，君子弗行也。吾何慎哉！'"① 虽说子思对丧母观礼者持豁达态度，但柳若言子思因是圣人之后，四方必有观礼者，透露出观礼者同样是基于子思的圣人背景即礼学世家的缘故。

胡适曾论到，所谓儒者是殷民族的礼教教士，他们在殷商灭亡后，继续保存着殷人的宗教典礼，继续穿戴殷人衣冠。他们的职业是治丧、相礼与教学。② 徐中舒认为，专门替殷商奴隶主贵族主持宾祭典礼、祭祖、事神、办丧事、当司仪的人，才算是最早的儒家。③《左传·昭公七年》记载孟僖子自恨不能相礼，"乃讲学之。苟能礼者，从之"。④ 孟僖子遗命他两个儿子跟着孔子"学礼焉以定其位"。春秋末已降，随着儒家的兴起，逐渐成为学礼、观礼、行礼、传礼的专业性团体。《礼记·檀弓上》："孔子与门人立，拱而尚右。二三子亦皆尚右。孔子曰：'二三子之嗜学也。我则有姊之丧故也。'二三子皆尚左。"⑤ 这则故事生动反映出，以孔子为中心形成了一个学习礼仪热情高涨的小集团。学者认为儒家是一个"礼仪文教的共同体""私家学团""游团"，诚哉斯言。⑥ 儒家以典礼为职业，观礼习礼具备提高职业技能的专业主义倾向。儒者之观可以分为两种情况，一是儒者观礼论礼；二是儒者行礼的展示与传教。

儒者观礼论礼，经典文献中很常见。《礼记·檀弓上》："将军文子之丧，既除丧，而后越人来吊，主人深衣练冠，待于庙，垂涕洟。子游

---

① 孔颖达：《礼记正义》卷8，第1291页上。
② 胡适：《说儒》，《胡适文存（四）》，华文出版社，2013年，第29页。
③ 徐中舒：《论甲骨文中所见的儒》，《徐中舒历史论文选集》，中华书局，1998年，第1219页。
④ 孔颖达：《春秋左传正义》卷44，第2051页上。
⑤ 孔颖达：《礼记正义》卷7，第1283页上。
⑥ 成祖明：《封建、郡县之变中儒学演进的历史考察：层累成长的古史与记忆重构中的今古文经学》，《文史哲》2017年第5期，第129~149页。

观之,曰:'将军文氏之子,其庶几乎! 亡于礼者之礼也,其动也中。'"① 子游观将军文子之丧,见其不合礼仪,发表了一通议论。子游宛如一个礼学专家,对行礼合符规范与否,有清晰的判断标准。《礼记·杂记下》载子贡观蜡祭回来,孔子问他是否感到快乐的故事:

> 子贡观于蜡,孔子曰:"赐也乐乎?"对曰:"一国之人皆若狂,赐未知其乐也。"子曰:"百日之蜡,一日之泽,非尔所知也。张而不弛,文武弗能也。弛而不张,文武弗为也。一张一弛,文武之道也。"②

蜡祭即索祭,年终岁事完成,搜索群神而祭祀,感谢与农事相关的神灵。子贡观看蜡祭,举国狂欢而能保持清醒意识,可见其身心自外于蜡祭,处旁观地位。子贡的这种"观"与孔子观季札有相似性,只是在孔子看来,尚未学到观礼精华而已。孔子从学礼解礼的专业角度,对子贡提出批评建议。孔门师徒在蜡祭后的这番讨论,学术思想讨论的意味存焉。

《礼记·檀弓上》载:

> 曾子袭裘而吊,子游裼裘而吊。曾子指子游而示人曰:"夫夫也,为习于礼者,如之何其裼裘而吊也?"主人既小殓,袒、括发,子游趋而出,袭裘、带、绖而入。曾子曰:"我过矣! 我过矣! 夫夫是也。"③

---

① 孔颖达:《礼记正义》卷7,第1286页上。
② 孔颖达:《礼记正义》卷43,第1567页下。
③ 孔颖达:《礼记正义》卷7,第1285页下。

曾子不理解子游先裼裘而吊及小殓后变为袭裘而吊的礼意，看到子游根据礼节不同而更换所穿之衣，不得不深表佩服。由裼裘到袭裘，宾客对丧事有个从不承认到逐渐承认的过程。"主人既小殓，袒、括发，子游趋而出，袭裘、带、绖而入"，程序的展示具有非常视角效果。子游通过公开场合服容的变化，实现礼义的揭示。曾子、子游在此关注的同样是对礼深层次内涵的理解问题。

儒者研礼习礼除有为职业服务的现实功利目的外，高明处更在于他们有完整的教化理念。甚至观礼、习礼与论礼的场景也已经高度的仪式化。《论语·先进篇》孔门弟子侍坐，孔子各问其志，已形象生动地展示了孔门论学的场景。《礼记·仲尼燕居》："子张、子贡、言游侍，纵言至于礼。子曰：'居！女三人，吾语女礼，使女以礼周流无不遍也。'子贡越席而对曰：'敢问何如？'子曰：'敬而不中礼，谓之野；恭而不中礼，谓之给；勇而不中礼，谓之逆。'子曰：'给夺慈仁。'"孔门的教学活动已日常化与礼仪化；对礼的思考也哲理化、抽象化。儒者理念传播寄托于观看与演示的礼仪研习中。《礼记·射义》载孔门师弟行射礼：

> 孔子射于矍相之圃，盖观者如堵墙。射至于司马，使子路执弓矢出延射，曰："贲军之将、亡国之大夫与为人后者，不入，其余皆入。"盖去者半，入者半。又使公罔之裘、序点扬觯而语。公罔之裘扬觯而语曰："幼壮孝悌，耆耋好礼，不从流俗，修身以俟死，者不？在此位也。"盖去者半，处者半。序点又扬觯而语曰："好学不倦，好礼不变，旄期称道不乱，者不？在此位也。"盖仅有存者。①

郑注："先行饮酒礼，将射，乃以司正为司马。"司正监察饮酒，司马

---

① 孔颖达：《礼记正义》卷62，第1688页上。

监察行射礼。"射至于司马",说明饮酒已毕,司正变为司马,即将行射礼。不过此次射礼的特别之处是,因观礼者众,孔门师弟在饮酒毕后,从观众中选择愿意参与者,以扩大社会影响,达到施教化之效,故通过子路、公罔之裘、序点特增加饮酒内容。子路等邀请宾客,贬斥排除一部分人,褒奖挽留一部分人,通过公开选宾仪式,展示的即是射礼深厚的人文教化功能。

前几种之观,观既是行礼的内容,也是行礼者的目的与对象。专业观礼者仅是借助行礼营造出的公共性空间,进行学习与模仿。可以说春秋中后期,随着儒家的兴起,以孔子为中心形成了专业化的观礼团体。专业化的观礼团体,把走向崩坏与衰退道路的礼乐文明,以另一种形式传播开去。孔门的观礼与习礼,正是仪式化的教学活动。以孔子为代表性的观礼团体既把礼当作治国经民的根本大法,又将其抽象化为哲学观念,更重要的是经过他们观礼习礼的思辨实践过程,礼已变成可以传承学习的知识体系。从观礼角度去思考儒家的兴起,不失为一个新视角。所谓神灵之观、子孙之观与宾客之观,观者多处于被动消极地位,多属被动观看。行礼者预设神观与民视,以实现其行礼目的,观者虽隐身而"在场"。专业化观礼团体或许未直接参与行礼,但因旁观而介入行礼营造的公共空间,获得某种中立性与客观性,能够积极评论行礼者的失礼与否,甚至模仿学习思辨礼更本质的内涵,塑造出全新的知识体系。当然更能够在公开场所自主演习礼仪,以起到传道授业的教化功效。

余论:"观看"的神奇力量

崩殂的成王成功传位于康王,子游、臧纥轻松劝服主人立嫡正位,儒者演习而行教化,天神、子孙"未在场"而力量无限,宾客旁观评骘古今,荣耀门庭。神奇魅力与不可思议的力量,来自何方?诗可兴观群怨。兴观群怨即是力量。礼可以观，观也是一种力量。① 通过"四面之座"的陈设，众行礼之人观看到成王的在场，成王神灵也依附神座而监观康王的即位。观与被观营构的礼仪空间具有的神奇魔力，赋予康王王位巨大的合法性。《礼记·王制》："刑人于市，与众弃之。"②"市"与"众"的结合，获得额外加持的合法性，被弃之人已在不赦之列。③ 既可与众弃之，也可与众与之。悼子继嗣地位的获得，就是臧纥通过在公开行礼场合的仪式程序与动作演示，以及众宾客的观看而实现的。

《左传·隐公五年》载：

> 五年春，公将如棠观鱼者。臧僖伯谏曰："凡物不足以讲大事，其材不足以备器用，则君不举焉。君，将纳民于轨物者也。故讲事以度轨量谓之轨，取材以章物采谓之物。不轨不物，谓之乱政。乱政亟行，所以败也。故春蒐、夏苗、秋狝、冬狩，皆于农隙以讲事也。三年而治兵，入而振旅，归而饮至，以数军实，昭文章，明贵贱，辨等列，顺少长，习威仪也。鸟兽之肉不登于俎，皮革、齿牙、骨角、毛羽不登于器，则公不射，古之制也。若夫山林川泽之实，器用之资，皂隶之事，官司之守，非君所及也。"公曰："吾将略地焉。"遂往，陈鱼而观之。僖伯称疾不从。书曰"公矢鱼于棠"，非礼也，且言远地也。④

---

① 美国学者大卫·弗里德伯格研究眼睛的威力时提到"一尊偶像的观看者会不断发现自己被偶像的眼睛所控制，这种力量极强，使观者难以回避"。观看者与偶像对视，而被偶像控制。夺其眼睛即等于夺其生命。转见巫鸿：《眼睛就是一切：三星堆艺术与芝加哥石人像》，《礼仪中的美术：巫鸿中国古代美术史文编》，郑岩等译，生活·读书·新知三联书店，2005年，第79~83页。
② 孔颖达：《礼记正义》卷11，第1327页下。
③ 侯旭东：《北朝的"市"：制度、行为与观念》，《北朝村民的生活世界——朝廷、州县与村里》，商务印书馆，2005年，第217页。
④ 孔颖达：《春秋左传正义》卷3，第1727页中。

臧僖伯这段著名的言论，深刻体现出礼仪、礼器通过展示而呈现的威力。礼仪之展示，如"三年而治兵，入而振旅，归而饮至，以数军实"，通过演示而能够"昭文章，明贵贱，辨等列，顺少长"。礼器之展示，如"鸟兽之肉不登于俎，皮革、齿牙、骨角、毛羽不登于器，则公不射，古之制也"。所有这一切均通过仪式展陈在公共空间内，从而获取视觉性效果。王健文认为"人世间的权力结构，往往具体的呈现在空间格局之中。空间格局本身就体现了权力结构"。① 而这个空间，多数在行礼的庭堂中进行。日本学者高木智见提出"庭"是一个具有巨大象征意义的空间："庭"是仅有的对天地均开放的露天空间。处于当时建筑物里核心位置的"庭"，是与从根本上规范着中国人的祖先观念、天的思想相对应的设施，在"庭"里，祖先神会直接降临，天亦通过鸟、植物等具体的形态展现其意志。"庭"是人们与人间之外的存在进行交流并获取其意志的场所。② 实质上不仅"庭"具有这样的功能，一切行礼场合如宗庙、墓室、祭坛、山岳、江河等，因仪式的赋予而成为了神圣性空间，均可沟通天人。③ 芬格莱特也认为，依"礼"而行就是向他人开放。因为礼仪是公共的、共享的和透明的；不依"礼"而行则是隐蔽的、暧昧的和邪恶的。④ 在神圣空间内举行礼仪活动，犹如一场面向神、人等观者的仪式汇演。

　　仪式与器具，因公共空间的参与，预设众多观看之眼的加入，生动

---

① 王健文：《奉天承运——古代中国的"国家"概念及其正当性基础》，台湾东大图书股份有限公司，1995年，第20页。

② ［日］高木智见：《古代中国の庭のついて》，《名古屋大学東洋史研究報告》16，1992年，第41页。

③ 著名的人文地理学家段义孚认为："建筑空间具有展示和教化的作用。它如何教化人？在中世纪，一座雄伟的大教堂能在几个层面上进行教化。教堂拥有对于感觉、感受和潜意识的直接吸引力。人们很快就可以觉察到建筑的中心和控制枢纽。"［美］段义孚：《空间与地方：经验的视角》，王志标译，中国人民大学出版社，2017年，第94页。

④ ［美］赫伯特·芬格莱特：《孔子：即凡而圣》，江苏人民出版社，2010年，第12页。

呈现出身份的尊卑，突出伦常的深层内涵。同样的例子，还见《左传·桓公二年》臧哀伯谏：

> 君人者，将昭德塞违，以临照百官，犹惧或失之，故昭令德以示子孙。是以清庙茅屋，大路越席，大羹不致，粢食不凿，昭其俭也。衮、冕、黻、珽、带、裳、幅、舄、衡、紞、纮、綖，昭其度也。藻、率、鞞、鞛、鞶、厉、游、缨，昭其数也。火、龙、黼、黻，昭其文也。五色比象，昭其物也。钖、鸾、和、铃，昭其声也。三辰旂旗，昭其明也。夫德，俭而有度，登降有数。文、物以纪之，声、明以发之，以临照百官，百官于是乎戒惧，而不敢易纪律。①

所谓"昭其俭""昭其度""昭其数""昭其文""昭其声"，均昭示观看对象的存在。从臧哀伯的谏言来看，国君行礼"昭德塞违"对象，有百官、子孙、祖先、义士等。礼仪、礼器展示出的"俭""度""数""文""声"，服务于背后的政治伦理。国君只有通过行礼，向百官、子孙等展示出自己所欲表达的"俭"等礼义，而宣示拥有神圣权力。权力需要被展示和证明。《周易·观卦》"盥而不荐，有孚颙若"《集解》引马融曰："王道可观，在于祭祀。祭祀之盛，莫过于初盥降神。故孔子曰：'禘自既灌而往者，吾不欲观之矣。'此言及荐简略，则不足观也。以下观上，见其至盛之礼。万民信敬，故云'有孚颙若'。"②宗庙祭祀需要万民观看其至盛至隆的灌祭之礼，方能促使民人产生信服与敬仰之情。是则宗子的政治与宗教权力，赖于"观看"产生的效力。

---

① 孔颖达：《春秋左传正义》卷5，第1743页上。
② 李道平：《周易集解纂疏》，中华书局，1994年，第227页。

余论:"观看"的神奇力量

巫鸿研究古代中国称作"观"的门阙时就提到,门阙的公开演示是以图解的方式,让秘密保持权力转变为公开展示权力。① 薛梦潇研究汉代郡守行春时,认为国家的威仪只有"被观看"才能深入人心。②行春如同进入一个表演场,太守与吏民通过"观"与"被观"建立了国家与民众间的权力关系。仇鹿鸣研究唐代德政碑时,也提出了相似的观察:"神道碑较之于墓志无疑是一种更具公共性的政治景观,是士人社会精英身份的一种界定物,碑文也拥有更多的读者与更大的传播范围","立碑于通衢要路之旁,使其能为更多的观者所睹,弘教化之任,成为各种纪念碑选择立碑时的首要考虑"。③ "观看"深刻地影响了政治伦理的展示与公共理念的表达。

古人行礼设主宾二党以分庭抗礼,所谓天人、君臣、父子、夫妇、兄弟、朋友等伦常关系均融洽其中。他们既有可能是实际的行礼者,也是预设下的观礼者。④ 众多伦常的交汇熔铸出巨大的意义链。行礼之人无论从外在器物仪态,还是情感依托,均为此链条中的一环。礼仪、礼器、礼容、礼辞的制造与展陈,实乃人为塑造出的政治文化景观,诞生初始就需要被展示与被观看。身份与地位以及意义的表达,需要视觉化的展示与证明。英国艺术评论家约翰·伯格讲到"观看先于语言","能观看后不久,我们就意识到别人也能观看我们"。⑤ 行礼过程中,所预设的天神、子孙、宾客、百姓之眼,已深刻影响到礼器的陈设、礼

---

① 巫鸿:《中国古代艺术与建筑中的"纪念碑性"》,上海人民出版社,2009年,第358页。

② 薛梦潇:《东汉郡守"行春"考》,《中国史研究》2014年第1期,第15~33页。

③ 仇鹿鸣:《权力与观众:德政碑所见唐代的中央与地方》,《唐研究》第19卷,北京大学出版社,2013年,第82~83页。

④ 孙英刚:《移情与矫情:反思图像文献在中古史研究中的使用》,《学术月刊》2017年第12期,第41~43页。

⑤ [英]约翰·伯格:《观看之道》,戴行钺译,广西师范大学出版社,2015年,第5页。

辞的陈述、礼容的哀乐。礼可以观，整个行礼场合，因观看而展示，因观看而存在，因观看而具备力量。在观与被观中，通过在神圣空间的公开展示，古人的行礼构筑出巨大的象征与意义王国。

中国上古时期的"生子不举"

"生子不举"意为生子不养或遗弃婴儿,是古代中国的痼疾。远古时期的建筑基址,常常以幼童作为"奠基牲"。① 早在龙山文化时期的河北邯郸涧沟遗址中,就发现有五到十岁的幼童用于殉葬。② 此项风俗的流存,与宗教信仰、礼仪习惯、社会结构、经济状况等因素相关。关于此问题,学术界多有论列,例如,王仁湘与汤池等学者关于原始社会人口控制的讨论,③ 王子今、李贞德等学者对秦汉到隋代"生子不举"的讨论,④ 黄燕生先生、臧建先生对宋代弃婴的讨论,⑤ 张建民、肖

---

① 黄展岳:《古代人牲人殉通论》,文物出版社,2004年,第14~18页。
② 北京大学、河北省文化局邯郸考古队:《1957年邯郸发掘简报》,《考古》1959年第10期,第531~536页。
③ 王仁湘:《原始社会人口控制之谜》,《化石》1980年第4期,第19~20页;汤池:《半坡人杀女婴吗?——〈原始社会人口控制之谜〉商榷》,《化石》1981年第4期,第22~23页。
④ 李贞德:《汉隋之间的"生子不举"问题》,台湾《"中央研究院"历史研究所集刊》第66卷,1995年;王子今:《秦汉"生子不举"现象和弃婴故事》,《史学月刊》2007年第8期,第30~36页。
⑤ 黄燕生:《宋代的"生子不举"》,《中国历史文物》1989年第1期,第68~73页;臧建:《南宋农村"生子不举"现象之分析》,《中国史研究》1995年第4期,第75~83页。

倩、谭志云、齐麟、王美英、薛刚诸位先生对清代溺女、弃婴的讨论①。本章主要以出土文献为切入点，结合传世文献，讨论上古时期的"生子不举"现象。

一、甲骨文中的"生子不举"

胡厚宣《殷代婚姻家族宗法生育制度考》一文中，认为殷商时期存在弃子现象。其辞例如：

> 戊辰卜，王，贞妇鼠娩，余子。（《合集》14115）
> 贞妇鼠娩，余弗其子。四月。（《合集》14116）
> 己亥卜，王，余弗其子妇侄子。（《合集》1065）

胡先生认为，"子"字作动词，"余子"即是卜之吉后承认为己子，"弗其子"是卜之不吉，弗之。②"弗子之"即是不承认为己子，弃子。此类记载甲骨文中甚多，如：

> 弗子（《合集》21293）
> 贞，妹惟使，弗其子（《合集》19137）
> 庚申卜王余祐母庚……庚弗以妇鼠子用，八月（《合集》

---

① 张建民：《论清代的溺婴问题》，《经济评论》1995年第5期，第75~82页；肖倩：《清代江西溺女现状和禁诫文》，《史林》2001年第1期，第63~68页；齐麟：《对"溺婴"的人口社会学分析》，《西北人口》2002年第2期，第22~24页；肖倩：《清代江西溺女风俗中的"奢嫁"问题》，《江南大学学报（人文社会科学版）》2005年第4期，第53~56页；谭志云、刘曼娜：《清代湖南溺婴之俗与社会救济》，《船山学刊》2005年第1期，第83~87页；王美英：《明清时期长江中游地区的溺女问题初探》，《武汉大学学报（人文科学版）》2006年第6期，第801~805页；薛刚：《清代福建溺女陋习及整饬》，《历史教学（高校版）》2007年第5期，第24~28页。

② 胡厚宣：《殷代婚姻家族宗法生育制度考》，《甲骨学商史论丛初集》，河北教育出版社，2002年，第126页。

一、甲骨文中的"生子不举"

14120）

戊午卜，王贞，勿御子辟，余弗其子（《英藏》1767）①

盖商王所生之子必经过占卜选择。卜之吉，承认其为子；卜之不吉，则弃之不养。其缘由，胡新生认为"贞问此子与商王之间是否有血亲关系"，② 甚是。商人重鬼，凡事占卜，妇生子亦莫能外。弗子，即为"生子不举"的一种。③ 卜辞中，不仅在收养孩子问题上占卜，从受孕、出生等问题上都要占卜。

贞，妇好孕……以妇……（《合集》2682 正）

亥卜自贞，王曰：有孕嘉。大日：嘉。（《合集》31071）

贞，妇孕其以妇占（《合集》10136 正）

丁酉卜，㱿贞，妇好有受生（《合集》13925 正）

贞妇庚有子，今六月（《合集》21794）

妇人分娩吉利与否也是占卜的重点：

---

① 李学勤、齐文心、艾兰：《英国所藏甲骨集》，中华书局，1985年。
② 胡新生：《商代"余子"类卜辞反映的原始婚俗》，《山东大学学报》1997年第1期，第45~48页。
③ 关于"弗子"，《尚书·益稷》："启呱呱而泣，予弗子，惟荒度土功。"孔安国传曰："禹治水，过门不入，闻启泣声，不暇子名之，以大治度水土之功故。"孔颖达疏："其后过门不入，闻启呱呱而泣，我不暇入而子名之，惟以大治度水土之功故也。""弗子"即是"不字"，意为禹无暇为启取名字。《列子·杨朱》："惟荒度土功，子产不字。"亦是此意，但均与本文意见不合。这些文献出于春秋后，受到周代礼乐文明（如冠礼）的影响，不可避免地带有后世的烙印。甲骨文资料保有更原始含义。实际上，"字"本有"孕""生子"等义，如《说文·子部》"字，乳也"，段玉裁注曰"人及鸟生子曰乳"。睡虎地秦简《日书》有《人字篇》，刘乐贤解"字"，即为"生子"。由此可见，孔颖达释"字"为"取名字"，似不可通。见刘乐贤：《睡虎地秦简日书研究》，文津出版社，1994年，第187页。

妇好不……生四月娩，二告（《合集》1394 正）

辛未卜㱿贞，妇妌娩嘉。王占曰：其惟庚娩嘉，三月庚戌娩嘉。（《合集》454 正）

壬子卜贞妇……娩（《合集》13971）

壬寅卜㱿贞，妇……娩嘉。王占曰：其惟……申娩吉嘉，其惟甲寅娩不吉。叀惟女（《合集》14001 正）

从受孕到出生，商王都会占卜，占卜的吉与不吉，嘉与不嘉直接关乎孩子的命运。《史记·日者列传》曰"产子必先占吉凶，乃后有之"，下《索隐》曰："谓若卜之不祥，则式不收也。卜吉而后有，故云有之。"① 正可与卜辞互证。另外，九店、孔家坡及睡虎地等地新出的日书中，均有关于生子占卜的记载，如睡虎地秦简《日书》乙种《生》曰：

凡己巳生，勿举，不利父母，男子为人臣，女子为人妾。庚子生，不出三月必死。（简 247）②

在己巳日生的孩子，因不利父母，被告诫不能举。此简牍文献所记不举子的理由，应也是商王"弗子"的理由。

殷商时期不举子现象，从文字中也能找到踪迹。《说文·华部》认为"弃"从廾从华，从㐬，且㐬为逆子。段玉裁注："㐬者，不孝子，人所弃之。"③ 段注认为"逆子"是不孝子之意，桂馥、王筠从之，此为附会后世观念之说。朱骏声云"许意逆子为人所弃，义甚迂曲"，④

---

① 司马迁：《史记》卷 127《日者列传》，第 3218 页。
② 睡虎地秦墓竹简整理小组编：《睡虎地秦墓竹简》，文物出版社，1990 年，第 254 页。
③ 段玉裁：《说文解字注》，上海古籍出版社，1988 年，第 158 页。
④ 朱骏声：《说文通训定声》，中华书局，1984 年，第 579 页。

似对"逆子说"持怀疑态度。事实上,甲骨文中"弃"字有从子,不从逆子者,① 可证许慎"逆子说"、段玉裁"不孝子说"误。李孝定云:"弃字象纳子于箕中弃之之形,古代传说中常有弃婴之记载,故制弃字象之。"② 何琳仪云:"弃,从欠,从㐬,会弃子之意。"③ 甚是。双手拿箕,扔弃一婴孩,即为"弃"。甲骨文有"弃"字,在"子"两旁加几点水状,正是表明其所弃为带有羊水的新生儿。

二、先秦时期的几个著名弃婴

"弃"字本义为弃婴,从传世文献所载古远风俗中可得到印证。周人始祖后稷,便是著名的弃婴。《史记·周本纪》云:

> 周后稷,名弃。其母有邰氏之女,曰姜原。姜原为帝喾元妃。姜原出野,见巨人迹,心忻然说,欲践之,践之而身动如孕者。居而生子,以为不祥,弃之隘巷。④

《诗·大雅·生民》所载后稷身世更为具体,可参考。因被弃而被命名为"弃",史非孤例。《左传·襄公二十六年》:"初,宋芮司徒生女子,赤而毛,弃诸堤下,共姬之妾取以入,名之曰弃。"⑤ 后稷与宋芮的幼女均被命名为"弃",一个被认为生而不祥,一个被认为生而怪异,这既可证明"弃"字的本义,也可反映出先秦弃婴的事实。后稷为弃婴,经后人藻饰已带有神话色彩。事实上,古代部落始祖为弃婴的

---

① 于省吾主编:《甲骨文字诂林》,中华书局,1996年,第549页。
② 李孝定:《甲骨文字集释》,台湾《"中央研究院"历史语言研究所专刊之五十》,1982年,第1399页。
③ 何琳仪:《战国文字字典》,中华书局,1996年,第1201页。
④ 司马迁:《史记》卷4《周本纪》,第111页。
⑤ 孔颖达:《春秋左传正义》卷37,第1990页下。

现象，实为多见。《论衡·吉验》曰：

> 北夷橐离国王侍婢有娠，王欲杀之。婢对曰："有气如大鸡子，从天而下，我故有娠。"后产子，捐于猪溷中。猪以口气嘘之，不死；复徙置马栏中，欲使马籍杀之，马复以口气嘘之，不死。王疑以为天子，令其母收取，奴蓄之，名东明，令牧牛马。①

东明为夫馀国始祖，其经历与弃的如出一辙。弃的母亲践巨人迹而孕，东明的母亲受从天降的卵而孕，受生均为奇异。只是东明母因卵而孕，更与商人始祖契"天命玄鸟，降而生商"相似，或许因橐离国与商人均为夷人有关。夫馀国为高句丽前身。《魏书·高句丽传》载高句丽始祖朱蒙也是卵生而遭弃。② 再如，徐偃王因卵生而遭弃，③ 乌孙王遭弃后受到鸟的哺养，④ 等等。从东明、朱蒙、徐偃王、乌孙王诸例可看出，因为卵生而遭到遗弃的现象，在东方夷人部落中，实所常见。

西方周人部落与东方夷人部落，始祖同有被弃经历。故事离奇或经过后人藻饰，但是如此普遍，并非偶然，这表明在远古时期，弃婴是普遍存在的，部落始祖亦不免。

考之文献，三代时期并非仅部落始祖有被弃经历，殷之贤相伊尹亦为弃婴。

> 水滨之木，得彼小子。夫何恶之，有莘之妇。⑤ （《楚辞·天问》）

---

① 黄晖：《论衡校注》，中华书局，1990年，第88~89页。
② 魏收：《魏书》卷100《高句丽传》，中华书局，1973年，第2213页。
③ 司马迁：《史记》卷43《赵世家》，第1780页。
④ 黄晖：《论衡校注》，中华书局，1990年，第87页。
⑤ 金开诚等：《屈原集校注》，中华书局，1996年，第379页。

二、先秦时期的几个著名弃婴

> 伊尹生于空桑。①（《列子·天瑞》）
>
> 有侁氏女子采桑，得婴儿于空桑之中，献之其君。②（《吕氏春秋·本味》）

《史记·殷本纪》"伊尹名阿衡"下《索隐》曰："伊尹力牧之后，生于空桑。"③ 所载更为明确。许维遹先生认为"侁"读为"莘"，④则这两个字同义。《楚辞》认为伊尹为有莘之妇所弃，《吕氏春秋》认为有侁之妇发现伊尹于桑林，并献给其君。二者记载有异，或因传说变异所致。但是，伊尹曾有遭弃经历，甚为明白。

再如，褒姒亦是弃婴。《国语·郑语》载其母"不夫而育，故惧而弃之"，⑤《史记·周本纪》记载更为具体，言褒姒之母，在还是童妾时，沾染了夏代褒君留下黎变成的蜥蜴，成人后无夫而孕，生褒姒，惧而弃之，后被卖桑制箭袋的夫妇收养。无夫而孕，是上述部落始祖与历史名人遭弃故事的共同点。⑥

综观关于弃、东明、徐偃王、乌孙王、伊尹、褒姒等人的记载，可知远古时代弃婴风俗甚为普遍。在这些记载中，如伊尹、褒姒与桑林或桑有关；而东明、朱蒙、徐偃王、乌孙王又均与鸟有关。桑林为远古高禖祭祀场所，鸟又是东方诸部落崇拜的图腾，据记载这些部落始祖与历史名人之母又无夫而孕，那么这些"生子不举"现象与原始信仰、生

---

① 杨伯峻：《列子集释》，中华书局，1979年，第16页。
② 许维遹：《吕氏春秋集释》，中华书局，2009年，第310页。
③ 司马迁：《史记》卷3《殷本纪》，第94页。
④ 许维遹：《吕氏春秋集释》，中华书局，2009年，第310页。
⑤ 徐元诰：《国语集解（修订本）》，中华书局，2002年，第474页。
⑥ 据《左传》载，楚国的令尹子文亦是弃婴。缘于其母与斗伯比私通，未婚而生子。子文被弃在云梦泽中，虎以乳哺育之，被人发现，后才被收养起来。子文因由被虎哺乳的经历，故又名斗谷於菟。於菟即是虎。子文是私生子，实知道其父，却遭弃，又以遭弃中的经历命名，此与后稷的经历有些许类似，或是古风的遗韵。参杨伯峻：《春秋左传注》，中华书局，1990年，第638页。

育礼俗应是息息相关的。

三、食首子

"食首子"也是上古时期的"生子不举"现象。关于为何食首子，章太炎《检论·序种姓上》认为"妇初来也，疑挟他姓遗腹以至，故生子则弃长而畜稚"；① 吕思勉《先秦史》把杀首子跟春秋时代邾、鲁等国用俘虏作人牲看作相同的风俗；② 杨树达在《易牙非齐人考》认为"荡胸正世"为杀首子之真因；③ 裘锡圭《杀首子解》里面认为杀首子与献新有关，即长子要献给君王作为牺牲。④ 诸说均有合理性，但亦有未尽之处。

"首子"即是长子。夏渌《评康殷文字学》里提出"孟"字为古人食首子的证据，⑤ 甚是。《说文·子部》："孟，长也。"⑥ 在古人孟仲叔季中，孟即排行第一。其字形，在父乙孟觚中作𥁕，孟辛父鬲中作𥁋，陈子匜中作𥂁，⑦ 均从皿从子。《说文·皿部》曰："皿，饭食之器也，象形，与豆同意。"⑧ 皿上放一子，作烹煮状，义为第一、长，即为孟。则"孟"与"食首子"有关无疑。考之文献，《墨子·鲁问》曰：

> 鲁阳文君语子墨子曰："楚之南有啖人之国桥。其国之长子

---

① 章炳麟：《章太炎全集（三）》，上海人民出版社，1984年，第367页。
② 吕思勉：《先秦史》，上海古籍出版社，2005年，第224页。
③ 杨树达：《积微居小学述林全编》，上海古籍出版社，2007年，第379页。
④ 裘锡圭：《杀首子解》，《中国文化》第9辑，1994年，第47~51页。
⑤ 夏渌：《评康殷文字学》，武汉大学出版社，1991年，第322页。
⑥ 段玉裁：《说文解字注》，上海古籍出版社，1988年，第743页。
⑦ 此所举"孟"字各种形体，均来自臧克和：《说文解字新订》，中华书局，2002年，第978页。
⑧ 段玉裁：《说文解字注》，上海古籍出版社，1988年，第211页。

生,则鲜而食之,谓之宜弟。美,则以遗其君,君喜则赏其父。"①

《尚书·益稷》"暨益,奏庶鲜食",孔传曰"鸟兽新杀曰鲜",孔颖达疏:"礼有鲜鱼腊,以其新杀鲜净,故名为鲜,是鸟兽新杀曰鲜,鱼鳖新杀亦曰鲜也。此承'山'下,故为鸟兽,下承'水'后,故为鱼鳖,其新杀之意同也。"②"鲜而食之",即一出生便被杀被食。《墨子·节葬下》亦载輆沐之国有食首子者,谓"长子生则解而食之,谓之宜弟"。③

《墨子》所载"食首子"的地方大多为蛮荒之地,非仁义之中国。这也得到后出史料的印证。《汉书·元后传》"且羌胡尚杀首子以荡肠正世",颜师古曰:"荡,洗涤也,言妇初来所生之子或它姓。"④《后汉书·南蛮传》曰:

> 其西有啖人国,生首子辄解而食之,谓之宜弟。味旨,则以遗其君,君喜而赏其父……今乌浒人是也。⑤

再如,《汉纪·孝成皇帝纪》记载汉成帝的张美人为王凤所献,曾经嫁过人。王章劾奏王凤献已嫁之人,可能乱皇家血统,其理由为"羌、胡尚杀首子以荡肠,以正世,而凤进已出之女"。⑥则汉代时,乌浒、羌、胡尚有"食首子"的习俗。

---

① "鲜而食之",孙诒让认为古"鲜""解"乱,此当作"解"。见孙诒让:《墨子间诂》,中华书局,2009年,第470页。
② 孔颖达:《尚书正义》卷5,第141页上。
③ 孙诒让:《墨子间诂》,中华书局,2009年,第120页。
④ 班固:《汉书》卷98《元后传》,《前汉孝成皇帝纪》卷25、《资治通鉴》卷30,亦载有此事。
⑤ 范晔:《后汉书》卷76《南蛮传》,《通典》卷188有类似记载。
⑥ 荀悦:《汉纪》,中华书局,2002年,第440页。

从"孟"的字形字义，及传世文献中"食首子"的记载来看，古代有食首子的习俗应属无疑。上所举例皆为蛮人习俗，而中原盛行"尝新"习俗或是"食首子"的变异，裘锡圭认为这与"献新"有关，甚是。《尔雅·释天》曰"秋祭曰尝"，郭璞注："尝新谷"，每年金秋之际，新谷初成之时，臣民得向君王进献，让其品尝新谷。《礼记·月令》："农乃登谷。是月也，天子尝新，先荐寝庙。"① 也是此意。

弗雷泽在《金枝》中认为，以新谷当圣餐普遍地存在于各民族中。原始民族收获第一批谷物，皆以圣餐对待，"尝新就是圣餐，是与神交往，无论如何也是与一个有威力的精灵交往"。② 原始人与神灵打交道的一个方法就是吃掉他。阿兹特克人在举行祭礼时，圣餐为人牲肉。③ 新谷、尝新、献祭、食人牲肉等，作为在原始社会中普遍存在过的习俗，对于理解"食首子"习俗或有辅助之功。正如黄展岳先生所指出："奠基牲主要属于厌胜巫术，被奠基的人，往往是自己的出生子女，特别是长子。"④ 长子在献祭中的特别意义可见一斑。

四、不举异常婴儿

异常婴儿可分为两种。第一，其母受孕原因异常，如后稷母践巨人迹而孕，褒姒母沾蜥蜴而孕，带有神话色彩，大概经过后人的加工；第二，生理异常，多半是畸形儿，如前所述宋芮之女。

据统计，在睡虎地秦简《日书》甲种中关于生子吉与不吉有128

---

① 孔颖达：《礼记正义》卷15，第1365页中。
② [英] J.G.弗雷泽：《金枝》，徐育新等译，新世界出版社，2006年，第489页。
③ [英] J.G.弗雷泽：《金枝》，徐育新等译，新世界出版社，2006年，第491页。
④ 黄展岳：《古代人牲人殉通论》，文物出版社，2004年，第3页。

四、不举异常婴儿

处之多,《日书》乙种也有 95 处。① 在《日书》甲种中,体现生子观念最为重要的是《除》《丛辰》《星》《到室》《人字》《取妻》《作女子》《吏》《诘》《盗者》《生子》等篇,其中多有关于畸形儿的占卜。如《星》篇:

> 须女……生子,三月死,不死毋晨。(简 77 正 1)②
> 毕……生子,疽。(简 86 正 1)③
> 与鬼……以生子,瘛。(简 90 正 1)④

《生子》篇:

> 丁丑生子,好言语,或眚于目。(简 143 正 1)
> 乙卯生子,腰不矗。(简 141 正 5)⑤
> 丙辰生子,有髭于体而勇。(简 142 正 5)

诚然,占卜只能说明当时人们对婴儿身体健康的关注,并非婴儿只要身有畸形就会遭弃或被害,但是又无可否认,这也足以导致有些婴儿遭弃。下文主要讨论不举生鬓须子、不举哭声怪异、面目异常者、不举痦生子等情况。

---

① 吴小强:《秦简日书集释》,岳麓书社,2000 年,第 315 页。
② 吴小强认为"毋晨,疑读为'无唇'"(《秦简日书集释》,岳麓书社,2000 年,第 64 页);王子今引京房语曰"人生子无唇,是谓不祥,国主死亡"(《睡虎地秦简〈日书〉甲种疏证》,湖北教育出版社,2003 年,第 167 页)。
③ 吴小强认为疽,疑即"眚"字(《秦简日书集释》,岳麓书社,2000 年,第 64 页)。
④ 刘乐贤认为"瘛"即为"癃"(《睡虎地秦简〈日书〉研究》,文津出版社,1994 年,第 110 页)。
⑤ 吴小强认为"矗,读为矗。《方言》:'举也。'直起来的意思"。《秦简日书集释》,第 103 页。

1. 不举生鬓须子

初生婴儿生须是不吉利的。宋芮生下女儿，赤而有毛，被遗弃在堤下，可能就是因生而有须。《风俗通义·佚文》曰：

> 俗说人四十五乃当生鬓须，今生而有之，妨害父也。谨按《周书》灵王生而有髭，王甚神圣，亦克修其职，诸侯服享，二世休和，安在其又害乎？①

应劭对不举须生子大加批判，表明当时确实存在这种现象，而且很普遍。

2. 不举哭声怪异、面目异常子

《左传·宣公四年》载，楚国越椒刚生下时，长得如熊虎之貌，哭起来像豺狼之声，其伯父子文认为"弗杀，必灭若敖氏矣"。②《国语·晋语八》载叔鱼"虎目而豕喙，鸢肩而牛腹，溪壑可盈，是不可餍也"，其母"遂不视"；杨食我生时，叔向的母亲去探望，闻其哭声，曰，"其声，豺狼之声，终灭羊舌氏之宗者"。③ 越椒、杨食我、叔鱼三人出生不是哭声怪异，就是面目异常，而其父母或者同宗人员就此三人的举与不举，似有分歧。

越椒、杨食我、叔鱼，生而异，虽未遭弃，但三人后来正如前预言般，都给宗族带来灾难。春秋战国时期，宗族家族利益多高于个人利益，怪异之象、凶残之声被认为可能给家族带来灾难。细思之，此与春秋前的"生子不举"相比较，已从其母受孕原因不明而弃子，转变为可能导致家族利益受损而弃子。

---

① 吴树平：《风俗通义校释》，天津人民出版社，1980 年，第 436 页。
② 孔颖达：《春秋左传正义》卷 21，第 1869 页下。
③ 徐元诰：《国语集解（修订本）》，中华书局，2002 年，第 422 页。

3. 不举寤生子

《左传·隐公元年》："初，郑武公娶于申，曰武姜。生庄公，及共叔段。庄公寤生，惊姜氏，故名曰寤生，遂恶之。"① "寤生"含义，历来聚讼不断。《说文·寢部》："寤，寐觉而有言曰寤。"② 按许慎的意思，寤即是说梦话。一般而言，说梦话时眼睛是睁开的，那么寤生即是生下来眼睛就睁开。《风俗通·佚文》曰："俗说儿堕地能开目视者，谓之寤生，举寤生子妨父母。"③ 则是赞成此种说法。

另一种说法是逆生。《史记·郑世家》："生太子寤生，生之难。及生，夫人弗爱。"④ 生之难，即难产。杨伯峻认为："杜注以为寤寐而生，误。寤字当属庄公言，乃'牾'之借字，寤生犹言逆生，现代谓之足先出。明焦竑《笔乘》早已言之，即《史记·郑世家》所谓'生之难'。应劭谓生而开目能视曰'寤生'。则读'寤'为'悟'，亦误。"⑤ 杨说可信。"寤"乃"牾"之借，有"逆"的意思。清人惠栋、段玉裁、胡承珙及黄生均持此说。⑥

从人情实际来看，寤生解为逆产，更为精当。⑦ 生子不举，多为妨父母。睡虎地秦简《日书·生子》甲种有"丁卯生子，不正，乃有疵

---

① 孔颖达：《春秋左传正义》卷2，第1715页下。
② 段玉裁：《说文解字注》，上海古籍出版社，1988年，第347页。
③ 吴树平：《风俗通义校释》，第436页。
④ 司马迁：《史记》卷42《郑世家》，第1759页。
⑤ 杨伯峻：《春秋左传注》，中华书局，1990年，第10页。
⑥ 胡培翚：《仪礼正义》，江苏古籍出版社，1993年，第1032页；黄生撰、黄承吉：《字诂义府合按》，中华书局，2006年，第120页。
⑦ 章太炎《春秋左传读》曰："史公非以难训寤也。寤借为牾。《广雅·释诂》：'牾，裂也。'《诗·生民》：'不坼不副，无灾无害。'传云：'言易也。'故裂生为难也。儿生皆裂，而此以裂而恶之者。盖犹女溃生子，剖左右胁，非常之裂也。"见《章太炎全集》（二），上海人民出版社，1982年，第83页。

前"。① 吴小强注释:"前,指妇女阴户。"并译为:"丁卯日生孩子,出生体位不正,产妇阴道口受损伤。"② 产子不正,而损伤到母亲的身体,《日书》纳入占卜范畴,说明当时人对产妇身体的重视。逆产为"不正"的一种,出生时就危及母亲生命,可谓是妨之大者。这样武姜恶庄公就不难理解。

郑庄公寤生逆产而生,后世风俗亦能予以参证。《广东新语·草语》:"寤生者,以花根悬户上即生,亦曰催生兰。"③ 此为催产的巫术行为。按照弗雷泽的模拟巫术理论,只要是同类相生的事物,施巫术者通过模仿一方,就能实现对另一方类似的祈求。④ 倒挂兰花与寤生儿正好够成同类相生关系,则可用来催产。

4. 不举三胞胎

"生三子"即三胞胎,亦为古人所忌而不举。王子今已有论述。⑤ 人类生子一般为一胞一子,双胞胎因常见,民人不以为异;至于三胞胎、四胞胎或更多,因不常见,就引起人们好奇甚至恐惧。例如,南朝宋刘敬叔撰《异苑》曰"丹阳县骆庆妇,生一男一虎一貍,貍、虎毛色斑黑,牙爪皆备,即杀之。儿经六日而死,母不异";⑥ 《搜神记》

---

① 睡虎地秦简《日书·生子》乙种作"丁卯,不正,不然必疵于前",与甲种相差不远。
② 吴小强:《秦简日书集释》,岳麓书社,2000年,第104、106页。另外,刘乐贤认为"前"即"前阴","有疵于前"意为"有病于前部"(《睡虎地秦简日书研究》,文津出版社,1994年,第183页)。王子今赞成刘氏之说,见氏著《睡虎地秦简〈日书〉甲种疏证》,湖北教育出版社,2003年,第285页。事实上,三位学者仅是对"前"理解稍有差别而已,不影响本文论述,因均为有伤于母。
③ 屈大均:《广东新语》,中华书局,1985年,第691页。
④ [英] J. G. 弗雷泽:《金枝》,徐育新等译,新世界出版社,2006年,第15页。
⑤ 王子今:《秦汉"生子不举"现象和弃婴故事》,《史学月刊》2007年第8期,第30~36页。
⑥ 刘敬叔:《异苑》,《太平御览》卷361,景印文渊阁《四库全书》,台湾"商务印书馆",1986年。

曰"鲁哀王八年,郑有女生四十子,其二十人为人,二十人死。其九年,晋有豕生人,吴赤乌七年,有妇人一生三子"①。虽然此两书是志怪类小说,但是也能反映民人把生三子、多子当作怪异现象。另外,《风俗通义》又讲到越王勾践为生养繁息,对生三子者还特别给予资助,配以乳母,或许因地域、时代的不同,导致了风俗与思想的绝对差异。

五、《日书》所见的禁忌日生子不举

《日书》是中国古人选择时日、占卜吉凶的实用手册,类似于今天的黄历。战国秦汉时期出土了多批日书简版,其上记载有生子不吉的禁忌日期,从中可以反观上古时期生子不举的恶俗。例如:

九店楚简《日书·丛辰》曰:②

生子,无弟;生女,有弟,必死……(简25)

生子,男吉,女必出,去邦……(简30)

生子,男不蔷……(简34)③

长者吉,幼子者不吉……以生,吉。(简36)

孔家坡竹简《日书·星官》曰:④

---

① 李剑国:《搜神记新辑》,中华书局,2007年,第169页。

② 陈伟编:《楚地出土战国简册［十四种］》之《九店56号墓简册》,经济科学出版社,2009年。

③ 周波认为"蔷,疑读为留,有留居之义"。见《楚地出土战国简册［十四种］》,第313页。蔷,读为"留",甚是。不留,意为遗弃不养,即是"生子不举"。

④ 湖北省文物考古研究所等:《随州孔家坡汉墓简牍》,文物出版社,2006年。

> 东壁……以生子，不完。(简62)
> 五月东井……以生子，旬而死。(简70)
> 舆鬼……生子，癃……(简71)

孔家坡竹简《日书·生子》曰：

> 生子不中此日，不死，癃，不行。(简391贰)

睡虎地秦简甲乙《日书》中，此类记载最为丰富，前已略引，现再列举几例。甲种《日书·除》曰：

> 结日……生子无弟，有弟必死。(简2正2)。

甲种《日书·丛辰》曰：

> 秀日……生子吉，弟凶。(简13正2)
> 以生子，男女为盗。(简42正)
> 以生子，子死……(简44正)

甲种《日书·玄戈》曰：

> 戊午去父母同生，异(简54正3)者焦夔，居癃。(简55正3)

去父母同生者，即为不举与父母同月同时生者，其原因是有妨于父母。整理者云"异"为"离"义，"焦"通"憔"，后半句意为"离去者憔悴而又贫穷，居留者有残废病"，① 似与父母同生于戊午者，举与不举

---

① 睡虎地秦墓竹简整理小组编：《睡虎地秦墓竹简》，文物出版社，1990年，第190页。

五、《日书》所见的禁忌日生子不举

均不吉。明言不举禁忌日生子者,还见于睡虎地秦墓乙种《日书·生》:

> 凡己巳生,勿举,不利父母,男子为人臣,女子为人妾。庚子生,不出三月必死。(简247)

己巳日生子毋举,否则不利父母;庚子日生子,不到三月就会死掉。睡虎地《日书》甲种《生子》篇认为"庚子生子,少孤,污""己巳生子丑,必为人臣妾",与《日书》乙种契合。

如上所列《日书》条目,可见秦汉时人对生子时日的禁忌之多。禁忌日生之子,或为盗,或身残,或早夭,或妨于父母兄弟等,攻解此类不吉的方法之一,乃是弃之不养。

不举禁忌日生子,亦见于传世文献,最著者为不举五月五日生子。王子今与李贞德对此已有过研究,现在已有成果上再详加讨论。《史记·孟尝君传》曰:

> 初,田婴有子四十余人。其贱妾有子名文,文以五月五日生。婴告其母曰:"勿举也。"其母窃举生之。及长,其母因兄弟而见其子文于田婴。田婴怒其母曰:"吾令若去此子,而敢生之,何也?"文顿首,因曰:"君所以不举五月子者,何故?"婴曰:"五月子者,长与户齐,将不利其父母。"文曰:"人生受命于天乎?将受命于户邪?"婴默然。文曰:"必受命于天,君何忧焉。必受命于户,则可高其户耳,谁能至者!"婴曰:"子休矣。"[1]

孟尝君生于五月五日,其父田婴告诫其母"毋举",其母未遵从,反私下收养。可知孟尝君是在其父不知情的情况下,躲过被弃的命运。

---

[1] 司马迁:《史记》卷75《孟尝君传》,第2352页。

贵如孟尝君者,也可能被习俗剥夺生存权利。《后汉书·张奂传》记载河西"其俗多妖忌,凡二月、五月产子,及与父母同月生者,悉杀之",①《论衡·四讳》曰:"讳举正月、五月子,以为正月、五月子杀父与母。不得已举之,父母祸死。"② 可见不举五月五日生子的习俗,上自卿相下到贫民百姓,莫能例外。且不仅五月产子不举,而且二月生者及与父母同月生者同样不举。

从汉代开始,学者与官员对"生子不举"都予以反思与抨击。应劭据鲁桓公、汉明帝均与其父同月生,对此种恶俗加以批判。③ 王吉则认为嫁娶太早、教化不明,导致"未知为人父母之道而有子"以及"聘妻送女亡节,则贫人不及"等原因而弃子。④

虽然有思想家的批判与官员的打击,但是不举五月子并未从根本上铲除,"依然严重影响着社会生活"。⑤ 王凤因五月五日生,差点就被其父遗弃。⑥ 南朝刘宋名将王镇恶亦是五月五日出生。《宋书·王镇恶传》:

> 镇恶以五月五日生,家人以俗忌,欲令出继疏宗。猛见奇之,曰:"此非常儿,昔孟尝君恶日生而相齐,是儿亦将兴吾门矣。"故名之"镇恶"。⑦

从这段史料可以看出,第一,到南北朝时期,不举五月子依然存在,且还有着重要影响,不然如王镇恶这样的上层家族不会发生举与不举的分

---

① 范晔:《后汉书》卷65《张奂传》,第2139页。
② 黄晖:《论衡校注》,中华书局,1990年,第977页。
③ 吴树平:《风俗通义校释》,天津人民出版社,1980年,第436页。
④ 班固:《汉书》卷72《王吉传》,第3064页。
⑤ 王子今:《秦汉"生子不举"现象和弃婴故事》,《史学月刊》2007年第8期,第30~36页。
⑥ 葛洪:《西京杂记》,周天游校注本,三秦出版社,2006年,第110页。
⑦ 沈约:《宋书》卷45《王镇恶传》,中华书局,1974年,1365页。

歧与讨论。第二，不举五月子，不代表随便抛弃，而可能将孩子出继给同宗的族人。王镇恶的家人首先想到把镇恶出继给本族的疏宗。疏宗即是关系较疏远的同宗族人，还是有血缘关系。第三，已有以恶制恶的化解措施。在恶日出生，就名为镇恶，认为这样就制住因恶日带来的恶气。

关于不举五月五日生子的缘由，《风俗通义》记载五月五日不能晒床席、到官、上屋盖屋等禁忌。① 《荆楚岁时记》又曰："五月俗称恶月，多禁。忌曝床荐席，及忌盖屋。"② 古人认为五月是一个毒月，五日是一个恶日，五月五日为重五之日更是大恶之日，则不举生于此日的婴儿，不难理解。③

综上，由《日书》与传世文献所知，有不举与父母同日生子，不举正月生子，不举五月子等。《隋书·后妃传》："炀帝萧皇后，梁明帝岿之女也。江南风俗，二月生子者不举。后以二月生，由是季父岌收而养之。"④ 不举二月生子，大概也在河西、江南等地域流行过。一月二月虽是一个万物开始复苏的节气，但又是处于青黄不接时期，若再添加人口，衣食就成问题。所以贫穷无力抚养也是其中缘由。

六、不举女婴

睡虎地秦简《日书》甲种《除》篇：

达日……生子，男吉，女必出于邦。（简7正2）

---

① 吴树平：《风俗通义校释》，天津人民出版社，1980年，第414页。
② 谭麟：《荆楚岁时记译注》，湖北人民出版社，1999年，第77页。
③ 据《续世说》载崔信明身世，《宋史》载李元昊身世，此两人同样生于五月五日，但是都不以为凶，反以为吉，大加庆贺，则可知在隋唐后，不举五月五日生子的习俗有所改变。
④ 《隋书》卷36《炀帝萧后传》，中华书局，1973年，第1111页。

达日，生男吉利，生女则"出于邦"，男女差别跃然纸上。在《日书》中，有专门的男日女日，牡日牝日，男子日女子日。带有性别性的日子，是为利于下葬、娶妻、起土、占病等选择日子。①

战国以降，杀女婴屡见于文献。《韩非子·六反》："父母之于子也，产男则相贺，产女则杀之。……虑其后便，计之长利也。"② 颜之推亦说"世人多不举女婴"。③《汉书·外戚传下·孝成赵皇后》："孝成赵皇后，本长安宫人。初生时，父母不举，三日不死，乃收养之。"④ 赵飞燕即是弃婴。《东观汉记》载东汉敬隐宋后"以王莽末年生，遭世仓卒，其母不举，弃之南山下。时天寒，冬十一月，再宿不死"，⑤ 则也是一名弃婴。

关于不举女婴的缘由。《韩非子》认为"虑其后便，计之长利也"。《颜氏家训·治家》认为"养女太多，亦费也"，意即女儿拖累家庭，致使家贫无有余财，当时甚至有"盗不过五女之门"的说法。⑥ 养女被视为与"计之不熟""收种不时""取妇无能"并列的"四盗"之一。⑦ 在宗法社会中，女性不承家族之重，成人后嫁作他人妇，还得补一笔嫁妆。以养女喻作养盗，足见社会偏见之深。陶文曰"长宜子孙长得男"，⑧ 实为其时社会普遍的心态，从韩非子时代到颜之推时代，莫不皆然。

在战乱时期，弃杀女婴则更为普遍。《后汉书·虞延传》："延从女弟年在孩乳，其母不能活之，弃于沟中，延闻其号声，哀而收之，养之

---

① 彭卫、杨振红认为战国末年，家庭溺杀的婴儿大都是女性，参见彭卫、杨振红：《中国风俗通史（秦汉卷）》，上海文艺出版社，2002年，第360页。
② 王先谦：《韩非子集解》，中华书局，1998年，第417页。
③ 王利器：《颜氏家训集解》，中华书局，1993年，第51页。
④ 班固：《汉书》卷97《外戚传下》，第3988页。
⑤ 吴树平：《东观汉记校注》，中华书局，2008年，第201页。
⑥ 王利器：《颜氏家训集解》，中华书局，1993年，第51页。
⑦ 《太平御览》录《六韬》轶文，转引自王利器：《颜氏家训集解》，中华书局，1993年，第51页。
⑧ 陈直：《关中秦汉陶录提要》，齐鲁书社，1981年，第402页。

成人。"① 虞延堂母因贫穷不能养亲生女，弃之沟中，幸被虞延发现并收养。当然，如李贞德先生认为，战乱时期，"弃杀女婴并非唯一的性别选择。当战祸频仍，征役繁数，以至民不堪其扰之时，也会造成苦役难当而生子不举的情况"。② 天下大乱之日，父母性命尚且不能保，若此时生子，则无论男孩还是女婴，弃之不养，应为普遍。如《后汉书·寒朗传》：

> 寒朗字伯奇，鲁国薛人也。生三日，遭天下乱，弃之荆棘；数日兵解，母往视，犹尚气息，遂收养之。③

寒朗生因遭天下大乱，被弃于荆棘中，幸其母三日后寻得而重新收养。此为男婴被弃之例证。不过，在远古时期的人类观念中，男女差别并非特别重要，男女处于一个相对平等的地位，特别是在母权社会中，不会特意杀女婴而养男婴。出于非经济的原因（如宗教信仰和风俗习惯），而必须杀死婴儿时，男女婴孩被选择的几率并无差异。这也是后稷、伊尹等男婴被弃，以及一些殉葬坑里面出现男孩尸骨的缘由。到了宗法社会，女性失去传承家族血脉、财产的合法性，男性占有分配资源的权力，加之氏族、宗族、家族、家庭的地位一步步被凸显，为了宗族家庭利益的考量，女性在生存权竞争方面败于男性，女婴被弃的几率远大于男婴，就不难理解了。

七、"生子不举"的原因分析

"生子不举"的原因，日本学者西山荣久归结有十三种，即迷信、

---

① 范晔：《后汉书》卷33《虞延传》，第1150~1151页。
② 李贞德：《汉隋之间的"生子不举"问题》，台湾《"中央研究院"历史语言研究所集刊》第66卷第3分，1995年，第760页。
③ 范晔：《后汉书》卷41《寒朗传》，第1417页。

怀孕时有奇特的故事、孝道、为自己的利益以媚人、一时偏激的情感、家庭不和、妻妾间的妒忌、战乱、男女间的失伦、儿女的身体不完备、子女过多、迫于饥饿、虑及一家将来的负担。① 江绍原在西山荣久的基础上，加杀小儿而用之为药，役使其灵魂的迷信。李贞德又提出有产育禁忌、节制家庭人口等理由，② 王子今列有服丧不举子，吴天明先生列有"男性为生殖竞争而弃子"，③等等。诸位前贤所说不无道理，但亦有无序、重复之弊。因此，现在再把此问题加以整合，归结为三点，即宗教信仰与风俗习惯、有妨于父母与宗族及经济压力。

1. 宗教信仰与风俗习惯

原始社会生产力不发达，人口存活率低下，人口增殖是种族发展的必须。一般而言，当人口的密度、数量未达到饱和状态，没有越过生产生活需要的极限时，原始人不大可能采取措施来控制人口；即使越过了生产生活的极限，也是用迁徙、殖民来缓解这一矛盾。④ 原始社会有人口控制的说法，似难讲通。

前论后稷、伊尹、褒姒、东明、徐偃王、乌孙王时，认其或与生育礼俗、原始信仰有关。文明未开化时代，民人只知其母不知其父，生子后以之不祥，弃之不养。再如，人牲人殉中的"生子不举"，亦同为如此。在半坡遗址一号房基下，埋有一儿童人头。类似奠基牺牲现象在安阳

---

① 江绍原：《民俗与迷信》，北京出版社，2003年，第126页。
② 李贞德：《汉隋之间的"生子不举"问题》，台湾《"中央研究院"历史语言研究所集刊》第66卷第3分，1995年，第747页。
③ 吴天明：《弃子考》，《杭州师范学院学报（社会科学版）》2004年第3期，第85~88页。
④ 英国著名考古理论学家戈登·柴尔德认为："人口密度取决于食物的供应，而食物供应又受到自然资源及其开发技术、运输方式和储存手段的制约。……新石器时代农人当然能够、而且确实聚居在永久性村落中，尽管由于通常实行粗放型农业经济，除了有条件灌溉的地方外，这些村落不得不至少20年迁移一次。……一旦聚落人口超过了土地承受能力，那么过剩人口就不得不离开另觅新居。"见戈登·柴尔德：《考古学导论》，三联书店，2008年，第92~93页。

后岗、永城王油房、汤阴白营、登封王城岗等新石器时代遗址中均有发现。湖北七里河遗址房基下有三个人头,寿光边线王城、邹平丁公遗址也有奠基坑,埋有人牲。① 这种用幼童做人牲的风俗,甚至在文明开化后都有所见闻。②

前文所论的诸多"生子不举"现象,均可归结为宗教信仰和风俗迷信,如占卜生子的吉凶与否、食首子等。从殷商甲骨文到秦汉《日书》,不举不吉子,显示出几千年风俗的一脉相承。当然,宗教与风俗也会跟随社会发展缓慢地变化,有的会以"文化遗留"的方式,在后世继续发挥作用。

2. 有妨于父母和家族

前列有不利父母、有害家族而不举子的例证,如生有鬓须、哭声怪异、面目异常、三胞胎、五月五日出生、二月出生、与父同月出生,等等。细察之,均为春秋及其后事。春秋战国时期,家族地位的上升,③成了政治经济利益的辐轴点。因此,能为家族带来利益的人员受到族人的尊敬,不能给家族带来利益,甚至带来厄运的,受到的是谴责或抛弃。新生儿是家族的未来,若被认为会给家族、父母带来厄运,遭到遗弃就不难理解。

在此,并非否认因家族利益的"生子不举",同样也受宗教信仰与风俗习惯的影响。"有妨父母"的弃子现象,本身也受风俗习惯的影响。但是,以此与春秋前"生子不举"对比观察时,不难发现,春秋前的"生子不举"多以神的意志或某些难以解释的神秘力量作为理由,如后稷、伊尹、徐偃王、褒姒的例子。相比而言,以妨害血亲和家族利益为理由的杀婴弃婴,虽也充满迷信,但更为主要的是人的意志。于是,孟

---

① 黄展岳:《古代人牲人殉通论》,文物出版社,2004年,第15~18页。
② 孔飞力:《叫魂:1768年中国妖术大恐慌》,三联书店,1999年。
③ 杜正胜:《传统家族试论》,《家族与社会》,中国大百科全书出版社,2005年,第1页。

尝君可以通过辩论驳斥其父不举他的理由；越椒、杨食我、叔鱼，虽然被认为会给家族带来灾害，但并未遭弃。

春秋战国后，人们的认识水平逐渐提高，有妨于父母和家族的不举子现象虽然在秦汉时期还有存在，但遭到批判，趋于减少。

3. 经济压力

经济压力一直被学者认为是"生子不举"的主要原因。但深入探究后，应作些修正，直到战国末期后，经济压力才开始上升为主因。

如上所论，在人口稀少、死亡率高、巫风弥漫的远古社会，不太会因经济压力而弃婴不养；宗族力量强大的春秋时期，民人以大家庭的方式聚居，经济力量相对雄厚，似乎也不大可能以杀婴弃婴的方式缓解经济压力；但战国末期后，"编户齐民"开始成为社会的基础。小家庭本身的脆弱，若碰上战争频繁、赋税沉重、天灾不断时，易遭破产。其时，记载贫不举子现象在文献中逐渐增多，正是社会结构变化在"生子不举"问题上的反映。

因经济压力不举子的记载有：《韩非子》载杀女为"虑其后便，计之长利也"；《汉书·贡禹传》载"起武帝征伐四夷，重赋于民。民产子三岁则出口钱，故民重困，至于生子辄杀"；① 《后汉书·贾彪传》载贾彪为遏制"小民困贫，多不养子"现象，规定弃子与杀人同罪事；②《水经注·湘水》引《零陵先贤传》记郑产事，言汉末"国用不足，产子一岁，辄出口钱。民多不举子。产乃敕民，勿得杀子，口钱当自代出"，③等等。均为战国后事，同类性质的记载不见于春秋前的文献中。

实质上，虽然"生子不举"并非单一原因造成，但是宗教信仰与风俗习惯、有妨于父母与宗族及经济压力等，在不同时段，所起的作用

---

① 班固：《汉书》卷72《贡禹传》，第3075页。
② 范晔：《后汉书》卷67《贾彪传》，第2216页。
③ 杨守敬、熊会贞：《水经注疏》，江苏古籍出版社，2001年，第3130页。

不同。在春秋以前，宗教信仰与风俗习惯是最主要原因；春秋时期，有妨于父母与宗族的事例才开始出现；战国末期后，经济压力成为最主要的原因。导致这种差异的缘由，应归因为社会结构的变化、人们认识水平的提高等。

综上，中国上古时期曾经存在着大量"生子不举"的现象，远古时期曾以幼童作为"奠基牲"，甲骨文中记载有"弗子"行为，夏商周很多部落首领和历史名人均曾遭弃。春秋以后此种习俗依然存在，被遗弃不养的婴儿，包括出生异常（如生而有须、体位不正、哭声或面目怪异、三胞胎）、生于禁忌日、女婴和其他被认为有妨于父母者。导致"生子不举"的原因，有原始宗教信仰和风俗习惯、妨于家族父母，以及经济压力等。时代越古，宗教信仰与风俗习惯所起作用越大，远古时期以此为主因；春秋时期，出现了因妨于父母家族而弃养不举的现象；到战国末期后，经济原因逐渐占据主流。

社会变迁与身份变异：
先秦"余子"问题考辨

"余子"在先秦时期是一种身份的指称。《左传·宣公二年》"宦其余子"，杜预注："余子，适子之母弟也。"《周礼·小司徒》有"大故，致余子"，《庄子·秋水篇》载寿陵余子邯郸学步之事。就目前所见资料来看，"余子"较早见于《逸周书》。但与太子、长子等身份指定明晰不同的是，"余子"所指在典籍中聚讼纷呈，特别是注疏家之说多相互抵牾。

弄清余子的身份，或可从先秦社会结构变迁中寻求线索。社会结构的急剧变化是先秦时期的重要特点，各阶层地位的升降沉浮为其时常见现象。因此，余子的身份并不如经学家所认为的固定不变，而是处在不断变化之中。本章先辨析诸家异说是非，再结合社会结构变迁问题展开讨论。

一、关于余子身份的诸家异说

关于余子的身份，历代以来至少有四种观点。

第一，卿大夫之庶子。此说以郑玄、高诱、杜预为代表。《左传·宣公二年》：

> 丽姬之乱，诅无畜群公子。自是晋无公族。及成公即位，乃宦

卿之适子而为之田，以为公族。又宦其余子，亦为余子。其庶子为公行。晋于是有公族、余子、公行。①

杜预注："余子，嫡子之母弟也。"从《左传》文意来看，前言宦卿的嫡子以为公族；后言"宦其余子"，"其"字应是指前述之"卿"。"余子"又与"嫡子""庶子"对言，地位应高于庶子而低于嫡子，可能就是嫡子的同母弟。"余子"在《左传·昭公二十八年》中还有一见，可与此印证。魏献子分祁氏、羊舌氏之田十县，并举荐十人为大夫，而其中四人即为余子。

魏献子为政，分祁氏之田，以为七县，分羊舌氏之田，以为三县。司马弥牟为邬大夫，贾辛为祁大夫，司马乌为平陵大夫，魏戊为梗阳大夫，知徐吾为涂水大夫，韩固为马首大夫，孟丙为盂大夫，乐霄为铜鞮大夫，赵朝为平阳大夫，僚安为杨氏大夫。谓贾辛、司马乌为有力于王室，故举之；谓知徐吾、赵朝、韩固、魏戊，余子之不失职、能守业者也，其四人者，皆受县而后见于魏子，以贤举也。②

知徐吾、赵朝、韩固、魏戊等人被举荐之缘由是"余子不失职""能守业"。此四人姓氏为知、赵、韩、魏，应与晋国六卿同宗同族，杜预言韩固为韩起之孙，赵朝为赵胜曾孙，魏戊为魏献子庶子，其身份必非庶民可知。此四人被举荐之前或以余子身份处余子之职，这与晋国官制亦相符合。但杜预此处注云："卿之庶子为余子。"与宣二年注稍异。孔颖达对此有所解说："彼嫡庶分为三等，故余子与庶子为异，此无所对，故总谓庶子为余子也。此四人之内当有妻生妾生者也。"③ 据孔颖

---

① 孔颖达：《春秋左传正义》卷21，第1867页下。
② 孔颖达：《春秋左传正义》卷52，第2118页下。
③ 孔颖达：《春秋左传正义》卷52，第2118页下。

达所言，杜注的差异只为行文方便而已，但也指出有"妾生"者。

杜预之说或从郑玄而来。《周礼·天官·小司徒》："凡国之大事，致民；大故，致余子。"郑玄注："余子，卿大夫之子当守于王宫者。"① 卿大夫之嫡长子嗣父祖之位，守王宫者应是除嫡长子外的其他子。当然，对此处"余子"的注解，正是历代聚讼的焦点所在。除郑玄、杜预外，东汉学者高诱亦以为卿大夫之庶子为余子。《吕氏春秋·报更》："张仪，魏氏余子也。"高诱注："张仪，魏氏余子也。大夫庶子为余，受氏为张。"②

第二，羡卒。最先发此说者为郑司农，后王引之、金榜、孙诒让等从之。

《周礼·天官·小司徒》："凡国之大事，致民；大故，致余子。"郑司农注："国有大事，当征召百姓，则小司徒召聚之。余子谓羡也。"金榜从之，认为若卿大夫之子，当诸子帅之以至于太子，并由宫伯、宫正令之；而此处致万民、余子均是小司徒所掌，则余子不是卿大夫之子。③

余子为羡卒之说，在清代得到大多经学家的认可。孙诒让在《周礼正义》中说：

> "凡国之大事致民"者，谓国有军旅之戒，则发六乡之正卒备兵卫也。云"大故致余子"者，谓国被灾寇，则发六乡之余子羡卒，以备守事及追胥也。余羡既发，则正卒亦发可知。又案：《周书·籴匡篇》云："年饥，余子倅运。"则余子有故亦共役，不徒备守矣。④

---

① 孙诒让：《周礼正义》，中华书局，1987年，第784页。
② 许维遹：《吕氏春秋集释》，中华书局，2009年，第373页。
③ 孙诒让：《周礼正义》，中华书局，1987年，第785页。
④ 孙诒让：《周礼正义》，中华书局，1987年，第784页。

国有军旅大事，发动正卒；国有兵寇水灾大故，须发动羡卒。羡卒与正卒相对以言，地位必低于正卒，且所从之事亦较低微。余子属羡卒，论述最为充分者属王引之。他在《经义述闻》中说：

> 田与追胥，常有之事，犹须羡卒偕行，灾寇非常之事，岂有反不使羡者乎！《大司徒》之职云"国有大故，则致万民于王门"，此云"大故致余子"，余子即民之子弟，《孟子·滕文公篇》所谓"余夫"也，故《大司徒》统谓之万民。盖国之大事，但致正卒而已；大故则不惟致正卒，又并羡卒而致之，故曰："凡国之大事致民，大故致余子。"若谓大故致卿大夫之子而非羡卒，则《大司徒》何以云"国有大故则致万民于王门"乎！且卿大夫之子谓之国子，国有大事，帅国子而致于太子者诸子也，与小司徒何涉？①

王引之以《周礼·大司徒》"大故致万民"，与《小司徒》"大故致余子"辞例比照，认为余子乃万民之子，驳斥"余子为卿大夫之庶子"之说。王引之还认为"余子"即《孟子·滕文公上》里所说"余夫"，此说也得到了丁宗洛、黎翔凤等学者的支持。②

第三，士庶子。持此论者为惠士奇。他在《礼说》"《宫伯》士庶子均秩均叙——庶子犹余子"条中论道："宫伯之士庶子，宫正之众寡，内宰之人民，一也。凡在版者行其秩叙，作其徒役，月终则均秩，岁终则均役，犹汉之卫卒，唐之府兵。"③ 是则惠士奇认为士庶子和汉之卫卒、唐之府兵没有差别，皆是按年岁轮番宿卫。惠氏从兵制的角度入手，为讨论"余子"问题另辟蹊径。关于余子的身份，惠氏力斥"卿大夫之庶子"说：

---

① 王引之：《经义述闻》，江苏古籍出版社，2000年，第199页下。
② 黄怀信等：《逸周书汇校集注（修订本）》，上海古籍出版社，2007年，第74页；黎翔凤：《管子校注》，中华书局，2004年，第490页。
③ 惠士奇：《礼说》卷1，皇清经解本。

> 士庶子，犹余子也。……官正所教，官伯所作之士庶子，说者以为公卿大夫之子，岂其然乎？秦爵有公士，越军有教士，楚师有都君子，说者谓公士乃有爵之步卒，教士乃教练之精兵，近乎周之士庶子。都君子乃都邑之士君所子，养而有复除，近乎周之国子，故国子则授之车甲，司马弗征。而士庶子犹有徒役之事焉，或卫王宫，或守城郭，或属都家。王宫有纠禁，城郭有守，政都家有戒令，盖皆以秩叙行之者也。①

惠氏认为，士庶子与公士、教士、都君子与国子虽类似，但国子等受有车甲，司马免除其徒役；而士庶子得按年岁轮番宿卫王宫、城郭等。惠士奇还认为"古之斗士，皆曰余子"，以此说证诸史籍，似不确。

第四，未任役者。持此说者为颜师古。《汉书·食货志上》："是月，余子亦在于序室。"苏林曰："余子，庶子也。或曰：未任役为余子。"颜师古注："未任役者是也。幼童皆当受业，岂论嫡庶乎？"② 此说目前仅见于《汉书》颜师古注，或属于汉代观念。

综上而言，上述诸说表面上看似皆有合理因素，但问题是明显的。其一，各说相互抵牾之处，不可调和。如若为卿大夫之庶子，则必不会为羡卒；士庶子有守卫宫室等徒役，而未任役者必无徒役。其二，各说均只利用一部分资料，不见问题的全貌，有些注疏家在注解不同经文时，常不能自圆其说，正是此种弊病的体现。要彻底弄清余子的身份问题，似得有新的思路。

二、余子身份再辨析

"余子"最早见于《逸周书·籴匡解》。其时为应对成年、年俭、

---

① 惠士奇：《礼说》卷1，皇清经解本。
② 班固：《汉书》卷24《食货志上》，第1122页。

二、余子身份再辨析

年饥、大荒等不同的年份,祭祀、车服、燕乐等均有不同,而其中特别提到余子所应为之事。

> 成年年谷足,宾、祭以盛。大驯钟绝,服美义淫。皂畜约制,供余子务艺。宫室城郭修为备,供有嘉菜。于是日满。年俭谷不足,宾、祭以中盛。乐唯钟鼓,不服美。三牧五库摄,凡美不修,余子务穑。于是纪秩序。年饥,则勤而不宾,举祭以薄。乐无钟鼓,凡美禁。书不早群,车不雕攻。兵备不制,民利不淫。征当商旅,以救穷之。闻随乡,下鬻塾。分助有匮,以绥无者。于是救困。大荒,有祷无祭。国不称乐,企不满墼,刑罚不修,舍用振穷。君亲巡方,卿参告糴,大荒,余子倅运,开口同食,民不藏粮,日有匮。①

惠士奇等学者以为此处余子务穑、倅运,即是务徒役之事,实则误解文意。② 关于倅运,孔晁云"倅,副也",陈逢衡云"余子倅运,移民移粟之义",朱右曾云"余子倅运,运所籴之谷,使余子副之"。③ 实则大荒之年,君卿尚有巡方、告糴等事,余子负责帮助运输粮食,似不可认为是从事徒役。且《逸周书》行文时,余子在君卿之下,在民之上,余子与民不同甚为明白。再则,古代一般贵族亦有耕穑之事。《尚书大传·略说》云:"櫌鉏已藏,祈乐已入,岁事已毕,余子④皆入学。十五始入小学,见小节,践小义。十八入大学,见大节,践大

---

① 黄怀信等:《逸周书汇校集注(修订本)》,上海古籍出版社,2007年,第72~81页。
② 惠士奇:《礼说》卷1,皇清经解本。
③ 黄怀信等:《逸周书汇校集注(修订本)》,上海古籍出版社,2007年,第81页。
④ 郑玄注此"余子"云:"余子犹众子也。古者适子恒代父而仕也。"可见郑注"余子"义是一贯的,众子即是庶子。参见皮锡瑞:《尚书大传疏证》卷7,光绪二十二年师伏堂丛书本。

义。距冬至四十五日，始出学，傅农事。"① 此处余子于农隙之时，入小学、大学，学习礼乐，古代"礼不下庶人、刑不上大夫"，庶人似无此权利。最后，所谓务艺，郑司农云"艺谓礼、乐、射、御、书、数"，李兆洛亦云"艺，六艺也"。② 六艺以培养贵族，此在《左传》《论语》中习见。所以，我们从最早记载余子资料的《逸周书》中，并不能得到余子为羡卒的说法。

余子多有氏，此亦可证明余子为贵族。周代庶人无氏，已为历代学者共识。顾炎武在《原姓篇》云："最下者庶人，庶人无氏，不称氏称名。然则氏之所由兴，其在卿大夫乎？……氏焉者，类族也，贵贵也。"③ 李学勤亦云："古代社会中并非人人有姓，而是只有具有一定身份的人才有姓……至于氏，得于世功官邑，身份低贱的人自然不能具有。"④《左传·昭公二十八年》，被魏献子举荐为大夫的知徐吾、赵朝、韩固、魏戊四余子，姓氏同于晋国六卿。那么郑玄、杜预的"余子谓卿大夫之庶子说"，至少在春秋时期，代表社会的真实情况。有氏的余子，在史籍中常见，如《世本》有"韩余氏"，为韩宣子余子之后，张澍粹云："韩宣子之后，有余子奔齐，为韩余氏。"⑤《吕氏春秋·报更》："张仪，魏氏余子也。"高诱注："大夫庶子为余，受氏为张。"⑥《说苑·立节》："城北余子田基独后至。"⑦ 这些有氏的余子，表明其属于贵族阶层。张仪、田基等，虽非强宗大族，但还保持士的身份是明显的。

---

① 皮锡瑞：《尚书大传疏证》卷7，光绪二十二年师伏堂丛书本。
② 黄怀信等：《逸周书汇校集注（修订本）》，上海古籍出版社，2007年，第74页。
③ 黄汝成：《日知录集释》卷23，上海古籍出版社，2006年，第1279页。
④ 李学勤：《考古发现与古代姓氏制度》，《古文献论丛》，中国人民大学出版社，2010年，第92页。
⑤ 《世本八种·张澍粹集补注本》，商务印书馆，1957年，第66页。
⑥ 许维遹：《吕氏春秋集释》，中华书局，2009年，第376页。
⑦ 向宗鲁：《说苑校证》，中华书局，1987年，第88页。

二、余子身份再辨析

其次，惠士奇的"余子为士庶子说"，主要依据为《周礼·天官·宫伯》。但《宫伯》中是否有"士庶子"，存有疑问。《宫伯》云："宫伯掌王宫之士庶子，凡在版者。"郑司农云："庶子，宿卫之官。"郑玄亦云："王宫之士，谓王宫中诸吏之适子也。庶子，其支庶也。"①先郑、后郑分释"宫伯之士"与"庶子"，似不认为"士庶子"三字连读。此或为惠氏释读材料时的误失。《周礼》中的"士庶子"在他处多见，如《稿人》"飨士庶子"，郑玄注："士庶子，卿大夫之子弟宿卫王宫者。"《大司马》"王吊劳士庶子"，郑注云："庶子，卿大夫之子从军者，或谓之庶士。"②此外，"士庶子"还见于《酒正》《外饔》《都司马》《掌固》等，郑注差异不大。士庶子可以谓之庶士，则应属于士阶层。再以此与郑注《小司马》"余子，卿大夫之子当守于王宫者"比照来看，余子属于士庶子，应属不误。但上引《礼说》中，惠士奇认为士庶子不仅不应是卿大夫之子，且低于国子。③郑玄、惠士奇均认为余子即士庶子，但是对士庶子的认识存在着很大的差异。究其原因，或是惠士奇以战国后的情形类比春秋及春秋以前，惠氏以为："古之斗士，皆曰余子。"这在不仅卿大夫、士之子要服戎作战，而且鄙野之民之子也得服兵役的战国时期，或属事实，但在春秋前则不尽然。再则，惠氏认为古代兵出于民，虎士、勇力之士，皆由宫正等所掌，为王之爪牙，而所谓王之爪牙，乃士庶子被派守城郭者，也即余子。前金榜已云宫正、宫伯所掌为卿大夫之子，惠氏此处难圆其说。在西周春秋之时，作战乃贵族子弟之事。士庶子为宫廷之贵族武装，属于贵族阶层是很明显的。

---

① 孙诒让：《周礼正义》，中华书局，1987年，第229页。
② 孙诒让：《周礼正义》，中华书局，1987年，第230页。
③ 卿大夫之庶子组成守卫宫室的卫兵，在经典文献是明确的，《文王世子》"公若有出疆之政，庶子以族之无事者守于王宫"，《周礼·大司马》"王吊劳士庶子"等。正是因为如此，李严冬在其博士学位论文中认为"士庶子是养在宫廷中的贵族武装"，参见李严冬：《〈周礼〉军制专题研究》，吉林大学博士学位论文，2010年。

金文中亦有士庶子一称。《郑公𨱽钟》："以宴大夫，以喜诸子。"《郑公华钟》："以乐大夫，以宴士庶子。"此两钟分属郑宣公、郑悼公父子，时在春秋晚期。杨树达在《郑公𨱽钟再跋》一文中云："铭文言以乐其身，郑公自谓也，次言以宴大夫，此言以喜诸士，则诸士自谓大夫士之士，非泛称都人士也。《郑公华钟》云：'以乐大夫，以宴士庶子。'士庶子者，士庶人也，文以与上文忌祀下文旧字为韵，故变人言子耳。此郑宣公悼公二人之器，而彼文以士与庶子连言，以彼证此，决知此文之士乃士大夫之士也"① 此说甚是。士庶子属于士，明白无疑。《礼记·燕义》："席，小卿次上卿，大夫次小卿，士庶子以次就位于下。"② 此处士庶子位次在大夫之下，且参与旅酬之礼，其地位或与士相等。当然士有受命之士，有不命之士。士庶子或属不命之士，杨向奎云："不命之士或为庶子，庶子亦属于士而不同于庶人。"③

最后，余子为羡卒，证诸史籍，或属晚期之事。"羡卒说"所据的《周礼·小司徒》，在年代上晚于《逸周书》与《左传》。《周礼》的成书年代，虽聚讼纷纭，但是基本上已否定为周公所作。近代以来，皮锡瑞、钱穆、郭沫若、顾颉刚、范文澜、杨向奎诸学者，均认为其作于战国时期，此说在目前学术界也最具影响力。④ 诚然，张亚初、刘雨等学者通过金文的研究，认为《周礼》"保存了许多宝贵的西周职官制度的史料"，⑤ 但无助于解决成书年代问题⑥。若《周礼》成书于战国时代属实，那么在《逸周书》中，特别是在《左传》中记载余子为卿大夫

---

① 杨树达：《郑公𨱽钟再跋》，《积微居金文说》，上海古籍出版社，2007年，第65页。

② 孔颖达：《礼记正义》卷62，第1690页下。

③ 杨向奎：《读胡培翚的〈仪礼正义〉》，《孔子研究》1991年第2期，第119~126页。

④ 彭林：《〈周礼〉主体思想与成书年代研究》，中国人民大学出版社，2009年，第4页。

⑤ 张亚初、刘雨：《西周金文官制研究》，中华书局，1986年，第112页。

⑥ 张国安：《〈周礼〉成书年代研究方法论及其推论》，《浙江社会科学》2003年第2期，第146~151页。

之庶子的说法,可靠程度就远大于从《周礼》中推论出的"羡卒说"。

因《周礼》并没有直接的证据表明余子即是羡卒,自先郑至王引之、孙诒让的推论,亦可能犯了惠士奇式的错误,以后起观念代替并否定前代事实,忽视了余子的身份有一个动态的变迁过程。① 王引之以《大司徒》与《小司徒》的辞例比照,以为"致万民"和"致余子"性质相同,证据亦显不足。大司徒掌"建邦之土地之图与人民之数",小司徒掌"建邦之教法",所掌不同,其召聚之人亦应不同。且《周礼》"大故,致余子",与《逸周书》"大荒,余子倅运",也有相似之处,可见简单的类比似难以说明问题。

总之,通过上文的辨析,先郑、王引之、孙诒让等的余子为羡卒的说法,有明显的证据不足之嫌。惠士奇的余子为士庶子的说法,表面上虽不误,但是其论证的过程,及所据的材料,有明显的缺陷。士庶子为宫廷的贵族武装,属于低层贵族阶层,对惠氏之说有所纠正。

三、社会结构变化与余子地位的升降

上文已证明,余子的身份应是卿大夫之庶子。但是,由于处在礼崩乐坏的春秋战国时代,随着社会结构的变化,社会各阶层的地位也不会固定不变。余子在血缘关系中处于宗法制的末端,在政治地位上也属于低层,处在贵族与庶民分际的临界点上,其地位的不确定性空前增大。

许倬云在《中国古代社会史论——春秋战国时期的社会流动》一书中,利用大量的事实与表格,说明在春秋时代,"士阶层,一反此前不显眼的态势,开始加入创造历史的行列。到了春秋末期,士变得最为活跃"。② 作为低层贵族的士变得活跃,至少预示着两方面的情况。

---

① 孙诒让虽不明余子身份有一变化过程,但也觉察到《左传》与《周礼》中两余子的不同。参见《周礼正义》卷20,第786页。

② 许倬云:《中国古代社会史论——春秋战国时期的社会流动》,广西师范大学出版社,2006年,第27页。

其一，大量高层贵族开始没落。最著名者或为《左传·昭公三年》，叔向与晏婴的"季世"之叹。叔向云："虽吾公室，今亦季世也。戎马不驾，卿无军行，公乘无人，卒列无长。庶民罢敝，而宫室滋侈。道殣相望，而女富溢尤。民闻公命，如逃寇雠。栾、郤、胥、原、狐、续、庆、伯，降在皂隶。"① 公室大权旁落，贵卿大夫也变为贱役之人。②《左传·昭公三十二年》："三后之姓于今为庶，主所知也。"③ 余英时认为此"三姓之后"当从广义去理解，即应包括春秋以来一切亡了国的公族子孙。所言甚是。公族子孙沦为庶民，被视为当然之事，可见其时贵族间地位轮替、升降之剧烈。

其二，士，甚至庶人、隶圉地位上升，变为高层贵族，或自由民。《左传·哀公二年》，记赵氏与范式、中行氏争权战争中，赵简子誓师之词言到："克敌者，上大夫受县，下大夫受郡，士田十万，庶人工商遂。"④ 士以军功可得田十万，这与在分封制下士仅得少许祭田、耕田，甚至无田相比，有如天壤之别。⑤ "庶人工商遂"，杜预注："得遂进仕。"⑥即可入朝为官。至于庶人上升为士，在春秋战国之际更为常见。《管子·小匡》："朴野而不匿，其秀才之能为士者，则足赖也。"尹知章注："农人之子，有秀异之材可为士者，即所谓生而知之、不习而成

---

① 孔颖达：《春秋左传正义》卷42，第2031页中。
② 《左传》隐公五年"皂隶之事"，杨伯峻注："皂隶，古之贱役。昭公七年《传》'士臣皂，皂臣舆，舆臣隶。'"参见《春秋左传注》，第43页。
③ 孔颖达：《春秋左传正义》卷53，第2128页中。
④ 孔颖达：《春秋左传正义》卷57，第2156页中。
⑤ 《孟子·滕文公上》云："卿以下必有圭田，圭田五十亩，余夫二十五亩。"又《滕文公下》云："惟士无田，则亦不祭。"参见焦循：《孟子正义》，中华书局，1987年，第354页，422页。再如，《丧服》郑注"君"条曰："天子、诸侯及卿大夫有地者，皆曰君。"郑玄不及士有无田。实则，士即使有田，其必不多。《周礼·地官·载师》云"以士田任近郊之地"，郑玄引先郑说云："士田者，士大夫之子得而耕之田也。"参见《周礼正义》卷24，第938页。
⑥ 孔颖达：《春秋左传正义》卷57，第2156页中。

者也，故其贤足可赖也。"① 《吕氏春秋·尊师》谈到子张、颜涿聚、段干木、高何、县子石、索卢参六人为"刑戮死辱之人"，通过就学于孔子、墨子等，"非徒免于刑戮死辱"，而且还"为天下名士显人，以终其寿，王公大人从而礼之"。② 从此得知低层人通过求学，完全可以上达于王宫，居显宦之位。

那么，在这种急剧变化的社会中，余子的地位又有何变化呢？

第一，余子积极地参与政治活动，寻求晋升之阶。前面谈到《左传·昭公二十八年》的魏戊等属余子，被魏献子举荐为大夫事，此实为余子地位的一次提升。而最为著名的余子，当属张仪。《吕氏春秋·报更》言其是"魏氏余子"。《史记·张仪传》记载张仪曾与楚相饮酒，结果因"贫无行"遭人诬陷，被笞打一顿。张仪妻伤其因读书游说而受此灾祸，张仪的回答却令人吃惊："张仪谓其妻曰：'视吾舌尚在不？'其妻笑曰：'舌在也。'仪曰：'足矣。'"③ 此则故事无论真假，均足以反映贫穷的张仪对名位的痴痴向往。对名位的向往是大多有识余子的共同愿望，笃持廉义的余子田基，也未能例外。刘向《说苑·立节》记载田基的升迁故事：

> 佛肸用中牟之县畔，设禄邑炊鼎，曰："与我者受邑，不与我者其烹。"中牟之士皆与之，城北余子田基独后至。袪衣将入鼎曰："基闻之，义者轩冕在前，非义弗乘；斧钺于后，义死不避。"遂袪衣，将入鼎。佛肸播而止之。赵简子屠中牟，得而取之，论有功者，用田基为始，田基曰："吾闻廉士不耻人。如此而受中牟之功，则中牟之士终身惭矣。"遂襁负其母，南徙于楚。楚王高其义，待以司马。④

---

① 黎翔凤：《管子校注》，中华书局，2004年，第401页。
② 许维遹：《吕氏春秋集释》，中华书局，2009年，第93~94页。
③ 司马迁：《史记》卷70《张仪列传》，第2279页。
④ 向宗鲁：《说苑校证》，中华书局，1987年，第88页。

田基虽功居第一，因笃持廉义，升迁之途并不顺利，不过最终还是在楚国官至司马高位。因史料的缺失，历史中必有大量的余子升迁之事，湮没无闻，我们只能从田基、张仪的事例略窥一二。余子作为低层贵族，在社会急剧变化中是积极参与其中的，且其中俊秀者日渐成为社会的中坚。

第二，军队中，部分余子与庶人为兵者逐渐合流。前已论到余子属于士庶子，而士庶子组成了宫廷的贵族武装。但是随着春秋战国之时，战争规模的扩大，国家征兵的范围也逐渐扩大，原先没有当兵权利者也进入军队之中，余子与庶人为兵者渐有合流之势。对此杜正胜先生有精彩的论述：

> 春秋中晚期以下各国之扩大征兵，对象是新征原来不必当兵的余子和原来没有当兵权利的野人。征余子于先，征野人于后，但后来二者逐渐合流，《春秋》《左传》所谓"作州兵""作丘甲""作丘赋"和"用田赋"，正标识这一连串改制的过程。……概略而言，"作州兵"是起用国人之余子为兵，"作丘甲"是征发战略要地之人服兵役，"用田赋"则全农皆兵，不复有正夫余子之别，也没有国野的区分。①

征兵范围存有扩大趋势，杜先生的论述完全正确，但他认为"余子原不必当兵"与"国人之子为余子"，与史实不符。1988 年，在山东莒县刘家庙蒋村出土"不降戈"，其铭文曰："不降棘余子之贰金，右军。"② 此戈应原为某余子所有。与此相应，《吕氏春秋·立俗》："齐、晋相与战，平阿之余子亡戟得矛。却而去，不自快。"③ 这些记载表明，春秋

---

① 杜正胜：《编户齐民：传统政治社会结构之形成》，台湾联经出版事业公司，1990 年，第 50~54 页。
② 山东省博物馆：《山东金文集成》，齐鲁书社，2007 年，第 824 页。
③ 许维遹：《吕氏春秋集释》，中华书局，2009 年，第 512 页。

三、社会结构变化与余子地位的升降

战国时代余子已普遍地参与战争。但与此同时，余子的生活条件，却日渐恶化。《管子·问篇》："余子仕而有田邑，今入者几何人？……余子父母存，不养而出离者几何人？……余子之胜甲兵，有行伍者几何人？"① 这指出了余子在其时的三种生活境遇，一有田且在做官者，但难以收到其赋税；二父母在，但难以赡养，分居在外；三余子难堪兵役之事。在战争不可避免的战国时代，贫穷破落的余子，必不会再属贵族式的军事武装，日渐与鄙野庶民组成的军队合流也成为必然之势。

综上所述，本章对余子身份的"羡卒说""未任役者说"加以批驳，认可郑玄、杜预认为的余子为卿大夫的庶子属于低层贵族的说法。但也指出余子的身份并非固定不变。春秋战国时代社会结构的变迁，使余子处于急剧变化的中心，其中少数俊秀者，上升为高层贵族；更多的是或参军服役，死于战场，或沦落为庶民、奴隶，姓氏、事迹湮没无闻。余子作为宗法社会中的低层贵族，其社会地位的升降，与士地位的升降是相吻合的。

---

① 黎翔凤：《管子校注》，中华书局，2004年，第487~492页。

孝子伯奇故事演变考

历史上流传着两个"伯奇"故事。周宣王时名相尹吉甫有子名伯奇,受后母谗污,被其父放逐在野,此即孝子伯奇。另有一噬人噩梦的食梦神,亦名伯奇。这两个"伯奇"故事在历史流变过程中,是并行不悖还是相互影响,值得我们思考。

一、汉代孝子伯奇的形象

《诗·小雅·六月》及宋代出土的"兮甲盘",均是为赞颂周宣王名相尹吉甫而作。尹吉甫是中兴名臣,先秦文献中颂扬他的记载多见。不过在后代的史籍中,流传有尹吉甫听信后妻谗言,冤屈其子伯奇,致使其流放在外,甚至死亡的故事。

孝子伯奇的故事在先秦流传不广,仅有蛛丝马迹。《孟子·告子下》记载一段公孙丑与孟子关于《诗·小弁》的对话,公孙丑引高子的话认为《小弁》乃小人之诗。汉儒赵岐注:"《小弁》,《小雅》之篇,伯奇之诗也。怨者,怨亲之过,故谓之小人。……伯奇,仁人,而父虐之,故作《小弁》之《诗》。"① 除此之外,赵岐还引《韩诗》,认为《王风·黍离》乃伯奇异母兄弟伯封因伯奇被逐后,怀念兄弟之谊

---

① 孙奭:《孟子注疏》卷12,第2756页上。

而作。① 在赵岐看来，《诗经》中就有两首诗与伯奇有关。我们说这是难以确定的蛛丝马迹，是因为赵岐也是汉代人，且其认为《小弁》《黍离》的作者为伯奇、伯封，为《毛传》《郑笺》《诗集传》所不从。如朱熹认为《小弁》乃幽王太子宜臼因被废而作。②

相对于先秦时期的隐晦，孝子伯奇故事在汉代得到广泛流传。《韩诗外传》曰：

> 伯奇孝而弃于亲，隐公慈而杀于弟，叔武贤而杀于兄，比干忠而诛于君。《诗》曰："予慎无辜。"③

伯奇孝顺父母，却遭到放逐，所以韩婴把他与仁慈而被亲弟所杀的鲁隐公、因有才干而被其兄长所杀的叔武、因忠心被纣王所杀的比干相提并论。事实上，孝子伯奇与忠孝大贤在汉代历史著作中并举的例子不胜枚举：

> 斯伯奇所以流离，比干所以横分也。(《汉书·中山靖王传》)
> 昔者虞舜，孝之至也，而不中于瞽叟；孝己被谤，伯奇放流。(《汉书·刘据传》)
> 是后所言益不用，丰复上书言："臣闻伯奇孝而弃于亲，子胥忠而诛于君，隐公慈而杀于弟，叔武弟而杀于兄。"(《汉书·诸葛丰传》)
> 哀哉！谗邪交乱，贞良被害，自古而然。故伯奇放流，孟子宫刑，申生雉经，屈原赴湘，《小弁》之诗作，《离骚》之辞兴。(《汉书·冯奉世传》)

---

① 焦循：《孟子正义》，中华书局，1987年，第817页。
② 朱熹：《诗集传》，凤凰出版社，2007年，第62页。
③ 许维遹：《韩诗外传集释》，中华书局，2009年，第257页。

> 邹衍之冤，不过曾子、伯奇。曾子见疑而吟，伯奇被逐而歌。（《论衡·感虚》）

从上看来，与伯奇并举的有舜、比干、隐公、申生、叔武、屈原、曾子、邹衍等。伯奇能与这些圣王明哲一起被举称，除均"命途多舛"外，还说明伯奇为一真实历史人物，且在史载中受到的是赞许与称颂，是道德的楷模。但从上述史料排列中，还难以确知伯奇故事的具体细节。

上引《论衡》把曾子与伯奇并举在一起，而曾子与伯奇的关系还见于《孔子家语》。曾参为避免后妻虐待己子，妻死后坚决不再娶，曾子曰：

> 高宗以后妻杀孝己，尹吉甫以后妻放伯奇，吾上不及高宗，中不比吉甫，庸知其得免于非乎？①

《孔子家语》在很长时间内被认为是伪书，但随着河北定州八角廊汉墓竹简与安徽阜阳双古堆汉墓木牍的出土，学术界虽仍有讨论，但基本上认为其不伪，所以其文献价值应受到重视。若《孔子家语》真不伪，则其所记载伯奇之事，在时代上可能是最早的，也是最早明确谈到伯奇是因尹吉甫信任后妻的谗言，而遭到流放的。当然，若《孔子家语》涉伪，《韩诗外传》的记载显得尤其重要，后世如王先谦《诗三家义集疏》中载有多条汉代伯奇故事的资料，② 多宗韩诗。《韩诗外传》的记

---

① 杨朝明、宋立林：《孔子家语通解》，齐鲁书社，2009年，第436页。随着河北定州八角廊汉墓竹简与安徽阜阳双古堆汉墓木牍的出土，学术界虽未完全达成一致意见，但基本上终结了《孔子家语》的"伪书案"。故《孔子家语》的文献价值应受到重视。参见王玉华：《历代〈孔子家语〉研究述略》，《中国史研究动态》2009年第6期，第13~18页。

② 王先谦：《诗三家义集疏》，中华书局，1987年，第315页。

一、汉代孝子伯奇的形象

载对伯奇故事的形成与演变,产生了重要作用。

从以上《韩诗外传》《汉书》《论衡》中,仅能知晓伯奇曾受冤屈;自《孔子家语》后,稍知其遭冤屈的缘由。其他的具体情况,仍难知晓。但核诸其他类文献,关于孝子伯奇的记载并非如此般简单,其故事的产生、演变,纷繁复杂。

《说苑》佚文载有一事:

> 王国子,前母子伯奇,后母子伯封,兄弟相重。后母欲其子为太子,言王曰:"伯奇好妾。"王上台视之。后母取蜂,除其毒,而置衣领之中,往过伯奇。伯奇往视,袖中杀蜂。王见,让伯奇。伯奇出。使者就视,袖中有死蜂。使者白王,王见蜂,追之,已自投河中。①

此处伯奇成了王之子,且有同父异母之弟——伯封。伯奇母早亡,后母想己之子伯封成为太子,利用伯奇的仁慈加以构陷,导致王对伯奇失去信任。相对于《汉书》等的记载,《说苑》的记载具体而详细。历史上,尹吉甫不可能是王,伯奇也不可能是太子,此处之王似应是伯奇故事在流传过程中的变异。《说苑》为刘向据皇家与民间书册整理而成,此故事很有可能在民间流传故事的基础上加以了改造。但是故事的基本要素并没有改变,即伯奇遭到后母的冤屈,见疑于父亲。

与《说苑》类似的记载,还见于东汉末年蔡邕的《琴操》中:

> 尹吉甫子伯奇,母早亡,吉甫更娶后妻,乃谮于吉甫曰:"伯奇见妾美,欲有邪心。"吉甫曰:"伯奇慈仁,岂有此也?"妻曰:"置妾空房中,君登楼察之。"妻乃取毒蜂,缀衣领,令伯奇掇之。

---

① 向宗鲁:《说苑校注》,中华书局,2000年,第549页。

> 于是吉甫大怒，放伯奇于野。①

《琴操》所载与《说苑》所载非常类似，可知《说苑》之王即是尹吉甫无疑。再如《古乐府解题》也有类似记载："尹吉甫听其后妻之言，逐伯奇。伯奇编水荷而衣，采楟花而食，清朝履霜，而自伤无罪见放逐。"②

上述记载虽大同，亦有小异。第一，《说苑》中伯奇投河自杀，《琴操》与《古乐府解题》中伯奇仅被放逐于野，并未死，且还自伤无罪，甚至有点屈原的形象附上。第二，《说苑》中伯奇似因其父责让而自出，尹吉甫知真相后，想追回，但其已自杀而死。后两则材料似未及此。记载的相异之处并非偶而为之，孝子伯奇的故事似总处在一个不断的演变中。

上曾谈到，赵岐认为《小弁》乃伯奇遭冤流放而作，若如《说苑》所载伯奇投河自杀，则决无作诗的可能。且在传世资料中，不仅《小弁》为伯奇所作，《履霜操》亦为伯奇所作。此诗云：

> 履朝霜兮采晨寒。考不明其心兮听谗言。孤恩别离兮摧肺肝。何辜皇天兮遭斯愆。痛殁不同兮恩有偏。谁说顾兮知我冤。③

从这首诗表达的情感来看，与伯奇的遭遇和心境都十分相称，蔡邕也认为是伯奇所作，其云：

> 履霜操者，尹吉甫之子伯奇所作也。吉甫娶后妻，生子曰伯封，乃谮伯奇于吉甫，放之于野。伯奇清朝履霜，自伤无罪见逐，

---

① 黄晖：《论衡校释》，中华书局，1990年，第16页。
② 黄晖：《论衡校释》，中华书局，1990年，第16页。
③ 逯钦立：《先秦汉魏晋南北朝诗》，中华书局，1983年，第303页。

乃援琴而鼓之。宣王出游，吉甫从之，伯奇乃作歌以言感之于宣王。王闻之，曰："此孝子之辞也。"吉甫乃求伯奇于野，而感悟，遂射杀后妻。①

蔡邕除认为《履霜操》是伯奇所作外，还认为伯奇不仅没有投河自杀，而且还在周宣王出游时作歌自唱，最后感动宣王。有意思的是，同样是蔡邕，其前后两次谈到伯奇故事时，所传情节居然有如此的不同，前面在《琴操》中，只说伯奇放逐在野，此处却谈到伯奇在放逐过程的"生活情况"与"精神风貌"，甚至还能报仇。这种不同是蔡邕有意为之，还是伯奇故事本身的离奇复杂而不得不如此呢？后者的可能性似乎更大一些。

《履霜操》悲戚回环，令人感动，符合伯奇放逐时的心理。蔡邕认为《履霜操》为伯奇所作，是可以理解的；且更早时，西汉的扬雄也作如此观。扬雄《琴清英》云：

> 尹吉甫子伯奇至孝，后母谮之，自投江中，衣苔带藻，忽梦见水仙赐其美药，唯念养亲，扬声悲歌，船人闻而学之，吉甫闻船人之声，疑似伯奇援琴作子安之操。②

这里的"子安之操"或为《履霜操》，或内容近似之同类。伯奇衣苔带藻边走边歌，直投河中后"梦见水仙赐其美药"。在扬雄看来，伯奇投河自杀，其歌为魂灵所作所唱，此处伯奇形象与屈原何其相似！伯奇故事的多变多型，于此可见一斑。

伯奇到底有无作诗作歌呢？王充在《论衡·感虚》曰："邹衍之冤，不过曾子、伯奇。曾子见疑而吟，伯奇被逐而歌。"似认为伯奇有

---

① 黄晖：《论衡校释》，中华书局，1990 年，第 16 页。
② 林贞爱：《扬雄集校注》，四川大学出版社，2001 年，第 319~320 页。

作歌之事。但是其所作歌,是否真就是《小弁》《履霜操》或《子安之操》,似乎仍难以确定。

综上所述,汉代孝子伯奇的形象,似乎可以分为两条线索,第一,在正史中,如《汉书》,伯奇的故事较稳定,简单无奇;第二,在文人别集类著作中,伯奇的故事随着时代的变化,越来越离奇,自刘向的《说苑》到扬雄的《琴清英》到蔡邕的《寝操》,故事趋于详细具体离奇。可以说孝子伯奇的故事存在一个离奇化的趋势。到东汉末蔡邕时,伯奇不仅作歌自伤,且还感动周宣王,感悟尹吉甫,以致其父射杀后母为己复仇,俨然一个因果报应故事。

二、魏晋南北朝时孝子伯奇的形象

东汉后,伯奇故事的离奇化趋势并未减弱。曹植《令禽恶鸟论》一文中,伯奇已化身为伯劳鸟。

> 国人有以伯劳鸟生献者,王召见之。……昔尹吉甫用后妻之谗,而杀孝子伯奇;其弟伯封求而不得,作《黍离》之诗。俗传云:吉甫后悟,追伤伯奇。出游于田,见异鸟鸣于桑,见其声嗷然。吉甫动心曰:"无乃伯奇乎?"鸟乃抚翼,其音尤切。吉甫曰:"果吾子也。"乃顾谓曰:"伯奇,劳乎!是吾子,栖吾舆;非吾子,飞勿居。"言未卒,鸟寻声而栖于盖。归入门,集于井干之上,向室而号。吉甫命后妻载弩射之,遂射杀后妻以谢之。故俗恶伯劳之鸣,言所鸣之家必有尸也。此好事者附会为之说,令俗人恶之,而今普传恶之,斯实否也。①

曹植所云"俗传"不知是何书。此文中伯奇的形象,似在扬雄与蔡邕

---

① 赵幼文:《曹植集校注》,人民文学出版社,1984年,第305页。

二、魏晋南北朝时孝子伯奇的形象

所记的基础上,再加以神化,由人变成魂灵,由魂灵变成恶鸟。可知魏晋时期,伯奇形象的演变已突破汉代形成的范围。两汉时,伯奇身附道德伦理的色彩较浓,多数情况下只是一个供人哀怜同情的被冤屈孝子形象。但是在《令禽恶鸟论》中,发泄冤伤之怨的伯奇,变成了嗷然悲切、降人厄运的恶鸟。《令禽恶鸟论》中所记伯奇复仇之事,较蔡邕所记,情节更加具体。蔡邕死时,曹植方生,时代稍近,伯奇故事的演变应无割断,或趋于加快。曹植此文,目的在批判伯劳鸟悲戚如撕的鸣声会给人间带来厄运,所鸣之家会有人死亡的观念,更批判孝子伯奇化身为恶鸟的观念。这却证明了伯奇变为恶鸟的观念在魏晋时流传已广。

孝子伯奇演化为伯劳鸟,或代表古人对伯奇冤情的一种同情,如《孔雀东南飞》中焦仲卿与刘兰芝死后变成鸳鸯般。只不过伯劳鸟为恶鸟,代表着对冤情沉重的申诉。正史中伯奇的孝子形象,被文人别集中离奇化趋势所掩盖。文人别集少了正统观念的规范,能更好地反映民间习俗。

据赵超研究,现藏于美国明尼阿波利斯美术馆的北魏元谧石棺孝子图中,有幅关于伯奇的图画。其图为一个盛装女子跽坐于席上,前面有一圆壶,壶口有一蜷曲成螺旋状,头部向上的毒蛇。壶前面有一小儿与女子相向,跽坐于席上。在图旁有两题榜,一为"孝子伯奇耶(爷)父",另一为"孝子伯奇母赫(吓)儿"。① 赵超认为此图正与日本传《孝子传》相符,则盛装女子应为伯奇后母,前面的两小孩之一或为伯奇。题榜云"孝子伯奇母赫(吓)儿",应是利用了传世伯奇遭后母冤屈的故事化约出来的。据该石棺墓志所载,此墓为北魏正光五年下葬,伯奇故事已入墓葬棺雕画,说明孝子伯奇的故事已融为民间习俗的一部分。

赵超说上述伯奇图与日本《孝子传》相符,甚是。据日本学者研究日传《孝子传》有两个版本,最早者传自中国六朝时期。那么其

---

① 赵超:《关于伯奇的古代孝子图画》,《考古与文物》2004年第3期。

《孝子传》或正反映出中国魏晋南北朝时期的思想、习俗。日本船桥本《孝子传》曰：

> 伯奇者，周丞相尹吉甫之子也。为人孝慈，未尝有恶。于时后母生一男，始生而憎伯奇。或取蛇入瓶，令赍伯奇遣小儿所。小儿见之，畏怖泣叫。后母语父曰："伯奇常欲杀吾子，若君不知乎，往见畏物。"父见瓶中，果而有蛇。①

又日本阳明本《孝子传》云：

> 伯奇者，周丞相尹吉甫之子也。为人孝慈。而后母生一男，仍憎疾伯奇。乃取毒蛇，纳瓶中，呼伯奇将杀小儿戏。小儿畏蛇，便大惊叫。母语吉甫曰："伯奇常欲杀我小儿，君若不信，试往其所看之。"果见伯奇在瓶蛇焉。②

船桥本即中国六朝时传入本，阳明本传自中国唐朝。此两《孝子传》中所记与瓶、蛇，正与上述伯奇图吻合。但与汉代文献明显有异，主要是伯奇后母不是用蜂而是用蛇来陷害他，故事情节也有异，如伯奇遭陷害的理由不是因"戏后母"而是"企图杀异母弟"。那么石棺伯奇图与《孝子传》中伯奇故事，或可认作南北朝时期形成的伯奇故事版本。

再如，唐段成式《酉阳杂俎·羽篇》云："百劳，博劳也。相传伯奇所化，取其所踏枝鞭小儿，能令速语。"③ 用伯劳鸟栖息过的树枝鞭打孩子，能够让其早学会说话。这已是一种巫术行为。伯劳鸟的鸣声可

---

① 赵超：《关于伯奇的古代孝子图画》，《考古与文物》2004年第3期，第68～72页。
② 赵超：《关于伯奇的古代孝子图画》，《考古与文物》2004年第3期，第68～72页。
③ 段成式：《酉阳杂俎》，中华书局，1981年，第157页。

二、魏晋南北朝时孝子伯奇的形象

置人于非命,其栖息过的树枝也有了神奇功能。可见到了唐代孝子伯奇故事的离奇化演变并未停止。

但是,对比魏晋南北朝与汉代伯奇形象,汉时伯奇故事虽然有被离奇化的趋势,但是基本上还是一个被人同情哀怜的孝子形象,处于一个"弱者"的地位。到魏晋南北朝后,伯奇变成了伯劳恶鸟。与他有关的图画被刻在石棺,用来恐吓小孩,与伯奇一起被讲述的不再是毒蜂,而是更为冷峻的毒蛇,伯奇俨然处于"强者"的位置上。孝子伯奇故事的变异程度之深,可见一斑。

综上,虽然在正史中伯奇还是一个纯粹的孝子,如《魏书·景穆十二王传》载:"周昌拘于牖里,天乙囚于夏台。伯奇为之痛结,申生为之蒙灾。《鸱鸮》悲其室,《采葛》惧其怀。《小弁》陨其涕,灵均表其哀。自古明哲犹如此,何况中庸与凡才!"① 但是在正史之外,伯奇逐渐从一个历史人物演变成一种恶鸟,从"弱者"演变为"强者"。就目前的资料来看,伯奇形象的大转变,以蔡邕与曹植的记载最关键。蔡邕记载的伯奇故事上承汉代,已然是一个因果报应故事;曹植的记载表明伯奇故事已成裂变之势,由人变成恶鸟。

孝子伯奇形象的演变原因,或许因其为名相尹吉甫之子。在史载中,古代明王圣哲及其子,被不断演绎,多不可数。但是更为重要的还是伯奇故事本身的特点,构成了被演绎的要素。总括上文,关于伯奇故事特点,可以概括为三个字:谜、冤、情。

第一,谜。伯奇死还是未死,先秦文献中没有记载,西汉后的文献,更是驳杂互异。《汉书》《论衡》,还有赵岐、蔡邕等认为其没有死,《汉书·中山靖王胜传》颜师古注:"伯奇,周尹吉甫之子也,事后母至孝。后母谮之于吉甫,吉甫欲杀之,伯奇乃亡走山林。"② 颜师古认为尹吉甫欲杀伯奇而非伯奇自己离家出走,但也未谈到其是生是

---

① 魏收:《魏书》卷19《景穆十二王传》,第484页。
② 班固:《汉书》卷53《景十三王传》,第2425页。

死。《说苑》佚文与扬雄却认为其已投入河中,应已死。文献的矛盾处,形成了伯奇生死之谜。

第二,冤。身为孝子,却遭到后母的陷害,这是伯奇之冤。伯奇的故事除了关乎中国伦理"孝"的观念外,还与"红颜祸水"、争宠夺嫡等特具秘闻奇说色彩的故事情节有关。根据巫鸿先生《"私爱"与"公义":汉代画像中的儿童图像》的研究得知,在父权占统治地位的中国古代,父亲对其遗孤的生命、财产能否得到保护有深切的担忧,忧及遗孤的后母能否持"公义",这表明了古代中国对后母的不放心。① 这个"不放心"的心理,在孝子类画像石中表现尤其明显。在这些因素综合影响下,伯奇故事有意无意地被演绎,在所难免。

第三,情。作《离骚》的屈原,在无数的记载中,为一个憔悴的老人在汨罗江畔穿荷戴兰,边走边歌,形成了一个绚丽悲壮的历史画面。同样伯奇的故事与屈原有些暗合之处。例如,伯奇作《小弁》《履霜操》等哀怨悲戚诗歌。虽还不能断言其真假,但有此传说就足以在伯奇身上演绎出异样故事。伯奇之情,不仅为其忠诚的孝子之亲情,还有其悲愤之冤情,以及在著述家心中产生的同情。所有的这些情,足以让后世人产生瑰丽悲戚的想象。

三、孝子伯奇与食梦神

如上所论,孝子伯奇故事的演变,已有较为清晰脉络。正史中坚持其为一纯然孝子,在正史之外,至魏晋南北朝时已变为伯劳恶鸟。此种演变缘由,有伯奇故事本身具有离奇被演绎的因素,以及文人的瑰丽想象。从石棺上刻有"孝子伯奇母赫儿"等语看,演变中的孝子伯奇形象,或许更接近一般百姓对伯奇的理解与想象,所以流传更广。伯奇故

---

① 巫鸿:《"私爱"与"公义":汉代画像中的儿童图像》,《礼仪中的美术:巫鸿中国古代美术史文编》,郑岩等译,生活·读书·新知三联书店,2005年,第225~242页。

事的演变正如顾颉刚讨论的孟姜女故事一样，应是古代传说故事演绎中的范例。

最后，除了孝子伯奇外，在文献记载中，还有一个伯奇在文献中被经常提到，即大傩礼中的食梦神伯奇。《续汉书·礼仪志》载：

> 先腊一日，大傩谓之逐疫。黄门令奏曰："侲子备，请逐疫。"于是中黄门倡，侲子和，曰："甲作食殃，胇胃食虎，雄伯食魅，腾简食不祥，揽诸食咎，伯奇食梦，强梁、祖明共食磔死寄生，委随食观，错断食巨、穷奇、腾根共食蛊。凡使十二神追恶凶，赫汝躯，拉汝干，节解汝肉，抽汝肺肠。汝不急去，后者为粮。"①

大傩礼为国之大礼，在汉代皇帝也得参加。大傩礼外，伯奇食梦，又见睡虎地秦简《日书》甲乙种《梦》篇。据甲种《日书》，人做噩梦醒后祷告曰："皋！敢告尔豹踦。某，有恶梦，走归豹踦之所。豹踦强饮强食，赐某大富。"②乙种《日书·梦》中"豹踦"作"宛奇"，其他内容非常相似。高国藩对比《梦》篇与敦煌本《白泽精怪图》，发现二者的内容亦非常相似，仅对应"豹踦"的地方作"伯奇"。③刘乐贤认为，豹踦、宛奇、伯奇三者为一，应为不误。孝子伯奇与食梦神有关系吗？④答案是否定的。前面讨论孝子伯奇时，已论到在两汉代时代，孝子伯奇的故事虽有被演绎的成分，但并未被神化。而食梦神伯奇，在秦简与关于《续汉书·礼仪志》中，与穷奇、强梁等恶类一起被并举，说明在先秦时期已经是一个吞噬噩梦的神形象。那么，因形象上的时代性错位，食梦神伯奇与孝子伯奇应属于两个不同的系统，不可

---

① 范晔：《后汉书·礼仪志中》，第3127~3128页。
② 睡虎地秦墓竹简整理小组：《睡虎地秦墓竹简》，文物出版社，1990年，第210页。
③ 高国藩：《敦煌民俗学》，上海文艺出版社，1989年，第355页。
④ 刘乐贤：《睡虎地秦简日书研究》，文津出版社，1994年，第217页。

混淆。

  总之,在文献记载中有两个系列的伯奇故事,即孝子伯奇与食梦神伯奇。孝子伯奇,在正史中纯粹为孝子,与舜、文王、屈原等一起被赞许。在正史之外的文人别集,及民间风俗习惯中,自刘向《说苑》开始,逐渐被演绎,故事情节越来越详细,形象越来越离奇,最终在魏晋南北朝时演变为的伯劳恶鸟。大傩神伯奇,即是食梦神,在《通典·军礼》《新唐书》《广东新语》等文献中一直较为稳定地流传,① 与孝子伯奇故事无涉。

---

  ① 详见《通典·军礼》卷133、卷78;《新唐书》卷16《礼乐志》;屈大均:《广东新语》,中华书局,1985年,第216页。

参考文献

一、基本史料

1. （汉）司马迁：《史记》，中华书局，1982年。
2. （汉）班固：《汉书》，中华书局，1962年。
3. （晋）陈寿：《三国志》，中华书局，1982年。
4. （南朝·宋）范晔：《后汉书》，中华书局，1965年。
5. （北魏）魏收：《魏书》，中华书局，1974年。
6. （东晋）葛洪：《西京杂记》，周天游校注，三秦出版社，2006年。
7. （唐）欧阳询：《艺文类聚》，上海古籍出版社，1982年。
8. （唐）杜佑：《通典》，王文锦等校点，中华书局，1988年。
9. （唐）段成式：《酉阳杂俎》，中华书局，1981年。
10. （唐）徐坚等编：《初学记》，中华书局，2004年。
11. （宋）陈祥道：《礼书》，光绪二年菊坡精舍本。
12. （宋）王安石：《王文公文集》，唐武标校点，上海人民出版社，1974年。
13. （宋）王应麟：《玉海》，江苏古籍出版社，1987年。
14. （宋）苏轼：《苏轼文集》，中华书局，2000年。
15. （宋）吕祖谦：《增修书说》，景印文渊阁《四库全书》第57册，台湾"商务印书馆"，1986年。

16. （宋）蔡沈：《书集传》，钱宗武、钱忠弼整理，凤凰出版社，2010 年。

17. （宋）李昉编：《太平御览》，中华书局影印，1960 年。

18. （宋）李如圭：《仪礼集释》，景印文渊阁《四库全书》第 103 册，台湾"商务印书馆"，1986 年。

19. （宋）黎靖德编：《朱子语类》，王星贤校点，中华书局，1986 年。

20. （宋）聂崇义：《新定三礼图》，丁鼎校点，清华大学出版社，2006 年。

21. （宋）朱熹：《诗集传》，王华宝整理，凤凰出版传媒集团，2007 年。

22. （宋）朱熹：《四书章句集注》，中华书局，1983 年。

23. （宋）杨复：《仪礼图》，景印文渊阁《四库全书》第 104 册，台湾"商务印书馆"，1986 年。

24. （宋）郑樵：《通志·二十略》，王树民校点，中华书局，1995 年。

25. （宋）吕大临：《蓝田吕氏遗著辑校》，中华书局，1993 年。

26. （元）敖继公：《仪礼集说》，吉林出版集团有限责任公司，2005 年。

27. （明）郝敬：《仪礼节解》，明九部经解本。

28. （清）黄宗羲：《黄宗羲全集》，浙江古籍出版社，1986 年。

29. （清）顾炎武著，黄汝成集释：《日知录集释》，栾保群、吕宗力校点，上海古籍出版社，2006 年。

30. （清）惠士奇：《礼说》，景印文渊阁《四库全书》第 101 册，台湾"商务印书馆"，1986 年。

31. （清）顾栋高：《春秋大事表》，吴树平、李解民校点，中华书局，1993 年。

32. （清）秦蕙田：《五礼通考》，景印文渊阁《四库全书》第 138

册，台湾"商务印书馆"，1986年。

33.（清）马瑞辰：《毛诗传笺通释》，陈金生校点，中华书局，1989年。

34.（清）阮元校刻：《十三经注疏》，中华书局，1980年。

35.（清）孔广林：《周官肊测》，《续修四库全书》第80册，上海古籍出版社，2002年。

36.（清）段玉裁：《说文解字注》，上海古籍出版社，1988年。

37.（清）段玉裁：《经韵楼集》，钟敬华校点，上海古籍出版社，2008年。

38.（清）孙希旦：《礼记集解》，沈啸寰、王星贤校点，中华书局，1989年。

39.（清）孙星衍等辑：《汉官六种》，中华书局，1990年。

40.（清）王聘珍：《大戴礼记解诂》，王文锦校点，中华书局，1983年。

41.（清）诸锦：《飨礼补亡》，《丛书集成初编》本，商务印书馆发行。

42.（清）郝懿行：《尔雅义疏》，上海古籍出版社，1983年。

43.（清）王引之：《经义述闻》，江苏古籍出版社，2000年。

44.（清）金鹗：《求古录礼说》，《续清经解》第3册，上海书店出版社，1988年。

45.（清）程瑶田：《程瑶田全集》，陈冠明等校点，黄山书社，2008年。

46.（清）方苞：《仪礼析疑》，景印文渊阁《四库全书》第109册，台湾"商务印书馆"，1986年。

47.（清）方苞：《钦定仪礼义疏》，景印文渊阁《四库全书》第107册，台湾"商务印书馆"，1986年。

48.（清）方苞：《周官析疑》，《续修四库全书本》第79册，上海古籍出版社，2002年。

参考文献

49. （清）蔡德晋：《礼经本义》，景印文渊阁《四库全书》第109册，台湾"商务印书馆"，1986年。

50. （清）褚寅亮：《仪礼管见》，《续修四库全书》第88册，上海古籍出版社，2002年。

51. （清）胡承珙：《毛诗后笺》，郭全芝校点，黄山书社，1999年。

52. （清）胡培翚：《仪礼正义》，段熙仲校点，江苏古籍出版社，1993年。

53. （清）刘文淇：《春秋左氏传旧注疏证》，科学出版社，1959年。

54. （清）刘宝楠：《论语正义》，高流水校点，中华书局，1990年。

55. （清）陈立：《白虎通疏证》，吴则虞校点，中华书局，1994年。

56. （清）凌廷堪：《凌廷堪全集》，纪健生校点，黄山书社，2009年。

57. （清）黄以周：《礼书通故》，王文锦校点，中华书局，2007年。

58. （清）黄淦：《仪礼精义》，清嘉庆十二年慈溪养正堂刻本。

59. （清）俞正燮：《俞正燮全集》，于石等校点，黄山书社，2005年。

60. （清）万斯大：《学礼质疑》，《清经解》第1册，上海书店出版社，1988年。

61. （清）王先谦：《荀子集解》，沈啸寰、王星贤校点，中华书局，1988年。

62. （清）盛世佐：《仪礼集编》，景印文渊阁《四库全书》第111册，台湾"商务印书馆"，1986年。

63. （清）孙诒让：《周礼正义》，王文锦、陈玉霞校点，中华书局，1987 年。

64. （清）孙诒让：《墨子间诂》，孙启志校点，中华书局，1954 年。

65. （清）皮锡瑞：《尚书大传疏证》，光绪二十二年师伏堂丛书本。

66. （清）孙星衍：《尚书今古文注疏》，陈抗、盛冬铃校点，中华书局，1986 年。

67. （清）朱大韶：《实事求是斋经说》，《续清经解》第 3 册，上海书店出版社，1988 年。

68. （清）陈寿祺：《五经异义疏证》，上海古籍出版，2012 年。

69. （清）赵在翰辑：《七纬》，中华书局，2012 年。

70. （清）赵翼：《廿二史札记》，凤凰出版社，2009 年。

71. （清）赵翼：《陔余丛考》，河北人民出版社，1990 年。

72. 陈奇猷：《吕氏春秋校释》，学林出版社，1984 年。

73. 范祥雍：《战国策笺证》，上海古籍出版社，2006 年。

74. 傅亚庶：《孔丛子校释》，中华书局，2011 年。

78. 顾颉刚、刘起釪：《尚书校释译论》，中华书局，2005 年。

79. 黄晖：《论衡校释》，中华书局，1990 年。

80. 黄怀信：《大戴礼记汇校集注》，三秦出版社，2005 年。

81. 黄怀信、张懋镕、田旭东：《逸周书汇校集注》，上海古籍出版社，2007 年。

82. 何宁：《淮南子集释》，中华书局，1998 年。

83. 刘师培：《礼经旧说》，宁武南氏校印本。

84. 刘文典：《淮南鸿烈集解》，冯逸、乔华校点，中华书局，1989 年。

85. 黎翔凤：《管子校注》，梁运华整理，中华书局，2004 年。

86. 王利器：《风俗通义校注》，中华书局，1981 年。

87. 王利器：《盐铁论校注》，中华书局，1992 年。

88. 吴则虞：《晏子春秋集释》，中华书局，1962 年。

89. 吴云、李春台：《贾谊集校注》，天津古籍出版社，2010 年。

90. 石光英：《新序校释》，陈新整理，中华书局，2001 年。

91. 徐元诰：《国语集解（修订本）》，王树民、沈长云校点，中华书局，2002 年。

92. 许维遹：《韩诗外传集释》，中华书局，1980 年。

93. 向宗鲁：《说苑校证》，中华书局，1987 年。

94. 杨伯峻：《春秋左传注》，中华书局，1990 年。

95. 阎振益、钟夏：《新书校注》，中华书局，2000 年。

96. 曾运乾：《尚书正读》，中华书局，1964 年。

97. 袁珂：《山海经校注》，上海古籍出版社，1980 年。

98. 金开诚等：《屈原集校注》，中华书局，1996 年。

99. 潘重规：《敦煌变文集新书》，文津出版社，1994 年。

二、考古报告和出土资料

1. 郭沫若主编：《甲骨文合集》，中华书局，1978—1982 年。

2. 彭邦炯、谢济、马季凡：《甲骨文合集补编》，语文出版社，1999 年。

3. 胡厚宣主编：《甲骨文合集释文》，中国社会科学出版社，1999 年。

4. 中国社会科学院考古研究所编：《殷墟花园庄东地甲骨》，云南人民出版社，2003 年。

5. 中国社会科学院考古研究所编：《小屯南地甲骨》，中华书局，1980 年。

6. 姚孝遂主编：《殷墟甲骨刻辞类纂》，中华书局，1989 年。

7. 于省吾主编：《甲骨文字诂林》，中华书局，1996 年。

8. 中国社会科学院考古研究所编：《殷周金文集成》，中华书局，1984—1994 年。

9. 中国社会科学院考古研究所编：《殷周金文集成（修订增补本）》，中华书局，2007年。

10. 中国社会科学院考古研究所编：《殷周金文集成释文》，香港中文大学中国文化研究所，2001年。

11. 刘雨、卢岩编著：《近出殷周金文集录》，中华书局，2002年。

12. 钟柏生、陈昭容、黄铭崇、袁国华：《新收殷周青铜铭文暨器影汇编》，艺文印书馆，2006年。

13. 马承源主编：《商周青铜器铭文选》，文物出版社，1990年。

14. 上海博物馆青铜器研究组编：《商周青铜器文饰》，文物出版社，1984年。

15. 容庚：《金文编》，中华书局，1985年。

16. 古文字诂林编纂委员会：《古文字诂林》，上海教育出版社，1999年。

17. 刘庆柱、段志洪、冯时主编：《金文文献集成》，线装书局，2005年。

18. 睡虎地秦墓竹简整理小组编：《睡虎地秦墓竹简》，文物出版社，1990年。

19. 马承源主编：《上海博物馆藏战国楚竹书（二）》，上海古籍出版社，2002年。

20. 马承源主编：《上海博物馆藏战国楚竹书（四）》，上海古籍出版社，2004年。

21. 陈伟等著：《楚地出土战国简册［十四种］》，经济科学出版社，2009年。

22. 李学勤主编：《清华大学藏战国竹简（一）》，中西书局，2010年。

23. 李学勤主编：《清华大学藏战国竹简（二）》，中西书局，2010年。

24. 李学勤主编：《清华大学藏战国竹简（三）》，中西书局，

2012 年。

25. 张家山二四七号汉墓竹简整理小组：《张家山汉墓竹简二四七号墓（释文修订本）》，文物出版社，2006 年。

26. 湖南省博物馆等编：《长沙马王堆一号汉墓》，文物出版社，1973 年。

中国社会科学院考古研究所等：《满城汉墓发掘报告》，文物出版社，1980 年。

27. 中国科学院考古研究所等：《西安半坡》，文物出版社，1963 年。

三、学术专著

1. 陈梦家：《殷墟卜辞综述》，中华书局，1988 年。

2. 陈梦家《西周铜器断代》，中华书局，2004 年。

3. 陈戍国：《中国礼制史·先秦卷》，湖南教育出版社，1991 年。

4. 陈戍国：《中国礼制史·秦汉卷》，湖南教育出版社，1993 年。

5. 陈致：《从礼仪化到世俗化——〈诗经〉的形成》，吴仰湘译，上海古籍出版社，2009 年。

6. 韩曦编：《饶宗颐集》，花城出版社，2011 年。

7. 陈苏镇：《〈春秋〉与"汉道"：两汉政治与政治文化研究》，中华书局，2011 年。

8. 晁福林：《夏商西周的社会变迁》，北京师范大学出版社，1996 年。

9. 晁福林：《先秦民俗史》，上海人民出版，2001 年。

10. 晁福林：《天命与彝伦：先秦社会思想探研》，北京师范大学出版社，2012 年。

11. 曹建墩：《先秦礼制探赜》，天津人民出版社，2010 年。

12. 常金仓：《周代礼俗研究》，文津出版社，1993 年。

13. 丁鼎：《〈仪礼·丧服〉考论》，社会科学文献出版社，2003 年。

14. 高亨：《诗经今注》，上海古籍出版社，2009 年。

15. 高国藩：《敦煌民俗学》，上海文艺出版社，1989 年。

16. 甘怀真：《皇权、礼仪与经典诠释：中国古代政治史研究》，华东师范大学出版社，2008 年。

17. 郭沫若：《十批判书·孔墨的批判》，东方出版社，1996 年。

18. 郭沫若：《卜辞通纂》，科学出版社，1983 年。

19. 郭沫若：《青铜时代》，中国人民大学出版社，2005 年。

20. 郭在贻：《郭在贻文集》，中华书局，2002 年。

21. 管东贵：《从宗法封建制到皇帝郡县制的演变》，中华书局，2010 年。

22. 胡适：《胡适文存》，华文出版社，2013 年。

23. 胡厚宣：《甲骨学商史论丛初集》，河北教育出版社，2002 年。

24. 胡新生：《周代的礼制》，商务印书馆，2016 年。

25. 傅道彬：《诗可以观：礼乐文化与周代诗学精神》，中华书局，2010 年。

26. 冯时：《中国古代的天文与人文》，中国社会科学出版社，2009 年。

27. 何琳仪：《战国文字字典》，中华书局，1996 年。

28. 侯旭东：《北朝村民的生活世界——朝廷、州县与村里》，商务印书馆，2005 年。

29. 韩高年：《礼俗仪式与先秦诗歌演变》，中华书局，2006 年。

30. 韩高年：《〈诗经〉分类辨体》，上海古籍出版社，2011 年。

31. 黄展岳：《古代人牲人殉通论》，文物出版社，2004 年。

32. 姜生：《汉帝国的遗产：汉鬼考》，科学出版社，2016 年。

33. 姬秀珠：《〈仪礼〉饮食礼器研究》，台湾里仁书局，2005 年。

34. 姬秀珠：《仪礼沃盥礼器研究》，台湾里仁书局，2011 年。

35. 贾海生：《周代礼乐文明实证》，中华书局，2010 年。

36. 吕思勉：《吕思勉读史杂记》，上海古籍出版社，1982 年。

37. 吕思勉：《秦汉史》，上海古籍出版社，1983 年。

38. 林惠祥：《文化人类学》，商务印书馆，1991 年。

39. 李孝定：《甲骨文字集释》，"中央研究院"历史语言研究所，1982 年。

40. 李学勤：《中国古代文明研究》，华东师范大学出版社，2005 年。

41. 李学勤：《文物中的古文明》，商务印书馆，2008 年。

42. 李学勤：《通向文明之路》，商务印书馆，2010 年。

43. 李学勤：《古文献论丛》，中国人民大学出版社，2010 年。

44. 李宏锋：《礼崩乐盛——以春秋战国为中心的礼乐关系研究》，文化艺术出版社，2009 年。

45. 李惠仪：《〈左传〉的书写与解读》，文韬、许明德译，江苏人民出版社，2016 年。

46. 李波主编：《十三经新索引》"观"字条，中国广播电视出版社，2003 年。

47. 刘雨：《金文论集》，紫禁城出版社，2008 年。

48. 刘师培：《清儒得失论》，中国人民大学出版社，2004 年。

49. 刘家和：《史学、经学与思想》，北京师范大学出版社，2005 年。

50. 刘乐贤：《睡虎地秦简日书研究》，文津出版社，1994 年。

51. 刘钊：《郭店楚简校释》，福建人民出版社，2005 年。

52. 刘源：《商周祭祖礼研究》，商务印书馆，2004 年。

53. 廖伯源：《秦汉史论丛（增订本）》，中华书局，2008 年。

54. 梁满仓：《魏晋南北朝五礼制度考论》，社会科学文献出版社，2009 年。

55. 雷戈：《秦汉之际的政治思想与皇权主义》，上海古籍出版社，2006 年。

56. 雷闻：《郊庙之外：隋唐国家祭祀与宗教》，生活·读书·新知三联书店，2009年。

57. 毛振华：《〈左传〉赋诗研究》，上海古籍出版社，2011年。

58. 马银琴：《两周诗史》，社会科学文献出版社，2006年。

59. 蒲慕州：《追寻一己之福——中国古代的信仰世界》，上海古籍出版社，2007年。

60. . 彭美玲：《古代礼俗左右之辨研究——以三礼为中心》，台湾大学文史丛刊之一〇三，1997年。

61. 屈万里：《殷墟文字甲编考释》，"中央研究院"历史语言研究所，1961年。

62. 裘锡圭：《古代文史研究新探》，江苏古籍出版社，1992年。

63. 裘锡圭：《中国出土古文献十讲》，复旦大学出版社，2008年。

64. 钱玄：《三礼名物通释》，江苏古籍出版社，1987年。

65. 钱玄：《三礼通论》，南京师范大学出版社，1996年。

66. 尚秉和：《历代社会风俗事物考》，江苏古籍出版社，2002年。

67. 尚秉和：《焦氏易林注》，光明日报出版社，2005年。

68. 孙作云：《孙作云文集》，河南大学出版社，2003年。

68. 沈文倬：《菿闇文存》，商务印书馆，2006年。

69. 沈建华：《初学集——沈建华甲骨文学论文选》，文物出版社，2008年。

70. 宋镇豪：《夏商社会生活史》，中国社会科学出版社，1994年。

71. 宋镇豪：《商代社会生活与礼俗》，中国社会科学出版社，2010年。

72. 宋华强：《新蔡葛陵楚简初探》，武汉大学出版社，2010年。

73. 宋鼎宗：《〈春秋左氏传〉宾礼嘉礼考》，花木兰文化出版社，2009年。

74. 唐兰：《西周青铜器铭文分代史征》，中华书局，1986年。

75. 唐长孺：《魏晋南北朝史论丛》，中华书局，2009年。

76. 童书业：《童书业著作集》，中华书局，2008年。

77. 王国维：《观堂集林》，中华书局，1959 年。

78. 王国维：《宋元戏曲史》，《王国维全集》第 3 卷，浙江教育出版社，2009 年。

79. 王晖：《商周文化比较研究》，人民出版社，2000 年。

80. 王秀臣：《三礼用诗考论》，中国社会科学出版社，2007 年。

81. 王贵民：《中国礼俗史》，文津出版社，1993 年。

82. 王乃俐：《〈左传〉论礼》，花木兰文化出版社，2009 年。

83. 王子今：《睡虎地秦简〈日书〉甲种疏证》，湖北教育出版社，2002 年。

84. 王健文：《奉天承运：古代中国的"国家"概念及其正当性基础》，东大图书公司，1995 年。

85. 闻一多：《闻一多全集》，湖北人民出版社，1993 年。

86. 吴丽娱：《礼与中国古代社会》，中国社会科学出版社，2016 年。

87. 吴十洲：《两周礼器制度研究》，五南图书出版公司，2004 年。

88. 吴安安：《〈仪礼〉饮食品物研究》，花木兰文化出版社，2010 年。

89. 吴安安：《五礼名义考辨》，花木兰文化出版社，2010 年。

90. 吴小强：《秦简日书集释》，岳麓书社，2000 年。

91. 吴凡明：《从人伦秩序到法律秩序：孝道与汉代法治研究》，吉林人民出版社，2008 年。

92. 魏建震：《先秦社祀研究》，人民出版社，2008 年。

93. 巫鸿：《礼仪中的美术：巫鸿中国古代美术史文编》，郑岩等译，生活·读书·新知三联书店，2005 年。

94. 巫鸿：《黄泉下的美术：宏观中国古代墓葬》，生活·读书·新知三联书店，2010 年。

95. 汪小洋：《汉墓壁画宗教思想研究》，上海古籍出版社，2011 年。

96. 徐复观：《中国思想史论集》，上海书店出版，2004 年。

97. 许倬云：《求古编》，新星出版社，2006 年。

98. 许倬云：《中国古代社会史论——春秋战国时期的社会流动》，邹水杰译，广西师范大学出版社，2006 年。

99. 许倬云：《西周史（增补二版）》，生活·读书·新知三联书店，2012 年。

100. 熊秉真：《童年忆往：中国孩子的历史》，广西师范大学出版社，2008 年。

101. 辛德勇：《海昏侯刘贺》，读书·生活·新知三联书店，2016 年。

102. 薛梦潇：《早期中国的月令与"政治时间"》，上海古籍出版社，2018 年。

103. 肖群忠：《孝与中国文化》，人民出版社，2001 年。

104. 饶宗颐：《殷代贞卜人物通考》，新丰出版股份有限公司，2003 年。

105. 杨树达：《积微居金文说》，上海古籍出版社，2007 年。

106. 杨向奎：《宗周社会与礼乐文明》，人民出版社，1992 年。

107. 杨宽：《西周史》，上海人民出版社，2008 年。

108. 杨宽：《战国史》，上海人民出版社，2008 年。

109. 杨宽：《战国史料编年辑证》，上海人民出版社，2001 年。

110. 杨宽：《先秦史十讲》，复旦大学出版社，2008 年。

111. 阎步克：《服周之冕——〈周礼〉六冕制度的兴衰变异》，中华书局，2009 年。

112. 杨华：《先秦礼乐文化》，湖北教育出版社，1997 年。

113. 杨华：《新出简帛与礼制研究》，台湾古籍出版有限公司，2007 年。

114. 杨华：《古礼新研》，商务印书馆，2012 年。

115. 杨志刚：《中国礼仪制度研究》，华东师范大学出版社，2001 年。

116. 杨朝明、宋立林编：《孔子家语通解》，齐鲁书社，2009 年。

117. 杨儒宾：《五行原论：先秦思想的太初存有论》，联经出版事业股份有限公司，2018 年。

118. 余英时：《汉代贸易与扩张》，邬文玲等译，上海古籍出版社，2005 年。

119. 章炳麟：《章太炎全集》，上海人民出版社，1984 年。

120. 郑岩：《逝者的面具：汉唐墓葬艺术研究》，北京大学出版社，2013 年。

121. 邹昌林：《中国礼文化》，社会科学文献出版社，2000 年。

122. 周一良：《魏晋南北朝史札记》，中华书局，2007 年。

123. 周聪俊：《裸礼考辨》，台湾文史哲出版社，1994 年。

124. 周聪俊：《飨礼考辨》，台湾文史哲出版社，2011 年。

125. 周聪俊：《三礼礼器论丛》，台湾文史哲出版社，2011 年。

126. 张政烺：《甲骨金文与商周史研究》，中华书局，2012 年。

127. 张亚初、刘雨：《西周金文官制研究》，中华书局，1986 年。

128. 张树国：《宗教伦理与中国上古祭歌形态研究》，人民出版社，2007 年。

129. 张焕君：《制礼作乐：先秦儒家礼学的形成与特征》，中国社会科学出版社，2010 年。

130. 朱凤瀚：《商周家族形态研究》，天津古籍出版社，2004 年。

131. 张寿安：《礼教论争与礼秩重省：十八世纪礼学考证的思想活力》，北京大学出版社，2005 年。

132. 赵诚：《甲骨文简明词典》，中华书局，1988 年。

133. 查昌国：《先秦"孝""友"观念研究》，安徽大学出版社，2006 年。

134. ［俄］巴赫金：《巴赫金全集》，晓河等译，河北教育出版社，1998 年。

135. [德] 鲁道夫·奥托：《论"神圣"》，成穷、周邦宪译，四川人民出版社，1995 年。

136. [美] 赫伯特·芬格莱特：《孔子：即凡而圣》，江苏人民出版社，2010 年。

137. [美] 段义孚：《空间与地方：经验的视角》，王志标译，中国人民大学出版社，2017 年。

138. [美] 孔飞力：《叫魂：1768 年中国妖术大恐慌》，三联书店，1999 年。

139. [法] 阿诺尔德·范热内普：《过渡礼仪》，张举文译，商务印书馆，2010 年。

140. [法] 马塞尔·莫斯、昂利·于贝尔：《巫术的一般理论：献祭的性质与功能》，杨渝东等译，广西师范大学出版社，2007 年。

141. [法] 马塞尔·莫斯：《礼物：古式社会中交换的形式与理由》，汲喆译，上海世纪出版集团，2005 年。

142. [法] 葛兰言：《古代中国的节庆与歌谣》，赵炳祥、张宏明译，广西师范大学出版社，2005 年。

143. [法] 维克多·特纳：《仪式过程：结构与反结构》，黄剑波、柳博赟译，中国人民大学出版社，2006 年。

144. [法] 莫里斯·古德里尔：《礼物之谜》，王毅译，上海人民出版社，2007 年。

145. [法] 爱弥儿·涂尔干：《宗教生活的基本形式》，渠敬东、汲喆译，商务印书馆，2011 年。

146. [英] 简·艾伦·哈里森：《古代艺术与仪式》，刘宗迪译，生活·读书·新知三联书店，2007 年。

147. [英] J. G. 弗雷泽：《金枝》，徐育新等译，新世界出版社，2006 年。

148. [英] 戈登·柴尔德：《考古学导论》，三联书店，2008 年。

149. [英] 爱德华·泰勒：《原始文化》，连树声译，广西师范大学出版社，2005年。

150.［英］J.G 弗雷泽：《金枝》，徐育新、王培基、张泽石译，新世界出版社，2006年。

151.［英］罗伊·斯特朗：《欧洲宴会史》，陈发春、李晓霞译，百花文艺出版社，2006年。

152.［英］约翰·伯格：《观看之道》，戴行钺译，广西师范大学出版社，2015年。

153.［日］岛邦男：《殷墟卜辞研究》，濮茅左等译，上海古籍出版社，2006年。

154.［日］内藤湖南：《中国史通论》，社会科学文献出版社，2004年。

155.［日］尾形勇：《中国古代的"家"与国家》，中华书局，2010年。

156.［日］白川静：《中国古代文化》，加地伸行、范月娇合译，文津出版社，1983年。

157.［日］白川静著，杜正胜译：《诗经的世界》，东大图书公司，2001年。

158.［日］今道友信：《东方的美学》，蒋寅等译，生活·读书·新知三联书店，1991年。

159.［日］沟口雄三、小岛毅主编：《中国的思维世界》，孙歌等译，江苏人民出版，2006年。

160.［日］田仲一成：《中国祭祀戏剧研究》，布和译，北京大学出版社，2008年。

161.［日］渡边信一郎：《中国古代的王权与天下秩序——从日中比较史的视角出发》，徐冲译，中华书局，2008年。

后记　遥远的老辈林

一

我的故乡在鄂南山地。故乡有一个林子。林子不大，坐落在两山之间。狭窄的山沟下，劲疾的山风贯通穿过，林子挡在中间，高过房屋十几倍的树干组成严密阵线，是乡民生命与财产最好的天然屏障。

林子很老，二十几棵苍翠、挺拔的柏树簇拥着三棵八个成人牵手才能合抱的黄连木，加上错落有致、高矮相承、平险有序的石头，成了林子的全部。我问过父亲，在何时，谁撒下了树的种子，父亲说不知道。我问过白发苍苍的老人，老人说不知道。当然更不会有人知道，在何时，谁又将此林子命名为"老辈林"。阴森的古气，径直向世人展示古骨般的树干，干尸般的树皮。一代走过一代，一批换掉一批，稚气的孩童变成了白发苍苍的老人，遗漏下了林子的神秘。生命循环往复，而林子仍然停驻，不曾增长，不曾变化，化作无法言说的记忆，一个无语的存在。

小时候的记忆里，乡民把林子看得很神圣，认为老辈林的生死与村子的荣衰具有神秘联系。林子是风水所在，是生命力的见证。老辈林若遭受破坏，村民必定也会跟着遭殃。为此，即使老辈林里有丰富的干枯树枝可用作柴火，也无人敢拿回家。村民们宁愿爬陡峭的崖

后记　遥远的老辈林

壁，钻荆棘密布的乔林，一捆一捆地从远处山上驮回木柴。甚至为防偷盗，树干被乡民钉满了铁块。不仅如此，老人们不厌其烦地讲述陈旧的未曾被验证的典故，烘托更为阴森恐怖的气氛：有处村子村民贪欲，砍掉了护村古树，结果有村民全家瘫痪。而瘫痪后的村民，靠吃古树遗迹处的蚂蚁，才最终得以康复。古老稀奇的典故，强化了禁忌，加深了神秘。

林子里最核心的成员是三棵黄连木，其中一棵早已完全空心，留下偌大的空间，可以同时藏下十余个小孩，成为孩童玩捉迷藏游戏的最佳躲藏地点。黄连木，古称楷木。《说文·木部》曰："楷，楷木也。孔子冢盖树之者。"黄连木既生在孔子冢上，又性刚直不屈，"楷模"即由此而来。作为陪伴孔子的树，多少沾染了"圣气"。但这种沾染过多"文明"的猜测，是否存在想当然的成分？或许乡民仅仅是觉得应该敬畏就敬畏而已，并无理由。老辈林里既无可供瞻仰的古墓，也无足供考证的碑文，她的神秘天然自成，不言而喻，不证自明。

二

中国人的智慧自有圆融适用处，即使再神秘，若无所用处，也难以流传广播。老辈林的神秘不仅没有成为迷信的集中地，而且见证了农村市场经济起步时期的历史。在20世纪的八九十年代，这里是"牛经济"远近闻名的生意场所。每年农闲时节，村民都要举行"用牛换牛"的活动，做关于牛的生意。远近百里的农户，牵着耕牛在这里赶集，用自家的牛去换自己更需要的牛。因相牛是一种专门知识，不是每一个农户都能做到万无一失，加上每年牛的行情也起伏变化。故穿插其间专门相牛，且充当中介的人就成为"牛经济"。每当这个时节，老辈林里热闹非凡，几十上百的黄牛、水牛系在树上，懂行的"牛经济"和农户一边做着生意，一边看着热闹，人声充满树林，牛声充满树林，铃声充满树林。顿时没有了神秘，没有了阴森，只有热闹和交易。神秘与适用的瞬时交替，既有国人古老的智慧，又见证新时代初临鄂南农村的新鲜与活力。

老辈林对大人来说，是神秘的，也是实用的。对小孩来说，却是快乐的、开心的。山里的孩童，对游玩嬉戏没有太多的选择，也不需要太多的选择。一群村野玩童，一个捉迷藏就足够他们不厌其烦地玩一遍又一遍。村里的孩子按约定俗成的规则，分成两队。这种捉迷藏就是一个孩童间用自己的小手作手枪的两军间的战争，每每都要分出胜负。为了不让对方的敌人发现自己，也为了掩护自己的战友，"战略战术"都要一起运用，迂回包抄，强行出击，声东击西被用得惟妙惟肖。然而小手手枪常常配上棕榈树种子作弹药，竹叶扎成的战车。漫天飞舞的棕榈种子刷刷地飞来，砸在头上虽不会伤及筋骨，但也生生地感到梆梆的痛。坐在竹叶战车上的伙伴，被队友拉走，风驰电掣，尘土飞扬。当然愿者加入，无人抱怨，无人叫苦。那是既野性十足，又纪律严明的游戏。

老辈林作为孩童的"战场"，还有一种玩法。同样是分成两队，严阵以待以"掷石头"。即立一石碑，所有孩童以石碑为界扔出一块石头。谁扔得远谁就优先捡起自己扔出的石头回砸石碑。砸时立誓要对方某人跪下，若回砸击中且击倒石碑，那对手必须乖乖跪下；当然也可以救起已经跪下的队友。循环往复中，直到一队被全部罚跪在地，彻底失败而告终。看似简单的游戏，其实充满了斗智斗勇。石头若扔得过远，虽取得优先回砸的权利，但击中击倒的几率明显降低。扔石头必须估算自己的远近，对手的远近，甚至队友的远近，做到既有回砸的机会，又能砸中，还能破坏对手的机会，以完美地配合队友完成任务。再则罚敌对方跪下也十分讲究，比如对方某人特别厉害，那必须先让他跪下，若狠点防止其被过早救起，可以让其跪下后，再让他双手举起作投降状，以增加营救的难度。在扔与砸、罚与救之间，充满了田忌赛马式的智慧。

后记　遥远的老辈林

孩童在老辈林里找到了童年，发明了乐趣。只有当夜幕降临，传说中的鸡冠蛇将要出没时，树上的猫头鹰将要出洞，神秘在夜色与传说又浑为一体。不过这时已经炊烟袅袅，劳作一天的乡民回到家中，都在寻找自己的孩子。玩了一天的孩童，若不想受到责打，在害怕与不舍中，告别林子回到家中，围炉而聚。夜色迷茫，老辈林一如既往地在村东头，挡风挡雨，护佑安睡中的乡民与孩童。

三

乡民对林子是敬畏的，也是利用的。他们的敬畏来自遥远的模糊的记忆，他们的利用源于他们本身与林子的一体：世代交替而不曾坠落。

许多年前，我离开了故乡，外出求学。许多年后，父母亲也搬离了故乡，在别的地方安家。而这似乎是一个不可逆转的潮流，乡民陆续搬走，离开祖祖辈辈生活的村子，走得坚决，走得彻底，没有犹豫，没有言语。热闹成空虚，遗弃的房屋任风雨穿梭而过，田地荒芜，祖先的坟墓在湮没。世代的坚守与珍重，一文不值。穷苦的乡民，找到最佳的解救良方，就是逃离。他们不再需要护佑，也忘记敬畏。逃离后的乡民仍然在不停地生长繁衍，不同的是，土地荒芜，黄牛已不需要，"牛经济"早就在市场大潮中烟消云散；孩童也不再在林中嬉戏。保重护佑的话，已是透明的晨雾，无足轻重。

假期的一天，我回到了故乡，再一次看到了古老的老辈林。利用最简单的科学手段完全可以很轻易地知道黄连木的年龄，或许还可以据此推测村子建立的时间。而当我独自坐在杂草丛生的林下之时，寻思这又有什么意义呢？祈求她护佑的人已经分散离去，在她见证下游玩嬉戏的孩童，长大成人，也纷然离去。祈求者不再祈求，神灵又有何价值！

良久，我也起身离去，突然发现三棵黄连木中的最大一棵，树干白了大半，虫子满身，丑陋无比；抬头一望，树枝也枯了大半。我猛然醒悟，黄连木也要完成生命轮回的周期，已经死去。一股痛从心底涌起，我和我们已经把林子抛弃，林子以自己的高度却把一切早已一览无余。护佑者不再需护佑，她默默地把记忆封存，并随尘而去。与古老传说不同的是，不是树亡村灭，而是民散树灭。

世间最无情的不是空间的间隔，有人说距离才能产生美；最无情的或许是时间，孔夫子的感叹，已令人三生唏嘘。世代交替仍在继续，但换作另外的一种方式，与老辈林无关。

四

在某个尚存留诗情的年纪里，我曾把自己描写为"一辆破旧的列车，停在了陌生的黄昏"，矫情至极。但仔细想起来，我的人生与性格里充满了陌生与疏离的种子。一岁四个月，寄养外婆家，七岁回家读小学一二年级，九岁寄居远方舅舅家读三年级，十岁后又回家读四五年级，六年级又远走他乡，如抽屉般来回读了四个小学。之所以如此，在那时却缘于父母尚认为我可能是读书的种子，值得培养。这种来回变异承载了父母与亲人们最深沉的爱怜。但漫长的等待，遥远的路途，黑黝黝的森林以及永远陌生的环境，加上"好孩子"不能放纵的压力，也是童年的一道光影。

现在，我的四个小学都变成了废墟。两所中学，还剩下一所孤立在荒野中。我的高中，变成了小学。我拥有老辈林的老家，空无一人。我外婆家，人去楼空。经常开玩笑，我所过之处，犹如犁庭扫穴，一片狼藉。有人讲，这个时代是回不了的家，进不了的城。幼时的家早已没有了，回去干什么呢？

真是矫情。

历史大发展时代，这一切都不算什么。古语有云"观其礼乐，而治乱可知也"。三十年的盛衰，已彻底改变了儿时的记忆，改变中国的

后记 遥远的老辈林

面貌,重塑了我们的情感世界。有家无家,有林无林,似乎都是小格局。

这本小书,也是一个小格局。

离家的孩子,在外面流浪。有幸运的,有不幸的。努力一点点,收获一点点,逃避一点点,放弃一点点。崔东壁有联"传僻书痴,甘把逢迎输俊杰;敝衣粗食,得无冻馁即神仙"。在这条道路上,最应该感谢的是我的父母。他们的辛苦劳作,为我提供家的港湾。他们深沉的爱,让我无以为报。

感谢万昌华老师,让我知道了"自由的精神"。这已成为我思想的底色。万老师告诫我"成功是失败之母"。虽从未获得成功,但经常用此观念来观察历史,思考人生,往往大有收获。感谢杨华老师。杨老师是我学术之路的引路人。2007 年考入杨门求学,基础太烂的我,闹了不少笑话,犯了不少错误。是杨老师的包容和教诲,让我一步步地领略到了学术的魅力。记得写第一篇文章《中国上古时期的"生子不举"》的时候,杨老师一字一句一标点地帮我修改,来回往复了六遍。修改之初,下笔即错,以致不敢动笔的痛苦,至今不能忘记。经过一番的磨炼,不仅文章在《古代文明》上得以发表,而且也逐渐学会了学术的规范。杨门五年读书生活,从读《仪礼·丧服》开始,到读《礼记·檀弓》结束,过得充实而具体。感谢郭华老师。2012 年蒙郭老师不弃,加入历史学院团队。郭老师严谨的学术态度,坚毅的办事风格,让我工作后尚能领略学术与人格的魅力。这几年,我们成立区域社会与文化研究中心、创办泰山讲堂,规划"岱下史学文库"等,无不在郭老师的带领、支持和帮助下开始的。感谢任慧峰师兄。向任师兄学习,也是我杨门生活的重要内容。很多学问知识,都来自和师兄的聊天和讨论。任师兄博士论文是《先秦军礼研究》,我就放弃了户籍制度研究,写了《先秦燕飨礼研究》。要跟师兄一样研究礼制,是当时的想法。感谢编辑李程师姐让本书增色不少。感谢一路走过来的兄弟们,毛君仁、王滨、季伟、曹方向、史磊、刘兴亮、李聪、张学成。2012年,刚工作就认识李聪、张学成,并参与读书会,读过柏拉图、孟子、《左传》等,令人怀念。

  最后,我要把这本小书送给爱妻庞欢和小女默默。庞欢持家有方,支持体谅我的工作,让我少了后顾之忧。小女聪慧可爱,是我工作的动力。

李志刚
2019 年 6 月 10 日于泰山脚下